Schriften zum Daten-, Informations- und Medienrecht

Herausgegeben von
Prof. Dr. Boris P. Paal, M.Jur.

Band 86

Tim Seeland

Datenschutzkonforme KI

Zur Bedeutung von Art. 5 DSGVO
für die Entwicklung von KI-Systemen

Nomos

Gedruckt mit freundlicher Unterstützung des Vereins zur Förderung des Deutschen, Europäischen und Vergleichenden Wirtschaftsrechts e.V.

Die Deutsche Nationalbibliothek verzeichnet diese Publikation in der Deutschen Nationalbibliografie; detaillierte bibliografische Daten sind im Internet über http://dnb.d-nb.de abrufbar.

Zugl.: Leipzig, Univ., Diss., 2025

ISBN 978-3-7560-3920-3 (Print)
ISBN 978-3-7489-7072-9 (ePDF)

Onlineversion
Inlibra

1. Auflage 2026

Meinen Eltern

Vorwort

Die vorliegende Arbeit wurde im August 2025 fertiggestellt und von der Universität Leipzig im Wintersemester 2025/2026 als Dissertation angenommen. Literatur und Rechtsprechung sowie Gesetzgebungsvorhaben fanden bis August 2025 Berücksichtigung.

Zunächst möchte ich meinem Doktorvater Herrn Professor Dr. Boris P. Paal für die hervorragende Betreuung der Promotion sowie die Aufnahme dieses Werkes in diese Schriftenreihe danken. Bedanken möchte ich mich ebenfalls bei Frau Professor Dr. Stephanie Schiedermair für die zügige Erstellung des Zweitgutachtens.

Weiterhin danke ich dem Verein zur Förderung des Deutschen, Europäischen und Vergleichenden Wirtschaftsrechts e.V. für die Gewährung eines großzügigen Druckostenzuschusses.

Mein ganz besonderer Dank gilt meiner Familie und meinen Freunden – insbesondere Lorenz Lang und Malte Cornelius –, die für mich immer ein offenes Ohr hatten und mir mit Rat und Tat zur Seite standen. Darüber hinaus bedanke ich mich von ganzem Herzen bei meiner Partnerin Lea Dirksen für ihre Unterstützung und ihre Geduld, vor allem in der Endphase dieses Projekts.

Ich widme dieses Buch meinem Vater Holger Seeland und meiner verstorbenen Mutter Immy Seeland als Dank für ihre steten und bedingungslosen Beistand.

Leipzig im Januar 2026 *Tim Seeland*

Inhaltsverzeichnis

Abkürzungsverzeichnis

a. F.	alte Fassung
a.A.	andere Ansicht
Abs.	Absatz
AEUV	Vertrag über die Arbeitsweise der Europäischen Union
AI	Artificial Intelligence
Art.	Artikel
Aufl.	Auflage
BB	Betriebs-Berater
BDSG	Bundesdatenschutzgesetz
BeckOK	Beck'scher Online-Kommentar
BfDI	Bundesbeauftragte für den Datenschutz und die Informationsfreiheit
BGB	Bürgerliches Gesetzbuch
BGH	Bundesgerichtshof
BSI	Bundesamt für Sicherheit in der Informationstechnik
BVerfG	Bundesverfassungsgericht
bzw.	beziehungsweise
CLSR	Computer Law & Security Review
CR	Zeitschrift Computer und Recht
CRi	Computer Law Review International
DB	DER BETRIEB
DÖV	Die Öffentliche Verwaltung
DSB	Datenschutzberater
DSGVO	Datenschutz-Grundverordnung

DSK	Datenschutzkonferenz
DSRI	Deutsche Stiftung für Recht und Informatik
DS-RL	Datenschutzrichtlinie
DuD	Datenschutz und Datensicherheit
DVBl	Deutsches Verwaltungsblatt
-E	Entwurf
EDPL	European Data Protection Law Review
EDSA	Europäischen Datenschutzausschuss
EDSB	Europäischer Datenschutzbeauftragter
EGMR	Europäischer Gerichtshof für Menschenrechte
EHDS-VO	Verordnung über den europäischen Gesundheitsdatenraum
EL	Ergänzungslieferung
EMRK	Europäische Kommission für Menschenrechte
EPRS	Wissenschaflticher Dienst des Europäischen Parlaments
ErwGr.	Erwägungsgrund
et al.	et alii
EU	Europäische Union
EuGH	Europäischer Gerichtshof
EuGRZ	Europäische GRUNDRECHTE-Zeitschrift
EuR	Zeitschrift Europarecht
EUV	Vertrag über die Europäische Union
EuZA	Europäische Zeitschrift für Arbeitsrecht
EuZW	Europäische Zeitschrift für Wirtschaftsrecht
f.	folgende Seite oder Fußnote
ff.	folgende Seiten oder Fußnoten
GA	Generalanwalt/Generalanwältin
GDPR	General Data Protection Regulation
GG	Grundgesetz

GRC	Charta der Grundrechte der Europäischen Union
GRUR	Gewerblicher Rechtsschutz und Urheberrecht
GRUR-Prax	Gewerblicher Rechtsschutz und Urheberrecht in der Praxis
HambDSG	Hamburgisches Datenschutzgesetz
Herv. d. Verf	Hervorhebung durch den Verfasser
Hrsg.	Herausgeber/Herausgeberin
HS.	Halbsatz
i. V. m.	in Verbindung mit
IDPL	International Data Privacy Law
InTer	Zeitschrift für Innovations- und Technikrecht
IT	Informationstechnologie
ITRB	IT-Rechtsberater
IWRZ	Zeitschrift für Internationales Wirtschaftsrecht
JA	Juristische Arbeitsblätter
jM	juris – Die Monatszeitschrift
JRP	Journal für Rechtspolitik
JuS	Juristische Schulung
Kap.	Kapitel
KI	Künstliche Intelligenz
KIR	Künstliche Intelligenz und Recht
KI-VO	Verordnung über künstliche Intelligenz
LG	Landgericht
lit.	Buchstabe
LTZ	Legal Tech – Zeitschrift für die digitale Anwendung
MMR	Zeitschrift für das Recht der Digitalisierung, Datenwirtschaft und IT
NDSG	Niedersächsisches Datenschutzgesetz
NJOZ	Neue Juristische Online-Zeitschrift

NJW	Neue Juristische Wochenschrift
NotBZ	Zeitschrift für die notarielle Beratungs- und Beurkundungspraxis
Nr.	Nummer, Nummer
NVwZ	Neue Zeitschrift für Verwaltungsrecht
NWB-EV	Zeitschrift NWB Erben und Vermögen
NZA	Neue Zeitschrift für Arbeitsrecht
OECD	Organization for Economic Co-operation and Development
OVG	Oberverwaltungsgericht
PharmR	Fachzeitschrift für das gesamte Arzneimittelrecht
PinG	Privacy in Germany
RdA	Recht der Arbeit
RDi	Recht Digital
Rn.	Randnummer
SächDSG	Sächsisches Datenschutzgesetz
TechReg	Technology and Regulation
u.a.	unter anderem
Urt.	Urteil
v.	vom
Var.	Variante
vgl.	vergleiche
WM	Zeitschrift für Wirtschafts- und Bankrecht
WP	Working Paper
ZD	Zeitschrift für Datenschutzrecht
ZdiW	Zeitschrift für das Recht der digitalen Wirtschaft
ZEuP	Zeitschrift für Europäisches Privatrecht
ZfDR	Zeitschrift für Digitalisierung und Recht
ZfPW	Zeitschrift für die gesamte Privatrechtswissenschaft

ZGI	Zeitschrift für das gesamte Informationsrecht
zit.	zitiert
ZRP	Zeitschrift für Rechtspolitik
ZUM	Zeitschrift für Urheber- und Medienrecht

Kapitel 1: Einleitung

A. Einführung

Der Einsatz von Technologien, die als Künstliche Intelligenz (KI) bezeichnet werden, ist längst keine Seltenheit mehr. Sowohl das Feld der KI-Forschung als auch der praktische Anwendungsbereich von KI-Systemen hat sich in den letzten Jahren rasant entwickelt. Diese Entwicklung ist unter anderem der exponentiell wachsenden Rechenleistung von Computern geschuldet, welche es ermöglicht, große Datenmengen sehr effizient zu verarbeiten.[1] Es besteht zwischen Wirtschaft, Wissenschaft und Politik Einigkeit dahingehend, dass der Einsatz und die Entwicklung von KI-Technologien von zentraler Bedeutung für die europäische Gesellschaft sind.[2] Dies liegt vor allem daran, dass diese Technologien in vielen verschiedenen Bereichen einsetzbar sind. Sei es bei der Vorsortierung von Bewerbungen,[3] bei der Diagnose von Alzheimer-Erkrankungen[4] oder bei der Erstellung von Nutzerprofilen in der Werbewirtschaft.[5] KI-Technologien werden daher vielfach als Schlüsseltechnologien der Moderne beschrieben.[6] Die europäische Union hat sich aus diesem Grund zum Ziel gesetzt, Europa zu einem Exzellenz-Standort für die Entwicklung von KI-Technologien zu machen.[7] Ein wichtiger Baustein für die Erreichung dieses Ziels besteht darin, das Vertrauen der Unionsbürgerinnen und -bürger in KI-Technologien zu stärken.[8] Hierfür kommt es auch und gerade auf eine rechtskonfrome KI-Entwicklung an.

---

1 Enquete-Kommission Künstliche Intelligenz, Drucksache 19/23700, 2020, S. 51; *Molavi*, JRP 2018, 7 (7); *Ringeling*, CRi 2015, 7 (8 f.).

2 Etwa *Ertel*, Grundkurs Künstliche Intelligenz, 6. Aufl., 2025, Kap. 1, S. 13 f.; Europäische Kommission, COM(2020), 19.02.2020, S. 1; Enquete Kommission Künstliche Intelligenz, Drucksache 19/23700, 2020, S. 28.

3 Hierzu *Malorny*, JuS 2022, 289 (289); *Hoffmann*, NZA 2022, 19 (19); *Joos/Meding*, CR 2020, 834 (836).

4 *Ding/Sohn* et al., Radiology 2019, 456 (456).

5 *Gausling*, ZD 2019, 335 (335).

6 Etwa *Holthausen*, RdA 2021, 19 (19); *Joos/Meding*, CR 2020, 834 (834).

7 Europäische Kommission, COM(2020), 19.02.2020, S. 1 f.

8 Vgl. Europäische Kommission, COM(2020), 19.02.2020, S. 2; *Plattform Lernende Systeme*, Datenschatz für KI nutzen, Datenschutz mit KI wahren. Technische und rechtliche

Von zentraler Bedeutung sind in diesem Zusammenhang die Fragen, welche sich aus datenschutzrechtlicher Perspektive ergeben.[9] Denn für die Entwicklung von exzellenten KI-Technologien werden große Mengen an qualitativ hochwertigen Daten benötigt.[10] Zu diesen Daten zählen auch und gerade personenbezogene Daten im Sinne des Art. 4 Nr. 1 DSGVO[11].[12] Hierfür spricht unter anderem, dass nach einer Umfrage des Verbandes bitkom[13] 66% der befragten Unternehmen angaben, auf die Verarbeitung von personenbezogenen Daten für das KI-Training angewiesen zu sein.[14]

Vor diesem Hintergrund wird bei der Entwicklung von KI-Technologien in der Regel der Anwendungsbereich des Datenschutzrechts nach Art. 2 Abs. 1 DSGVO eröffnet sein. Dementsprechend müssen die nach Art. 4 Nr. 7 DSGVO verantwortlichen Stellen den Pflichtenkanon der DSGVO einhalten. Aufgrund der Verarbeitung großer Mengen an personenbezogenen Daten für die Entwicklung von KI-Technologien liegt es nahe, dass Spannungsverhältnisse im Hinblick auf die Einhaltung der Vorgaben der DSGVO auftreten können.[15]

Besonders relevant sind in diesem Zusammenhang die Grundsätze der Datenverarbeitung aus Art. 5 Abs.1 DSGVO. Diese Grundsätze bilden

---

Ansätze für eine datenschutzkonforme, gemeinwohlorientierte Datennutzung, 2023, S. 4.

9 Vgl. DSK, Orientierungshilfe zu empfohlenen technischen und organisatorischen Maßnahmen bei der Entwicklung und beim Betrieb von KI-Systemen, 2025, S. 2.

10 *Raji*, DuD 2021, 303 (304); *Wegner* in: Leupold/Wiebe/Glossner, IT-Recht, 4. Aufl., 2021, Teil 6.5, Rn. 5; *Sarker*, SN Computer Science 2021, Article 160, 1 (2); *Specht-Riemenschneider/Blankertz/Sierek/Schneider/Knapp/Henne*, MMR-Beil. 2021, 25 (25); Enquete-Kommission Künstliche Intelligenz, Drucksache 19/23700, 2020, S. 52; *Bilski/Schmid*, NJOZ 2019, 657 (657).

11 Verordnung (EU) 2016/679 des europäischen Parlaments und des Rates vom 27. April 2016 zum Schutz natürlicher Personen bei der Verarbeitung personenbezogener Daten, zum freien Datenverkehr und zur Aufhebung der Richtlinie 95/46/EG (DSGVO).

12 *Carlini et. al*, Extracting Training Data form Large Language Models, 2021; *Pesch/Böhme*, MMR 2023, 917 (920).

13 Bitkom ist ein Branchenverband der deutschen Informations- und Technikbranche, https://www.bitkom.org/Bitkom/Ueber-uns (zuletzt abgerufen am 18.03.2024).

14 Bitkom, Pressemitteilung, 13.08.2024, abrufbar unter https://www.bitkom.org/Presse/Presseinformation/Kuenstliche-Intelligenz-benoetigt-Daten (zuletzt abgerufen am 18.03.2024).

15 *Steege/Kuß* in: Chibanguza/Kuß/Steege, Künstliche Intelligenz, 2022, § 2, C., Rn. 1; *Yang/Liu/Chen/Tong*, ACM Trans. Intell. Syst. Technol. 2019, 10. Ausgabe, Artikel 12, 1 (2); *Reichert/Radtke/Eske*, ZD 2024, 483 (484).

das normative Fundament der DSGVO.[16] Die Einhaltung der Grundsätze der Datenverarbeitung ist somit von zentraler Bedeutung, um eine Datenschutz-konforme Entwicklung von KI-Technologien zu gewährleisten. Insbesondere den Prinzipien der Zweckbindung (Art. 5 Abs. 1 lit. b DSGVO), der Datenminimierung (Art. 5 Abs. 1 lit. c DSGVO) sowie der Speicherbegrenzung (Art. 5 Abs. 1 lit. e DSGVO) wohnt im Hinblick auf die KI-Entwicklung ein erhebliches Konfliktpotenzial inne.[17]

Um den Entwicklungserfolg zu gewährleisten werden (in der Regel) große Mengen an Daten benötigt. Bei der Verarbeitung großer Datenmengen ist es besonders fraglich, ob und inwiefern gewährleistet werden kann, dass gemäß Art. 5 Abs. 1 lit. c DSGVO die Datenverarbeitung auf das für die Zweckerreichung notwendige Maße beschränkt wird. In diesem Zusammenhang kommt auch der Grundsatz der Speicherbegrenzung zum Tragen. Demnach dürfen die Trainingsdaten grundsätzlich nur bis zum Abschluss des KI-Trainings verwendet werden.

Weiterhin ergibt sich aus der selbstlernenden Struktur dieser Technologien die Frage, in welchem Maße die Verantwortlichen die Zwecke der Datenverarbeitung festlegen können, beziehungsweise wie präzise die Zweckfestlegung erfolgen kann.

Diese Arbeit konzentriert sich daher auf die Vereinbarkeit der Verarbeitung von personenbezogenen Daten bei der Entwicklung von KI-Technologien mit den Grundsätzen der Zweckbindung, Datenminimierung und Speicherbegrenzung.[18] Der Fokus der Untersuchung wird dabei auf den Zweckbindungsgrundsatz und den Grundsatz der Datenminimierung gelegt. Diese Weichenstellung folgt aus dem Befund, dass dem Grundsatz der Speicherbegrenzung innerhalb der Binnensystematik des Art. 5 DSGVO im Hinblick auf den Grundsatz der Datenminimierung eine unterstützende Funktion einnimmt.

B. Ziel der Arbeit

In den letzten Jahren hat die Diskussion über KI-Technologien sowohl auf gesellschaftlicher als auch auf politischer Ebene stark zugenommen.

16 Hierzu vertiefend Kap. 4.
17 Hierzu vertiefend Kap. 5.
18 Aus Gründen der Lesbarkeit sind unter den Grundsätzen der Datenverarbeitung im Kontext dieser Arbeit nur die Grundsätze der Zweckbindung, Datenminimierung und Speicherbegrenzung zu verstehen.

Ein Katalysator hierfür war die Veröffentlichung von Chat GPT 3 durch das Unternehmen Open AI. Generative KI-Modelle wie Chat GPT sind die Ergebnisse der rasanten technischen Entwicklung im Bereich der KI-Systeme. Die Leistungsfähigkeit neuer KI-Systeme befeuert wiederum die Diskussion über den Umgang mit diesen Technologien. Zu Recht weist die Europäische Kommission darauf hin, dass der Einsatz von KI-Systemen für den wirtschaftlichen sowie den gesellschaftlichen Fortschritt ein großes Potenzial in sich birgt.[19] Gleichzeitig sind der Einsatz und die Entwicklung von KI-Technologien mit zahlreichen noch unbeantworteten Rechtsfragen verbunden. In diesem Zusammenhang kommt dem Datenschutzrecht eine zentrale Bedeutung zu. KI-Technologien sind datenbasierte Systeme. Für deren Entwicklung müssten (teilweise) sehr große Mengen von Daten verarbeitet werden. Soweit es sich hierbei um personenbezogene Daten handelt, ist das Regelungsregime der DSGVO zu beachten. Bei der KI-Entwicklung kann es daher zu Friktionen mit den datenschutzrechtlichen Vorgaben kommen. Die Problemfelder hängen dabei auch und gerade von der Art sowie der Zielsetzung des KI-Systems ab. Unabhängig von den datenschutzrechtlichen Problemen im Einzelfall stellt sich die grundlegende Frage, ob und inwiefern die Entwicklung von KI-Systemen mit den Grundsätzen der Datenverarbeitung nach Art. 5 Abs. 1 DSGVO vereinbar ist.

Ziel dieser Arbeit ist es daher, die Vereinbarkeit der Entwicklung von KI-Systemen mit den Grundsätzen der Datenverarbeitung zu untersuchen. Diese Untersuchung erfolgt allerdings nicht anhand von ausgewählten KI-Systemen. Vielmehr wird sich auf die Gemeinsamkeiten konzentriert, die bei der Entwicklung von KI-Systemen grundsätzlich bestehen. Analysiert werden die herkömmlichen Methoden zur Beschaffung von Trainingsdaten und die grundlegenden Trainingsverfahren. Es wird herausgearbeitet, welche grundlegenden Spannungsverhältnisse bei der Entwicklung von KI-Technologien mit den Grundsätzen der Datenverarbeitung auftreten und welche Lösungen für diese Konfliktlagen durch Auslegung der DSGVO gefunden werden können. Des Weiteren werden die neben der DSGVO bestehenden Rechtsakte der EU, die sich auf die KI-Entwicklung auswirken – insbesondere die KI-Verordnung – in den Blick genommen.

Diese Arbeit hat nicht das Ziel, zu bewerten, ob und inwiefern die Entwicklung von KI-Systemen gefördert oder begrenzt werden sollte. Die Abwägung zwischen den Risiken und Vorteilen, die der Einsatz von KI-Sys-

---

19 Europäische Kommission, COM(2020), 19.02.2020, S. 1 f.

temen mit sich bringt, muss unter Beachtung der (europäischen) Grundrechte auf politischer Ebene durchgeführt werden.

C. Der Begriff der „Künstlichen Intelligenz“

Den Ausgangspunkt einer jeden juristischen Problemanalyse bildet die Definition des Untersuchungsgegenstandes. Im Nachfolgenden wird dargelegt, wie der Begriff der „Künstlichen Intelligenz“ in dieser Arbeit verstanden wird.

I. Bestimmung des Untersuchungsgegenstandes

Der Begriff der „Künstlichen Intelligenz“ wird in verschiedenen Fachrichtungen und in unterschiedlichen Kontexten verwendet.[20] Daher ist es kaum möglich, eine allgemeingültige und gleichzeitig präzise Definition von „Künstlicher Intelligenz“ zu finden.[21] Als grundlegende Übereinstimmung wird angenommen, dass eine „Künstliche Intelligenz“ gegeben ist, wenn die Entscheidungsfindung einer maschinellen Anwendung mit menschlichen Denkweisen vergleichbar und somit „Intelligent“ ist.[22] Diese Definition ermöglicht allerdings keine trennscharfe Abgrenzung von KI-Technologien zu sonstigen Anwendungen. Das liegt auch und gerade daran, dass es sich bei „Intelligenz“ um einen offenen Begriff handelt, der je nach wissenschaftlichem Kontext unterschiedlich verwendet wird und kaum allgemeingültig definiert werden kann.[23]

Im Rahmen dieser Arbeit kann die abstrakt-philosophische Frage nach der Definition von „Künstlicher Intelligenz“ allerdings vernachlässigt wer-

20 *Vogel*, Künstliche Intelligenz und Datenschutz, 2022, S. 34.

21 *Vogel*, Künstliche Intelligenz und Datenschutz, 2022, S. 35 f.; *Klaas*, MMR 2019, 84 (85); *Lorse*, NVwZ 2021, 1657 (1658); *Herberger*, NJW 2018, 2825 (2826); *Zech*, ZfPW 2019, 198 (199); vgl. *Ertel*, Grundkurs Künstliche Intelligenz, 4. Aufl., 2016, Kap. 1, S. 1 ff; vgl. *Wendehorst/Nessler/Aufreiter/Aichinger*, MMR 2024, 605 (605).

22 *Klaas*, MMR 2019, 84 (85); *Hoffmann*, NZA 2022, 19 (20); *Zech*, ZfPW 2019, 198 (199); *Malorny*, JuS 2022, 289 (290); *Botta*, ZfDR 2022, 391 (393); *Frochte*, Maschinelles Lernen, 2018, Kap. 2, S. 14.

23 *Haagen*, Verantwortung für Künstliche Intelligenz, 2021, S. 57 f.; *Malorny*, JuS 2022, 289 (290); *Herberger*, NJW 2018, 2825 (2826); vgl. *Steege*, MMR 2022, 926 (926 f.); vgl. *Seitz*, EuZW 2024, 836 (838 f.).

den.[24] Nach Art. 2 DSGVO ist der Anwendungsbereich des Datenschutzrechts eröffnet, sobald personenbezogene Daten automatisiert verarbeitet werden. Datenschutzrechtliche Spannungsverhältnisse können nur auftreten, wenn für die Entwicklung von KI-Technologien personenbezogene Daten verwendet werden. Ob und inwiefern diese Technologien tatsächlich das Prädikat der „Intelligenz" verdienen, spielt für die Eröffnung des datenschutzrechtlichen Anwendungsbereichs hingegen keine Rolle. Ausgehend hiervon sind für die Bestimmung des Untersuchungsgegenstandes solche Technologien in den Blick zu nehmen, für deren Entwicklung personenbezogene Daten verarbeitet werden und die aus einer technischen Perspektive dem Bereich der KI-Technologien zuzordnen sind. Als Ausgangspunkt hierfür sind die Rechtsakte der europäischen Union heranzuziehen.

Die DSGVO bietet keine tauglichen Anhaltspunkte für die Konkretisierung des Untersuchungsgegenstands.[25] Nach ErwGr. 15 S. 1 DSGVO wurden die Regelungen dieses Rechtsaktes bewusst technologieneutral gefasst, um die Umgehung von datenschutzrechtlichen Vorschriften zu verhindern. Auch Art. 22 DSGVO steht nicht im Widerspruch zur Technikneutralität dieses Regelungswerkes. Das Verbot der automatisierten Einzelfallentscheidung richtet sich nicht gegen konkrete Technologien, sondern vielmehr nur gegen bestimmte Praktiken.[26] Daher können aus dieser Norm keine hinreichenden Maßstäbe zur Bestimmung von KI-Technologien abgleitet werden.

Mit dem Erlass der Verordnung 2024/1689 zur Festlegung harmonisierter Vorschriften für künstliche Intelligenz (im Folgenden KI-VO) hat die Europäische Union einen Rechtsakt geschaffen, dessen Regelungsgegenstand explizit KI-Technologien sind. In diesem Rechtsakt findet sich keine Definition von „Künstlicher Intelligenz", die sich an dem Begriff der Intelligenz orientiert. Ebenso wenig wurde in der verabschiedeten Fassung ein starr technikbasierter Ansatz gewählt.[27] Dass es sich hierbei um eine bewusste Entscheidung des Verordnungsgebers handelt, kann unteranderem anhand des ErwGr. 4 S. 1 KI-VO belegt werden. Hiernach bezeichnet KI „eine Reihe von Technologien, die sich rasant entwickeln und zu vielfältigem

---

24 Vgl. *Klar*, BB 2019, 2243 (2243).

25 Vgl. *Schwartmann/Keber/Zenner*, KI-Verordnung, 2024, Teil 2, Kap. 3, Rn. 16 f; *Schürmann*, ZD 2022, 316 (317).

26 Zur Abgrenzung hinsichtlich der Regelungstechnik der KI-VO *Wendehorst* in: Martini/Wendehorst, KI-VO, 2024, Art. 3, Rn. 10; vgl. *Radtke*, RDi 2024, 353 (354).

27 *Vasel*, EuZW 2024, 829 (830); *Wendehorst/Nessker/Aufreiter/aichinger*, MMR 2024, 605 (606); *Kirschke-Biller/Füllsack* in: Schefzig/Kilian, BeckOK KI-Recht, 2. Editon, Stand: 01.05.2025, Rn. 10.

Nutzen für Wirtschaft, Umwelt und Gesellschaft über das gesamte Spektrum industrieller und gesellschaftlicher Tätigkeiten hinweg beitragen“.

Ausgehend von der durch die KI-VO vorgenommene Weichenstellung bilden die Legaldefinitionen des Art. 3 KI-VO eine taugliche Grundlage zur näheren Bestimmung des Untersuchungsgegenstandes. In der KI-VO wird zwischen zwei zentralen Arten von KI-Technologien unterschieden: Adressiert werden zum einen KI-Systeme und zum anderen KI-Modelle (mit allgemeinen Verwendungszwecken)[28], ErwGr. 97 S. 1 KI-VO. Nach Art. 3 Nr. 1 KI-VO ist ein „KI-System“ definiert als „ein maschinengestütztes System, das für einen in unterschiedlichem Grade autonomen Betrieb ausgelegt ist und das nach seiner Betriebsaufnahme anpassungsfähig sein kann und das aus den erhaltenen Eingaben für explizite oder implizite Ziele ableitet, wie Ausgaben wie etwa Vorhersagen, Inhalte, Empfehlungen oder Entscheidungen erstellt werden, die physische oder virtuelle Umgebungen beeinflussen können“.[29] Diese Definition wird noch durch erläuternde Hinweise im ErwGr. 12 KI-VO ergänzt.[30]

Demgegenüber werden KI-Modelle mit allgemeinem Verwendungszweck definiert als „ein KI-Modell – einschließlich der Fälle, in denen ein solches KI-Modell mit einer großen Datenmenge unter umfassender Selbstüberwachung trainiert wird –, das eine erhebliche allgemeine Verwendbarkeit aufweist und in der Lage ist, unabhängig von der Art und Weise seines Inverkehrbringens ein breites Spektrum unterschiedlicher Aufgaben kompetent zu erfüllen, und das in eine Vielzahl nachgelagerter Systeme oder Anwendungen integriert werden kann, ausgenommen KI-Modelle, die vor ihrem Inverkehrbringen für Forschungs- und Entwicklungstätigkeiten oder die Konzipierung von Prototypen eingesetzt werden“. Zu KI-Modellen im Sinne dieser Verordnung zählen gemäß ErwGr. 99 KI-VO große generative KI-Modelle.

Ausweislich des ErwGr. 97 S. 6, 7 KI-VO besteht der zentrale Unterschied zwischen KI-Systemen und KI-Modellen darin, dass zwar Modelle grundlegende Bestandteile von Systemen sind, allerdings den Modellen noch „Komponenten“ fehlen. KI-Systeme sind im Vergleich zu Modellen bereits auf konkrete Anwendungsfälle spezialisiert. Diese von der KI-VO

---

28 Aus Gründen der Lesbarkeit wird dieser Zusatz im Folgenden weggelassen.

29 Die gewählte Formulierung ist angelehnt an eine von der OECD erarbeiteten Definition. OECD, Recommendation of the Council on Artifical Intelligence, 2024.

30 Mittlerweile hat die Europäische Kommission weiterführende Leitlinie zur Definition von KI-Systemen veröffentlicht. Europäische Kommission, Commission Guideline on the definition of an artificial intelligence system established by Regulation (EU) 2024/1689 (AI Act), 2025.

vorgenommene Differenzierung wirkt sich erst in den Endphasen der Entwicklung von KI-Technologien aus, weshalb der begrifflichen Unterscheidung zwischen KI-System und KI-Modell für die datenschutzrechtliche Bewertung der Datenverarbeitungsvorgänge keine relevante Bedeutung beizumessen ist. Das liegt an dem Umstand, dass KI-Systeme regelmäßig auf KI-Modellen aufbauen und somit eine Kontinuität im Hinblick auf die Verarbeitung von personenbezogenen Daten im Rahmen der KI-Entwicklung besteht.

Für die vorliegende Fragestellung sind die Definitionen der KI-VO allerdings zu abstrakt, um den Untersuchungsgegenstand genau zu bestimmen. Bereits die bewegte Entstehungsgeschichte des Art. 3 Nr. 1 KI-VO verdeutlicht, dass eine konkrete Definition des Begriffes der KI-Systeme problematisch sein kann.[31] Durch die offene Definition von KI-Systemen wurde es ermöglicht, den Anwendungsbereich der KI-VO unabhängig von technologischen Neuerungen zu eröffnen und somit potenzielle Schutzlücken zu vermeiden.[32] Die hierfür notwendige definitorische Unschärfe könnte zur Folge haben, dass Technologien, die nicht dem KI-Bereich zuzuordnen sind, gleichermaßen in den Anwendungsbereich der Verordnung fallen. Es bleibt daher abzuwarten, ob die aktuelle Fassung des Art. 3 Nr. 1 KI-VO dazu geeignet ist, KI-Systeme trennscharf von anderen Systemen abzugrenzen.[33]

Diese definitorische Unsicherheit wirkt sich jedoch nicht darauf aus, dass bestimmte Technologien unzweifelhaft unter die Definition der KI-Systeme subsumiert werden können. Die relevanteste Technologie bilden in diesem Zusammenhang Anwendungen, die im Wege des maschinellen Lernens entwickelt worden sind.[34] Die Bedeutung von maschinellem Lernen ist

---

31 *Frost/Steiniger/Vivekens*, MPR 2024, 4 (7 f.); *Vasel*, EuZW 2024, 829 (830); *Kindshofer*, ZD 2024, 673 (673 f.); vertiefend zur Entstehungsgeschichte *Wendehorst* in: Martini/Wendehorst, KI-VO, 2024, Art. 3, Rn. 14 f.; *Wendehorst/Nessler/Aufreiter/Aichinger*, MMR 2024, 605 (606); *Ebers et al.*, RDi 2021, 528 (529); *Molavi*, KIR 2025, 190 (192 f.).

32 *Ashkar*/Schröder, BB 2024, 771 (773); vgl. *Wendehorst/Nessler/Aufreiter/Aichinger*, MMR 2024, 605 (606); *Fleischmann*, RDi 2025, 193 (195); *Seitz*, EuZW 2024, 836 (838).

33 In diese Richtung postiv gestimmt *Frost/Steiniger/Vivekens*, MPR 2024, 4 (7 f.); kritisch hingegen *Wendehorst/Nessler/Aufreiter/Aichinger*, MMR 2024, 605 (610); vgl. *Voigt/Hullen*, Handbuch KI-VO, 2024, S. 5; *Bierekoven*, ITRB 2023, 211 (212); *Chibanguza/Steege*, NJW 2024, 1769 (1770); *Roth-Isigkeit*, KIR 2024, 15 (16).

34 *Ertel*, Grundkurs Künstliche Intelligenz, 4. Aufl., 2016, Kap. 8, S. 191; *Kevekordes* in: Hoeren/Sieber/Holznagel, Handbuch Multimedia-Recht, Loseblatt, Stand Juni 2024, EL 62, Teil 29, Rn. 8; *Apel/Kaulartz*, RDi 2020, 24 (25); *Rohde/Schinder*, DuD 2019,

heutzutage so groß, dass die Begriffe der Künstlichen Intelligenz und des maschinellen Lernens teilweise synonym verwendet werden.[35] Weiterhin nennt der ErwGr. 12 KI-VO das maschinelle Lernen als eine zentrale Technik für die Entwicklung von KI-Systemen.[36] Darüber hinaus handelt es sich beim maschinellen Lernen grundsätzlich um ein stark datengetriebenes Verfahren für die Entwicklung von KI-Technologien. Daher sind diese Verfahren besonders für eine datenschutzrechtliche Analyse geeignet. In Ansehung der voranstehenden Ausführungen ist der Untersuchungsgegenstand auf die Entwicklung von Anwendungen durch maschinelle Lernverfahren zu begrenzen.

Des Weiteren ist in diesem Zusammenhang darauf hinzuweisen, dass die gängige Differenzierung zwischen starker und schwacher KI für die aufgeworfene Fragestellung keine Bedeutung hat. Unter „starker“ KI werden solche Systeme verstanden, welche die intellektuellen Fähigkeiten von Menschen übertreffen oder zumindest diesen Fähigkeiten entsprechen.[37] Demgegenüber werden Systeme, die der Lösung konkreter Probleme dienen, als „schwache“ KI bezeichnet.[38] Unter der Berücksichtigung des aktuellen Forschungsstandes sind alle aktuell in der Praxis genutzten KI-Systeme dem Bereich der „schwachen“ KI zuzuordnen.[39] Mithin werden nur solche datenschutzrechtlichen Probleme in dieser Arbeit verhandelt, die bei der Entwicklung von „schwachen“ KI-Systemen auftreten können.

---

627 (628); *Söbbing*, MMR 2021, 111 (111); *Wendt/Wendt*, Das neue Recht der KI, 2024, § 2, Rn. 24 f.; *Kätscher/Pesch*, KIR 2024, 46 (47); *Golland*, EuZW 2024, 846 (852).

35 *Kevekordes* in: Hoeren/Sieber/Holznagel, Handbuch Multimedia-Recht, Loseblatt, Stand Juni 2024, EL 62, Teil 29, Rn. 10.

36 Gleichzeitig folgt sowohl aus dem ErwGr. 12 KI-VO als auch aus Art. 3 Nr. 1 KI-VO, dass der gewählte Begriff der KI-Systeme nicht nur maschinelle Leranwendungen umfasst, *Kirschke-Biller/Füllsack* in: Schefzig/Kilian, BeckOK KI-Recht, 2. Editon, Stand: 01.05.2025, Rn. 21.

37 U. a. *Vogel*, Künstliche Intelligenz und Datenschutz, 2022, S. 37; *Gausling* in: Ballestrem/Bär/Gausling/Hack/Oelffen, Künstliche Intelligenz, 2020, S. 13; *Wendt/Wendt*, Das neue Recht der künstlichen Intelligenz, 2024, § 2, Rn. 16.

38 *Botta*, ZfDR 2022, 391 (394); *Martinek*, jM 2024, 326 (327).

39 *Vogel*, Künstliche Intelligenz und Datenschutz, 2022, S. 37; *Gausling* in: Ballestrem/Bär/Gausling/Hack/Oelffen, Künstliche Intelligenz, 2020, S. 13; *Botta*, ZfDR 2022, 391 (394); *Bleckat*, DuD 2020, 194 (195).

II. Verwendung des Begriffes KI-Systeme

Ausgehend von der vorgenommenen Bestimmung des Untersuchungsgegenstandes ist im nächsten Schritt ein einheitlicher Begriff für die Bezeichnung von Technologien festzulegen, die durch das maschinelle Lernverfahren entwickelt werden. In der wissenschaftlichen Behandlung von KI-Technologien werden – insbesondere seit der Einführung der KI-VO – vor allem die Bezeichnungen KI-Systeme und KI-Modelle verwendet.[40] Beide Bezeichnungen sind grundsätzlich tauglich, um den vorliegenden Untersuchungsgegenstand zu beschreiben. In Ansehung der von der KI-VO vorgenommenen Differenzierung zwischen KI-Systemen und KI-Modellen, handelt es sich bei KI-Systemen um den weiter gefassten Begriff. Jegliche Art von Anwendung, die durch maschinelles Lernen entwickelt wird, lässt sich unter diesen Begriff subsumieren. In Ansehung der von der KI-VO vorgenommenen Weichenstellung wird der Begriff der KI-Systeme stellvertretend für die in dieser Arbeit behandelten KI-Technologien verwendet.

D. Gang der Arbeit

Für die Untersuchung der Spannungsverhältnisse zwischen der Entwicklung von KI-Systemen und den Grundsätzen der Datenverarbeitung ist es zunächst notwendig, die technischen Grundlagen im Bereich der KI-Entwicklung darzustellen. Hierbei wird der Fokus mehr auf die übergeordneten Gemeinsamkeiten der einzelnen Arten von Lernverfahren gelegt als auf die detaillierte Darstellung der jeweiligen Trainingsarten.

Bevor die Grundsätze der Datenverarbeitung aus Art. 5 Abs. 1 DSGVO eingehend untersucht werden, wird im dritten Kapitel der Frage nachgegangen, ob und inwiefern KI-Systeme mit anonymisierten Daten trainiert werden können. Hierbei ist vor allem herauszuarbeiten, welche Voraussetzungen erfüllt sein müssen, damit die Anonymisierung eines personenbezogenen Datums als erfolgreich angesehen wird. Darüber hinaus wird dargestellt, inwiefern sich die Anonymisierung von Daten unter den Verarbeitungsbegriff des Art. 4 Nr. 2 DSGVO subsumieren lässt. Ebenfalls wird die sich hieraus ergebende Frage nach einer tauglichen Rechtsgrundlage

40 Beispielhaft siehe etwa *EDSA*, Stellungnahme 28/2024 zu gewissen Datenschutzaspekten der Verarbeitung personenbezogener Daten im Zusammenhang mit KI-Modellen, 2024, S. 13 f.; *Heinze/Sorge/Specht-Riemenschneider*, KIR 2024, 11 (12 ff.); *Mühlhoff/Ruschemeier*, 337 (337 ff.).

für diesen Verarbeitungsvorgang beleuchtet. Dieses Kapitel schließt mit einer Bewertung der aktuellen Möglichkeiten für die Anonymisierung von Daten sowie deren Praxistauglichkeit für die KI-Entwicklung – auch und gerade in Anbetracht des Risikos einer Re-Identifizierung der natürlichen Personen – ab.

Den Schwerpunkt dieser Arbeit bilden die Kapitel vier und fünf. Im vierten Kapitel werden die Grundsätze der Datenverarbeitung, losgelöst von der Frage der Vereinbarkeit der Entwicklung von KI-Systemen mit diesen Grundsätzen, abstrakt analysiert. Einleitend wird hierbei der Grundsatzfrage nachgegangen, welche Rechtsnatur diese Grundsätze der Datenverarbeitung aus Art. 5 Abs. 1 DSGVO haben. Anschließend wird der europäische Grundrechtsschutz von personenbezogenen Daten dargestellt und die Bedeutung der grundrechtlichen Wertungen für die Auslegung der Grundsätze der Datenverarbeitung betrachtet. Im Rahmen der inhaltlichen Auseinandersetzung mit den Vorgaben aus Art. 5 Abs. 1 DSGVO werden vor allem das Prinzip der Datenminimierung und der Grundsatz der Zweckbedingung eingehend untersucht. Die hieraus gewonnenen Erkenntnisse bilden die Grundlage für die Überprüfung der Vereinbarkeit der Entwicklung von KI-Systemen mit den Grundsätzen der Datenverarbeitung.

Die zentrale Frage dieser Arbeit nach den Spannungsverhältnissen zwischen der Entwicklung von KI-Systemen und den Grundsätzen der Datenverarbeitung wird im fünften Kapitel behandelt. Dabei werden zunächst die verschiedenen Arten der Trainingsdatenbeschaffung analysiert. Anschließend wird untersucht, welche besonderen Konfliktlagen bei den im zweiten Kapitel dargestellten maschinellen Lernverfahren auftreten können.

Abschließend werden im sechsten Kapitel die weiteren Rechtsakte der EU in den Blick genommen, die sich auf die Verarbeitung von personenbezogenen Daten zum Zwecke der Entwicklung von KI-Technologien auswirken können. Der Fokus der Untersuchung ist hierbei darauf zu legen, ob und inwiefern diese die DSGVO flankierenden Rechtsakte, die im Kapitel fünf herausgearbeiteten datenschutzrechtlichen Konfliktlagen beseitigen können.

Kapitel 2: Grundlagen der maschinellen Lernverfahren

Die Grundidee des maschinellen Lernens ist es, einen Algorithmus[41] mit Daten zu trainieren, damit dieser in der Lage ist, Muster und Regelmäßigkeiten in anderen Datensätzen zu erkennen.[42] Hierbei kommen verschiedene Trainingsmethoden in Betracht. Differenziert wird zwischen dem überwachten Lernen (Supervised Learning), dem unüberwachten Lernen (Unsupervised Learning) und dem verstärkenden Lernen (Reinforcement Learning).[43] Die Wahl der jeweiligen Trainingsmethode hängt davon ab, welche Art von KI-System entwickelt werden soll.[44] In dem Training des Algorithmus liegt dabei ein wesentlicher Unterschied zwischen Künstlicher Intelligenz und „klassischer" Software. Klassische Software basiert auf im Vorhinein festgelegten Regeln, wohin gegen KI die Regeln erst aufgrund der Verarbeitung von Trainingsdaten erlernt.[45] Im Folgenden werden die unterschiedlichen Trainingsmethoden und deren Anwendungsbereich in der gebotenen Kürze dargestellt.

A. Überwachtes Lernen

Der Großteil der aktuellen maschinellen Lernanwendungen werden im Wege des überwachten Lernens trainiert.[46] Beim überwachten Lernen werden dem Algorithmus Trainingsdaten zur Verfügung gestellt, bei denen im

41 Der Begriff Algorithmus wird definiert, als eine Folge von Anweisungen, die ausgeführt werden müssen, um eine Eingabe in eine Ausgabe zu transformieren. *Alpaydin*, Maschinelles Lernen, 2. Aufl., 2019, Kap. 1, S. 2.

42 *Kevekordes* in: Hoeren/Sieber/Holznagel, Handbuch Multimedia-Recht, Loseblatt, Stand Juni 2024, EL 62, Teil 29, Rn. 10; *Voudoulaki*, ZGI 2025, 9 (10).

43 *Stiemerling* in: Kaulartz/Braegelmann, Artificial Intelligence und Machine Learning, 2020, Kap. 2.1, Rn. 14; *Hacker*, Innovation and Technology 2021, Vol. 13, NO. 2, 257 (257), *Voudoulaki*, ZGI 2025, 9 (10).

44 Vgl. *Sarker*, SN Computer Science 2021, Article 160, 1 (2); *Frochte*, Maschinelles Lernen, 2018, Kap. 2, S. 12 ff.; *Alpaydin*, Maschinelles Lernen, 2. Aufl., 2019, Kap. 1, S. 4 ff.

45 *Baum* in: Leupold/Wiebe/Glossner, IT-Recht, 4. Aufl., 2021 Teil 9.1, Rn. 9, 10; *Frochte*, Maschinelles Lernen, 2018, Kap. 2, S. 20.

46 *Apel/Kaulartz*, RDi 2020, 24 (25); *Busche*, JA 2023, 441 (442).

Vorhinein festgelegt wird, welcher Input zu welchem Output führt.[47] Man spricht hierbei von dem Klassifizieren oder Labeln der Trainingsdaten.[48] Durch dieses Verfahren soll der Algorithmus darauf trainiert werden, auch bei unbekannten Daten anhand des Inputs, den gewünschten Output zu generieren.[49] Diese Trainingsmethode wird vielfach im Bereich der Klassifizierung oder der Regression eingesetzt.[50]

Bei der Klassifizierung geht es im Kern darum, ein Ergebnis aus unbekannten Daten anhand von statischen Variablen zu extrahieren.[51] Als Beispiel hierfür ist die Bilderkennung. So kann ein Algorithmus darauf trainiert werden, Hunde auf Bildern zu erkennen. Als Ausgabe erhält man in diesen Fällen die Information, dass entweder ein Hund oder kein Hund auf dem Bild zu sehen ist. Weiterhin gehört zur Klassifizierung der Bereich der Prädiktion.[52] So können alte Daten von Bankkunden dazu genutzt werden, das KI-System dahingehend zu trainieren, die Kreditwürdigkeit von zukünftigen Kunden zu ermitteln. Das KI-System kann in diesen Fällen die Bankkunden in die Kategorien „kreditwürdig" oder „kreditunwürdig" einteilen. Die hier genannten Beispiele dürfen nicht dahingehend missverstanden werden, dass Klassifizierungsverfahren immer nur binär ablaufen. Vielmehr können nahezu beliebig viele Ergebnismöglichkeiten aufgenommen werden. So beruht die Entwicklung von Gesichtserkennungssoftware auf dem Einsatz des Klassifizierungsverfahrens.[53]

Demgegenüber dient das Regressionsverfahren nicht dazu, Daten in bestimmte Klassen einzuordnen, sondern eine Aussage darüber zu treffen, wie sich ein bestimmter Wert entwickeln wird. Es wird hierbei also nicht

---

47 *Kaulartz* in: Kaulartz/Braegelmann, Rechtshandbuch Artificial Intelligenz und Machine Learning, 2020, Kap. 2, Rn. 17; *Frochte*, Maschinelles Lernen, 2018, Kap. 2, S. 20; *Baum* in: Leupold/Wiebe/Glossner, IT-Recht, 4. Aufl., 2021 Teil 9.1, Rn. 15.

48 *Apel/Kaulartz*, RDi 2020, 24 (25).

49 *Bilski/Schmid*, NJOZ 2019, 657 (657); *Frochte*, Maschinelles Lernen, 2018, Kap. 2, S. 20; *Kaulartz* in: Kaulartz/Braegelmann, Rechtshandbuch Artificial Intelligenz und Machine Learning, 2020, Kap. 2, Rn. 9.

50 *Baum* in: Leupold/Wiebe/Glossner, IT-Recht, 4. Aufl., 2021 Teil 9.1, Rn. 19; *Flach*, Machine Learning, 2012, Kap. 1, S. 14; *Sarker*, SN Computer Science 2021, Article 160, 1 (2 f.); *Alpaydin*, Maschinelles Lernen, 2. Aufl., 2019, Kap. 1, S. 10.

51 *Alpaydin*, Maschinelles Lernen, 2. Aufl., 2019, Kap. 1, S. 5; *Baum* in: Leupold/Wiebe/Glossner, IT-Recht, 4. Aufl., 2021 Teil 9.1, Rn. 20; *Frochte*, Maschinelles Lernen, 2018, Kap. 2, S. 21.

52 *Alpaydin*, Maschinelles Lernen, 2. Aufl., 2019, Kap. 1, S. 6.

53 *Alpaydin*, Maschinelles Lernen, 2. Aufl., 2019, Kap. 1, S. 8.

mit statischen, sondern mit kontinuierlichen Variablen gearbeitet.[54] Trotz dieser (mathematischen) Unterscheidung können Regressions- und Klassifikationsverfahren zu ähnlichen Zwecken eingesetzt werden.[55]

Unabhängig davon, ob das KI-System zum Zwecke der Klassifikation oder der Regression trainiert, liegt der Vorteil des überwachten Lernverfahren vor allem darin, dass die Qualität der Daten aufgrund deren Veredelung durch das Labelingverfahren hoch ist.[56] Darin besteht wiederum der größte Nachteil des überwachten Lernens. Die Klassifizierung der Daten ist sehr zeit intensiv und damit kostenaufwendig.[57]

B. Unüberwachtes Lernen

Der Unterschied zwischen überwachten und unüberwachten Lernen ergibt sich bereits aus ihren Bezeichnungen. Beim unüberwachten Lernen werden die Trainingsdaten nicht im Vorhinein klassifiziert. Vielmehr wird bezweckt, dass der Algorithmus aus den Trainingsdaten eigene Muster erkennt.[58] Es wird hier nicht mit aufbereiteten Daten, sondern mit Rohdaten gearbeitet. Eine der wichtigsten Zwecke des unüberwachten Lernens ist die Cluster-Analyse.[59] Hierbei sortiert der Algorithmus die Rohdaten nach ihrer Ähnlichkeit in Gruppen ein. Der Unterschied zur Klassifizierung beim überwachten Lernen besteht darin, dass die Gruppen nicht vorher festgelegt werden.[60] Ziel der Cluster-Analyse ist es, unbekannte Korrelationen aufzuzeigen und neue Erkenntnisse zu gewinnen.[61]

---

54 Vgl. *Baum* in: Leupold/Wiebe/Glossner, IT-Recht, 4. Aufl., 2021 Teil 9.1, Rn. 21; *Frochte*, Maschinelles Lernen, 2018, Kap. 2, S. 22; *Sarker*, SN Computer Science 2021, Article 160, 1 (8).

55 *Baum* in: Leupold/Wiebe/Glossner, IT-Recht, 4. Aufl., 2021 Teil 9.1, Rn. 21; *Frochte*, Maschinelles Lernen, 2018, Kap. 2, S. 22.

56 *Frochte*, Maschinelles Lernen, 2018, Kap. 2, S. 20.

57 *Baum* in: Leupold/Wiebe/Glossner, IT-Recht, 4. Aufl., 2021 Teil, Rn. 15; *Frochte*, Maschinelles Lernen, 2018, Kap. 2, S. 20.

58 *Frochte*, Maschinelles Lernen, 2018, Kap. 2, S. 24; *Alpaydin*, Maschinelles Lernen, 2. Aufl., 2019, Kap. 1, S. 12.

59 *Frochte*, Maschinelles Lernen, 2018, Kap. 2, S. 24; *Alpaydin*, Maschinelles Lernen, 2. Aufl., 2019, Kap. 1, S. 12.

60 *Frochte*, Maschinelles Lernen, 2018, Kap. 2, S. 25.

61 *Bilski/Schmid*, NJOZ 2019, 657 (658); *Frochte*, Maschinelles Lernen, 2018, Kap. 2, S. 24.

C. Bestärkendes Lernen

Das dritte grundlegende Verfahren des maschinellen Lernens ist das bestärkende Lernen. Ziel des bestärkenden Lernens ist es, Prozesse zu optimieren, die aufeinander aufbauender Entscheidungen bedürfen.[62] Als klassische Beispiele hierfür dienen Brettspiele wie Schach oder Go.[63] Bei diesen Spielen gibt es ein klar definiertes Regelwerk, das festlegt, wie sich der Spieler bei jedem Zug verhalten kann. Ob die Entscheidung des Spielers korrekt war, hängt von dem Ergebnis der Partie und damit von den nachfolgenden Spielzügen ab. Dem Algorithmus beizubringen, welcher Spielzug jeweils der korrekte ist, lässt sich nicht sinnvoll durch ein überwachtes Lernverfahren erreichen. Zum einen gibt es so zahlreiche mögliche Entscheidungen, dass ein Training hierfür einen nicht darstellbaren Zeitaufwand mit sich bringen würde. Zum anderen ist im Vorhinein regelmäßig nicht feststellbar, ob ein Zug richtig oder falsch ist.[64] Beim bestärkenden Lernverfahren wird daher dem Algorithmus im Nachhinein ein positives oder ein negatives Feedback für die durchgeführte Aufgabe gegeben.[65] Anhand dieses Feedbacks optimiert der Algorithmus seine Entscheidungen für den nächsten Prozess.

D. Tiefes Lernen und künstliche neuronale Netzwerke

Die gesamtgesellschaftliche Aufmerksamkeit bezüglich des Einsatzes und der Entwicklung von KI-Technologien ist auch und gerade dem Erfolg geschuldet, welcher durch den Einsatz von tiefen Lernverfahren und künstlichen neuronalen Netzwerken erzielt worden ist.[66] Genau genommen handelt es sich beim tiefen Lernen nicht um eine eigenständige Trainingsmethode.[67] Die bereits dargestellten Trainingsmethoden des überwachten, unüberwachten und verstärkenden Lernens bilden vielmehr die Basis des

---

62 *Frochte*, Maschinelles Lernen, 2018, Kap. 2, S. 24; *Sarker*, SN Computer Science 2021, Article 160, 1 (13).

63 *Sarker*, SN Computer Science 2021, Article 160, 1 (13); *Alpaydin*, Maschinelles Lernen, 2. Aufl., 2019, Kap. 18, S. 535.

64 *Alpaydin*, Maschinelles Lernen, 2. Aufl., 2019, Kap. 18, S. 535; *Frochte*, Maschinelles Lernen, 2018, Kap. 2, S. 24.

65 *Alpaydin*, Maschinelles Lernen, 2. Aufl., 2019, Kap. 18, S. 535; *Frochte*, Maschinelles Lernen, 2018, Kap. 2, S. 24.

66 Vgl. *Frochte*, Maschinelles Lernen, 2018, Kap. 7, S. 161; *Baum* in: Leupold/Wiebe/Glossner, IT-Recht, 4. Aufl., 2021 Teil 9.1, Rn. 29 f.; *Söbbing*, MMR 2021, 111 (111).

67 Vgl. *Voudoulaki*, ZGI 2025, 9 (10); *Lauscher/Legner*, ZfDR 2022, 367 (370).

tiefen Lernens.[68] Im Vergleich zu herkömmlichen maschinellen Lernverfahren können beim tiefen Lernen größere Mengen an komplexen Daten verarbeitet werden.[69] Daher werden die Modelle des tiefen Lernens häufig im Bereich der Bild- oder Spracherkennung eingesetzt.[70] Dies gelingt, indem künstliche neuronale Netzwerke programmiert und eingesetzt werden.[71]

Die Bezeichnung „künstlich neuronale Netzwerke" folgt aus dem Umstand, dass diese Netzwerke abstrakt dem Aufbau des menschlichen Gehirns nachempfunden sind.[72] Bei künstlich neuronalen Netzwerken gibt es nicht nur eine Input- und eine Output-Schicht, sondern es sind versteckte Schichten (Hidden Layers) eingefügt.[73] Die Input-, Output- und versteckten Schichten bestehen aus einer im vorhinein festgelegten Anzahl von „Neuronen". Diese „Neuronen" sind wiederum durch „Synapsen" miteinander verbunden.[74] In der Lernphase wird – vereinfacht ausgedrückt – das neuronale Netz mit Daten trainiert, bis die Verbindung zwischen den „Synapsen" und „Neuronen" bei der Eingabe von Daten den gewünschten Output generiert.[75]

---

68 *Tufféry*, Deep Learning, 2023, Kap. 7, S. 270 f.; *Biallaß* in: Ory/Weth, jurisPK-ERV, Band 1, 2. Aufl., 2022, Kap. 8, Rn. 360 f; *Niederee/Nejdl* in: Ebers/Heinze/Krügel/Seinrötter, Künstliche Intelligenz und Robotik, 2020, § 2, Rn. 67.

69 Vgl. *Goodfellwo/Bengio/Courville*, Deep learning, 2016, S. 5 f.; *Tufféry*, Deep Learning, 2023, Kap. 7, S. 269; *Molavi*, KIR 2025, 190 (192); *Niederee/Nejdl* in: Ebers/Heinze/Krügel/Seinrötter, Künstliche Intelligenz und Robotik, 2020, § 2, Rn. 57;

70 *Söbbing*, MMR 2021, 111 (111); *Niederee/Nejdl* in: Ebers/Heinze/Krügel/Seinrötter, Künstliche Intelligenz und Robotik, 2020, § 2, Rn. 64; *Baum* in: Leupold/Wiebe/Glossner, IT-Recht, 4. Aufl., 2021 Teil 9.1, Rn. 29.

71 Das Konzept der neuronalen Netzwerke ist nicht neu. Der Erfolg dieser Netzwerke ist maßgeblich dem technologischen Fortschritt geschuldet. Hierdurch wurde es möglich, größere und effizientere neuronale Netzwerke zu entwickeln. *Niederee/Nejdl* in: Ebers/Heinze/Krügel/Seinrötter, Künstliche Intelligenz und Robotik, 2020, § 2, Rn. 57; *Baum* in: Leupold/Wiebe/Glossner, IT-Recht, 4. Aufl., 2021 Teil 9.1, Rn. 26; *Goodfellow*, Deep Learning, 2016, S. 12 ff.

72 *Baum* in: Leupold/Wiebe/Glossner, IT-Recht, 4. Aufl., 2021 Teil 9.1, Rn. 25; *Flöter/Cordes*, GRUR-Prax 2024, 668 (668).

73 *Biallaß* in: Ory/Weth, jurisPK-ERV, Band 1, 2. Aufl., 2022, Kap. 8, Rn. 358; *Baum* in: Leupold/Wiebe/Glossner, IT-Recht, 4. Aufl., 2021 Teil 9.1, Rn. 25; *Stiemerling* in: Kaulartz/Braegelmann, Artificial Intelligence und Machine Learning, 2020, Kap. 2.1, Rn. 22; *Werkmeister/Laux*, PinG 2023, 103 (103 f.).

74 *Stiemerling* in: Kaulartz/Braegelmann, Artificial Intelligence und Machine Learning, 2020, Kap. 2.1, Rn. 22; *Flöter/Cordes*, GRUR-Prax 2024, 668 (668); *Baum* in: Leupold/Wiebe/Glossner, IT-Recht, 4. Aufl., 2021 Teil 9.1, Rn. 25.

75 *Flöter/Cordes*, GRUR-Prax 2024, 668 (668); vertiefend hierzu *Stiemerling* in: Kaulartz/Braegelmann, Artificial Intelligence und Machine Learning, 2020, Kap. 2.1,

Ein bedeutsames Feld des tiefen Lernens ist die Entwicklung von generativen KI-Modellen.[76] Die (wohl) bekannteste Anwendung dieser Art ist das von OpenAI entwickelte Programm ChatGPT. ChatGPT generiert anhand des vom Nutzer festgelegten Inputs (Prompts) neue Texte. Damit die mit tiefem Lernen trainierten Anwendungen zufriedenstellende Ergebnisse erzielen können, bedarf es einer sehr großen Menge an Trainingsdaten.[77]

E. Ergebnis

Für die Entwicklung von KI-Systemen kann auf unterschiedliche Trainingsmethoden zurückgegriffen werden. Dabei hängt die Auswahl der Trainingsmethode davon ab, welches Ziel mit dem KI-System verfolgt werden soll. Alle Trainingsmethoden haben gemeinsam, dass ein gut funktionierendes KI-System nur durch das Training mit einer großen Menge an qualitativ hochwertigen Trainingsdaten entwickelt werden kann. Welche Spannungsverhältnisse durch die Wahl des Lernverfahrens im Hinblick auf die Grundsätze der Datenverarbeitung entstehen können, wird im fünften Kapitel untersucht.

Das tiefe Lernen wird allerdings nicht gesondert behandelt. Die Bedeutung des tiefen Lernens ergibt sich aus der Architektur der künstlichen neuronalen Netze. Das Training dieser Systeme erfolgt jedoch anhand der grundlegenden Lernverfahren, sodass sich für die in dieser Arbeit gewählte Perspektive keine Besonderheit für das tiefe Lernen ergibt.

Rn. 27 f.; *Niederee/Nejdl* in: Ebers/Heinze/Krügel/Seinrötter, Künstliche Intelligenz und Robotik, 2020, § 2, Rn. 66 ff.

76 *Kätscher/Pesch*, KIR 2024, 46 (47 f.).

77 *Baum* in: Leupold/Wiebe/Glossner, IT-Recht, 4. Aufl., 2021 Teil 9.1, Rn. 28; *Morik*, Digitale Welt, 2018 22 (23); *Berz/Engel/Hacker*, ZUM 2023, 586 (587); *Gausling*, PinG 2019, 61 (63).

Kapitel 3: Anonyme Daten für die KI-Entwicklung

Die Entwicklung von KI-Systemen fußt – in der Regel – auf der Verarbeitung von erheblichen Mengen an Daten.[78] Wenn und soweit diese Daten einen Personenbezug im Sinne des Art. 4 Nr. 1 DSGVO aufweisen, ist der sachliche Anwendungsbereich der DSGVO nach Art. 2 Abs. 1 DSGVO eröffnet. Datenschutzrechtliche Konfliktlagen können daher bei der KI-Entwicklung durch die ausschließliche Verwendung von nicht-personenbezogenen Daten vermieden werden. Aus diesem Befund einen Appell an die Verantwortlichen abzuleiten, bei der KI-Entwicklung auf die Verarbeitung von personenbezogenen Daten zu verzichten, greift jedoch zu kurz.

Zum einen hängt es von dem geplanten Einsatzzweck des KI-Systems ab, ob und inwiefern für die Entwicklung des KI-Systems personenbezogenen Daten benötigt werden.[79] Soll ein KI-System darauf trainiert werden, Muster in menschlichen Verhaltensweisen zu erkennen, bedarf es hierfür (grundsätzlich) Trainingsdaten, die einem Personenbezug aufweisen.[80] Ein Verzicht auf die Verarbeitung von personenbezogenen Daten kann dementsprechend mit dem Entwicklungsziel unvereinbar sein.

Zum anderen führt die weite Definition von personenbezogenen Daten nach Art. 4 Nr. 1 DSGVO dazu,[81] dass die Feststellung des Personenbezuges bzw. des fehlenden Personenbezuges im Einzelfall mit erheblichen Schwierigkeiten verbunden sein kann.[82] Insbesondere darf bei der Verarbeitung von großen Datenmengen nicht vorschnell davon ausgegangen werden, dass kein Datum einen Personenbezug aufweist. Vielmehr muss anhand des Maßstabs des Art. 4 Nr. 1 DSGVO jedes einzelne Datum auf eine Personenbeziehbarkeit hin überprüft werden. Hierfür spricht

78 *Bierekoven*, ITRB 2023, 211 (212); *Paal* in: Kaulartz/Braegelmann, Artificial Intelligenz und Machine Learning, 2020, Kap. 8.7, Rn. 1.

79 Enquete-Kommission Künstliche Intelligenz, Drucksache 19/23700, 2020, S. 52.

80 *Raji*, DuD 2021, 303 (304); Enquete-Kommission Künstliche Intelligenz, Drucksache 19/23700, 2020, S. 69.

81 Zur Definition von personenbezogenen Daten gemäß Art. 4 Nr. 1 DSGVO unter Kap. 3, A.I.

82 *Paal* in: Kaulartz/Braegelmann, Rechtshandbuch Artificial Intelligenz und Machine Learning, 2020, Kap. 8.7, Rn. 29; *Schweitzer*, GRUR 2019, 569 (572); *Czychowski/Siesnayer* in: Taeger/Pohle, Computerrechts-Handbuch, Loseblatt, Werkstand EL 40 März 2025, Teil 2, 20.5, Rn. 7.

Art. 2 Abs. 2 S. 1 VO Nr. 2018/1807[83], wonach innerhalb des gleichen Datensatzes streng zwischen personenbezogenen und nicht-personenbezogenen Daten zu differenzieren ist. Wenn und soweit personenbezogene und nicht-personenbezogene Daten „untrennbar" miteinander verbunden sind, bleibt nach Art. 2 Abs. 2 S. 2 VO Nr. 2018/1807 die DSGVO anwendbar. Es ist demnach aus einer praktischen Perspektive nicht ohne weiteres möglich, für das Training von KI-Systemen auf die Verwendung von personenbezogenen Daten zu verzichten und somit die Eröffnung des Anwendungsbereiches der DSGVO zu umgehen.

Vor diesem Hintergrund wird zunehmend die Möglichkeit der Verwendung von anonymisierten Daten diskutiert.[84] Nach ErwGr. 26 S. 5 DSGVO sollen die Grundsätze des Datenschutzes nicht für anonymisierte Daten gelten. Anders ausgedrückt: die Verarbeitung von anonymisierten Daten eröffnet nicht den Anwendungsbereich der DSGVO.[85] Für die Anonymisierung von (personenbezogenen) Daten kann auf verschiedene technische Verfahren zurückgegriffen werden, wobei im Wesentlichen zwischen zwei Methoden – der Randomisierung[86] und der Generalisierung[87] – unterschieden wird.[88] Im Idealfall wird durch die Anonymisierungsverfahren der Personenbezug der Information aufgehoben, ohne dass es zu einem Informationsverlust kommt.[89] Aus diesem Grund wird die Anonymisierung als „Königsweg" für den Schutz von personenbezogenen Daten durch Technik

---

83 VO EU 2018/1807 des Europäischen Parlament und des Rates vom 14.11.2018 über einen Rahmen für den freien Verkehr nicht-personenbezogener Daten in der europäischen Union.

84 Hierzu u. a. *Stürmer*, ZD 2020, 626 (626 f.); *Thüsing/Rombey*, ZD 2021, 548 (548 f.); *Karg*, DuD 2015, 520 (520 f.); *Raji*, DuD 2021, 303 (303 f.); *Hözel*, DuD 2018, 502 (502).

85 *Ernst* in: Paal/Pauly, DS-GVO/BDSG, 3. Aufl., 2021, DSGVO, Art. 4, Rn. 48.

86 Die Randomisierung ist eine Überkategorie für Anonymisierungsverfahren, bei denen die einzelnen Informationen so verändert werden, sodass eine Zuordnung zur ursprünglich betroffenen Person nicht mehr möglich sein soll. Vertiefend hierzu *Art.-29-Datenschutzgruppe*, WP 216, 2014, S. 12 f.

87 Die Generalisierung ist ebenfalls eine Überkategorie der Anonymisierungsverfahren. Hierbei wird die Detailschärfe der Informationen durch unpräzisere Werte ersetzt. Vertiefend hierzu *Art.-29-Datenschutzgruppe*, WP 216, 2014, S. 16 f.

88 Hierzu vertiefend *Art.-29-Datenschutzgruppe*, WP 216, 2014, S. 11 ff; hierauf bezugnehmend *Hansen* in: Simitis/Hornung/Spiecker gen. Döhmann, Datenschutzrecht, 2. Aufl., 2025, DSGVO, Art. 4 Rn. 54 f.; *Hammer* in: Jandt/Steidle, Datenschutz im Internet, 2. Aufl., 2025, VI. Rn. 275 f.

89 Vgl. *Art.-29-Datenschutzgruppe*, WP 216, 2014, S. 5; so auch *Winter/Battis/Halvani*, ZD 2019, 489 (491); *Stürmer*, ZD 2020, 626 (627).

bezeichnet.[90] Für die KI-Entwicklung ist die Verwendung von anonymisierten Daten besonders relevant, da hierdurch nicht nur die Informationsqualität gesichert wird, sondern unbegrenzt viele anonymisierte Daten verwendet werden können.[91]

In der Theorie ist die Verwendung von anonymisierten Daten prima facie geeignet, um datenschutzrechtliche Spannungsverhätlnisse bei der KI-Entwicklung zu vermeiden. Die beachtliche Anzahl an datenschutzrechtlichen Beiträgen zum Thema der Anonymisierung von Daten legen hingegen den Schluss nahe, dass die Verwendung sowie die Erstellung von anonymisierten Daten mit rechtlichen Problemen behaftet ist.[92] Im Folgenden werden die datenschutzrechtlichen Problemfelder, welche sich im Zusammenhang mit der Anonymisierung von Daten ergeben, eingehend untersucht. Der Fokus liegt hierbei vor allem auf den rechtlichen Anforderungen an die Anonymisierung sowie auf der Frage, ob es sich hierbei um einen rechtfertigungsbedürftigen Verarbeitungsvorgang im Sinne des Art. 4 Nr. 2 DSGVO handelt. Ausgehend hiervon ist zu bewerten, ob und inwiefern die Erstellung und Nutzung von anonymisierten Daten für die KI-Entwicklung praxis tauglich ist.

A. Der Begriff der Anonymisierung

Die DSGVO definiert den Begriff der Anonymisierung nicht explizit.[93] Im Hinblick auf die bereits dargestellten Vorteile, welche sich aus der Verwendung von anonymen Daten ergeben können, erscheint dies als ein Versäumnis des Verordnungsgebers. Dieser Eindruck verfliegt, sobald der Begriff der Anonymisierung unter der Beachtung der DSGVO näher in den Blick genommen wird. Ausgangspunkt hierfür bildet der

90 So etwa *Hornung/Wagner*, ZD 2020, 223 (223); *Schantz/Wolff*, Das neue Datenschutzrecht, 2017, Rn. 300; *Raji*, DuD 2021, 303 (306); *Kühling/Schildbach*, ZfDR 2024, 1 (9).

91 Vgl. *Hornung/Wagner*, ZD 2020, 223 (223); *Zeck/Räther* in: Moosmayer/Lösler, Corportae Compliance, 4. Aufl., 2024, 2. Abschnitt, Kap- 3, § 27, Rn. 79.

92 U. a. *Hornung/Wagner*, ZD 2020, 223 (223 f.); *Roßnagel*, ZD 2021, 188 (188 f.); *Stummer*, DuD 2023, 354 (354 f.); *Stürmer*, ZD 2020, 626 (626 f.); *Anderl/Kruesz*, MMR 2023, 255 (255 f.); *Jäger et. al.*, ZD 2024, 490 (490 f.).

93 *Raji*, DuD 2021, 303 (306); *Ernst* in: Paal/Pauly, DS-GVO/BDSG, 3. Aufl., 2021, DSGVO, Art. 4, Rn. 48; *Ziebarth* in: Sydow/Marsch, DS-GVO - BDSG, 3. Aufl., 2022, DSGVO, Art. 4, Rn. 26; *Bischoff*, PharmR 2020, 309 (312); *Kalbunde* in: Ehmann/Selmayr, DS-GVO, 3. Aufl., 2024, Art. 4, Rn. 20.

ErwGr. 26 S. 5 DSGVO. Demnach ist eine Information anonym, wenn sie sich nicht oder nicht mehr auf eine identifizierte oder identifizierbare natürliche Person bezieht. Anonyme Daten stellen die Kehrseite von personenbezogenen Daten dar.[94] Mithin lässt sich die Anonymisierung als ein Vorgang beschreiben, der darauf gerichtet ist, den Personenbezug eines Datums aufzuheben.[95] Ein anonymisiertes Datum liegt erst vor, wenn eine Re-Identifizierung ausgeschlossen, also nach der Definition des Art. 4 Nr. 1 DSGVO der Personenbezug der Information nicht mehr gegeben ist.[96]

Den rechtlichen Dreh- und Angelpunkt für die Anonymisierung bildet die Frage, unter welchen Voraussetzungen eine Information einen Personenbezug aufweist. Diese Thematik beschäftigt die Literatur und Rechtsprechung bereits seit der Einführung der DS-RL.[97] Die Diskussion, ob und inwiefern dynamische IP-Adressen[98] einen Personenbezug aufweisen, illustriert anschaulich die Herausforderungen, welche sich im Einzelfall bei der Klassifizierung einer Information als personenbezogenes Datum ergeben können.[99] Auch die Ablösung der DS-RL durch die DSGVO hat nicht dazu beigetragen, diese Problematik aufzulösen.[100] Insbesondere für

---

94 *Schneider* in: Specht/Mantz, Handbuch Europäisches und deutsches Datenschutzrecht, 2019, Teil B, § 15, Rn. 36; *Karg*, DuD 2015, 520 (523); *Schmitz* in: Moos/Schefzig/Arning, DSGVO, 2. Aufl., 2021, Kap. 2, Rn. 59; *Klar/Kühling* in: Kühling/Buchner, DS-GVO/BDSG, 4. Aufl., 2024, DSGVO, Art. 4 Nr. 1, Rn. 31; *Gierschmann*, ZD 2021, 482 (482); *Hölzel*, DuD 2018, 502 (506).

95 *Petrlic/Sorge*, Datenschutz, 2017, S. 13; *Ernst* in: Paal/Pauly, DS-GVO/BDSG, 3. Aufl., 2021, DSGVO, Art. 4, Rn. 48; *Schantz/Wolff*, Das neue Datenschutzrecht, 2017, Rn. 297; ähnliche Definitionsansätze finden sich auch in einigen Landesdatenschutzgesetzen vgl. § 11 Abs. 2 HambDSG; § 24 Nr. 18 NDSG; § 3 Abs. 2 S. 2 Nr. 4 SächDSG.

96 Vgl. *Haase*, Datenschutzrechtliche Fragen des Personenbezuges, 2015, S. 287; *Nink/Pohle*, MMR 2015, 563 (564); *Klar/Kühling* in: Kühling/Buchner, DS-GVO/BDSG, 4. Aufl., 2024, DSGVO, Art. 4 Nr. 1, Rn. 32; *Marnau*, DuD 2016, 428 (429); *Hölzel*, DuD 2018, 502 (506); *Arning/Rothkegel* in: Taeger/Gabel, DSGVO/BDSG/TTDSG, 4. Aufl., 2022, DSGVO, Art. 4, Rn. 48.

97 Hierzu etwa *Art.-29-Datenschutzgruppe*, WP 136, 2007; EuGH, Urt. v. 6.12.2016 – C-582/14 = NJW, 3579 – Breyer; *Krüger/Maucher*, MMR 2011, 433 (433 f.); *Specht/Müller-Riemenschneider*, ZD 2014, 71 (71 f.); *Brink/Eckhardt*, ZD 2015, 205 (205 f.); *Krügel*, ZD 2017, 455 (455).

98 Zu dem Begriff der dynamischen IP-Adresse *Schantz/Wolff*, Das neue Datenschutzrecht, 2017, Rn. 285.

99 Hierzu EuGH, Urt. v. 6.12.2016 – C-582/14 = NJW, 3579 – Breyer; *Mantz*, ZD 2013, 626 f.; *Kühling/Klar*, ZD 2017, 27 f.; *Specht/Müller-Riemenschneider*, ZD 2014, 71 ff.

100 Vgl. *Klar/Kühling* in: Kühling/Buchner, DS-GVO/BDSG, 4. Aufl., 2024, DSGVO, Art. 4 Nr. 1, Rn. 26.

die Praxis ist es von erheblicher Bedeutung, dass die Bestimmung der Personenbeziehbarkeit eines Datums rechtssicher erfolgen kann.[101] Verarbeitet der Verantwortliche Daten, die fälschlicherweise für anonym gehalten werden, so kann dies gemäß Art. 83 DSGVO mit einem empfindlichen Bußgeld sanktioniert werden. Zudem können sich die Verantwortlichen in diesen Fällen gemäß Art. 82 DSGVO schadensersatzpflichtig machen.

Unter Berücksichtigung der vorangegangenen Ausführungen bedarf es einer eingehenden Untersuchung der Definition des personenbezogenen Datums aus Art. 4 Nr. 1 DSGVO.[102] Denn erst ein klares Verständnis des Begriffes der personenbezogenen Daten ermöglicht es, praxistaugliche Maßstäbe für die Anonymisierung von Daten aufzustellen.

I. Das personenbezogene Datum

Der Begriff des personenbezogenen Datums bildet das Herzstück des Datenschutzrechts.[103] Aufgrund seiner zentralen Bedeutung für den nach Art. 1 Abs. 1 DSGVO angestrebten Schutz von natürlichen Personen wurde die Definition in Art. 4 Nr. 1 DSGVO bewusst weit gefasst.[104] Unter Berücksichtigung der raschen technologischen Entwicklung sowie den damit verbundenen Verarbeitungs- und Verknüpfungsmöglichkeiten, ist der Verordnungsgeber mit der gewählten Definition der Einschätzung des Bundesverfassungsgerichts gefolgt, dass es keine „belanglosen Daten“[105] mehr

101 So bereits *Datenethikkommission*, Gutachten, 2019, S. 129; vgl. *Röhl/Bolwin/Hüttl*, Datenwirtschaft in Deutschland – Studie des Instituts der deutschen Wirtschaft im Auftrag des Bundesverbandes der deutschen Industrie e.V., 2021, S. 40.

102 *Winter/Battis/Halvani*, ZD 2019, 489 (490).

103 *Spindler/Dalby* in: Spindler/Schuster, Recht der elektronischen Medien, 4. Aufl., 2019, DSGVO, Art. 4, Rn. 2; *Klar/Kühling* in: Kühling/Buchner, DS-GVO/BDSG, 4. Aufl., 2024, DSGVO, Art. 4 Nr. 1, Rn. 1; *Karg* in: Simitis/Hornung/Spiecker gen. Döhmann, Datenschutzrecht, 2. Aufl., 2025, DSGVO, Art. 4 Nr. 1, Rn. 1; *Schwartmann/Mühlenbeck* in: Schwartmann/Jaspers/Thüsing/Kugelmann, DS-GVO/BDSG, 3. Aufl., 2024, DSGVO, Art. 4, Rn. 9; *Hofmannn/Johannes*, ZD 2017, 221 (222); *Boehme-Neßler*, DuD 2016, 419 (419).

104 *Art.-29-Datenschutzgruppe*, WP 136, 2007, S. 4; *Kalbunde* in: Ehmann/Selmayr, DS-GVO, 3. Aufl., 2024, Art. 4, Rn. 7; *Steege/Kuß* in: Chibanguza/Kuß/Steege, Künstliche Intelligenz, 2022, § 2, C., Rn. 12.

105 BVerfG Urt. v. 15.12.1983 – 1 BvR 209/83 ua. = BVerfGE 65, 1, Rn. 150.

gibt.[106] Diese Wertung des Verordnungsgebers ist bei der Auslegung der Tatbestandsmerkmale der Legaldefinition des Art. 4 Nr. 1 DSGVO zu berücksichtigen.[107]

Nach der Definition des Art. 4 Nr. 1 DSGVO sind unter personenbezogenen Daten alle Informationen zu verstehen, „die sich auf eine identifizierte oder identifizierbare natürliche Person beziehen“. Zwar weicht Art. 4 Nr. 1 DSGVO in der Formulierung von seiner Vorgängervorschrift dem Art. 2 lit. a DS-RL ab; hierdurch wurde aber keine inhaltliche Änderung bezweckt.[108] Die wissenschaftlichen Beiträge und die ergangene Rechtsprechung zu der Auslegung der Tatbestandsmerkmale des Art. 2 lit. a DS-RL sind demnach bei der Untersuchung des Art. 4 Nr. 1 DSGVO heranzuziehen. Im besonderen Maße gilt dies für die Stellungnahme der *Art.-29-Datenschutzgruppe*[109] in ihrem Working Paper (WP) 136. Die Einschätzungen der *Art.-29-Datenschutzgruppe* finden in der Literatur große Zustimmung und bilden vielfach die Grundlage des juristischen Diskurses.[110]

Da bei der Auslegung der Tatbestandsmerkmale des Art. 4 Nr. 1 DSGVO in vielen Fällen Einigkeit herrscht, wird im Folgenden nicht jeder Aspekt der Definition eingehend untersucht.[111] Vielmehr erfolgt eine Fokussierung auf die Auslegung des Merkmals der Identifizierbarkeit. Die Voraussetzungen für die Identifizierbarkeit einer natürlichen Person sind seit der Einfüh-

106 U. a. *Ernst* in: Paal/Pauly, DS-GVO/BDSG, 3. Aufl., 2021, DSGVO, ,Art. 4, Rn. 3; *Klar/Kühling* in: Kühling/Buchner, DS-GVO/BDSG, 4. Aufl., 2024, DSGVO, Art. 4 Nr. 1, Rn. 9; vgl. ErwGr. 6 DS-GVO.

107 *Boehme-Neßler*, DuD 2016, 419 (419).

108 U. a. *Tinnefeld/Buchner/Petri/Hof*, Einführung in das Datenschutzrecht, 6. Aufl., 2018, S. 227; *Franzen* in: Franzen/Gallner/Oekter, EuArbR, 5. Aufl., 2024, DSGVO Art. 4, Rn. 2; *Klar/Kühling* in: Kühling/Buchner, DS-GVO/BDSG, 4. Aufl., 2024, DSGVO, Art. 4 Nr. 1, Rn. 2; *Hofmann/Johannes*, ZD 2017, 221 (225); *Karg* in: Simitis/Hornung/Spiecker gen. Döhmann, Datenschutzrecht, 2. Aufl., 2025, DSGVO, Art. 4 Nr. 1, Rn. 6; *Arning/Rothkegel* in: Taeger/Gabel, DSGVO/BDSG/TTDSG, 4. Aufl., 2022, DSGVO, Art. 4, Rn. 4.

109 Die *Art.-29-Datenschutzgruppe* war ein unabhänigiges europäisches Gremium, welches nach Art. 29 DS-RL konstituiert wurde und nach Art. 30 DS-RL vor allem die Aufgabe hatte zu datenschutzrechtlichen Fragen Stellung zu nehmen.

110 *Kalbunde* in: Ehmann/Selmayr, DS-GVO, 3 Aufl., 2024, Art. 4, Rn. 8; *Karg* in: Simitis/Hornung/Spiecker gen. Döhmann, Datenschutzrecht, 2019, DSGVO, Art. 4 Nr. 1, Rn. 2; vgl. *Schild* in: Wolff/Brink/Ungern-Sternberg, BeckOK Datenschutzschutzrecht, 52. Edition, Stand: 01.05.2025, DSGVO, Art. 4, Rn. 17.

111 Ausführlich zu den einzelnen Tatbestandsmerkmalen *Haase*, Datenschutzrechtliche Fragen des Personenbezuges, 2015, S. 152 ff.

rung der DS-RL Gegenstand der juristischer Kontroversen.[112] Das Thema ist so bedeutsam, dass *Brink/Eckhardt* diese Fragestellung bereits als „Gretchenfrage“ des Datenschutzrechts beschrieben haben.[113] Um die Tragweite dieser Disskussion zu erfassen, ist zunächst der Informationsbegriff in den Blick zu nehmen.

1. Der Informationsbegriff

Der Wortlaut des Art. 4 Nr. 1 DSGVO stellt klar, dass „alle Informationen“ personenbezogenen Daten sein können. Hierdurch bringt der Verordnungsgeber zum Ausdruck, dass der Informationsbegriff im datenschutzrechtlichen Sinne weit zu verstehen ist.[114] Umfasst sind alle „objektiven Informationen“[115], also Aussagen zu überprüfbaren Eigenschaften, wie etwa den körperlichen Merkmalen einer Person oder deren berufliche Verhältnisse.[116] Aber auch „subjektiven Informationen“[117] sind von dem Informationsbegriff miterfasst. Gemeint sind hiermit Meinungen oder Beurteilungen über eine Person.[118]

Weiterhin kommt dem Wahrheitsgehalt der Information keine Bedeutung zu.[119] Hierfür spricht vor allem, dass die Verarbeitung von unrichtigen

112 U.a. *Buchholtz/Stenzel* in: Gierschmann/Schlender/Stenzel/Veil, DS-GVO, 2018, Art. 4, Nr. 1, Rn. 9; *Specht/Müller-Riemenschneider*, ZD 2014, 71 (72); *Arning/Rothkegel* in: Taeger/Gabel, DSGVO/BDSG/TTDSG, 4. Aufl., 2022, DSGVO, Art. 4, Rn. 34; *Brisch/Pieper*, CR 2015, 724 (725).

113 *Brink/Eckhardt*, ZD 2015, 205 (206).

114 *Boehme-Neßler*, DuD 2016, 419 (419); *Art.-29-Datenschutzgruppe*, WP 136, 2007, S. 7; *Ziebarth* in: Sydow/Marsch, DS-GVO/BDSG, 3. Aufl., 2022, DSGVO, Art. 4, Rn. 8; *Tinnefeld/Buchner/Petri/Hof*, Einführung in das Datenschutzrecht, 6. Aufl., 2018, S. 227.

115 *Art.-29-Datenschutzgruppe*, WP 136, 2007, S. 7.

116 *Tinnefeld/Buchner/Petri/Hof*, Einführung in das Datenschutzrecht, 6. Aufl., 2018, S. 227; *Arning/Rothkegel* in: Taeger/Gabel, DSGVO/BDSG/TTDSG, 4. Aufl., 2022, DSGVO, Art. 4, Rn. 6.

117 *Art.-29-Datenschutzgruppe*, WP 136, 2007, S. 7

118 *Kalbunde* in: Ehmann/Selmayr, DS-GVO, 3. Aufl., 2024, Art. 4, Rn. 10; *Karg* in: Simitis/Hornung/Spiecker gen. Döhmann, Datenschutzrecht, 2. Aufl., 2025, DSGVO, Art. 4 Nr. 1, Rn. 30; *Gola* in: Gola/Heckmann, DSGVO/BDSG, 3. Aufl., 2022, DSGVO, Art. 4, Rn. 13.

119 *Eßer* in: Auernhammer, DSGVO/BDSG, 8. Aufl., 2023, DSGVO, Art. 4, Rn. 11; *Art.-29-Datenschutzgruppe*, WP 136, 2007, S. 7; *Schmitz* in: Moos/Schefzig/Arning, DSGVO, 2. Aufl., 2021, Kap. 2, Rn. 40; *Klar/Kühling* in: Kühling/Buchner, DS-GVO/BDSG, 4. Aufl., 2024, Art. 4 Nr. 1, Rn. 8.

Informationen sich erheblich auf die Rechte und Interessen der betroffenen Person auswirken kann. Besonders deutlich wird dieser Umstand bei der Verarbeitung von unrichtigen Scorewerten[120] zu Lasten der natürlichen Person. Negative Scorewerte können sich erheblich auf die Bonitätsbewertung und somit auf die Kreditwürdigkeit auswirken.[121]

Aus den vorangegangenen Ausführungen ergibt sich Foglendes: Für die Eröffnung des sachlichen Schutzbereiches des Datenschutzrechts kommt es nicht auf den Inhalt der zu verarbeitenen Information an, sondern ausschließlich auf die Personenbeziehbarkeit.[122]

2. Das Merkmal der Identifizierung bzw. der Identifizierbarkeit

Das zentrale Element der Definition des personenbezogenen Datums ist das Merkmal der Identifizierung bzw. der Identifizierbarkeit.[123] Eine Person gilt als identifiziert im Sinne der DSGVO, wenn sie *individualisiert* werden kann.[124] Dementsprechend sind Informationen wie die Kenntnis des bürgerlichen Namens entgegen der gesellschaftlichen Vorstellung keine notwendige Voraussetzung, um eine Person im Sinne des Art. 4 Nr. 1 DSGVO zu identifizieren.[125] Entscheidend ist vielmehr, dass die Information einer konkreten natürlichen Person zugeordnet werden kann; diese Person also zumindest individualisierbar bzw. identifizierbar ist.

Den Ausgangspunkt für die Herausbildung eines Maßstabes zur Ermittlung der Identifizierbarkeit bildet die begriffliche Differenzierung zwischen „identifiziert“ und „identifizierbar“. Eine natürliche Person ist identifiziert, wenn die vorhandene Information *unmittelbar* einen Rückschluss auf die

---

120 Zu dem Begriff *Krämer*, NJW 2020, 497 (497); *Paal/Schulz*, ZfDR 2025, 89 (92).

121 *Paal*, NJW 2024, 1689 (1690).

122 *Karg*, DuD 2015, 520 (521); *Stummer*, DuD 2023, 6 (7); vgl. *Klar/Kühling* in: Kühling/Buchner, DS-GVO/BDSG, 4. Aufl., 2024, DSGVO, Art. 4 Nr. 1, Rn. 9.

123 *Spindler/Dalby* in: Spindler/Schuster, Recht der elektronischen Medien, 4. Aufl., 2019, DSGVO, Art. 4, Rn. 7; *Schmitz* in: Moos/Schefzig/Arning, DSGVO, 2. Aufl., 2021, Kap. 2, Rn. 46.

124 *Karg* in: Simitis/Hornung/Spiecker gen. Döhmann, Datenschutzrecht, 2. Aufl., 2025, DSGVO, Art. 4 Nr. 1, Rn. 50; *Art.-29-Datenschutzgruppe*, WP 136, 2007, S. 16; *Hubert*, CR 2025, 77 (77 f.).

125 *Ernst* in: Paal/Pauly, DS-GVO/BDSG, 3. Aufl., 2021, DSGVO, Art. 4, Rn. 8; *Karg*, DuD 2015, 520 (523); *Ziebarth* in: Sydow/Marsch, DS-GVO - BDSG, 3. Aufl., 2022, DSGVO, Art. 4, Rn. 14; *Hölzel*, DuD 2018, 502 (506); *Hubert*, CR 2025, 77 (78).

individualisierte Person zulässt.[126] Demgegenüber ist eine Person identifizierbar, wenn die Möglichkeit besteht, dass durch die Verknüpfung mit weiteren Informationen ein Bezug zur Person hergestellt werden kann.[127] Ab wann die Information eine Person identifiziert oder lediglich identifizierbar macht, kann nur einzelfallabhängig bewertet werden.[128] Die Kenntnis des vollständigen Namens einer Person innerhalb einer Gruppe von 20 Personen reicht wahrscheinlich dafür aus, um eine konkrete Person aus der Gruppe zu individualisieren und hierdurch zu identifizieren. Demgegenüber reicht allein diese Information für eine Identifizierung einer betroffenen Person innerhalb der Bevölkerung eines Mitgliedstaates in der Regel nicht aus. Vielmehr bedarf es der Verknüpfung dieser Information mit weiteren Informationen, um eine konkrete Person zu individualisieren.

Diese begriffliche Differenzierung zwischen den Merkmalen der Identifizierung und der Identifizierbarkeit spielt für die Qualifizierung einer Information als personenbezogenes Datums gemäß Art. 4 Nr. 1 DSGVO keine Rolle.[129] Ausreichend ist die Identifizierbarkeit der natürlichen Person. Das Merkmal der Identifizierbarkeit bildet die äußere Grenze des Tatbestandes von Art. 4 Nr. 1 DSGVO. Der Maßstab zur Ermittlung, ob eine Identifizierbarkeit gegeben ist, dient somit in gleicherweise der Abgrenzung zwischen personenbezogenen und anonymen Daten.

Eine Person gilt – wie dargestellt – als identifizierbar, wenn der Bezug zur Person durch die Verknüpfung der vorliegenden Information mit weiteren Informationen herstellbar ist. Für die Auslegung des Merkmals der Identifizierbarkeit ergeben sich hieraus vor allem zwei Problemkreise: Un-

---

126 *Arning/Rothkegel* in: Taeger/Gabel, DSGVO/BDSG/TTDSG, 4. Aufl., 2022, DSGVO, Art. 4, Rn 24; *Ziebarth* in: Sydow/Marsch, DS-GVO - BDSG, 3. Aufl., 2022, DSGVO, Art. 4, Rn. 14; *Schmitz* in: Moos/Schefzig/Arning, DSGVO, 2. Aufl., 2021, Kap. 2, Rn. 47; *Kühling/Klar/Sackmann*, Datenschutzrecht, 5. Aufl., 2021, Kap. 2, Rn. 254; *Krüger/Maucher*, MMR 2011, 433 (434).

127 *Schwartmann/Hermann* in: Schwartmann/Jaspers/Thüsing/Kugelmann, DS-GVO/BDSG, 3. Aufl., 2024, DSGVO, Art. 4 Nr. 1, Rn. 33; *Klar/Kühling* in: Kühling/Buchner, DS-GVO/BDSG, 4. Aufl., 2024, Art. 4 Nr. 1, Rn. 19; *Karg* in: Simitis/Hornung/Spiecker gen. Döhmann, Datenschutzrecht, 2. Aufl., 2025, DSGVO, Art. 4 Nr. 1, Rn. 58; *Tinnefeld/Buchner/Petri/Hof*, Einführung in das Datenschutzrecht, 6. Aufl., 2018, Teil 2, Rn. 25.

128 *Arning/Rothkegel* in: Taeger/Gabel, DSGVO/BDSG/TTDSG, 4. Aufl., 2022, DSGVO, Art. 4, Rn 26; *Ziebarth* in: Sydow/Marsch, DS-GVO - BDSG, 3. Aufl., 2022, DSGVO, Art. 4, Rn. 14; vgl. *Art.-29-Datenschutzgruppe*, WP 136, 2007, S. 15.

129 *Ernst* in: Paal/Pauly, DS-GVO/BDSG, 3. Aufl., 2021, DSGVO, Art. 4, Rn. 9; *Kühling/Klar/Sackmann*, Datenschutzrecht, 5. Aufl., 2021, Rn. 253; *Haase*, Datenschutzrechtliche Fragen des Personenbezuges, 2015, S. 260.

ter welchen Voraussetzungen ist davon auszugehen, dass der Verantwortliche in der Lage ist, die Verknüpfung zwischen den notwendigen Informationen herzustellen? Wie verhält es sich, wenn nur etwaige Dritte die Möglichkeit haben, den Personenbezug herzustellen?

Der Wortlaut des Art. 4 Nr. 1 DSGVO hilft bei der Beantwortung der aufgeworfenen Fragen nicht weiter.[130] Allerdings hat der Verordnungsgeber im ErwGr. 26 S. 3 und 4 DSGVO Leitlinien für die Bestimmung der Identifizierbarkeit aufgestellt.[131] Demnach sollen bei der Feststellung der Identifizierbarkeit einer natürlichen Person alle Mittel berücksichtigt werden, „die von dem Verantwortlichen oder einer anderen Person nach allgemeinen Ermessen wahrscheinlich[132] genutzt werden, um die natürliche Person direkt oder indirekt zu identifizieren". Durch die Formulierung, dass nur solche Mittel zu berücksichtigen sind, die nach „allgemeinem Ermessen wahrscheinlich" zur Identifizierung genutzt werden, wird deutlich, dass die hypothetische Möglichkeit der Identifizierung (noch) nicht ausreicht, um eine Identifizierbarkeit anzunehmen, vielmehr bedarf es im Einzelfall einer konkreten Möglichkeit, den Personenbezug herzustellen.[133]

Für die Maßstabsbildung hinsichtlich des Merkmals der Identifizierbarkeit kommt es somit darauf an, unter welchen Voraussetzungen der Rückgriff auf Mittel zur Identifizierung „nach allgemeinem Ermessen wahrscheinlich" ist. Hieran anschließend ist zu untersuchen, unter welchen Umständen es ausreichend ist, dass eine andere Person als der Verantwortliche unter den zu ermittelnden Voraussetzungen die natürliche Person identifizieren kann.

---

130 *Hofmann/Johannes*, ZD 2017, 221 (222); ; *Ziebarth* in: Sydow/Marsch, DS-GVO - BDSG, 3. Aufl., 2022, DSGVO, Art. 4, Rn. 22; vgl. *Schwartmann/Hermann* in: Schwartmann/Jaspers/Thüsing/Kugelmann, DS-GVO/BDSG, 3. Aufl., 2024, DSGVO, Art. 4 Nr. 1, Rn. 34; *Klar/Kühling* in: Kühling/Buchner, DS-GVO/BDSG, 4. Aufl., 2024, Art. 4 Nr. 1, Rn. 20; vgl. *Karg* in: Simitis/Hornung/Spiecker gen. Döhmann, Datenschutzrecht, 2. Aufl., 2025, DSGVO, Art. 4 Nr. 1, Rn. 58.

131 *Krügel*, ZD 2017, 455 (455).

132 Der Wortlaut des ErwGr. 26 DSGVO wurde im Hinblick auf die Vorgängervorschrift leicht verändert („... sollten alle Mittel berücksichtigt werden, die *vernünftigerweise* (...) eingesetzt werden können" ErwGr. 26 DS-RL), ohne dass dadurch eine inhaltliche Änderung beabsichtigt war, so: *Klar/Kühling* in: Kühling/Buchner, DS-GVO/BDSG, 4. Aufl., 2024, Art. 4 Nr. 1, Rn. 20; *Arning/Rothkegel* in: Taeger/Gabel, DSGVO/BDSG/TTDSG, 4. Aufl., 2022, DSGVO, Art. 4, Rn 31; a.A. *Krügel*, ZD 2017, 455 (459).

133 *Schmitz* in: Moos/Schefzig/Arning, DSGVO, 2. Aufl., 2021, Kap. 2, Rn. 50; *Tinnefeld/Buchner/Petri/Hof*, Einführung in das Datenschutzrecht, 6. Aufl., 2018, Teil 2, Rn. 26; *Arning/Rothkegel* in: Taeger/Gabel, DSGVO/BDSG/TTDSG, 4. Aufl., 2022, DSGVO, Art. 4, Rn. 31; *Art.-29-Datenschutzgruppe*, WP 136, 2007, S. 17.

a. Maßgebliche Mittel

Den Ausgangspunkt für die Beantwortung der vorliegenden Fragestellung bildet ErwGr. 26 S. 4 DSGVO. Hiernach sind bei der Untersuchung, welche Mittel vernünftigerweise für die Identifizierung genutzt werden, „alle objektiven Faktoren" zu beachten. Zu den objektiven Faktoren zählen nach ErwGr. 26 S. 4 DSGVO die erforderlichen Kosten, sowie der erforderliche Zeitaufwand, die für die Identifizierung notwendig sind. Unter Beachtung der voranschreitenden technologischen Entwicklung, ist die Bedeutung der ökonomischen Faktoren (i. e. Kosten, Zeitaufwand, Arbeitskräfte) für die Risikoanalyse stets neu zu evaluieren. ErwGr. 26 S. 4 HS. 2 DSGVO legt fest, dass bei der Ermittlung der Kosten und des Zeitaufwandes die „zum Zeitpunkt der Verarbeitung verfügbaren Technologien und technologischen Entwicklungen" zu berücksichtigen sind. Die aktuellen technischen Verfahren ermöglichen die Zuordnung einer Information zu einer Person in einer wirtschaftlich effizienten Weise.[134] Der Zugriff auf solche Verfahren stellt aufgrund der abnehmenden Kosten für immer größere Rechenleistungen für die Verantwortlichen keine relevante ökonomische Hürde dar. Hieraus folgt, dass zumindest die ökonomische Schwelle für die Feststellung, dass der Einsatz eines Mittels zur Identifizierung vernünftig ist, mittlerweile als gering anzusehen ist und voraussichtlich weiter sinken wird.[135]

Die vom Verordnungsgeber gewählte Formulierung[136] stellt klar, dass die Aufzählung der zu beachtenden Faktoren im ErwGr. 26 S. 4 DSGVO nicht abschließend ist.[137] Vor allem darf der ErwGr. 26 DSGVO nicht dahingehend (miss)verstanden werden, dass nur ökonomische Faktoren zu berücksichtigen sind. Vielmehr müssen alle „Kontextfaktoren" [138] in die Feststellung der Identifizierbarkeit mit einbezogen werden. Hierzu zählt auch und gerade das potenzielle Interesse des Verantwortlichen an einer Identifizierung der natürlichen Person. In diesem Zusammenhang kommt dem Zweck der Datenverarbeitung ausschlaggebende Bedeutung zu. Denn aus dem Zweck lässt sich ableiten, inwiefern ein Interesse des Verantwortli-

134 *Kalbunde* in: Ehmann/Selmayr, DS-GVO, 3. Aufl., 2024, Art. 4, Rn. 17.

135 Für den Kontext von Big-Data-Anwendung so auch *Klar/Kühling* in: Kühling/Buchner, DS-GVO/BDSG, 4. Aufl., 2024, Art. 4 Nr. 1, Rn. 22.

136 „(…) *wie* (Herv. d. Verf.) die Kosten der Identifizierung (…)"

137 *Arning/Rothkegel* in: Taeger/Gabel, DSGVO/BDSG/TTDSG, 4. Aufl., 2022, DSGVO, Art. 4, Rn. 31; *Hofmann/Johannes*, ZD 2017, 221 (224).

138 So zur DS-RL *Art.-29-Datenschutzgruppe*, WP 136, 2007, S. 18.

chen an der Zuordnung der Information zur natürlichen Person besteht.[139] Neben der verantwortlichen Seite ist die Seite der betroffenen Personen zu berücksichtigen. Entscheidend sind hierbei die Persönlichkeitsrelevanz der Information sowie das hieraus resultierende Risiko für die Rechte und Interessen der natürlichen Person.[140] Die Identifizierbarkeit einer natürlichen Person ist somit von dem Ergebnis einer Risikoanaylse abhängig.[141]

Fraglich ist weiterhin, ob und inwiefern der Einsatz von illegalen Mitteln als nach allgemeinem Ermessen wahrscheinlich im Sinne des ErwGr. 26 S. 4 DSGVO gilt. Aus der Entscheidung des EuGH in der Rechtsache Breyer folgt, dass der Verstoß gegen gesetzliche Verbote grundsätzlich unvernünftig sein soll.[142] Der Ansicht des EuGH ist grundsätzlich zuzustimmen.[143] Die pauschale Berücksichtigung von illegalen Mitteln würde die Identifizierungswahrscheinlichkeit erheblich erhöhen und zu einer beachtlichen Ausweitung des Anwendungsbereichs der DSGVO beitragen.[144] Gleichzeitig darf die Möglichkeit des Einsatzes illegaler Mittel durch die Verantwortlichen nicht ausgeblendet werden. Finden sich im Einzelfall konkrete Anhaltspunkte dafür, dass der Verantwortliche bereit ist, auf gesetzlich verbotene Mittel zurückzugreifen, etwa weil eine solche Vorgehensweise in der Vergangenheit vorgekommen ist, so muss dies im Rahmen der Risikoabwägung berücksichtigt werden.[145]

Die Frage, ob der Verantwortliche ein Mittel nach allgemeinem Ermessen wahrscheinlich zur Identifizierung einer Person nutzt, lässt sich nach alledem nur anhand der Umstände des Einzelfalles beantworten. Zusam-

139 *Art.-29-Datenschutzgruppe*, WP 136, 2007, S. 18; *Schmitz* in: Moos/Schefzig/Arning, DSGVO, 2. Aufl., 2021, Kap. 2, Rn. 51.

140 *Klar/Kühling* in: Kühling/Buchner, DS-GVO/BDSG, 4. Aufl., 2024, Art. 4 Nr. 1, Rn. 22; *Art.-29-Datenschutzgruppe*, WP 136, 2007, S. 18; *Schmitz* in: Moos/Schefzig/Arning, DSGVO, 2. Aufl., 2021, Kap. 2, Rn. 51; *Nink/Pohle*, MMR 2015, 563 (565).

141 So auch *Klar/Kühling* in: Kühling/Buchner, DS-GVO/BDSG, 4. Aufl., 2024, Art. 4 Nr. 1, Rn. 22; *Schmitz* in: Moos/Schefzig/Arning, DSGVO, 2. Aufl., 2021, Kap. 2, Rn. 50; *Arning/Rothkegel* in: Taeger/Gabel, DSGVO/BDSG/TTDSG, 4. Aufl., 2022, DSGVO, Art. 4, Rn 31.

142 EuGH, Urt. v. 6.12.2016 – C-582/14 = NJW, 3579, Rn. 46 – Breyer; die Übertragbarkeit der Rechtsprechung auf die DS-GVO anzweifelnd *Krügel*, ZD 2017, 455 (459).

143 So auch *Schmitz* in: Moos/Schefzig/Arning, DSGVO, 2. Aufl., 2021, Kap. 2, Rn. 51; *Nink/Pohle*, MMR 2015, 563 (565).

144 *Sánchez-Bordona*, Schlussanträge des Generalanwalts, 12.05.2026 – C-582/14 = BeckRS 2016, 81027, Rn. 68.

145 *Klar/Kühling* in: Kühling/Buchner, DS-GVO/BDSG, 4. Aufl., 2024, Art. 4 Nr. 1, Rn. 29; *Ziebarth* in: Sydow/Marsch, DS-GVO - BDSG, 3. Aufl., 2022, DSGVO, Art. 4, Rn. 23; *Brink/Eckhardt*, ZD 2015, 205 (211),

menfassend können aus den vorangegangenen Ausführungen die folgenden belastbaren Leitlinien für die Risikoanalyse abgeleitet werden:

Aufgrund der Ubiquität von technologischen Verfahren zur Identifizierung von natürlichen Personen nimmt die Bedeutung der ökonomischen Faktoren ab. Der Fokus liegt vielmehr auf dem Zweck der Datenverarbeitung und der Persönlichkeitsrelevanz der zu verarbeitende Information. Hierbei ist besonderes Augenmerk auf die potenziellen Auswirkungen auf die Rechte und Interessen der betroffenen Person zu legen. Weiterhin ist die Nutzung von illegalen Mitteln nur insoweit nach dem allgemeinen Ermessen für die Wahrscheinlichkeit der Herstellung des Personenbezuges von Bedeutung, als dass es hierfür im Einzelfall konkrete Anhaltspunkte gibt.

b. Das Wissen und die Mittel Dritter

An die Frage, welche Mittel der Verantwortliche vernünftigerweise zur Identifizierung einer natürlichen Person nutzen wird, knüpft die Frage an, unter welchen Voraussetzungen er sich die Mittel und das Wissen Dritter zurechnen lassen muss, die eine Identifizierung der natürlichen Person ermöglichen. Es handelt sich hierbei um eines der meist diskutierten Probleme des Datenschutzrechts.[146] Zur Beantwortung dieser Fragestellung haben sich im Wesentlichen zwei Theorien herausgebildet:[147] Teilweise wird es für ausreichend gehalten, dass *irgendein* Dritter das notwendige Wissen oder die Mittel besitzt, um den Personenbezug herzustellen (objektive/absolute Theorie).[148] Demgegenüber wird es für notwendig erachtet, dass der Verantwortliche eine tatsächliche Kenntnisnahmemöglichkeit bezüglich des Wissen und der Mittel Dritter hat, damit eine Identifizierbarkeit der natürlichen Person gegeben ist (subjektive/relative Theorie).[149]

---

146 Vgl. hierzu etwa *Brink/Eckhardt*, ZD 2015, 205 (205); *Nink/Pohle*, MMR 2015, 563 (564); *Spindler/Dalby* in: Spindler/Schuster, Recht der elektronischen Medien, 4. Auflage, 2019, Art. 4, Rn. 7; *Schmitz* in: Moos/Schefzig/Arning, DSGVO, 2. Aufl., 2021, Kap. 2, Rn. 54; *Specht/Müller-Riemenschneider*, ZD 2014, 71 (72).

147 *Karg*, DuD 2015, 520 (525); *Hubert*, CR 2025, 77 (79).

148 *Rüpke/Lewinski/Eckhardt*, Datenschutzrecht, 2018, § 10, Rn. 30; *Härting*, Datenschutz-Grundverordnung, 2016, Rn. 265; *Werkmeister/Brandt*, CR 2016, 233 (234).

149 *Eßer* in: Auernhammer, DSGVO/BDSG, 8. Aufl., 2023, DSGVO, Art. 4, Rn. 20; *Buchholtz/Stenzel* in: Gierschmann/Schlender/Stenzel/Veil, DS-GVO, 2018, Art. 4, Nr. 1, Rn. 9; *Brink/Eckhardt*, ZD 2015, 205 (206); *Karg* in: Simitis/Hor-

Seit dem Urteil des EuGH in der Rechtsache Breyer wird der vorliegende Streit nicht mehr mit der gleichen Intensität geführt.[150] Der EuGH hat sich im Kern der relative Theorie des Personenbezuges angeschlossen.[151] Der Gerichtshof betont, dass der Verantwortliche sich nur das Wissen und die Mittel eines Dritten zurechnen lassen muss, auf welche er *vernünftigerweise* zugreifen kann.[152] Dies sei jedenfalls der Fall, wenn ein rechtlicher Anspruch auf Zugang zu den notwendigen Informationen bestehen kann.[153] Eine konkrete Definition der Voraussetzungen. unter denen das Wissen und die Mittel Dritter dem Verantwortlichen zuzurechnen sind, lässt sich aus dieser Entscheidung nicht entnehmen.

Zur Bildung des Zurechnungsmaßstabs sind die soeben besprochenen Kriterien heranzuziehen, nach denen die Wahrscheinlichkeit der Identifizierung der betroffenen Person bemessen wird, heranzuziehen. Demnach kommt es darauf an, ob unter Berücksichtigung der Umstände des Einzelfalles, insbesondere des Zwecks der Datenverarbeitung sowie der Persönlichkeitsrelevanz der Information ein Rückgriff des Verantwortlichen auf die Mittel und das Wissen Dritter zur Identifizierung der natürlichen Person wahrscheinlich ist. In diesem Zusammenhang gilt gleichermaßen, dass ein rechtswidriger Zugriff auf das Wissen und die Mittel Dritter grundsätzlich als unvernünftig anzusehen ist, es sei denn, es finden sich konkrete Anhaltspunkte, nach denen eine illegaler Zugriff im Einzelfall wahrscheinlich ist.

Durch den vorgeschlagenen Lösungsansatz wird die Identifizierbarkeit einer natürlichen Person konsequent anhand des Maßstabes einer Risikoanalyse bestimmt.

---

nung/Spiecker gen. Döhmann, Datenschutzrecht, 2. Aufl., 2025, DSGVO, Art. 4 Nr. 1, Rn. 60.

150 *Arning/Rothkegel* in: Taeger/Gabel, DSGVO/BDSG/TTDSG, 4. Aufl., 2022, DSGVO, Art. 4, Rn. 33; *Schmitz* in: Moos/Schefzig/Arning, DSGVO, 2. Aufl., 2021, Kap. 2, Rn. 54.

151 EuGH, Urt. v. 6.12.2016 – C-582/14 = NJW, 3579, Rn. 43 f. – Breyer; so den EuGH auch verstehend *Schwartman/Mühlenbeck* in: Schwartmann/Jaspers/Thüsing/Kugelmann, DS-GVO/BDSG, 3. Aufl., 2024, DSGVO, Art. 4, Rn. 39; *Schmitz* in: Moos/Schefzig/Arning, DSGVO, 2. Aufl., 2021, Kap. 2, Rn. 55; *Spindler/Dalby* in: Spindler/Schuster, Recht der elektronischen Medien, 4. Auflage, 2019, Art. 4, Rn. 8.

152 EuGH, Urt. v. 6.12.2016 – C-582/14 = NJW, 3579, Rn. 45 – Breyer.

153 EuGH, Urt. v. 6.12.2016 – C-582/14 = NJW, 3579, Rn. 47 – Breyer; diese Rechtsprechung wurde aktuell nochmal von EuGH bestätigt, EuGH Urt. v. 9.11.2023 – C-319/22 = ZD 2024, 173, Rn. 48.

c. Ergebnis

Die Grenze des Anwendungsbereiches der DSGVO wird durch das Merkmal der Identifizierbarkeit gebildet. Aus dem ErwGr. 26 DSGVO sowie der zur DS-RL ergangenen Rechtsprechung des EuGH ergbit sich, dass die Identifizierbarkeit der natürlichen Person erst anhand einer Risikoanalyse im Einzelfall festzustellen ist. Dabei muss für die Beurteilung, welche Mittel der Verantwortlichen zur Identifizierung nach dem allgemeinen Ermessen nutzen wird sowie auf welches Wissen und welche Mittel Dritter der Verantwortliche zugreifen wird, derselbe Maßstab angelegt werden.

Die vorangegangenen Ausführungen machen deutlich, dass eine pauschale Aussage darüber, ob eine Information als ein personenbezogenes Datum zu klassifizieren ist, nicht getroffen werden kann.

II. Anonymisierung im Lichte der DSGVO

Für die rechtliche Einordnung, ob und inwiefern eine grundsätzlich personenbezogene Information als anonymes Datum klassifiziert werden kann, ist noch einmal darauf hinzuweisen, dass es sich bei anonymen Daten um die Kehrseite von personenbezogenen Daten handelt. Die Anforderungen an eine erfolgreiche Anonymisierung ergeben sich entsprechend im Umkehrschluss aus dem ErwGr. 26 DSGVO. Eine Information ist als anonym anzusehen, wenn das Risiko einer Re-Identifizierung nach allgemeinem Ermessen unwahrscheinlich ist.[154] Es ist also nicht notwendig, dass die (Wieder-)Herstellung des Personenbezuges tatsächlich unmöglich ist, vielmehr reicht es aus, dass die Re-Identifizierung „faktisch" unmöglich ist.[155]

Für die Beurteilung, ob ein Datum erfolgreich anonymisiert wurde, ist nach alledem derselbe Maßstab anzulegen, wie bei der Untersuchung, ob eine Information einen Personenbezug aufweist. Es ist eine Risikoanalyse vorzunehmen, bei der die Umstände des Einzelfalles dahingehend un-

---

154 *EDSA*, Leitlinie 04/2020, 2020, S. 6 Rn. 15; *Schantz/Wolf*, Das neue Datenschutzrecht, 2017, Rn. 300; *Marnau*, DuD 2016, 428 (430); *Gierschmann*, ZD 2021, 482 (483); *Schmitz* in: Moos/Schefzig/Arning, DSGVO, 2. Aufl., 2021, Kap. 2, Rn. 59; *Anderl/Kruesz*, MMR 2023, 255 (257).

155 *Gierschmann*, ZD 2021, 482 (483); *Laue/Nink/Kremer*, Datenschutzrecht in der betrieblichen Praxis, 3. Aufl., 2024, § 1, Rn. 20; *BfDI*, Positionspapier zur Anonymisierung, 2020, S. 4; *Schmitz* in: Moos/Schefzig/Arning, DSGVO, 2. Aufl., 2021, Kap. 2, Rn. 61; *Kühling/Schildbach*, ZfDR 2024, 1 (10).

tersucht werden, ob eine Re-Identifizierung der natürlichen Person wahrscheinlich ist.[156]

Wie bereits oben ausgeführt, spielt bei der Untersuchung von (potentiell) anonymen Daten der Stand der Technik eine bedeutsame Rolle. Für die Anonymisierung von Daten gibt es verschiedene, vor allem algorithmus-basierte Verfahren.[157] Unabhängig von der jeweiligen Anonymisierungstechnik ist die mögliche Re-Identifizierung der natürlichen Person in den Blick zu nehmen.

Die Gefahr der Re-Identifizierung ist jedem anonymisierten Datum immanent.[158] Zwar ist davon auszugehen, dass die Qualität der Anonymisierungstechniken weiter zunehmen wird. Dies trifft im gleichen Maße für die Entwicklung von Verfahren zur Aufhebung der Anonymisierung zu.[159] In diesem Kontext legt *Papastefanou* dar, dass die Re-Identifizierung sogar alleine aus dem anonymisierten Datensatz selbst heraus möglich ist (Database Reconstruction Theorem).[160] Darüber hinaus ist zu beachten, dass großen Datenbeständen die Gefahr der Re-Identifizierung schon deswegen immanent ist, weil allein aus der Quantität der Daten die Möglichkeit resultiert, vielfältige Verknüpfungen zwischen diesen Daten herzustellen.[161]

Aus diesen Befunden folgt, dass von einer dauerhaften und rechtssicheren Anonymisierung von personenbezogenen Daten nicht ausgegangen werden darf. Ob eine Information anonym im Sinne der DSGVO ist, kann daher immer nur im Einzelfall und nur für den konkreten Zeitpunkt festgestellt werden. Datenverarbeitende müssen demnach bei der Verarbeitung

---

156 *Art.-29-Datenschutzgruppe*, WP 136, 2007, S. 24; *Marnau*, DuD 2016, 428 (430); *Laue/Nink/Kremer*, Datenschutzrecht in der betrieblichen Praxis, 3. Aufl., 2024, § 1, Rn. 20; *Arning/Rothkegel* in: Taeger/Gabel, DSGVO/BDSG/TTDSG, 4. Aufl., 2022, DSGVO, Art. 4, Rn. 48.

157 Ausführlich hierzu *Art.-29-Datenschutzgruppe*, WP 216, 2014; *Valkanova* in: Kaulartz/Braegelmann, Rechtshandbuch Artificial Intelligence und Machine Learning, 2020, Kap. 8.1, Rn. 32 ff.; *Winter/Battis/Halvani*, ZD 2019, 489 (490 f.); *Marnau*, DuD 2016, 428 (428 f.); *Hölzel*, DuD 2018, 502 (503 f.).

158 *Voigt/Bussche*, DSGVO, 2. Aufl, 2024, S. 18; *Art.-29-Datenschutzgruppe*, WP 216, 2014, S. 7; *Roßnagel/Geminn*, ZD 2021, 487 (487); *Gierschmann*, ZD 2021, 482 (482); *Winter/Battis/Halvani*, ZD 2019, 489 (490); *Jäger et al.*, ZD 2024, 490 (491); *Hacker*, Innovation and Technology 2021, Vol. 13, NO. 2, 257 (265).

159 Vgl. hierzu *Winter/Battis/Halvani*, ZD 2019, 489 (490); *Marnau*, DuD 2016, 428 (430); *Hüger*, ZfDR 2024, 263 (269 f.).

160 *Papastefanou*, CR 2020, 379 (380 f.).

161 Vgl. *Valkanova* in: Kaulartz/Braegelmann, Rechtshandbuch Artificial Intelligence und Machine Learning, 2020, Kap. 8.1, Rn. 27; *Schuh/Weiss*, ZfDR 2024, 225 (257).

von anonymen Daten kontinuierlich überprüfen, ob unter Berücksichtigung des Stands der Technik die Gefahr einer Re-Identifizierung besteht.[162]

Zudem muss diese Untersuchung in geeigneten Abständen kontinuierlich wiederholt werden, um sicherzugehen, dass die Information unter der Berücksichtigung der aktuellen technischen Entwicklung als „faktisch" anonym anzusehen ist. Welche zeitlichen Abstände für diese Untersuchungen einzuhalten sind, kann nicht pauschal festgelegt werden. Vielmehr hängt dies vor allem von den Ressourcen ab, auf die der Datenverarbeitende zu dem jeweiligen Verarbeitungszeitpunkt zugreifen kann.

III. Auswirkungen auf die KI-Entwicklung

Die Verwendung von anonymisierten Daten für das Training von KI-Systemen kann mit einem erheblichen Risiko verbunden sein. Aufgrund der weiten Definition von personenbezogenen Daten nach Art. 4 Nr. 1 DSGVO ist im Einzelfall zu untersuchen, ob das jeweilige Datum nach den hier aufgestellten Maßstäben keinen Personenbezug mehr aufweist; es sich somit um ein anonymisiertes Datum handelt. Insbesondere bei der Verarbeitung großer Datenmengen erhöht sich das Risiko einer Re-Identifizierung. Die Verantwortlichen sollten beim Training von KI-Systemen mithin nicht ohne weiteres davon ausgehen, dass es sich bei den Trainingsdaten um erfolgreich anonymisierte Daten handelt. Denn andernfalls besteht die Gefahr, dass der Anwendungsbereich der DSGVO unerkannt eröffnet ist.

Auch in Ansehung der aufgezeigten Risiken kann die Verwendung von anonymisierten Daten für die KI-Entwicklung angezeigt sein. Die Ressourcen, die zur Anonymisierung von personenbezogenen Daten aufgebracht werden müssen, können aus der Sicht der Verantwortlichen eine sinnvolle Investition sein. Wenn und soweit die Daten nach dem Maßstab des ErwGr. 26 DSGVO als erfolgreich anonymisiert anzusehen sind, entfällt der Pflichtenkanon der DSGVO bei der nachfolgenden Datenverarbeitung zur KI-Entwicklung. Für die Verantwortlichen bleibt lediglich die Pflicht zur regelmäßigen Überprüfung, ob die Daten weiterhin keinen Personenbezug aufweisen.[163]

---

162 In diese Richtung auch ErwGr. 9 S. 3 VO(EU) 2018/1807; *Arning/Rothkegel* in: Taeger/Gabel, DSGVO/BDSG/TTDSG, 4. Aufl., 2022, DSGVO, Art. 4, Rn. 48; *Laue/Nink/Kremer,* Datenschutzrecht in der betrieblichen Praxis, 3. Aufl., 2024, § 1, Rn. 21; *Schäfer*, ZD 2025, 12 (15).

163 So auch *Becker*, KIR 2025, 131 (133); *Hüger*, ZfDR 2024, 263 (278).

Bevor die Verantwortlichen anonymisierte Daten zur KI-Entwicklung verwenden können, müssen diese Daten erst einmal anonymisiert werden. Vor diesem Hintergrund ist zu untersuchen, ob und inwiefern die Vorgaben der DSGVO bei der Anonymisierung von personenbezogenen Daten einzuhalten sind.

B. Anonymisierung als datenschutzrechtliche relevanter Vorgang

Bei der Verarbeitung von anonymisierten Daten ist gemäß ErwGr. 26 S. 5 DSGVO der Anwendungsbereich der DSGVO nicht eröffnet. Allerdings stellt sich die Frage, ob der Vorgang der Anonymisierung selbst eine Datenverarbeitung im Sinne des Art. 4 Nr. 2 DSGVO darstellt. Dann wäre für diesen Datenverarbeitungsvorgang der Anwendungsbereich des Datenschutzrechts mit der Folge eröffnet, dass die Rechtmäßigkeit der Anonymisierung davon abhängt, ob sie auf einer in der DSGVO genannten Rechtsgrundlage beruht. Daher wird im Folgenden zunächst untersucht, ob es sich bei der Anonymisierung um eine Datenverarbeitung im Sine der DSGVO handelt.

I. Anonymisierung als Datenverarbeitung?

Der wohl überwiegende Teil der Literatur geht davon aus, dass es sich bei dem Anonymisierungsvorgang um eine rechtfertigungsbedürftige Datenverarbeitung handelt.[164] Dies erscheint vor dem Hintergrund, dass der Begriff der Verarbeitung in Sinne des Art. 4 Nr. 2 DSGVO sehr weit zu verstehen ist,[165] zunächst einleuchtend. Nach der Legaldefinition des Art. 4 Nr. 2 DSGVO ist eine Datenverarbeitung jeder Vorgang oder jede Vorgangsreihe im Zusammenhang mit personenbezogenen Daten. Die Vorschrift nennt umfassend aber nicht abschließend Beispiele für Verarbeitungsvorgänge. Die Anonymisierung ist dort zwar nicht aufgeführt. Gleich-

---

164 So *Hornung/Wagner*, ZD 2020, 223 (224 f.); *Gierschmann*, ZD 2021, 482 (483 f.); *BfDI*, Positionspapier zur Anonymisierung unter der DS-GVO unter besonderer Berücksichtigung der TK-Branche, 2020, S. 5; *Specht-Riemenschneider*, ZEuP 2023, 638 (655); dagegen *Thüsing/Rombey*, ZD 2021, 548 (548 ff.).

165 *Tinnefeld/Buchner/Petri/Hof*, Einführung in das Datenschutzrecht, 6. Aufl., 2018, S. 231; *Eßer* in: Auernhammer, DSGVO/BDSG, 8. Aufl., 2023, DSGVO, Art. 4, Rn. 36; *Buchholtz/Stenzel* in: Gierschmann/Schlender/Stenzel/Veil, DS-GVO, 2018, Art. 4 Nr. 2, Rn. 9.

wohl ist es angesichts dieses weitgefassten Tatbestandes naheliegend, dass es sich bei der Anonymisierung um eine Datenverarbeitung im datenschutzrechtlichen Sinne handelt.

Diese weite Definition des Art. 4 Nr. 2 DSGVO verleitet dazu, Vorgänge, die im Zusammenhang mit personenbezogenen Daten stehen, ohne nähere Einordnung als Datenverarbeitung zu klassifizieren. In diesem Sinne geht der *BfDI* davon aus, dass es sich bei der Anonymisierung um eine Veränderung, Verwendung oder Löschung von personenbezogenen Daten handeln könnte.[166] Es könnte aber auch ein unbenannter Fall sein.[167] Der Verzicht darauf, den Vorgang der Anonymisierung rechtlich genauer einzuordnen, wird zu Recht kritisiert.[168] Die Art der Datenverarbeitung kann sich auf die Rechtsgrundlagen auswirken, die zur Rechtfertigung der Anonymisierung herangezogen werden können. Es ist daher zu untersuchen, unter welche Variante des Art. 4 Nr. 2 DSGVO die Anonymisierung subsumiert werden kann.

1. Ausnahme von der Anwendung der DSGVO?

Die Verwendung von anonymen Daten ist sowohl für die betroffenen Personen als auch für die Datenverarbeitenden vorteilhaft.[169] Es ist daher fraglich, ob die Anonymisierung von personenbezogenen Daten überhaupt in den Anwendungsbereich der DSGVO fallen soll. In diesem Sinne sprechen sich Teile der Literatur für eine teleologische Reduktion des Art. 4 Nr. 2 DSGVO aus.[170] Zur Begründung wird unter anderem darauf verwiesen, dass das Anonymisierungsvorhaben andernfalls eine Zweckänderung im Sinne des Art. 6 Abs. 4 DSGVO darstellen würde.[171] Dementsprechend müssten die Verantwortlichen vor der Anonymisierung von Daten, die sich aus Art. 13 Abs. 3 und Art. 14 Abs. 3 DSGVO ergebenden Transparenzpflichten einhalten. Der damit verbundene Mehraufwand könnte die

166 *BfDI*, Positionspapier zur Anonymisierung unter der DS-GVO unter besonderer Berücksichtigung der TK-Branche, 2020, S. 5, 8.

167 *BfDI*, Positionspapier zur Anonymisierung unter der DS-GVO unter besonderer Berücksichtigung der TK-Branche, 2020, S. 5.

168 *Thüsing/Rombey*, ZD 2021, 548 (548 f.).

169 Hierzu bereits unter C.

170 *Gola* in: Gola/Heckmann, DSGVO/BDSG, 3. Aufl., 2022, DSGVO, Art. 4, Rn. 41; *Thüsing/Rombey*, ZD 2021, 548 (552).

171 *Thüsing/Rombey*, ZD 2021, 548 (552); hierauf bezugnehmend *Hessel/Leffer/Potel*, ZD 2022, 537 (540).

Verantwortlichen daran hindern, die Anonymisierung des personenbezogenen Datums vorzunehmen, was wiederum nicht im Interesse der betroffenen Personen wäre.

Vor allem kann es zu Wertungswidersprüchen kommen bei der Anonymisierung von besonderen Datenkategorien im Sinne des Art. 9 Abs. 1 DSGVO.[172] Jede Datenverarbeitung muss auf eine der in Art. 6 Abs. 1 DSGVO genannten Rechtsgrundlagen gestützt werden. Bei besonders sensiblen Daten muss zusätzlich mindestens eine der Ausnahmeregelungen des Art. 9 Abs. 2 DSGVO einschlägig sein.[173] Daher wäre eine Anonymisierung von besonderen Datenkategorien schwieriger als die Anonymisierung von „normalen" personenbezogenen Daten.

Die angeführten Argumente können grundsätzlich überzeugen. Insbesondere wäre es widersinnig, wenn die Vorgaben des Art. 9 DSGVO, welche einen besonderen Schutz der betroffenen Personen intendieren, die Anonymisierung der Daten erschweren würden. Weiterhin ist es in der vorliegenden Konstellation zulässig, auf das rechtliche Instrument der teleologischen Reduktion zurückzugreifen. Auch bei europäischen Gesetzgebungsakten kann die teleologische Reduktion von Tatbeständen statthaft sein.[174] Dies liegt unter anderem daran, dass aufgrund der Gleichrangigkeit der jeweiligen Sprachfassung der europäischen Normen, dem Sinn und Zweck eine besondere Bedeutung zu kommt.[175] Allerdings sollte aus Gründen der Rechtssicherheit sowie der einheitlichen Rechtsanwendung teleologische Ausnahmen von europäischen Normen nur als Ultima Ratio in Betracht gezogen werden.

Bevor daher die DSGVO aus teleologischen Gründen für nicht anwendbar erklärt wird, sollte überprüft werden, ob eine interessengerechte Lösung bei der konsequenten Anwendung des Datenschutzrechts erreicht

---

172 *Hornung/Wagner*, ZD 2020, 223 (228); *Thüsing/Rombey*, ZD 2021, 548 (552); *Stürmer*, ZD 2020, 626 (630); *Gierschmann*, ZD 2021, 482 (485).

173 Das Verhältnis von Art. 9 Abs. 2 DS-GVO zu Art. 6 Abs. 1 DS-GVO ist umstritten. Die wohl überwiegende Meinung im Schrifttum sieht in Art. 9 Abs. 2 DS-GVO zusätzlich Anforderungen zu den allgemeinen Rechtfertigungstatbeständen. So etwa *Albers/Veit* in: Wolff/Brink, BeckOK Datenschutzrecht, 39. Ed., 01.11.2021, Art. 9, Rn. 11; *Schulz* in: Gola/Heckmann, DSGVO/BDSG, 3. Aufl., 2022, DSGVO, Art. 9, Rn. 5; a. A. *Kampert* in: Sydow/Marsch, DS-GVO - BDSG, 3. Aufl., 2022, DSGVO, Art. 9, Rn. 63.

174 *Rebhahn*, ZfPW 2016, 281 (295); *Krebs/Jung* in: Jung/Krebs/Stiegler, Gesellschaftsrecht in Europa, 2019, § 2, Rn. 174.

175 *Wegener* in: Calliess/Ruffert, EUV/AEUV, 6. Aufl., 2022, EUV, Art. 19, Rn. 28 f.; *Albrecht/Jotzo*, Das neue Datenschutzrecht der EU, 2017, Teil I, Rn. 30.

werden kann. Hierfür ist zunächst die Anonymisierung unter eine der Verarbeitungsvarianten des Art. 4 Nr. 2 DSGVO zu subsumieren. Als Anknüpfungspunkt dient dabei die Stellungnahme des *BfDI*. Somit könnte es sich bei der Anonymisierung von Daten um eine Veränderung, ein Verwenden oder um eine Löschung von Daten handeln.[176]

2. Veränderung von Daten (Art. 4 Nr. 2 Var. 7 DSGVO)

Bei dem Anonymisierungsvorgang könnte es sich um eine Veränderung von personenbezogenen Daten handeln. Eine Veränderung von Daten wird als jede inhaltliche Umgestaltung der Daten definiert.[177] Durch den Verarbeitungsvorgang muss ein neuer Informationswert entstehen. Eine Veränderung im Sinne des Art. 4 Nr. 2 Var. 7 DSGVO liegt nicht vor, wenn nur das äußere Erscheinungsbild der Information abgeändert oder der bestehende Informationsgehalt verringert wird.[178]

Bei der Anonymisierung soll der Informationsgehalt nicht abgeändert, sondern vielmehr nur der Personenbezug entfernt werden. Daher lässt sich die Anonymisierung nicht als Veränderung von Daten einordnen.[179]

3. Verwenden von Daten (Art. 4 Nr. 2 Var. 10 DSGVO)

Weiterhin könnte die Anonymisierung von personenbezogenen Daten als ein Verwenden von Daten im Sinne des Art. 4 Nr. 2 Var. 10 DSGVO verstan-

---

176 *BfDI*, Positionspapier zur Anonymisierung unter der DS-GVO unter besonderer Berücksichtigung der TK-Branche, 2020, S. 5.

177 *Schild* in: Wollf/Brink, BeckOK Datenschutzrecht, 38. Ed., 01.11.2021, Art. 4, Rn. 44; *Roßnagel* in: Simitis/Hornung/Spiecker gen. Döhmann, Datenschutzrecht, 2. Aufl., 2025, DSGVO, Art. 4 Nr. 2, Rn. 20; *Ernst* in: Paal/Pauly, DS-GVO/BDSG, 3. Aufl., 2021, DSGVO, Art. 4, Rn. 27.

178 *Arning/Rothkegel* in: Taeger/Gabel, DSGVO/BDSG/TTDSG, 4. Aufl., 2022, DSGVO, Art. 4, Rn. 78; *Schild* in: Wollf/Brink, BeckOK Datenschutzrecht, 38. Ed., 01.11.2021, Art. 4, Rn. 45; *Reimer* in: Sydow/Marsch, DS-GVO - BDSG, 3. Aufl., 2022, DSGVO, Art. 4, Rn. 62.

179 So auch *Reimer* in: Sydow/Marsch, DS-GVO - BDSG, 3. Aufl., 2022, DSGVO, Art. 4, Rn. 62; *Arning/Rothkegel* in: Taeger/Gabel, DSGVO/BDSG/TTDSG, 4. Aufl., 2022, DSGVO, Art. 4, Rn. 78; *Hornung/Wagner*, ZD 2020, 223 (224).

den werden. Der Verwendungsbegriff ist sehr abstrakt.[180] Verwendung kann als zweckgerichtetes Gebrauchen oder internes Nutzen von Daten definiert werden.[181] Unter diese Definition lässt sich grundsätzlich jeder Umgang mit personenbezogenen Daten subsumieren. Daher wird die Verwendung von Daten als Auffangbeispiel des Art. 4 Nr. 2 DSGVO beschrieben.[182] Deswegen sprechen sich Teile der Literatur dafür aus, dass es sich bei der Anonymisierung von personenbezogenen Daten zumindest um eine Verwendung von Daten gemäß Art. 4 Nr. 2 Var. 10 DSGVO handelt.[183]

Gegen diese Einordnung argumentieren *Thüsing/Rombey*, die der Meinung sind, dass es sich bei der Anonymisierung nur um eine Vorbereitungshandlung für eine spätere Verwendung handele und daher weder ein Gebrauchen noch ein Nutzen der Daten vorliege.[184] Diese Ansicht vermag nicht zu überzeugen. Ausgehend von einer streng grammatikalischen Auslegung ist ein Verwenden gegeben, wenn die personenbezogenen Daten für einen bestimmten Zweck benutzt werden.[185] Die Anonymisierung der Daten bezweckt die Aufhebung des Personenbezuges. Aus dem Wortlaut des Art. 4 Nr. 2 Var. 10 DSGVO lässt sich ein darüber hinausgehendes Zweckerfordernis nicht entnehmen. Auch aus dem Telos der Norm lässt sich ein einschränkendes Verständnis von „Verwenden" nicht ableiten. Mithin lässt sich der Anonymisierungsvorgang unter den Verarbeitungsbegriff des Art. 4 Nr. 2 Var. 10 DSGVO subsumieren.

---

180 So spricht etwa Roßnagel von einem „Begriff auf höchster Abstraktionshöhe" *Roßnagel* in: Simitis/Hornung/Spiecker gen. Döhmann, Datenschutzrecht, 2. Aufl., 2025, DSGVO, Art. 4 Nr. 2, Rn. 24.

181 *Ernst* in: Paal/Pauly, DS-GVO/BDSG, 3. Aufl., 2021, DSGVO, ‚Art. 4, Rn. 29; hierauf bezugnehmend *Thüsing/Rombey*, ZD 2021, 548 (549).

182 *Schild* in: Wollf/Brink, BeckOK Datenschutzrecht, 38. Ed., 01.11.2021, Art. 4, Rn. 48; *Roßnagel* in: Simitis/Hornung/Spiecker gen. Döhmann, Datenschutzrecht, 2. Aufl., 2025, DSGVO, Art. 4 Nr. 2, Rn. 24; *Herbst* in: Kühling/Buchner, DS-GVO/BDSG, 4. Aufl., 2024, DSGVO, Art. 4 Nr. 2, Rn. 28; *Hornung/Wagner*, ZD 2020, 223 (224).

183 *Arning/Rothkegel* in: Taeger/Gabel, DSGVO/BDSG/TTDSG, 4. Aufl., 2022, DSGVO, Art. 4, Rn. 82; *Hornung/Wagner*, ZD 2020, 223 (224); *Sütthoff*, ZdiW 2023, 111 (113).

184 *Thüsing/Rombey*, ZD 2021, 548 (549).

185 *Duden online*, „Verwenden" abrufbar unter https://www.duden.de/rechtschreibung/verwenden#bedeutungen (zuletzt abgerufen am 05.06.2025).

4. Löschung von Daten (Art. 4 Nr. 2 Var. 15 DSGVO)

In der Literatur wird weiterhin intensiv diskutiert, ob es sich bei der Anonymisierung um eine Löschung von personenbezogenen Daten im Sinne des Art. 4 Nr. 2 Var. 15 DSGVO handelt.[186] In der DSGVO wird nicht definiert, was unter einer Löschung von personenbezogenen Daten zu verstehen ist.[187] Teilweise wird davon ausgegangen, dass eine erfolgreiche Löschung nur gegeben ist, wenn die Wiederherstellung der Daten absolut unmöglich ist.[188] *Schild* fordert in diesem Zusammenhang, dass digital gespeicherte Daten mindestens sieben Mal durch ein gesondertes Löschprogramm überschrieben werden müssen, damit die Löschung als erfolgreich angesehen werden kann.[189] Legt man dieses Verständnis zu Grunde, stellt die Anonymisierung der personenbezogenen Daten eine Löschung im Sinne des Art. 4 Nr. 2 Var. 15 DSGVO dar, wenn und soweit die Wiederherstellung des Personenbezuges dauerhaft unmöglich ist.

Demgegenüber verlangt ein beachtlicher Teil der Literatur, dass die Wiederherstellung der Daten nur faktisch unmöglich sein muss, damit eine erfolgreiche Löschung gegeben ist.[190] Somit könnte jede (erfolgreiche) Anonymisierung von Daten nach dem Maßstab des ErwGr. 26 DSGVO als eine Löschung im Sinne des Art. 4 Nr. 2 Var. 15 DSGVO zu verstehen sein.[191]

---

186 Hierzu etwa *Thüsing/Rombey*, ZD 2021, 548 (551); *Stürmer*, ZD 2020 626 (628 f.); *Specht*, GRUR Int. 2017, 1040 (1047); *Meents/Hinzpeter* in: Taeger/Gabel, DSGVO/BDSG/TTDSG, 4. Aufl., 2022, DSGVO, Art. 17, Rn. 75.

187 *Laue/Nink/Kremer*, Datenschutzrecht in der betrieblichen Praxis, 3. Aufl., 2024, § 4, Rn. 47; *Dix* in: Simitis/Hornung/Spiecker gen. Döhmann, Datenschutzrecht, 2. Aufl., 2025, DSGVO, Art. 17, Rn. 5; *Leutheuser-Schnarrenberger* in: Schwartmann/Jaspers/Thüsing/Kugelmann, DS-GVO/BDSG, 3. Aufl., 2024, DSGVO, Art. 17, Rn. 42.

188 *Hunziger*, Das Löschen im Datenschutzrech, 2018, S. 116; *Schild* in: Wolff/Brink, BeckOK Datenschutzrecht, 38. Ed., 01.11.2021, Art. 4, Rn. 53; *Leutheuser-Schnarrenberger* in: Schwartmann/Jaspers/Thüsing/Kugelmann, DS-GVO/BDSG, 3. Aufl., 2024, DSGVO, Art. 17, Rn. 42; *Hornung/Wagner*, ZD 2020, 223 (224); *Roßnagel*, ZD 2021, 188 (189),

189 *Schild* in: Wolff/Brink, BeckOK Datenschutzrecht, 38. Ed., 01.11.2021, Art. 4, Rn. 54.

190 *Herbst* in: Kühling/Buchner, DS-GVO/BDSG, 4. Aufl., 2024, DSGVO, Art. 4 Nr. 2, Rn. 36; *Schneider* in: Specht/Mantz, Hanbuch Europäisches und deutsches Datenschutzrecht, 2019, Teil B, § 15, Rn. 37; *Meents/Hinzpeter* in: Taeger/Gabel, DSGVO/BDSG/TTDSG, 4. Aufl., 2022, DSGVO, Art. 17, Rn. 74. a. A. *Dix* in: Simitis/Hornung/Spiecker gen. Döhmann, Datenschutzrecht, 2. Aufl., 2025, DSGVO, Art. 17, Rn. 5.

191 So auch *Stürmer*, ZD 2020, 626 (629); *Stollhoff* in: Auernhammer, DSGVO/BDSG, 8. Aufl., 2023, DSGVO, Art. 17, Rn. 9; *Schneider* in: Specht/Mantz, Hanbuch Euro-

Vor dem Hintergrund des angestrebten hohen Schutzniveaus für die betroffenen Personen ist es verständlich, wenn gefordert wird, dass die Löschung der personenbezogenen Daten absolut irreversibel sein soll. Allerdings ist zu beachten, dass bei der Anwendung des europäischen Rechts gemäß Art. 5 Abs. 4 EUV das Prinzip der Verhältnismäßigkeit zu beachten ist. Für die Auslegung der DSGVO wird dies im ErwGr. 4 S. 2 DSGVO explizit betont.

Demnach dürfen die rechtlichen Anforderungen an eine Löschung von Daten für die Verantwortlichen keine unverhältnismäßige Belastung begründen. Es ist zu bedenken, dass auch und gerade aufgrund der technischen Entwicklung kaum sichergestellt werden kann, dass die Re-Identifizierung der betroffenen Person absolut unmöglich ist. Weiterhin dient die DSGVO nach Art. 1 Abs. 1 dem Schutz von *personenbezogenen* Daten. Soweit nach dem Maßstab des Art. 4 Nr. 1 DSGVO die Herstellung des Personenbezuges für den Verantwortlichen einen unverhältnismäßigen Aufwand begründen würde, fehlt schon die entscheidende Voraussetzung für die Anwendbarkeit des europäischen Datenschutzrechts.[192]

Unter der Berücksichtigung der vorstehenden Argumente ist es überzeugend, dass ein personenbezogenes Datum gelöscht worden ist im Sinne des Art. Nr. 1 Var. 15 DSGVO, wenn die Wiederherstellung des Personenbezuges nach dem Maßstab des ErwGr. 26 DSGVO einen unverhältnismäßigen Aufwand begründen würde.[193] Damit sind dieselben Anforderungen an die Anonymisierung wie an die Löschung von personenbezogenen Daten zu stellen. Zwar besteht bei Anonymisierung von personenbezogenen Daten immer noch ein Restrisiko der Re-Identifizierung. Dieses Risiko begründet nach dem Maßstab der DSGVO jedoch keine Schutzbedürftigkeit dieser Person.[194] Nach der hier vertretenen Ansicht handelt es sich

päisches und deutsches Datenschutzrecht, 2019, Teil B, § 15, Rn. 36; *Meents/Hinzpeter* in: Taeger/Gabel, DSGVO/BDSG/TTDSG, 4. Aufl., 2022, DSGVO, Art. 17, Rn. 75; zurückhaltender *Gierschmann*, ZD 2021, 482 (485) die sich dafür ausspricht, die Anonymisierung der Löschung zu mindestens gleichzustellen.

192 *Stürmer*, ZD 2020, 626 (629).

193 So im Ergebnis auch *Paal* in: Paal/Pauly, DS-GVO/BDSG, 3. Aufl., 2021, DSGVO, Art. 17, Rn. 30; *Kamann/Braun* in: Ehmann/Selmayr, DS-GVO, 3. Aufl., 2024, Art. 17, Rn. 34; *Leeb/Lorenz*, ZD 2018, 573 (574).

194 *Gierschmann*, ZD 2021, 482 (485); *Stürmer*, ZD 2020, 626 (629); a. A. *Roßnagel* in: Simitis/Hornung/Spiecker gen. Döhmann, Datenschutzrecht, 2. Aufl., 2025, DSGVO, Art. 4 Nr. 2, Rn. 32.

daher bei der Anonymisierung von Daten um eine Löschung im Sinne des Art. 4 Nr. 2 Var. 15 DSGVO.[195]

5. Ergebnis

Bei der Anonymisierung handelt es sich um eine Löschung von Daten und daher um eine Datenverarbeitung im Sinne des Art. 4 Nr. 2 DSGVO. Die hiergegen vorgebrachten Bedenken können nicht überzeugen. Aus der Systematik und dem Telos der DSGVO lässt sich nicht entnehmen, dass an die Löschung von personenbezogenen Daten höhere Anforderungen zu stellen sind als an deren Anonymisierung.

Demzufolge müssen bei der Anonymisierung von Daten die datenschutzrechtlichen Vorgaben eingehalten werden, welche die DSGVO für die Verarbeitung von Daten vorsieht. Von zentraler Bedeutung ist in diesem Kontext, auf welche Rechtsgrundlage sich die jeweilge Datenverarbeitung stützen lässt.

II. Rechtsgrundlage für die Anonymisierung

Ausgehend von dem Wortlaut des Art. 6 Abs. 1 DSGVO muss jede Verarbeitung von personenbezogenen Daten auf mindestens eine der in dieser Norm genannten Rechtsgrundlagen gestützt werden können. Soweit es sich um sensible Daten im Sinne des Art. 9 Abs. 1 DSGVO handelt, muss zusätzlich einer der Erlaubnistatbestände des Art. 9 Abs 2 DSGVO einschlägig sein. Als Rechtsgrundlage für die Anonymisierung von Daten werden verschiedene Optionen diskutiert.[196] Aufgrund der hier vertretenen Ansicht wird sich im Folgenden nur auf solche Rechtsgrundlagen fokussiert, welche für die Löschung von Daten in Betracht kommen. Dabei ist zu beachten,

---

195 *Herbst* in: Kühling/Buchner, DS-GVO/BDSG, 4. Aufl., 2024, DSGVO, Art. 4 Nr. 2, Rn. 36; *Schneider* in: Specht/Mantz, Handbuch Europäisches und deutsches Datenschutzrecht, 2019, Teil B, § 15, Rn. 37; *Meents/Hinzpeter* in: Taeger/Gabel, DSGVO/BDSG/TTDSG, 4. Aufl., 2022, DSGVO, Art. 17, Rn. 74; *Stürmer*, ZD 2020, 626 (629); *Arning* in: Moos/Schefzig/Arning, DSGVO, 2. Aufl., 2021, Kap. 6, Rn. 211; *Österreichische Datenschutzbehörde*, DSB-D123.270/0009-DSB/2018.

196 Zu den verschiedenen Möglichkeiten: *BfDI*, Positionspapier zur Anonymisierung unter der DS-GVO unter besonderer Berücksichtigung der TK-Branche, 2020, S. 5 f.; *Hornung/Wagner*, ZD 2020, 223 (225 ff.).

dass der Verordnungsgeber an keiner Stelle eine gesonderte Löschungsbefugnis für personenbezogene Daten normiert hat.[197]

1. Art. 6 Abs. 1 lit. a DSGVO

Als taugliche Rechtsgrundlage für die Löschung und somit auch für die Anonymisierung von personenbezogenen Daten kann die Einwilligung der betroffenen Person gemäß Art. 6 Abs. 1 lit. a DSGVO herangezogen werden.[198] Die Einholung der Einwilligung hat für die Verantwortlichen zunächst den Vorteil, dass die Einwilligung als Rechtsgrundlage grundsätzlich die größte Rechtssicherheit verspricht.[199] Allerdings weist die Einwilligung sowohl in praktischer als auch in rechtlicher Hinsicht einige Probleme auf.

Für die Verantwortlichen kann es in der Praxis mit einem nicht zu unterschätzenden Aufwand verbunden sein, vor der Anonymisierung der Daten von den einzelnen Betroffenen jeweils eine Einwilligungserklärung einzuholen. Dies liegt vor allem daran, dass nach Art. 4 Nr. 11 DSGVO die Einwilligung der betroffenen Person durch eine unmissverständliche Willensbekundung oder eine sonstige eindeutige bestätigende Handlung zu erfolgen hat. Ein bloßes Untätigbleiben oder Stillschweigen der betroffene Person genügt dagegen nicht.[200] Möchte der Verantwortliche die Anonymisierung der Daten auf eine Einwilligung stützen, so muss er ein Tätigwerden des Betroffenen abwarten, ohne dass er hierauf Einfluss nehmen kann oder darf.[201] Hat der Verantwortliche vor, die anonymisierten Daten weiterzuverwenden, insbesondere zum Training von KI-Systemen, kann es somit zu erheblichen Verzögerungen oder sogar Blockaden kommen, wenn die Datenverarbeitung auf die Rechtsgrundlage des Art. 6 Abs. 1 lit. a DSGVO gestützt werden soll.

Neben diesen tatsächlichen Schwächen der Einwilligung als Rechtsgrundlage müssen die rechtlichen Problemlagen bedacht werden. Die Wirksamkeit der Einwilligung hängt von den Voraussetzungen der

---

197 *Hornung/Wagner*, ZD 2020, 223 (226); *Gierschmann*, ZD 2021, 482 (485); *Hessel/Leffer/Potel*, ZD 2022, 537 (540).

198 Vgl. *BfDI*, Positionspapier zur Anonymisierung unter der DS-GVO unter besonderer Berücksichtigung der TK-Branche, 2020, S. 5; *Stürmer*, ZD 2020, 626 (630).

199 *Buchner/Kühling* in: Kühling/Buchner, DS-GVO/BDSG, 4. Aufl., 2024, DSGVO, Art. 7, Rn. 17; kritisch hingegen *Uecker*, ZD 2019, 248 (248).

200 ErwGr. 32 S. 3 DSGVO.

201 Vgl. *Art.-29-Datenschutzgruppe*, Leitlinie in Bezug auf die Einwilligung gemäß Verordnung 2016/679, 2017, S. 5; *Ruschemeier*, DuD 2025, 349 (353).

Art. 4 Nr. 11, 6, 7 DSGVO ab. Gerade das Ausbalancieren zwischen einer umfassenden Informierung der betroffenen Person über die Folgen der Einwilligung einerseits und der Verpflichtung, das (schriftliche) Einwilligungsersuchen in verständlicher sowie in klarer und einfacher Sprache zu formulieren andererseits, stellt sich vielfach als Drahtseilakt dar.[202] Eine weitere Problemstellung ergibt sich aus der Frage, ob es zulässig ist, dass der Verantwortliche bei versagter oder nicht erteilter Einwilligung die Verarbeitung auf eine andere Rechtsgrundlage stützt. Namenhafte Stimmen in der Literatur gehen davon aus, dass durch das Ersuchen der Einwilligung der betroffenen Person keine Entscheidungsmacht suggeriert werden darf, die im Endeffekt nicht besteht.[203] Der Rückgriff auf eine andere Rechtsgrundlage wäre in diesem Fall aufgrund der Widersprüchlichkeit des Verhaltens des Verantwortlichen unzulässig. Durch das Einwilligungsersuchen könnten die Verantwortlichen sich daher die Möglichkeit nehmen, den Anonymisierungsvorgang im Fall einer Einwilligungsverweigerung alternativ auf eine andere Rechtsgrundlage zu stützen.

Unter Berücksichtigung der vorangegangenen Ausführungen ist festzustellen, dass eine Einwilligung gemäß Art. 6 Abs. 1 lit. a DSGVO als Rechtsgrundlage für die Anonymisierung von personenbezogenen Daten zwar grundsätzlich in Betracht kommt, aber gleichzeitig problembehaftet sein kann.

2. Art. 6 Abs. 1 lit. c DSGVO i. V. m. Art. 17 Abs. 1 DSGVO

Die Verantwortlichen könnten die Anonymisierung der Daten möglicherweise auch auf Art. 6 Abs. 1 lit. c DSGVO i. V. m. Art. 17 Abs. 1 DSGVO stützen. Gemäß Art. 6 Abs. 1 lit. c DSGVO ist eine Datenverarbeitung rechtmäßig, wenn die Verarbeitung zur Erfüllung einer rechtlichen Verpflichtung notwendig ist. Eine rechtliche Verpflichtung in diesem Sinne könnte sich aus Art. 17 Abs. 1 DSGVO ergeben. Soweit eine der Voraussetzung des Art. 17 Abs. 1 DSGVO gegeben ist, hat der Verantwortliche die personenbezogenen Daten zu löschen. Eine Anonymisierung der Daten kommt für die

202 In diese Richtung auch *Uecker*, ZD 2019, 248 (248).

203 *Buchner/Kühling* in: Kühling/Buchner, DS-GVO/BDSG, 4. Aufl., 2024, DSGVO, Art. 7, Rn. 17; *Uecker*, ZD 2019, 248 (249); diese Einschränkung ablehnend *Klement* in: Simitis/Hornung/Spiecker gen. Döhmann, Datenschutzrecht, 2. Aufl., 2025, DSGVO, Art. 7, Rn. 34; differenzierend *Kramer* in: Auernhammer, DSGVO/BDSG, 8. Aufl., 2023, DSGVO, Art. 6, Rn. 24.

Verantwortlichen vor allem in Betracht, wenn der ursprüngliche Zweck der Datenverarbeitung erreicht ist. In diesen Fällen besteht die Verpflichtung zur Löschung der Daten nach Art. 17 Abs. 1 lit. a DSGVO. Mithin erscheint der Art. 6 Abs. 1 lit. c DSGVO i. V. m. Art. 17 Abs. 1 DSGVO als taugliche Rechtsgrundlage für den Anonymisierungsvorgang.

Heikel kann in diesem Zusammenhang die Verarbeitung von sensiblen Daten im Sinne des Art. 9 Abs. 1 DSGVO sein. Denn Art. 9 Abs. 2 DSGVO enthält kein Pendant zum Art. 6 Abs. 1 lit. c DSGVO. Hat der Verantwortliche das Ziel, besondere Kategorien von Daten auf der Grundlage des Art. 6 Abs. 1 lit. c DSGVO zu anonymisieren, so muss zusätzlich mindestens einer der Ausnahmetatbestände des Art. 9 Abs. 2 DSGVO gegeben sein. Daraus folgt das widersinnige Ergebnis, dass der Schutz der sensiblen Daten durch eine Anonymisierung nur schwerer erreicht werden kann als dies bei „normalen" personenbezogenen Daten der Fall ist.[204]

Dies entspricht im Regelfall gerade nicht dem Schutzkonzept des Art. 9 Abs. 1 DSGVO. Durch diese Vorschrift wird die Zulässigkeit von Datenverarbeitungsvorgängen eingeschränkt, bei denen ein erhöhtes Risiko für die Rechte und Freiheiten der betroffenen Person entsteht.[205] Die Löschung von Daten bzw. deren Anonymisierung können im besonderen Maße dazu beitragen, dass das Ziel des Art. 9 Abs. 1 DSGVO erreicht wird.[206] Daher wird diskutiert, ob Art. 9 Abs. 1 DSGVO für diese Fälle teleologisch zu reduzieren ist.[207]

Bevor der Art. 9 Abs. 1 DSGVO teleologisch reduziert wird, ist es geboten, zu untersuchen, ob der Sinn und Zweck des Unionsrecht gewahrt werden kann, ohne dass es einer Korrektur des Normtextes durch den Rechtsanwender bedarf.[208]

---

204 Siehe hierzu bereits C. II. 1 .a.

205 *Hornung/Wagner*, ZD 2020, 223 (228); *Albers/Veit* in: Wolff/Brink/Ungern-Sternberg, BeckOK Datenschutzschutzrecht, 52. Edition, Stand: 01.05.2025, DSGVO, Art. 9, Rn. 2; *Korge* in: Gierschmann/Schlender/Stenzel/Veil, DS-GVO, 2018, Art. 9, Rn. 1.

206 So auch *Thüsing*/Rombey, ZD 2021, 548 (552); *Hornung/Wagner*, ZD 2020, 223 (228); *Stürmer*, ZD 2020, 626 (630).

207 *Stürmer*, ZD 2020, 626 (630); *Thüsing*/Rombey, ZD 2021, 548 (552); *Hornung/Wagner*, ZD 2020, 223 (228); *Gierschmann*, ZD 2021, 482 (485).

208 Vgl. C. II.1.a.

3. Ursprüngliche Rechtsgrundlage der Datenerhebung

Die DSGVO kennt keinen gesonderten Erlaubnistatbestand für die Löschung von Daten. Fraglich ist aber, ob es überhaupt eines eigenständigen Rechtfertigungstatbestandes für diese Art von Datenverarbeitungsvorgängen bedarf. Anknüpfungspunkt für die nachfolgende Argumentation ist der Grundsatz der Speicherbegrenzung aus Art. 5 Abs. 1 lit. e DSGVO.[209] Aus dem Grundsatz der Speicherbegrenzung lässt sich ein zentraler Aspekt für das Verständnis der Beendigung von Datenverarbeitungsvorgängen ableiten.

Gemäß Art. 5 Abs. 1 lit. e DSGVO ist jede Aufbewahrung von personenbezogenen Daten nur solange zulässig, wie sie für die Erreichung des festgelegten Zwecks erforderlich ist. Hierdurch wird zum Ausdruck gebracht, dass eine Speicherung von Daten „auf Vorrat" nicht mit dem Grundkonzept der DSGVO vereinbar ist.[210] Daher ist jeder Datenerhebung bereits die Löschung dieser Daten immanent. Hierfür spricht auch, dass sich die Informationspflichten des Verantwortlichen gemäß Art. 13 Abs. 2 lit. a, Art. 14 Abs. 2 lit. a DSGVO nur auf die Dauer der Speicherung beziehen und nicht aber auf die Aufklärung über eine gesonderte Rechtsgrundlage für die Löschung der Daten.[211] Aus dem Grundsatz der Speicherbegrenzung folgt, dass die Datenverarbeitung nach der Vorstellung des europäischen Gesetzgebers als ein Zyklus zu verstehen ist. Daher ist es nur konsequent, wenn der Beginn und das Ende des Verarbeitungszyklus auf dieselbe Rechtsgrundlage gestützt werden.

Vor diesem Hintergrund ist es überzeugend, dass die ursprüngliche Rechtsgrundlage für die Datenverarbeitung ebenfalls die Löschung bzw. die Anonymisierung dieser Daten rechtfertigt.[212] Durch diese Auslegung werden die dargelegten Spannungsverhältnisse zwischen der Einhaltung des Datenschutzrechts und den Interessen der betroffenen Personen sowie der Verantwortlichen vermieden. Aufgrund des Umstandes, dass die Löschung

209 Nach überzeugender Ansicht bezieht sich dieser Grundsatz nicht nur auf die Verarbeitungsform der Speicherung; *Roßnagel* in: Simitis/Hornung/Spiecker gen. Döhmann, Datenschutzrecht, 2. Aufl., 2025, DSGVO, Art. 5, Rn. 152.

210 *Schantz* in: Wolff/Brink/Ungern-Sternberg, BeckOK Datenschutzrecht, 52. Edition, Stand. 01.11.2021, DSGVO, Art. 5, Rn. 33; *Hornung* in: Hoffmann-Riem, Big Data – Regulative Herausforderungen, 2018, S. 85; *Conrad/Treeger* in: Auer-Reinsdorff/Conrad, Handbuch IT- und Datenschutzrecht, 3. Aufl., 201, § 34, Rn. 128.

211 Vgl. *Gierschmann*, ZD 2021, 482 (485).

212 So auch *Gierschmann*, ZD 2021, 482 (485).

das Ende der Verarbeitungskette bildet, ist die Löschung als ein Teil des ursprünglichen Zwecks der Verarbeitung anzusehen.[213] Somit handelt es sich bei der Anonymisierung von Daten nicht um eine Zweckänderung, sodass die Verantwortlichen nicht mit der Einhaltung der Transparenzpflichten belastet werden. Weiterhin sind keine Wertungswidersprüchen bei der Anonymisierung von besonderen Datenkategorien im Sinne des Art. 9 Abs. 1 DSGVO zu befürchten. In diesen Fällen muss bereits zu Beginn der Verarbeitung eine der Voraussetzungen des Art. 9 Abs. 2 DSGVO gegeben sein, damit die Verarbeitung rechtmäßig ist. Mithin führt die Anonymisierung von sensiblen Daten nicht zu einem Mehraufwand gegenüber der Anonymisierung von „normalen" personenbezogenen Daten.

4. Ergebnis

Nach der hier vertretenen Auffassung kann die Anonymisierung von Daten auf dieselbe Rechtsgrundlage gestützt werden, die die ursprünglichen Datenerhebung gerechtfertigt hat. Diese Auslegung entspricht dem in der DSGVO zugrunde gelegtem Verständnis von der Datenverarbeitung als Zyklus, welches wiederum durch den Grundsatz der Speicherbegrenzung besonders zum Ausdruck gebracht wird. Ausgehend von diesem Befund ist es nicht notwendig, bei der Anonymisierung von besonderen Kategorien personenbezogener Daten, den Tatbestand des Art. 9 Abs. 1 DSGVO teleologisch zu reduzieren.

III. Ergebnis

Die Anonymisierung von personenbezogenen Daten stellt einen datenschutzrechtlich relevanten Vorgang dar. Soweit der Verantwortliche den ursprünglichen Datensatz anonymisiert, handelt es sich hierbei um eine Datenverarbeitung in der Form der Löschung nach Art. 4 Nr. 2 Var. 15 DSGVO. Die gegen diese Einordnung als Löschung vorgebrachten Bedenken schlagen nicht durch. Insbesondere sind durch die hier vertretene Ansicht keine Wertungswidersprüche zu befürchten.

Weiterhin wird durch diesen Befund aufgezeigt, dass auch bei strenger Einhaltung der Vorgaben der DSGVO die Interessen der an der Datenver-

213 *Gierschmann*, ZD 2021, 482 (485).

arbeitung Beteiligten angemessen gewahrt werden können. Insbesondere ist es nicht notwendig, auf das Mittel der teleologischen Reduktion zurückzugreifen, um Wertungswidersprüche im Hinblick auf Art. 9 DSGVO zu vermeiden.

C. Synthetische Daten

Im Zusammenhang mit der Entwicklung von KI-Systemen wurde in jüngerer Zeit vermehrt über die Herstellung von sogenannten „synthetischen Daten" diskutiert.[214] Laut *Schild* fallen unter den Begriff der synthetischen Daten „realistische und möglichst allgemein verwendbare Datensätze".[215] Synthetische Daten zeichnen sich dadurch aus, dass es sich um künstlich hergestellte Datensätze handelt. Der Vorteil für Big-Data-Anwendung – insbesondere für die KI-Entwicklung – besteht darin, dass diese Daten ihrer Natur nach keinen Personenbezug aufweisen (sollen).[216] Um die Entwicklung von synthetischen Daten zu unterstützen, hat das Bundesministerium für Bildung und Forschung eine Richtlinie für die Förderung von Projekten zum Thema „Erzeugung von synthetischen Daten für Künstliche Intelligenz" veröffentlicht.[217]

Für die Herstellung von synthetischen Daten werden in der Regel Generative Adversiarial Networks (GAN) eingesetzt.[218] Grob gesagt versucht bei diesem Verfahren ein neuronales Netzwerk, aus vorhandenen Datensätze Muster abzuleiten und daraus neue Datensätze zu generieren, während ein

---

214 *Drechsler/Jentzsch*, Synthetische Daten: Innovationspotential und gesellschaftliche Herausforderungen, 2018, S. 7 ff.; *Schild* in: Wolff/Brink/Ungern-Sternberg, BeckOK Datenschutzschutzrecht, 52. Edition, Stand: 01.05.2025, DSGVO, Art. 4, Rn. 27b; *Raji*, DuD 2021, 303 (305); *Hacker*, GRUR 2020, 1025 (1029); *Werkmeister/Laux*, PinG 2023, 103 (104).

215 *Schild* in: Wolff/Brink/Ungern-Sternberg, BeckOK Datenschutzschutzrecht, 52. Edition, Stand: 01.05.2025, DSGVO, Art. 4, Rn. 27b.

216 *Raji*, DuD 2021, 303 (305).

217 Bundesministerium für Bildung und Forschung, Erzeugung von synthetischen Daten für Künstliche Intelligenz 2020, https://www.bmbf.de/bmbf/shareddocs/bekanntmachungen/de/2020/07/3068_bekanntmachung.html (zuletzt abgerufen am 22.06.2022).

218 *Raji*, DuD 2021, 303 (305); *Drechsler/Jentzsch*, Synthetische Daten: Innovationspotential und gesellschaftliche Herausforderungen, 2018, S. 13; *Sens*, Der Zweckbindungsgrundsatz der DSGVO beim Machine Learning im Vertrieb, 2024, S. 54.

zweites neuronales Netzwerk mit der Aufgabe betraut ist, herauszufinden, ob der vorliegende Datensatz synthetisch oder reell ist.[219]

Für die Anwendbarkeit der DSGVO in diesem Kontext ist von entscheidender Bedeutung, ob und wenn ja mit welchem Aufwand aus dem künstlich erstellten Datensatz der originale Datensatz abgeleitet werden kann. Folgende Überlegung ist für die vorliegende Fragestellung zu beachten: Soweit der Originaldatensatz personenbezogene Daten enthält, dient der Synthetisierungsvorgang im Wesentlichen dazu, den Personenbezug nachhaltig aufzuheben. Die Synthetisierung von Daten ist somit als eine Anonymisierungstechnik zu verstehen.[220] Die Eröffnung des Anwendungsbereiches der DSGVO hängt davon ab, ob und inwieweit das Risiko einer Re-Identifizierung der natürlichen Person besteht.[221]

Bei der Verwendung von synthetischen Daten für das Training von KI-Systemen bestehen demnach dieselben rechtlichen Probleme wie bei der Verwendung von Daten, die nach herkömmlichen Verfahren anonymisiert worden sind. Insbesondere hat die Erstellung synthetisierten Daten einen Informationsverlust im Vergleich zu den Originaldaten zur Folge.[222] Hinzu kommt, dass die Herstellung von synthetischen Daten mit einem nicht nur unerheblichen Arbeitsaufwand verbunden sein kann.[223] Dementsprechend handelt es sich (zur Zeit) um ein kostspieliges Verfahren. Für das Training von besonders datenintensiven KI-Systemen kann daher nicht ohne Weiteres auf die Verwendung synthetischer Daten zurückgegriffen werden. Weiterhin ist zu beachten, dass bei der Herstellung von synthetischen Daten

---

219 *Raji*, DuD 2021, 303 (305); *Kipker/Lettieri*, DuD 2024, 284 (285); vgl. *Drechsler/Jentzsch*, Synthetische Daten: Innovationspotential und gesellschaftliche Herausforderungen, 2018, S. 13; *Chen*, Verbesserung und Evaluation eines Modell-Ensembles für die Vorhersage von Unfalldaten anhand synthetischer Daten, 2021, S. 11.

220 *Schild* in: Wolff/Brink/Ungern-Sternberg, BeckOK Datenschutzschutzrecht, 52. Edition, Stand: 01.05.2025, DSGVO, Art. 4, Rn. 27b; *Raji*, DuD 2021, 303 (306); *Siems/Repka*, Unrechtmäßige Nutzung von KI-Trainingsdaten als Gefahr für neue Geschäftsmodelle – Compliance-Anforderungen bei der Entwicklung von KI-Systemen, in: Taeger (Hrsg.), DSRI Tagungsband 2021, 517 (528): vgl. *Sens*, Der Zweckbindungsgrundsatz der DSGVO beim Machine Learning im Vertrieb, 2024, S. 56.

221 Zu dem Maßstab hierfür unter C.I.1. ff.

222 *Sens*, Der Zweckbindungsgrundsatz der DSGVO beim Machine Learning im Vertrieb, 2024, S. 56.

223 *Drechsler/Jentzsch*, Synthetische Daten: Innovationspotential und gesellschaftliche Herausforderungen, 2018, S. 17, *Siems/Repka*, Unrechtmäßige Nutzung von KI-Trainingsdaten als Gefahr für neue Geschäftsmodelle – Compliance-Anforderungen bei der Entwicklung von KI-Systemen, in: Taeger (Hrsg.), DSRI Tagungsband 2021, 517 (528).

die Struktur und die Eigenschaften der ursprünglichen Datensätze von Menschen vorgegeben werden. Hieraus folgt für die Entwicklung von KI-Systemen, dass diese Systeme – anders als bei einem Training mit Rohdaten – nicht besonders dafür geeignet sind, neue und unbekannte Ergebnisse zu generieren.[224] Weiterhin wird in einer aktuellen Studie dargelegt, dass sich die Verwendung von KI-generierten Daten beim Training von KI-Systemen negativ auf das Trainingsergebnis auswirkt.[225] Darüber hinaus sind bei der Erhebung und Aggregierung des ursprünglichen Datensatzes die Vorgaben der DSGVO zu beachten.[226] Datenschutzrechtliche Probleme, die im Zusammenhang mit der Erhebung von einer großen Menge Daten auftreten können, bleiben insoweit zumindest bei der Erstellung von synthetischen Daten bestehen.

Nichtsdestotrotz wohnt der Erstellung von synthetischen Daten ein beachtliches datenschutzrechtliches Potenzial inne. In den letzten Jahren hat sich die Skalierbarkeit bei der Herstellung von synthetischen Daten für Big-Data-Anwendungen verbessert.[227] Gleichzeitig hat sich die Verwendung von synthetischen Daten für das Training von KI-Systemen in der Praxis (noch) nicht durchgesetzt.[228] In Ansehung der vorstehenden Ausführungen ist die Verwendung von synthetischen Daten (noch) nicht geeignet, um datenschutzrechtliche Problemlagen bei der KI-Entwicklung voll umfassend zu beseitigen.

D. Ergebnis

Die Eröffnung des sachlichen Anwendungsbereichs der DSGVO hängt nach Art. 2 Abs. 1 DSGVO von der Verarbeitung personenbezogener Daten ab. Die (möglichen) rechtlichen Probleme, die sich im Zusammenhang mit

---

224 Enquete-Kommission Künstliche Intelligenz, Drucksache 19/23700, 2020, S. 55; unter Beachtung der Entwicklung im Bereich der generativen KI-Systeme ist zudem fraglich, ob und inwiefern die Verwendung von synthetischen Daten für das Training dieser Anwendungen überhaupt geeignet ist; vgl. *Pesche/Böhme*, MMR 2023, 917 (918).

225 *Shumallov et al.*, Nature 2024, 755 (755 ff.) ; vgl. *Sens*, Der Zweckbindungsgrundsatz der DSGVO beim Machine Learning im Vertrieb, 2024, S. 56.

226 *Siems/Repka*, Unrechtmäßige Nutzung von KI-Trainingsdaten als Gefahr für neue Geschäftsmodelle – Compliance-Anforderungen bei der Entwicklung von KI-Systemen, in: Taeger (Hrsg.), DSRI Tagungsband 2021, 517 (528).

227 Hierzu *Drechsler/Jentzsch*, Synthetische Daten, 2018, S. 11 ff.

228 Vgl. *Sens*, Der Zweckbindungsgrundsatz der DSGVO beim Machine Learning im Vertrieb, 2024, S. 57 f.

der Verwendung von Daten mit Personenbezug für die Entwicklung von KI-Systemen ergeben, könnten daher theoretisch vermieden werden, wenn diese Anwendungen mit hochwertigen anonymisierten oder synthetisierten Daten trainiert werden.

Allerdings ist die Verwendung von anonymisierten Daten ebenfalls mit rechtlichen und praktischen Problemen behaftet. Da es sich bei anonymen Daten um die Kehrseite von personenbezogenen Daten handelt, hat die Untersuchung, ob ein Datum als anonym einzustufen ist, am Maßstab des Art. 4 Nr. 1 DSGVO zu erfolgen.[229] Die Feststellung, ob ein Personenbezug nach diesem Maßstab noch vorhanden ist, kann die Verantwortlichen vor erhebliche Herausforderungen stellen. Hinzu kommt, dass die immer weiter voranschreitenden technischen Entwicklungen dazu führen, dass erfolgreich anonymisierte Daten regelmäßig dahingehend überprüft werden müssen, ob die Herstellung des Personenbezuges wieder möglich geworden ist.[230] Vor diesem Hintergrund sollte ein Datum von den Verantwortlichen nicht als absolut anonym behandelt werden.[231] Weiterhin ist es mit nicht nur unerheblichen Schwierigkeiten verbunden, einen Datensatz zu anonymisieren, ohne dass hierdurch ein Informationsverlust entsteht.[232] Für die Entwicklung von qualitativ hochwertigen KI-Systemen ist das Training mit qualitativ hochwertigen Daten unumgänglich. Daher geht auch der europäische Gesetzgeber davon aus, dass die Verwendung von anonymisierten Daten nicht in jedem Fall für die KI-Entwicklung möglich ist.[233]

Demgegenüber birgt der Anonymisierungsvorgang als solcher zumindest juristisch keine Problemfelder. Zwar handelt es sich hierbei um einen Datenverarbeitungsvorgang im Sinne des Art. 4 Nr. 2 DSGVO. Durch eine erfolgreiche Anonymisierung werden die verarbeiteten Daten allerdings gelöscht, sodass nach der hier vertretenen Ansicht die Verantwortlichen

229 Zu den Einzelheiten C. I. 1.

230 So auch *Hüger*, ZfDR 2024, 263 (278); der *EDSA* hebt die technischen Möglichkeiten für die Re-Identifizierung von betroffenen Personen im Zusammenhang mit austrainierten KI-Technologien hervor, *EDSA*, Stellungnahme 28/2024 zu gewissen Datenschutzaspekten der Verarbeitung personenbezogener Daten im Zusammenhang mit KI-Modellen, 2024, S. 14.

231 *Jäger et al.*, ZD 2024, 490 (491).

232 *Art.-29-Datenschutzgruppe*, WP 216, 2014, S. 5; so auch *Winter/Battis/Halvani*, ZD 2019, 489 (491); *Stürmer*, ZD 2020, 626 (627); *Valkanova* in: Kaulartz/Braegelmann, Rechtshandbuch Artificial Intelligence und Machine Learning, 2020, Kap. 8.1, Rn. 13; Enquete-Kommission Künstliche Intelligenz, Drucksache 19/23700, 2020, S. 55.

233 Hierauf wird in der KI-VO explizit Bezug genommen. Art. 59 Abs. 1 lit. b KI-VO.

weder Transparenzpflichten einhalten, noch diesen Vorgang auf eine gesonderte Rechtsgrundlage stützen müssen.

Unter der Berücksichtigung der vorangegangenen Ausführungen kann der eingangs erwähnten These, bei der Anonymisierung von Daten handele es sich um den „Königsweg“ für den modernen Datenschutz, (noch) nicht zugestimmt werden. Zwar ist es denkbar, dass durch die Entwicklung moderner Anonymisierungsverfahren, die Re-Identifizierung der natürlichen Person absolut unmöglich gemacht wird. Allerdings kann auf der Grundlage von hypothetischen Ereignissen keine der derzeitigen datenschutzrechtlichen Fragestellungen beantwortet werden.

Die datenschutzrechtlichen Probleme, welche sich im Zusammenhang mit der Entwicklung von KI-Systemen aufdrängen, können (noch) nicht dadurch umgangen werden, dass anonymisierte Daten für das Training dieser Anwendungen verwendet werden.

Kapitel 4: Die Grundsätze der Datenverarbeitung

Die in Art. 5 Abs. 1 DSGVO normierten Grundsätze der Datenverarbeitung stellen das „Herzstück“[234] des europäischen Datenschutzrechts dar.[235] Dementsprechend elementar ist die Einhaltung dieser Grundsätze, um eine datenschutzkonforme KI-Entwicklung zu ermöglichen und somit insbesondere das Vertrauen in den Einsatz und die Entwicklung dieser Technologie zu stärken.

Die Beachtung der Grundsätze der Datenverarbeitung kann die Verantwortlichen allerdings vor erhebliche Herausforderungen stellen.[236] Die Vorgaben des Art. 5 Abs. 1 DSGVO sind sehr abstrakt gehalten.[237] Aufgrund dieser Abstraktionshöhe ist zunächst fraglich, welche rechtliche Wirkung dem Art. 5 Abs. 1 DSGVO zukommen soll.[238] Dieser Fragestellung ist auch bei Entwicklung von KI-Systemen von Relevanz. Die KI-Entwicklung besteht in der Regel aus mehreren Datenverarbeitungsphasen.[239] Soweit die Grundsätze der Danteverarbeitung unmittelbar rechtliche Wirkung entfalten, müssen die Vorgaben des Art. 5 Abs. 1 DSGVO bei jedem Verarbeitungsschritt eingehalten werden.

Weiterhin verkomplizieren die abstrakt gehaltenen Formulierungen des Art. 5 Abs. 1 DSGVO die Auslegung der einzelnen Grundsätze. Hierdurch werden Interpretationsspielräume eröffnet, die einer einheitlichen und somit rechtssicheren Anwendung der Grundsätze der Datenverarbeitung durch die Verantwortlichen erschweren. Bei der Auslegung des Art. 5 Abs. 1 DSGVO ist ferner die Wertung des Datenschutzgrundrechts

---

234 So *Jasper/Schwartmann/Hermann* in: Schwartmann/Jaspers/Thüsing/Kugelmann, DS-GVO/BDSG, 3. Aufl., 2024, DSGVO, Art. 5, Rn. 6.

235 Vgl. *Mantz/Marosi* in: Specht/Mantz, Handbuch Europäisches und deutsches Datenschutzrecht, 2019, Teil A, § 3, Rn. 48; *Buchholtz/Stenzel* in: Gierschmann/Schlender/Stenzel/Veil, DS-GVO, 2018, Art. 5, Rn. 1.

236 *Kramer* in: Auernhammer, DSGVO/BDSG, 8. Aufl., 2023, DSGVO, Art. 5, Rn. 7.

237 U. a. *Kramer* in: Auernhammer, DSGVO/BDSG, 8. Aufl., 2023, DSGVO, Art. 5, Rn. 2; *Reimer* in: Sydow/Marsch, DS-GVO/BDSG, 3. Aufl., 2022, DSGVO, Art. 5, Rn. 2; *Roßnagel*, ZD 2018, 339 (342).

238 Hierzu unter Kap. 4, A.

239 *LfDI Baden-Württemberg*, Rechtsgrundlagen im Datenschutz beim Einsatz von Künstlicher Intelligenz, 2023, S. 7 ff.; *Reichert/Radtke/Eske*, ZD 2024, 483 (484); *Sens*, Der Zweckbindungsgrundsatz der DSGVO beim Machine Learning im Vertrieb, 2024, S. 20 ff.; *Paal*, ZfDR 2024, 129 (132); *Hüger*, ZfDR 2024, 263 (266 f.).

aus Art. 8 GRC zu berücksichtigen. Bei den Grundsätzen der Datenverarbeitung handelt es sich (in Teilen) um die sekundärrechtliche Konkretisierung dieses Grundrechts.[240] Eine eingehende Auseinandersetzung mit den einzelnen Datenverarbeitungsgrundsätzen unter Beachtung der Wertung des Art. 8 GRC ist daher essenziell, um eine DSGVO-konforme KI-Entwicklung zu ermöglichen.

Für die Beantwortung der vorliegenden Fragestellung, ob und inwiefern die Entwicklung von KI-Systemen mit den Grundsätzen der Datenverarbeitung vereinbar ist, bedarf es mithin einer grundlegenden Analyse des Art. 5 Abs. 1 DSGVO. Um diese Untersuchung nicht zu verwässern, werden in diesem Kapitel die möglicherweise auftretenden Spannungsverhältnisse im Hinblick auf die KI-Entwicklung ausgeklammert. Aufgrund der bereits im ersten Kapitel vorgenommenen Eingrenzung werden in diesem Kapitel nur die Grundsätze der Zweckbindung, der Datenminimierung sowie der Speicherbegrenzung behandelt.

A. Rechtliche Wirkung der Grundsätze der Datenverarbeitung

Die Transformation von der Datenschutz-*Richtlinie* hin zu einer Datenschutz-*Grundverordnung* wirft die Frage auf, welchen Regelungscharakter die Vorgaben des Art. 5 Abs. 1 DSGVO haben.[241] Die Grundsätze der Datenverarbeitung muten zunächst wie allgemeine Strukturprinzipien an.[242] Sie geben vor, welche Prinzipien bei jeder Datenverarbeitung einzuhalten sind, ohne dabei an deren Einhaltung konkrete Rechtsfolge zu knüpfen. Zudem werden diese abstrakten Vorgaben durch zahlreiche Vorschriften

240 *Herbst* in: Kühling/Buchner, DS-GVO/BDSG, 4. Aufl., 2024, DSGVO, Art. 5, Rn. 1; vgl. *Roßnagel* in: Simitis/Hornung/Spiecker gen. Döhmann, Datenschutzrecht, 2. Aufl., 2025, DSGVO, Art. 5, Rn. 3; *Weichert* in: Däubler/Wedde/Weichert/Sommer, 3. Aufl., 2024, DSGVO, Art. 5, Rn.3; *Plath* in: Plath, DSGVO/BDSG/TTDSG, 4. Aufl., 2023, DSGVO, Art. 5, Rn. 1; *Conrad/Treeger* in: Auer-Reinsdorff/Conrad, Handbuch IT- und Datenschutzrecht, 3. Aufl., 201, § 34, Rn. 112.

241 *Schantz* in: Wolff/Brink/Ungern-Sternberg, BeckOK Datenschutzrecht, 52. Edition, Stand 01.11.2021, DSGVO, Art. 5, Rn. 2; *Schantz/Wolff*, Das neue Datenschutzrecht, 2017, Rn. 384; *Herbst* in: Kühling/Buchner, DS-GVO/BDSG, 4. Aufl., 2024, DSGVO, Art. 5, Rn. 1.

242 *Pötters* in: Gola, Datenschutz-Grundverordnung, 3. Aufl., 2022, Art. 5, Rn. 4; *Roßnagel* in: Simitis/Hornung/Spiecker gen. Döhmann, Datenschutzrecht, 2. Aufl., 2025, DSGVO, Art. 5, Rn. 24; *Voigt* in: Taeger/Gabel, DSGVO/BDSG/TTDSG, 4. Aufl., 2022, DSGVO, Art. 5, Rn. 1.

der DSGVO konkretisiert.[243] Als Beispiel hierfür dienen die Informationspflichten aus Art. 13 und 14 DSGVO als Konkretisierung des Grundsatzes der Transparenz (Art. 5 Abs. 1 lit. a DSGVO). Des Weiteren ordnet der Art. 5 Abs. 1 DSGVO selbst keine Rechtsfolge bei Zuwiderhandlung an.[244] Auch dieser Umstand könnte gegen die Rechtsverbindlichkeit dieser Norm sprechen.

Nichtsdestotrotz werden die Grundsätze der Datenverarbeitung aus Art. 5 Abs. 1 DSGVO in der Literatur als verbindliche und durchsetzbare Regelungen angesehen.[245] Auch der EuGH sieht in den Vorgaben des Art. 5 Abs. 1 DSGVO rechtsverbindliche Voraussetzungen, die der Verantwortliche bei jeder Datenverarbeitung zu erfüllen hat.[246]

Diese Einordnung entspricht der Vorstellung des europäischen Gesetzgebers. Der Wortlaut des Art. 5 Abs. 1 DSGVO gibt vor, dass bei der Verarbeitung von personenbezogenen Daten die Grundsätze der Datenverarbeitung eingehalten werden *müssen*.[247] Die gewählte Formulierung spricht gegen die Einordnung als Strukturprinzipien und für deren Rechtsverbindlichkeit. Ferner können die Mitgliedstaaten unter den Voraussetzungen des Art. 23 Abs. 1 DSGVO durch Rechtsvorschrift die Vorgaben des Art. 5 Abs. 1 DSGVO bereichsspezifisch modifizieren. Dass die Öffnungsklausel sich unter anderem auf die Grundsätze der Datenverarbeitung bezieht, ergibt nur Sinn, soweit dieser Vorschrift eine unmittelbare Bindungswirkung zu kommt.[248]

---

243 *Herbst* in: Kühling/Buchner, DS-GVO/BDSG, 4. Aufl., 2024, DSGVO, Art. 5, Rn. 1; *Jasper/Schwartmann/Hermann* in: Schwartmann/Jaspers/Thüsing/Kugelmann, DS-GVO/BDSG, 3. Aufl., 2024, DSGVO, Art. 5, Rn. 10 f.; *Voigt* in:Taeger/Gabel, DSGVO/BDSG/TTDSG, 4. Aufl., 2022, DSGVO, Art. 5, Rn. 5.

244 Vgl. *Roßnagel*, ZD 2018, 339 (343); *Kramer* in: Auernhammer, DSGVO/BDSG, 8. Aufl., 2023, DSGVO, Art. 5, Rn. 6.

245 *Schantz/Wolff*, Das neue Datenschutzrecht, 2017, Rn. 382; *Heberlein* in: Ehmann/Selmayr, DS-GVO, 3. Aufl., 2024, Art. 5, Rn. 1; *Reimer* in: Sydow/Marsch, DS-GVO/BDSG, 3. Aufl., 2022, DSGVO, Art. 5, Rn. 1; *Jasper/Schwartmann/Hermann* in: Schwartmann/Jaspers/Thüsing/Kugelmann, DS-GVO/BDSG, 3. Aufl., 2024, DSGVO, Art. 5, Rn. 10; *Frenzel* in: Paal/Pauly, DS-GVO/BDSG, 3. Aufl., 2021, DSGVO, Art. 5, Rn. 9; *Kramer* in: Auernhammer, DSGVO/BDSG, 8. Aufl., 2023, DSGVO, Art. 5, Rn. 5; *Plath* in: Plath, DSGVO/BDSG/TTDSG, 4. Aufl., 2023, DSGVO, Art. 5, Rn. 2.

246 U. a. EuGH, Urt. v. 24.09.2019 – C-136/17 = ZD 2020, 36, Rn. 64; EuGH, Urt. v. 12.01.2023 – C-153/21 = NVwZ 2023, 319, Rn. 34; zur Rechtsverbindlichkeit der Grundsätze der Datenverarbeitung nach Art. 6 DS-RL, EuGH, Urt. v. 13.05.2014 – C-131/12 = GRUR 2014, 895, Rn. 72.

247 *Roßnagel*, ZD 2018, 339 (342);

248 *Pötters* in: Gola/Heckmann, DS-GVO/BDSG, 3. Aufl., 2022, DSGVO, Art. 5, Rn. 4.

Das stärkste Argument für die Verbindlichkeit der Vorgaben des Art. 5 Abs. 1 DSGVO liefert der Art. 83 Abs. 5 lit. a DSGVO. Gemäß Art. 83 Abs. 5 lit. a DSGVO i. V. m. Art. 58 Abs. 2 lit. i DSGVO können die Aufsichtsbehörden im Falle der Nicht-Einhaltung der Datenverarbeitungsgrundsätze ein Bußgeld gegen die Verantwortlichen verhängen. Die Möglichkeit der Aufsichtsbehörden, Bußgelder zu verhängen, dient nach dem Ansatz der negativen Spezialprävention dem Ziel, die Einhaltung der datenschutzrechtlichen Vorschriften durchzusetzen.[249] Die Durchsetzbarkeit von Rechtsregelungen setzt die Verbindlichkeit der jeweiligen Vorschriften zwingend voraus. In diesem Sinne folgt aus der Systematik der Bußgeldvorschrift des Art. 83 Abs. 5 lit. a DSGVO, dass es sich bei den Grundsätzen der Datenverarbeitung um rechtsverbindliche Regelungen handelt und nicht nur um reine Strukturprinzipien. Die Vorgaben des Art. 5 Abs. 1 DSGVO sind daher bei jedem Datenverarbeitungsvorgang einzuhalten.

B. Das europäische Datenschutzgrundrecht

Mit Inkrafttreten des Vertrags von Lissabon wurde auf supranationaler Ebene im Art. 8 Abs. 1 GRC erstmals explizit ein Datenschutzgrundrecht konstituiert.[250] Dieser Schritt kennzeichnet nicht den Beginn des grundrechtlichen Schutzes von personenbezogenen Daten, sondern ist vielmehr Teil einer langjährigen Entwicklung im nationalen und europäischen Recht.[251] Trotz dieser Historie ist die Bestimmung des Schutzgutes des Datenschutzgrundrechts problembehaftet.[252] Unter Berücksichtigung der Rechtsprechung lassen sich verschiedene Anknüpfungspunkte finden, die

---

249 *Boehm* in: Simitis/Hornung/Spiecker gen. Döhmann, Datenschutzrecht, 2. Aufl., 2025, DSGVO, Art. 83, Rn. 1; *Frenzel* in: Paal/Pauly, DS-GVO/BDSG, 3. Aufl., 2021, DSGVO, Art. 83, Rn. 1.

250 Vgl. *Britz*, EuGRZ 2009, 1 (8); *Schneider* in: Wolff/Brink/Ungern-Sternberg, BeckOK Datenschutzrecht, 52. Edition, Stand: 01.11.2024, Syst. B, Rn. 22, *Bernsdorff* in: Meyer/Hölscheidt, EU-Grundrechtecharta, 6. Aufl., 2024, Art. 8, Rn. 1.

251 U. a. *Schneider* in: Wolff/Brink/Ungern-Sternberg, BeckOK Datenschutzrecht, 52. Edition, Stand: 01.11.2024, Syst. B, Rn. 1; umfassend *Lewinski/Rüpke/Eckhardt*, Datenschutzrecht, 3. Aufl., 2025, Teil 2, Abschnitte 1, 2 und 3; zur Entwicklung auf europäischer Ebene *Marsch*, Das europäische Datenschutzgrundrecht, 2018, S. 7 ff.

252 Vgl. *Veil*, NVwZ 2018, 686 (690); *Marsch*, Das europäische Datenschutzgrundrecht, 2018, S. 203; *Bernsdorff* in: Meyer/Hölscheidt, EU-Grundrechtecharta, 6. Aufl., 2024, Art. 8, Rn. 18.

eine Schutzbedürftigkeit der natürlichen Personen bei der Datenverarbeitung begründen können.[253] Damit Art. 8 GRC bei der Analyse des Art. 5 Abs. 1 DSGVO operationalisiert werden kann, bedarf es der Herausarbeitung der grundrechtlichen Wertung unabhängig von der Kasuistik.

Das moderne Verständnis des grundrechtlichen Datenschutzes ist das Ergebnis einer jahrzehntelangen Fortentwicklung der Rechtsprechung durch das BVerfG, dem EGMR und dem EuGH. Die Nachzeichnung dieser Entwicklung des Grundrechtsschutzes auch und gerade auf nationaler Ebene ist als Erkenntnisquelle für den Gewährleistungsgehalt des Art. 8 GRC von Bedeutung. Zwar ergibt sich der grundrechtliche Schutzgehalt des Art. 5 DSGVO allein aus den Unionsgrundrechten.[254] Es ist aber zu beachten, dass die Entwicklung des grundrechtlichen Schutzes von personenbezogenen Daten auf nationaler und europäischer Ebene nicht isoliert stattgefunden hat, sondern durch eine wechselseitige Einflussnahme geprägt ist.[255]

Die Entwicklung der Rechtsprechung zum grundrechtlichen Schutz von personenbezogenen Daten dient als Ausgangspunkt, um den Schutzgehalt des Art. 8 GRC und dessen Bedeutung für die Auslegung des Sekundärrechts herauszuarbeiten.

I. Die grundrechtliche Entwicklung des Datenschutzrechts

Der grundrechtliche Schutz von personenbezogenen Daten ist eine – im Vergleich zu anderen grundrechtlich geschützen Rechtsgütern – neuere Entwicklung. Dieser Umstand lässt sich darauf zurückführen, dass die technologische Entwicklung, welche die automatisierte Verarbeitung von Daten ermöglichte, sich in den 70er-Jahren vollzogen hat und somit erst nachdem die mitgliedstaatlichen bzw. internationalen Verfassungsordnungen kodifiziert worden sind.[256] Mit der Bestrebung, einen europäischen Grundrechtskatalog zu schaffen, wurde mit der Verabschiedung der GRC nach der Jahrtausendwende erstmals ein Datenschutzgrundrecht kodifiziert. Allerdings

---

253 Hierzu unter Kap. 4, B.I.

254 Vgl. *Gersdorf* in: Gersdorf/Paal, BeckOK Informations- und Medienrecht, 48. Edition, Stand 01.11.2024, GG, Art. 2, Rn. 16a.

255 Vgl. Art. 52 Abs. 4 GRC, weiter hierzu *Fuster/Gutwirth*, CLSR 2013, Vol. 29, 531 (537); *Jung*, Grundrechtsschutz auf europäischer Ebene, 2016, S. 22; *Scheuer*, Spielerisch selbstbestimmt, 2019, S. 27; *Poscher* in: Vöneky/Kellmeyer/Mueller/Burgrad, The Cambridge handbook of responsbile artificial intelligence, 2022, Kap. 16, S. 281.

256 *Breuer* in: Heselhaus/Nowak, Handbuch der Europäischen Grundrechte, 2. Aufl., 2020, § 25, Rn. 1.

entfaltete die GRC erst mit dem Vertrag von Lissabon 2009 tatsächliche Rechtskraft. Demgegenüber findet sich im Grundgesetz der BRD ebenso wie in der EMRK kein ausdrückliches Datenschutzgrundrecht. Hieraus folgt nicht, dass der Schutz von personenbezogenen Informationen keine verfassungsrechtliche Verankerung hätte. Auf nationaler sowie auf europäischer Ebene wurde bzw. wird die verfassungsrechtliche Gewährleistung des Datenschutzes aus anderen Grundrechten abgeleitet. Diese grundrechtliche Entwicklung wird im Folgenden kursorisch nachvollzogen.[257] Ziel ist es dabei, ein gesamteuropäisches Schutzkonzept des Datenschutzrechts aufzuzeigen, welches als Grundlage für die Auslegung der Grundsätze der Datenverarbeitung aus Art. 5 DSGVO herangezogen werden kann.

1. Der Schutz von personenbezogenen Daten nach dem Grundgesetz

In der deutschen Literatur zum Datenschutzrecht wird nicht ohne einen gewissen Stolz darauf verwiesen, dass 1970 in Hessen ein Datenschutzrecht erstmals weltweit kodifiziert worden ist.[258] Die inhaltliche und verfassungsrechtliche Entwicklung des Datenschutzrechts auf nationaler Ebene nahm hingegen erst mit dem Volkszählungsurteil[259] des BVerfG von 1983 Fahrt auf.[260] In diesem Urteil entwickelte das BVerfG das Recht auf informationelle Selbstbestimmung aus dem allgemeinen Persönlichkeitsrecht (Art. 2 Abs. 1 i. V. m. Art. 1 Abs 1 GG).[261] Die besondere Bedeutung des grundrechtlichen Schutzes von personenbezogenen Daten lässt sich eindrücklich mit einem Zitat aus dem Volkszählungsurteil illustrieren:

> „Wer nicht mit hinreichender Sicherheit überschauen kann, welche ihn betreffende Informationen in bestimmten Bereichen seiner sozialen Umwelt bekannt sind, und wer das Wissen möglicher Kommunikationspart-

---

257 Für eine umfassende Darstellung der verfassungsrechtlichen Entwicklung des Datenschutzrechts auf europäischer Ebene *Marsch*, Das europäische Datenschutzgrundrecht, 2018, S. 7 ff.; *Siemen*, Datenschutz als europäisches Grundrecht, 2006, S. 51 ff.

258 Vgl. *Gola/Heckmann* in: Gola/Heckmmann, DS-GVO/BDSG, 3. Aufl., 2022, Einleitung, Rn. 4; *Rüpcke/Lewinski/Eckhardt*, Datenschutzrecht, 2018, § 2, Rn. 59; *Kühling/Klar/Sackmann*, Datenschutzrecht, 5. Aufl., 2021, Rn. 121.

259 BVerfGE 65, 1 (146) = NJW 1984, 419.

260 *Rüpcke/Lewinski/Eckhardt*, Datenschutzrecht, 2018, § 2, Rn. 64.

261 *Kunig/Kämmerer* in: Münch/Kunig, GG-Kommentar, 8. Aufl., 2025, Band 1, Art. 2, Rn. 75; *Albers*, Informationelle Selbstbestimmung, 2005, S. 151; *Burgkardt*, Grundrechtlicher Datenschutz zwischen Grundgesetz und Europarecht, 2013, S. 92.

> ner nicht einigermaßen abzuschätzen vermag, kann in seiner Freiheit wesentlich gehemmt werden, aus eigener Selbstbestimmung zu planen oder zu entscheiden. Mit dem Recht auf informationelle Selbstbestimmung wären eine Gesellschaftsordnung und eine diese ermöglichende Rechtsordnung nicht vereinbar, in der Bürger nicht mehr wissen können, wer was wann und bei welcher Gelegenheit über sie weiß. Wer unsicher ist, ob abweichende Verhaltensweisen jederzeit notiert und als Information dauerhaft gespeichert, verwendet oder weitergegeben werden, wird versuchen, nicht durch solche Verhaltensweisen aufzufallen."[262]

Aus diesem Zitat lassen sich die wesentliche Schutzaspekte des Rechts auf informationelle Selbstbestimmung extrahieren. Demnach muss jeder Grundrechtsträger die Befugnis haben, selbst über die Preisgabe und die Verwendung seiner Daten zu entscheiden.[263] Dieses Selbstbestimmungsrecht ist nach dem BVerfG notwendig, um sogenannte „chilling effects" zu verhindern. Unter „chilling effects" versteht man Umstände, aufgrund derer natürliche Personen auf die Ausübung ihrer grundrechtlich gesicherten Freiheiten verzichten oder diese Ausübung beschränken.[264] Der Schutz von personenbezogenen Informationen dient somit allgemein der Freiheitsausübung und begründet einen Vorfeld-Schutz für andere Grundrechte.[265] Dieser Schutzaspekt wird vom BVerfG in neueren Entscheidungen immer wieder betont.[266]

Seit dem Volkzählungsurteil hat das BVerfG in seinen Entscheidungen den Schutzgehalt des Rechts auf informationelle Selbstbestimmung stetig weiter ausdifferenziert. Besondere Beachtung verdient dabei die Entscheidung des BVerfG zum Recht auf Vergessen (Art. 17 DSGVO) werden.[267] Das BVerfG konkretisiert den Gewährleistungsgehalt des Rechts auf informationelle Selbstbestimmung dahingehend, dass dieses Recht die betroffenen Personen insbesondere vor der intransparenten Verarbeitung und Nut-

262 BVerfGE 65, 1 (146) = NJW 1984, 419, Rn. 73.

263 U. a. BVerfGE 65, 1 (146) = NJW 1984, 419, Rn. 147; BVerfG, Beschluss v. 27.6.2018 – 2 BvR 1780/17 = NJW 2018, 2385, Rn. 61; BVerfG, Beschluss v. 10.11.2020 – 1 BvR 3214/15 = NVwZ 2021, 226, Rn. 71.

264 *Hansen-Oest*, DSB 2024, 254 (254); vertiefend zu dem Begriff der „chilling effects", *Staben*, Der Abschreckungseffekt auf die Grundrechtsausübung, 2016, S. 14 ff.

265 *Lewinski* in: Auernhammer, DSGVO/BDSG, 8. Aufl., 2023, DSGVO, Einführung, Rn. 18; für eine besondere Bedeutung für das APR *Lang* in: Epping/Hillgruber, BeckOK Grundgesetz, 61. Edition, Stand: 15.03.2025, Art. 2, Rn. 114.

266 Etwa BVerfG, Beschluss v. 18.12.2018 – 1 BvR 142/15 = NJW 2019, 827, Rn. 37.

267 BVerfG, Beschluss v. 06.11.2019 – 1 BvR 16/13 = NJW 2020, 300 – Recht auf Vergessen I.

zung der personenbezogenen Daten schützt.[268] Die Bedeutung der Transparenz für den grundrechtlichen Schutz der betroffenen Personen folgt aus dem Umstand, dass in der modernen Datenwirtschaft ein absolutes Selbstbestimmungsrecht der betroffenen Personen hinsichtlich der Verarbeitung mit den Grundrechten der Verantwortlichen sowie den Interessen der Gesellschaft an der Datenverarbeitung nicht vereinbar ist. Hierdurch verschiebt sich der Fokus des grundrechtlichen Schutzes weg von einer Kontrolle und damit verbundenen Hinderung der Datenverarbeitung hin zu einer Nachvollziehbarkeit der Verarbeitungsvorgänge.

2. Der europäische Grundrechtsschutz von Daten bis zum Vertrag von Lissabon

Der Grundrechtsschutz auf europäischer Ebene ist durch das Nebeneinander zweier voneinander unabhängiger Organe geprägt:[269] Auf der einen Seite wacht der EGMR über die Einhaltung der EMRK und auf der anderen Seite ist der EuGH dafür zuständig, über Fragen hinsichtlich der Auslegung des Rechts der Europäischen Union zu entscheiden. Für die Entwicklung des Grundrechtsschutzes von personenbezogenen Daten spielen die Entscheidungen beider Organe eine bedeutende Rolle. Als völkerrechtlicher Vertrag entfaltet die EMRK nur eine rechtliche Bindungswirkung für die Vertragsparteien. Zwar hat sich die Europäische Union durch Art. 6 Abs. 2 EUV zum Beitritt zur EMRK verpflichtet. Aufgrund der vom EuGH vorgebrachten Bedenken hinsichtlich der Vereinbarkeit eines Beitritts zur EMRK mit dem Unionsrecht wurde der Verpflichtung aus Art. 6 Abs. 2 EUV noch nicht nachgekommen.[270] Dennoch dient die EMRK sowie die Rechtsprechung des EGMR dem EuGH als eine wichtige Rechtserkenntnisquelle.[271] Demzufolge spielten für die Entwicklung eines grundrechtlichen Schutzes von personenbezogenen Daten innerhalb der europä-

---

268 BVerfG, Beschluss v. 06.11.2019 – 1 BvR 16/13 = NJW 2020, 300, Rn. 90.

269 *Jung*, Grundrechtsschutz auf europäischer Ebene, 2016, S. 29 ff.

270 EuGH, Gutachten v. 18.12.2014 – 2/13; vertieften hierzu *Hatje* in: Schwarze/Becker/Hatje/Schoo, EU-Kommentar, 4. Aufl., 2019, EUV, Art. 6, Rn. 11 ff.; *Jung*, Grundrechtsschutz auf europäischer Ebene, 2016, S. 26 ff.; seit 2020 wird wieder über einen Beitritt der EU zur EMRK verhandelt, siehe https://www.coe.int/de/web/portal/eu-accession-echr-questions-and-answers# (zuletzt abgerufen am 21.06.2025).

271 *Schneider* in: Wolff/Brink/Ungern-Sternberg, BeckOK Datenschutzrecht, 52. Edition, Stand, 01.11.2024, Syst. B., Rn. 6; *Geiger/Kirchmair* in: Geiger/Khan/Kotzur/Kirchmaier, EUV/AEUV, 7. Aufl., 2023, EUV, Art. 6, Rn. 27; *Burgkardt*, Grund-

ischen Union die Urteile des EGMR eine zentrale Rolle.[272] Ausgangspunkt für die nachfolgende Untersuchung ist zunächst die Beschreibung der Entwicklung des Grundrechtsschutzes von personenbezogenen Daten durch den EGMR.

a. Der Schutz von personenbezogenen Daten nach Art. 8 EMRK

Der Schutz von personenbezogenen Daten ist nicht explizit in Art. 8 EMRK geregelt. Nach ständiger Rechtsprechung des EGMR sowie der einhelligen Meinung in der Literatur umfasst Art. 8 EMRK den Schutz von personenbezogenen Informationen.[273] Dabei geht der EGMR davon aus, dass der Schutz personenbezogener Daten von fundamentaler Bedeutung für die grundrechtlich verbrieften Rechte aus Art. 8 EMRK ist.[274]Als Anknüpfungspunkt für den Datenschutz im Normtext des Art. 8 EMRK dient dabei das Merkmal des „Privatlebens". Dieses Merkmal lässt sich nach der Rechtsprechung des EGMR nicht abschließend definieren.[275] Bei der Ausdifferenzierung des Gewährleistungsgehaltes folgt der EGMR daher bewusst einem kasuistischen Ansatz.[276] Dabei sind auch solche Urteile von Bedeutung, die nicht dezidiert datenschutzrechtlicher Natur sind, sondern sich allgemeiner mit der Frage des Privatlebensschutzes auseinandersetzen. Dies folgt aus

---

rechtlicher Datenschutz zwischen Grundgesetz und Europarecht, 2013, S. 246; *Jung*, Grundrechtsschutz auf europäischer Ebene, 2016, S. 24.

272 *Schneider* in: Wolff/Brink/Ungern-Sternberg, BeckOK Datenschutzrecht, 52. Edition, Stand, 01.11.2024, Syst. B., Rn. 6; *Siemen*, Datenschutz als europäisches Grundrecht, 2006, S. 79 ff.; *Kühling/Raab* in: Kühling/Buchner, DS-GVO/BDSG, 4. Aufl., 2024, Einleitung, Rn. 17.

273 So etwa EGMR, Urt. v 24.01.2019 – 43514/15 =NVwZ 2020, 377, Rn. 93; *Pätzold* in: Karpentstein/Mayer, EMRK, 3. Aufl., 2022, Art. 8, Rn. 28; *Nettesheim* in: Meyer-Ladewig/Nettesheim/Raumer, EMRK, Art. 8, 5. Aufl., 2023, Rn. 32; *Gersdorf* in: Gersdorf/Paal, BeckOK Informations- und Medienrecht, 48. Edition, Stand 01.11.2024, EMRK, Art. 8, Rn. 29; *Böhring/Marauhn* in: Dörr/Grote/Marauhn, EMRK/GG, 3. Aufl., Kap. 16, Rn. 29.

274 U. a. EGMR, Urt. v. 27.06.2017 – 931/1 =NLMR 2017, 264, Rn. 137.

275 So etwa u. a. EGMR, Urt. v. 25.09.2001 – 44787/98, § 56; zu diesem Merkmal ausführlich *Siemen*, Datenschutz als europäisches Grundrecht, 2006, S. 55.

276 *Uerpmann-Wittzack* in: Ehlers, Europäische Grundrechte und Grundfreiheiten, 4. Aufl., 2014, § 3, Rn. 4; *Siemen*, Datenschutz als europäisches Grundrecht, 2006, S. 54; *Marsch*, Das europäische Datenschutzgrundrecht, 2018, S. 8;); *Grafenstein*, DuD 2015, 789 (791).

dem Umstand, dass der Schutz von personenbezogenen Daten ein Teil-Aspekt des Rechts auf Privatsphäre ist.[277]

Seit Ende der 70er bzw. Anfang der 80er-Jahre musste der EGMR immer wieder Stellung zu grundrechtlichen Fragen beziehen, die zumindest auch einen datenschutzrechtlichen Bezug haben.[278] Die Rechtsprechung war hierbei zunächst hinsichtlich des Schutzes personenbezogener Daten recht konservativ.[279] Der EGMR ging davon aus, dass der Schutzbereich des Art. 8 Abs. 1 EMRK bei der Datenverarbeitung nur eröffnet ist, wenn die personenbezogene Information einen klaren Bezug zur Privatsphäre der betroffenen Person aufweist.[280] Dies sei nicht der Fall bei Informationen, die sich auf geschäftliche Tätigkeiten oder auf das sonstige öffentliche Leben beziehen bzw. öffentlich zugänglich sind.[281]

Von dieser einschränkenden Auslegung hat sich der EGMR in der Entscheidung *Niemitz*[282] abgewendet: Das „Privatleben" beschränke sich nicht nur auf den häuslichen Bereich, sondern finde zu einem erheblichen Teil im geschäftlichen Leben seine Grundlage.[283] Diese neue Rechtsprechungslinie des EGMR wurde in den Entscheidungen *Amann*[284] und *Rotaru*[285] hinsichtlich der Speicherung von personenbezogenen Informationen bekräftigt. Ein relevanter Anknüpfungspunkt für den Bezug zur Privatsphäre ist daher gegeben, wenn die Datenverarbeitung eine Gefahr für die Persönlichkeitsentwicklung darstellt.[286] Vor diesem Hintergrund verliert die Zuordnung einer Information zur Privatsphäre oder zur Sphäre des öffent-

277 U. a. *Nettesheim* in: Meyer-Ladewig/Nettesheim/Raumer, EMRK, 5. Aufl., 2023, Art. 8, Rn. 31 f.; *Pätzold* in: Karpenstein/Mayer, EMRK, 3. Aufl., 2022, Art. 8, Rn. 28.

278 *Siemen*, Datenschutz als europäisches Grundrecht, 2006, S. 79 ff; *Schneider* in: Wolff/Brink/Ungern-Sternberg, BeckOK Datenschutzrecht, 52. Edition, Stand, 01.11.2024, Syst. B., Rn. 6.

279 *Burgkardt* spricht sogar von einer äußerst schleppenden Rechtsprechung zum Schutz von Daten, *Burgkardt*, Grundrechtlicher Datenschutz zwischen Grundgesetz und Europarecht, 2013, S. 251.

280 *Marsch*, Das europäische Datenschutzgrundrecht, 2018, S. 9.

281 *Schiedermair*, Das Schutz des Privaten als internationales Grundrecht, 2012, S. 243.

282 EGMR, Urt. v. 16.12.1992, 13710/88.

283 EGMR, Urt. v. 16.12.1992, 13710/88, Rn. 29 - 32.

284 EGMR, Urt. v. 16.02.2000, 27798/95, Rn. 65.

285 EGMR, Urt. v. 04.05.2000, 28341/95, Rn. 46.

286 *Marsch*, Das europäische Datenschutzgrundrecht, 2018, S. 11; *Simitis/Honrnung/Spiecker gen. Döhmann* in: Simitis/Honrnung/Spiecker gen. Döhmann, Datenschutzrecht, 2. Aufl., 2025, Einleitung, Rn. 165; *Siemen*, Datenschutz als europäisches Grundrecht, 2006, S. 95.

lichen Lebens für die Eröffnung des Schutzbereiches des Art. 8 EMRK an Bedeutung.[287]

Besondere Aufmerksamkeit verdient in diesem Zusammenhang die Entscheidung des EGMR in der Rechtssache *P.G. und J.H.*[288] Der Gerichtshof erkannte in dieser Entscheidung an, dass die persönlichen Erwartungen der betroffenen Personen hinsichtlich des Zwecks der Datenverarbeitung einen Faktor bei der Beantwortung der Frage bilden, ob der Schutzbereich des Art. 8 Abs 1 EMRK eröffnet ist.[289] Die Schutzbedürftigkeit der betroffenen Person ergibt sich in diesem Fall vor allem daraus, dass die Kenntnis bzw. die Erwartung hinsichtlich des Zwecks der Verarbeitung sich auf das Verhalten der Person auswirkt. Der Schutz von personenbezogenen Daten dient nach der Rechtsprechung des EGMR der Ermöglichung der freien Entfaltung der Persönlichkeit.

Trotz dieser Abkehr von einem strikten Sphärenschutz hin zu dem Schutz der Persönlichkeitsentwicklung bleibt es dabei, dass aus der Sicht des EGMR nicht jede Datenverarbeitung für sich genommen eine grundrechtlich relevante Gefährdungslage begründet.[290] Vielmehr bedarf es weiterhin eines Bezugs zur Privatsphäre der betroffenen Person.[291]

b. Das Datenschutzgrundrecht nach den Vorgaben des Gemeinschaftsrechts

Bereits vor dem Inkrafttreten der GRC erkannte der EuGH einen grundrechtlichen Schutz von personenbezogenen Daten an. Dabei leitete der Gerichtshof diesen Schutz aus den allgemeinen Grundsätzen des Gemeinschaftsrechts her.[292] Die erste Entscheidung des EuGH, die einem Bezug

---

287 Vgl. *Böhringer/Marauhn* in: Dörr/Grote/Marauhn, EMRK/GG, 3. Aufl., 2022, EMRK, Kap. 16, Rn. 27; *Marsch*, Das europäische Datenschutzgrundrecht, 2018, S. 10; *Jung*, Grundrechtsschutz auf der europäischen Ebene, 2016, S. 50.

288 EGMR, Urt. v. 25.09.2001, 44787/98.

289 EGMR, Urt. v. 25.09.2001, 44787/98, Rn. 57.

290 *Marsch*, Das europäische Datenschutzgrundrecht, 2018, S. 15.

291 *Marsch*, Das europäische Datenschutzgrundrecht, 2018, S. 15.

292 *Schneider* in: Wolff/Brink/Ungern-Sternberg, BeckOK Datenschutzrecht, 52. Edition, Stand, 01.11.2024, Syst. B., Rn. 16; *Schiedermair*, Das Schutz des Privaten als internationales Grundrecht, 2012, S. 379; *Kühling/Raab* in: Kühling/Buchner, DS-GVO/BDSG, 4. Aufl., 2024, Einleitung, Rn. 14; u. a. EuGH, Urt. v. 14.09.2000 – C-369/98, Rn. 34.

zum Datenschutzrecht aufweist, erfolgte in der Rechtssache *Stauder*[293] bereits im Jahre 1969.[294] Für das Verständnis das grundrechtlichen Schutzkonzepts des Art. 8 GRC liefert dieses Urteil keinen besonderen Erkenntnisgewinn.[295] Denn das Gericht bekannte sich „nur" dazu, dass es zu dem Schutz von Grundrechten verpflichtet ist, ohne dabei den Schutz von personenbezogenen Daten gesondert hervorzuheben.[296] Auch in den darauffolgenden Entscheidungen wurde kein dezidiertes Grundrecht auf Datenschutz vom EuGH etabliert.[297] Vielmehr orientierte sich der EuGH erkennbar an der Rechtsprechung des EGMR, der den Schutz von personenbezogenen Informationen aus dem Recht auf Achtung des Privatlebens ableitet.[298] Hieraus folgt, dass Kriterien für die Eröffnung des Schutzbereiches nicht allgemeingültig aufgestellt, sondern nur für Einzelfälle herausgebildet wurden.

Eine signifikante Weiterentwicklung des grundrechtlichen Schutzes personenbezogener Daten ergab sich durch die Einführung der DS-RL.[299] Nach der Rechtsprechung des EuGH konkretisiert die DS-RL die Grundsätze des Gemeinschaftsrechts, insbesondere Art. 8 EMRK.[300] Gleichzeitig musste die DS-RL unter Berücksichtigung dieser Wertungen grundrechtskonform ausgelegt werden.[301] Diese Wechselwirkung zwischen den einfachen sekundärrechtlichen Regelungen und dem Primärrecht beeinflusst

293 EuGH, Urt. v. 12.11.1969 – 29/69.

294 *Kühling/Raab* in: Kühling/Buchner, DS-GVO/BDSG, 4. Aufl., 2024, Einleitung, Rn. 14; *Simitis/Honrnung/Spiecker gen. Döhmann* in: Simitis/Honrnung/Spiecker gen. Döhmann, Datenschutzrecht, 2. Aufl., 2025, Einleitung, Rn. 169; *Jung*, Grundrechtsschutz auf europäischer Ebene, 2016, S. 87.

295 *Marsch*, Das europäische Datenschutzgrundrecht, 2018, S. 18.

296 Der EuGH spricht hier noch nicht von Grundrechten, sondern von „allgemeinen Grundsätzen der Gemeinschaftsordnung" EuGH, Urt. v. 12.11.1969 – 29/69.

297 Eine umfassende Darstellung der Rechtsprechungshistorie findet sich bei *Siemen*, Datenschutz als europäisches Grundrecht, 2006, S. 212 ff.

298 *Schiedermair*, Das Schutz des Privaten als internationales Grundrecht, 2012, S. 382; *Siemen*, Datenschutz als europäisches Grundrecht, 2006, S. 225; vgl. u. a. EuGH, Urt. v. 26.06.1980 – Rs. 136/79; EuGH, Urt. v. 5.10.1994 – C-404/92, Rn. 23, *Marsch*, Das europäische Datenschutzgrundrecht, 2018, S. 24; *Breuer* in: Heselhaus/Nowak, Handbuch der Europäischen Grundrechte, 2. Aufl., 2020, § 25, Rn. 9.

299 Zurückhaltender *Schiedermair*, Das Schutz des Privaten als internationales Grundrecht, 2012, S. 385.

300 Vgl. EuGH, Urt. v. 14.09.2000 – C-369/98, Rn. 31 f.; EuGH, Urt. v. 20.05.2003 – C-465/00 u. a. = EuR 2004, 276, Rn. 68 f.; so den EuGH wohl auch verstehend *Marsch*, Das europäische Datenschutzgrundrecht, 2018, S. 23 f.

301 *Schneider* in: Wolff/Brink/Ungern-Sternberg, BeckOK Datenschutzrecht, 52. Edition, Stand: 01.11.2024, Syst. B., Rn. 16; *Marsch*, Das europäische Datenschutzgrundrecht, 2018, S. 23 f.

auch das Verständnis des Art. 8 GRC.[302] So wird für die Bestimmung des sachlichen Schutzbereiches des Art. 8 GRC die Legaldefinition des Art. 4 Nr. 1 DSGVO herangezogen.[303]

Die Verabschiedung der DS-RL führte jedoch nicht unmittelbar zu einer Annerkennung eines allgemeinen Datenschutzgrundrechts durch den EuGH.[304] Erst ein Jahr vor der Unterzeichnung des Vertrags von Lissabon fand ein solches Grundrecht auf Datenschutzrecht mit dem Verweis auf Art. 8 GRC Erwähnung in der unionsrechtlichen Rechtsprechung.[305]

c. Ergebnis

Die Entwicklung des grundrechtlichen Schutzes von personenbezogenen Daten wurde vor allem durch die Rechtsprechung des EGMR geprägt. Diese Rechtsprechung zeichnete sich zunächst durch eine zurückhaltende Eröffnung des Schutzbereiches des Art. 8 EMRK aus. Allerdings erweiterte der EGMR sein Verständnis des Schutzes der Privatsphäre ab den 90er-Jahren. Damit nährte sich der EGMR einem moderneren grundrechtlichen Schutz von personenbezogenen Daten an. Hierdurch begann eine Emanzipation des Datenschutzrechts hin zu einem eigenen Grundrecht, auch wenn der Bezug zum Schutz der Privatsphäre sowohl vom EGMR als auch von EuGH keinesfalls aufgegeben wurde. Diese Rechtsprechungsentwicklung korreliert mit der technischen Fortentwicklung im Bereich der Datenverarbeitung. Je umfassender Daten verarbeitet werden konnten, desto irrelevanter war, ob die Informationen nach den herkömmlichen Maßstäben der Privatsphäre zuzuordnen sind.

Fraglich ist, ob und inwiefern sich diese Entwicklung in der Rechtsprechung auf das Verständnis des Schutzzwecks des Datenschutzrechts ausge-

---

302 Vgl. *Jarass* in: Jarass, Charta der Grundrechte der EU, 4. Aufl., 2021, Art. 8, Rn. 5; *Bernsdorff* in: Meyer/Hölscheidt, Charta der Grundrechte der Europäischen Union, 6. Aufl., 2024, Art. 8, Rn. 17, *Schuh/Weiss*, ZfDR 2024, 225 (242).

303 So etwa *Jarass* in: Jarass, Charta der Grundrechte der EU, 4. Aufl., 2021, Art. 8, Rn. 6; *Kingreen* in: Calliess/Ruffert, EUV/AEUV, 6. Aufl., 2022, GRC, Art. 8, Rn. 10.

304 *Breuer* in: Heselhaus/Nowak, Handbuch der Europäischen Grundrechte, 2. Aufl., 2020, § 25, Rn. 9; den EuGH anders verstehend *Siemen*, Datenschutz als europäisches Grundrecht, 2006, S. 272.

305 EuGH, Urt. v. 29.01.2008 – C-275/06 = ZUM 2008, 288, Rn. 64.

wirkt hat.[306] Ausgangspunkt für die vorzunehmende Analyse ist zunächst der Umstand, dass das Datenschutzrecht als Teil des Rechts auf Privatsphäre im Kern vor einer (staatlichen) Überwachung und Ausforschung schützen soll.[307] Gerade in den Anfängen der Rechtsprechung erschöpfte sich der datenschutzrechtliche Schutzzweck in diesem Ziel. Mit der Veränderung des Verständnisses von Privatsphäre hat sich die Bedeutung des Schutzes von Daten geändert. Da die Privatsphäre mittlerweile öffentliche Handlungen miterfasst, wird der Schutz der Persönlichkeitsentwicklung verstärkt in den Vordergrund gerückt. Unter Berücksichtigung des Umstandes, dass nach der Rechtsprechung des EGMR die persönlichen Erwartungen der betroffenen Person hinsichtlich der Datenverarbeitung eine Rolle für die Eröffnung des Schutzbereiches spielen, eröffnet sich eine neue Perspektive hinsichtlich des grundrechtlichen Schutzes von personenbezogenen Daten. Demnach hat der Datenschutz nicht ausschließlich den Schutzzweck, die Verarbeitung von Daten zu verhindern, sondern auch und gerade die Persönlichkeitsentwicklung dadurch zu schützen, dass für die betroffenen Personen die Datenverarbeitung nachvollziehbar ist. Damit hat sich der grundrechtliche Schutz von personenbezogenen Daten weg von der reinen Abwehr konkreter Nachteile hin zu Verhütung von abstrakten Gefahren (weiter)entwickelt.

3. Der Schutz von personenbezogenen Daten nach der GRC

Mit dem Abschluss des Vertrags von Lissabon erlangte die GRC Rechtskraft. Seitdem normiert Art. 8 GRC ein ausdrückliches Datenschutzgrundrecht. Das Inkrafttreten der GRC hat allerdings nicht dafür gesorgt, dass hinsichtlich der grundrechtlichen Dimensionen des Datenschutzes nun Klarheit herrscht. Auf die vielen offenen Fragen in den Bereichen der Grundrechtsdogmatik oder Grundrechtsinterpretation soll an dieser Stelle nicht eingegangen werden. Denn der Fokus ist für die vorliegende Arbeit auf das Schutzkonzept des Art. 8 GRC zu legen. Dabei ist zu beachten, dass die GRC mit dem Art. 7 GRC eine Vorschrift enthält, welche dem Art. 8 EMRK nachgebildet ist. Unter Berücksichtigung der Rechtspre-

---

306 Diese Fragestellung spielt in der Literatur – im Vergleich zu der Problematik der Schutzbereichseröffnung – nur eine untergeordnete Rolle. Hierzu *Oosteveen/Irion*, Amsterdam Law School Legal Studies Research Paper No. 2016-68, 2016, S. 3.

307 Zum Schutzzweck des Art. 8 EMRK, *Böhring/Marauhn* in: Dörr/Grote/Marauhn, EMRK/GG, 3. Aufl., 2022, Kap. 16, Rn. 27, 29.

chungsentwicklung auf europäischer Ebene stellt sich die Frage, ob sich der grundrechtliche Schutz von personenbezogenen Daten ausschließlich aus Art. 8 GRC ergibt oder ob es ein spezielles Datenschutzgrundrecht als „Kombinationsgrundrecht" aus Art. 7 und 8 GRC existiert.

a. Eigenständiger Schutzgehalt eines möglichen Kombinationsgrundrecht aus Art. 7 und 8 GRC nach der Rechtsprechung des EuGH?

Der EuGH wendet in seiner Rechtsprechung zum Datenschutzrecht die Art. 7 und 8 GRC häufig nebeneinander an.[308] Dies lässt sich dahingehend interpretieren, dass der EuGH von einem eigenständigen Kombinationsgrundrecht aus Art. 7 und 8 GRC auf Achtung der Privatsphäre bei der Verarbeitung personenbezogener Daten ausgeht.[309] Allerdings prüft der EuGH nicht in allen Entscheidungen, die einen Privatsphärebezug aufweisen, beide Normen zusammen.[310] Demgegenüber versteht der wohl überwiegende Teil der Literatur den Art. 8 GRC als lex specialis gegenüber dem Art. 7 GRC.[311]

Unbestritten besteht zwischen diesen beiden Normen ein enger inhaltlicher Bezug.[312] Dies ergibt sich bereits aus der dargestellten Entwicklung des grundrechtlichen Schutzes von Daten aus dem Recht auf Privatsphäre. Aus diesem Befund lässt sich jedoch keine hinreichend belastbare Antwort auf die Frage ableiten, ob der notwendige grundrechtliche Schutz bei der Verarbeitung von Daten allein aus Art. 8 GRC gewährleistet werden kann, oder ob es in bestimmten Situationen eines Kombinationsgrundrechts auf

308 U. a. EuGH, Urt. v. 9.11.2010 – C-92/09 u. 93/09 = EuZW 2010, 939, Rn. 47; EuGH, Urt. v. 8.4.2014 – C-293/12 u. 594/12 = NJW 2014, 2169, Rn. 24; EuGH, Urt. v. 8.12.2022 – C-460/12, Rn. 62.

309 EuGH, Urt. v. 9.11.2010 – C-92/09 u. C-93/09 = EuZW 2010, 939, Rn. 52; hiervon geht der Generalanwalt *Villalón* aus, GA Gruz Villalón, Schlussanträge v. 12.12. 2013 – C-293/12 u. C-594/12, Rn. 62.

310 Etwa EuGH, Urt. v. 11.12.2014 – C-212/13 = NJW 2015, 463, Rn. 28 f.; EuGH, Urt. v. 8.12.2022 – C-460/12, Rn. 62.

311 *Schantz/Wolff*, Das neue Datenschutzrecht, 2017, Rn. 38; *Johlen* in: Stern/Sachs, GRCh, 2016, Art. 8, Rn. 24; *Wolff* in: Pechstein/Nowak/Häde, Frankfurter Kommentar, 2. Aufl., 2023, Band 1, GRC, Art. 8, Rn. 3; *Jung*, Grundrechtsschutz auf europäischer Ebene, 2016, S. 89; *Jarass* in: Jarass, Charta der Grundrechte EU, 4. Auflage, 2021, Art. 8, Rn. 4; *Bernsdorff* in: Meyer/Hölscheidt, Charta der Grundrechte der Europäischen Union, 6. Aufl., 2024, Art. 8, Rn. 13.

312 EuGH, Urt. v. 9.11.2010 – C-92/09 u. C-93/09 = EuZW 2010, 939, Rn. 47; *Johlen* in: Stern/Sachs, GRCh, 2016, Art. 8, Rn. 24; *Bernsdorff* in: Meyer/Hölscheidt, Charta der Grundrechte der Europäischen Union, 6. Aufl., 2024, Art. 8, Rn. 13.

Achtung der Privatsphäre bei der Verarbeitung von personenbezogenen Daten bedarf.

Für die Notwendigkeit eines Kombinationsgrundrechts hat sich der Generalanwalt *Villalón* ausgesprochen.[313] Er argumentiert, dass der grundrechtliche Schutz von personenbezogenen Daten nach Art. 8 GRC zwar grundsätzlich erst bei der Verarbeitung der Daten greift. Soweit diese Informationen sich auf zentrale Aspekte des Privatlebens beziehen, die etwa in die Intimsphäre fallen, bedarf es eines grundrechtlichen Schutzes dieser Informationen im Vorfeld, also bevor diese Daten überhaupt erhoben worden sind. In diesen Fällen bedürfe es einer Kombination der Grundrechte aus Art. 7 und 8 GRC um einen adäquaten Grundrechtsschutz zu gewährleisten.[314]

Diese vom Generalanwalt vorgebrachte Unterscheidung überzeugt nicht. Weder aus dem Wortlaut noch aus der Gesetzgebungs- oder Rechtsprechungshistorie ergibt sich, dass der grundrechtliche Schutz von Art. 8 GRC nicht bereits zum Zeitpunkt der Erhebung der Daten greift. Insbesondere ist zu beachten, dass der europäische Gesetzgeber sich bewusst dafür entschieden hat, den grundrechtlichen Schutz von personenbezogenen Daten aus dem Recht auf Privatsphäre herauszulösen und in ein eigenes Grundrecht zu überführen. Betrachtet man die Begründung der Entwurfsfassung der Charta sowie die abschließenden Charta-Erläuterungen, wird deutlich, dass dem Datenschutzgrundrecht durch das Inkrafttreten der EU-Grundrechtecharta seine Schutzfunktion hinsichtlich der Privatsphäre nicht genommen werden sollte.[315] Vor diesem Hintergrund ist Art. 8 GRC so zu verstehen, dass diese speziellen Aspekte des Schutzes der Privatsphäre erfasst werden sollen.[316] Mithin bedarf es für einen adäquaten Grundrechtsschutz von personenbezogenen Daten, die einen starken Bezug zur Privatsphäre aufweisen, keiner Grundrechtskombination aus den Art. 7 und 8 GRC.

Unter Beachtung dieser Feststellung liefert *Marsch* einen überzeugenden Erklärungsansatz dafür, dass der EuGH die Art 7 und 8 GRC zusammen prüft. Betrachtet man diese beiden Normen getrennt voneinander, ergibt sich ein wesentlicher Unterschied gegenüber Art. 52 Abs. 3 GRC. Durch diese Norm soll eine Kohärenz zwischen den Grundrechten der EMRK

---

313 GA Gruz Villalón, Schlussanträge v. 12.12. 2013 – C-293/12 u. C-594/12, Rn. 55 - 67.

314 GA Gruz Villalón, Schlussanträge v. 12.12. 2013 – C-293/12 u. C-594/12, Rn. 64 f.

315 Erläuterung zur Charta der Grundrechte, 2007, C-303/02, S. 20; Entwurf des Präsidiums vom 24.2.2000, Charte 4137/00 Convent 8, S. 5.

316 *Streinz* in: Streinz, EUV/AEUV, 3. Aufl., 2018, GRC, Art. 8, Rn. 7; vgl. *Jung*, Grundrechtsschutz auf europäischer Ebene, 2016, S. 89.

und den Charta-Grundrechten hergestellt werden, soweit diese die gleiche „Bedeutung und Tragweite“ haben.[317] Ist dies der Fall, erfolgt zwar keine rechtliche Bindung an die EMRK, es sind aber deren Vorgaben sowie die Rechtsprechung des EGMR bei der Auslegung der entsprechenden Unionsgrundrechte zu beachten.[318] Da Art. 7 GRC dem Art. 8 EMRK entspricht, sind die Vorgaben des Art. 8 EMRK und die Rechtsprechung des EGMR bei der Auslegung des Art. 7 GRC zu berücksichtigen. Demgegenüber enthält die EMRK kein spezielles Datenschutzgrundrecht im Sinne des Art. 8 GRC, weswegen gemäß Art. 52 Abs. 3 GRC die EMRK bei der Auslegung nicht beachtet werden muss.[319] Indem der EuGH Art. 7 und 8 GRC zusammen prüft, eröffnet er den Anwendungsbereich des Art. 52 Abs. 3 GRC. Hierdurch gelingt es dem EuGH, direkt auf die zu Art. 8 EMRK entwickelten Maßstäbe bei der grundrechtlichen Prüfung von datenschutzrechtlich sensiblen Fallkonstellationen zurückzugreifen und damit eine Kontinuität hinsichtlich der eigenen Rechtsprechung sowie der des EGMR zu schaffen.[320]

Es ist allerdings zweifelhaft, ob diese Vorgehensweise des EuGH wirklich notwendig ist. Der Umstand, dass der Anwendungsbereich des Art. 52 Abs. 3 GRC bei der Prüfung des Art. 8 GRC nicht eröffnet ist, führt nicht dazu, dass eine Berücksichtigung der zu Art. 8 EMRK gebildeten Maßstäbe als Rechtserkenntnisquelle ausgeschlossen wäre.[321] Aus der fehlenden Pflicht zur Berücksichtigung der EMRK kann nicht der Umkehrschluss gezogen werden, dass die Heranziehung der EMRK als Rechtserkenntnisquelle unzulässig ist. In diesem Sinne nimmt auch der EuGH in seiner Rechtsprechung Bezug auf die Urteile des EGMR zu Art. 8 EMRK, ohne auf Art. 52 Abs. 3 GRC einzugehen.[322] In Anbetracht dieses Umstandes ist es überzeugend, dass es für einen adäquaten Grundrechtsschutz bei

317 *Becker* in: Schwarze/Becker/Hatje/Schoo, EU-Kommentar, 4. Aufl., 2019, GRC, Art. 52, Rn. 14; *Kotzur* in: Geiger/Khan/Kotzur/Kirchmair, EUV/AEUV, 7. Aufl., 2023, GRC, Art. 52, Rn. 2.

318 *Streinz/Michl* in: Streinz, EUV/AEUV, 3. Aufl., 2018, Art. 52, Rn. 28 f.; *Jarass* in: Jarass, Charta der Grundrechte EU, 4. Auflage, 2021, Art. 52, Rn. 56 ff.; *Kotzur* in: Geiger/Khan/Kotzur/Kirchmair, EUV/AEUV, 7. Aufl., 2023, GRC, Art. 52, Rn. 3.

319 *Wolff* in: Pechstein/Nowak/Häde, Frankfurter Kommentar, 2. Aufl., 2023, Band 1, GRC, Art. 8, Rn. 3; *Gersdorf* in: Gersdorf/Paal, BeckOK Informations- und Medienrecht, 48. Edition, Stand: 01.11.2024, GRC, Art. 8, Rn. 3; *Kingreen* in: Calliess/Ruffert, EUV/AEUV, 6. Aufl., 2022, GRC, Art. 8, Rn. 6.

320 *Marsch*, Das europäische Datenschutzgrundrecht, 2018, S. 45.

321 So bereits *Britz*, EuGRZ 2009, 1 (6 f.); *Kingreen* in: Calliess/Ruffert, EUV/AEUV, 6. Aufl., 2022, GRC, Art. 8, Rn. 5.

322 EuGH, Urt. v. 8.04.2014 – C-293/12 = DÖV 2014, 617, Rn. 35, 47, 54; EuGH, Urt. v. 5.04.2022 – C-140/20 = ZD 2022, 677, Rn. 50.

der Verarbeitung von personenbezogenen Daten keiner Kombination der Grundrechte aus Art. 7 und 8 GRC bedarf.[323] Nach der hier vertretenen Ansicht bildet Art. 8 GRC den alleinigen Maßstab für die grundrechtliche Wertungen bei der Datenverarbeitung.[324]

b. Das Schutzkonzept des Art. 8 GRC

Art. 8 Abs. 1 GRC gewährt pauschal allen personenbezogenen Daten einen grundrechtlichen Schutz. Dieser grundrechtliche Schutz von personenbezogenen Daten ist kein Selbstzweck.[325] Ausweislich der Erläuterungen zum Entwurf der Charta deckt der Datenschutz einen Aspekt des Privatheitsschutzes ab.[326] Die Privatheit als Schutzgegenstand ist zwar abstrakt und umfasst verschiedenste Facetten des Privatlebens.[327] In Bezug auf das Datenschutzrecht ergeben sich aber aus der Entwicklung des Grundrechtsschutzes durch den EGMR und den EuGH wesentliche Leitlinien, die das Verständnis von Privatheit und hierdurch auch das Schutzkonzept des Art. 8 GRC prägen.

Ausgangspunkt hierfür bildet zunächst die Feststellung, dass Menschen zur Persönlichkeitsentwicklung eines Rückzugortes bedürfen. Hierbei geht es nicht zwingend um physisch abgrenzbare Räume, auch wenn sich dieser Rückzugsort häufig in der eigenen Wohnung manifestiert, sondern grundsätzlich um Bereiche des Lebens, die der persönlichen Gestaltung bzw. Entfaltung zugeordnet werden können.[328] In diesem Zusammenhang besteht die Aufgabe des grundrechtlichen Schutzes von Daten nicht (nur) darin, den Abfluss von Informationen aus diesen Lebensbereichen zu verhindern, sondern vielmehr den Datentransfer überblick- und kontrollierbar zu halten. Der konzeptionelle Aspekt des Grundrechtsschutzes bezieht sich

---

323 Demgegenüber sieht *Marsch* die Notwendigkeit eines Kombinationsgrundrechts aus Art. 7 und 8 GRC um eine adäquate abwehrrechtliche Schutzebene zu schaffen, *Marsch*, Das europäische Datenschutzgrundrecht, 2018, S. 203 ff.

324 So auch *Wolff* in: Pechstein/Nowak/Häde, Frankfurter Kommentar, 2. Aufl., 2023, Band 1, GRC, Art. 8, Rn. 3; *Jarass* in: Jarass, Charta der Grundrechte der EU, 4. Aufl., 2021, Art. 8, Rn. 4; *Bernsdorff* in: Meyer/Hölscheidt, Charta der Grundrechte der Europäischen Union, 6. Aufl., 2024, Art. 8, Rn. 13.

325 a. A. wohl *Veil*, NVwZ 2018, 686 (692).

326 Entwurf des Präsidiums vom 24.2.2000, Charte 4137/00 Convent 8, S. 5.

327 Hierzu ausführlich *Schiedermair*, Der Schutz des Privaten als internationales Grundrecht, 2012, S. 159 ff; *Eichenhofer*, Der Staat 55 (2016), 41 (43 f.); *Roßnagel/Nebel*, DuD 2015, 455 (457).

328 Vgl. *Eichenhofer*, Der Staat 55 (2016), 41 (43 f.).

hierbei auf die Verhinderung bzw. Minderung von konkreten Nachteilen für die Grundrechtsträger.

Neben dieser Verhütung von konkreten Nachteilen folgt der grundrechtliche Datenschutz aus der Notwendigkeit des Vorfeldschutzes.[329] So hat der EuGH anerkannt, dass der Schutzzweck des Art. 8 GRC betroffen ist, wenn ein Gefühl der ständigen Überwachung erzeugt wird.[330] Damit sieht der EuGH ebenso wie das BVerfG die Verhinderung von „chilling effects" als einen wichtigen Teil des datenschutzrechtlichen Schutzgehaltes.[331] Der Schutz von Daten hat unter anderem das Ziel, die Selbstbeschränkung hinsichtlich der Ausübung anderer grundrechtlicher Freiheiten zu verhindern. Darüber hinaus spielt der Vorfeldschutzgedanke bezüglich der Gefährdung grundrechtlicher Freiheiten durch Dritte eine hervorgehobene Rolle. Denn manche Risiken entstehen erst durch die Akkumulation sowie Verknüpfung von personenbezogenen Daten. Dabei können die Rechte und Freiheiten der betroffenen Personen ebenfalls beeinträchtigt werden, wenn sich aus den einzelnen Daten isoliert betrachtet kein besonderer Bezug zur Privatsphäre ableiten lässt. Vor diesem Hintergrund und unter Berücksichtigung der modernen Datenverarbeitungsmöglichkeiten gewinnt der Vorfeldschutzaspekt des Datenschutzgrundrechts gegenüber dem Privatsphärenschutz erheblich an Bedeutung.

Konzeptionell bestehen erhebliche Ähnlichkeiten zwischen dem Grundrechtsschutz nach Art. 8 GRC und dem Schutz von Daten nach Art. 2 Abs. 1 GG i. V. m. Art. 1 Abs. 1 GG. Aufgrund dieser Ähnlichkeit kann es dahinstehen, ob darüber hinaus das europäische Datenschutzgrundrecht im Detail dem Recht auf informationelle Selbstbestimmung entspricht.[332] Beim grundrechtlichen Schutz von Daten ist aufgrund der sich stetig weiterentwickelnden Datenverarbeitungsmöglichkeiten eine klassische Einteilung in die Schutzkonzepte Privatheit oder Selbstbestimmung wenig zielführend. Vielmehr ergänzen sich diese Konzepte, um einen angemessenen Grundrechtsschutz zu gewährleisten.

---

329 So auch *Grafenstein*, The Principle of Purpose Limitation in Data Protection Law, 2018, S. 229; *Schuh/Weiss*, ZfDR 2024, 225 (243).

330 EuGH, Urt. v. 8.04.2014 – C-293/12 u. C-594/12, Rn. 37.

331 Zwar spricht der EuGH nicht ausdrücklich von „chilling effects", allerdings wird auf die Stellungnahme des GA *Villalón* verwiesen, der in der Fußnote 46 auf diesen Begriff Bezug nimmt. Interessanterweise wird dabei die Rechtsprechung des BVerfG nicht erwähnt.

332 So wird vertreten, dass sich diese Ansätze ergänzen, *Weichert* in: Däubler/Wedde/Weichert/Sommer, 3. Aufl., 2024, Einleitung, Rn. 12a; in diese Richtung auch *Timmermann*, DÖV 2019, 249 (251).

II. Auslegung des Art. 5 Abs. 1 DSGVO im Lichte des Datenschutzgrundrechts

Der grundrechtliche Schutz von Daten ist durch die jahrzehntelange Rechtsprechung der europäischen und nationalen Gerichte geprägt. Dabei wurde durch das BVerfG die Bedeutung des Schutzes von personenbezogenen Daten für die Freiheitsrechte der betroffenen Personen schon früh erkannt und hervorgehoben. Gleichzeitig lässt sich ein konkretes und konsistentes grundrechtliches Schutzkonzept von personenbezogenen Daten nur schwer darlegen. Das liegt auch und gerade daran, dass dieses Recht vor ganz unterschiedlich gelagerten Nachteilen schützen soll.[333] Konzeptionell soll der Art. 8 GRC sowohl vor konkreten Nachteilen durch die Datenverarbeitung für das Privatleben schützen als auch vor abstrakten Gefahren insbesondere in Bezug auf andere Grundrechte.

Die Auslegung des Art. 5 Abs. 1 DSGVO hat daher im Lichte dieses weit gefächerten Schutzkonzeptes zu erfolgen. Dies hat zur Folge, dass zum einen die Vorgaben der Grundsätze der Datenverarbeitung nicht so eng ausgelegt werden dürfen, dass die Verhütung von konkreten Gefahren für das Datenschutzgrundrecht beeinträchtigt wird. Zum anderen darf der Vorfeldschutzaspekt des grundrechtlichen Schutzes von Daten die Auslegung nicht in dem Maße beeinflussen, dass die Anforderungen an die Verantwortlichen derart hoch ausfallen, dass eine DSGVO-konforme Datenverarbeitung kaum zu bewerkstelligen ist.

C. Der Zweckbindungsgrundsatz

Der Zweckbindungsgrundsatz wird übereinstimmend als eines der wichtigsten datenschutzrechtlichen Prinzipien angesehen.[334] Bereits in Art. 5 lit. b der Konvention Nr. 108 des Europarats von 1981 wurde die-

---

333 *Albers*, Informationelle Selbstbestimmung, 2005, S. 431; dem zustimmend *Poscher* in: Gander/Perron/Poscher/Riescher/Würtenberger, Resilienz in der offenen Gesellschaft, 2012, Die Zukunft der informationellen Selbstbestimmung, S. 174.

334 *Art.-29-Datenschutzgruppe*, WP 203, 2013, S. 4; *Grafenstein*, The Principle of Purpose Limitation in Data Protection Law, 2018, S. 1; *Krammer* in: Auernhammer, DSGVO/BDSG, 8. Aufl., 2023, DSGVO, Art. 5, Rn. 22; *Buchholtz/Stenzel* in: Gierschmann/Schlender/Stenzel/Veil, DS-GVO, 2018, Art. 5, Rn. 31; *de Terwangne* in: Kuner/Bygrave/Docksey, The EU GDPR, 2020, Art. 5, S. 315; *Herbst* in: Kipker/Reusch/Ritter, Recht der Informationsfreiheit, 2023, DSGVO, Art. 5, Rn. 34; *Dammann*, ZD 2016, 307 (311); *Grafenstein*, DuD 2015, 789 (790).

ser Grundsatz aufgenommen.[335] Mit der Einführung der Datenschutzrichtlinie 1995 wurde dieses Prinzip in das Unionsrecht integriert. Nach Art. 6 Abs. 1 lit. b DS-RL durften personenbezogene Daten nur „für festgelegte eindeutige und rechtmäßige Zwecke erhoben und nicht in einer mit diesen Zweckbestimmungen nicht zu vereinbarenden Weise weiterverarbeitet werden." Diese Formulierung findet sich wortgleich in Art. 5 Abs. 1 lit. b DSGVO wieder.[336] Dabei haben sich die zentralen Aspekte des Zweckbindungsgrundsatzes in den letzten 40 Jahren nicht verändert. Dieser Grundsatz besteht seit jeher aus zwei Komponenten:[337] Zum einen ist eine Erhebung von personenbezogenen Daten nur zulässig, wenn dies zu *festgelegten, eindeutigen und legitimen* Zwecken erfolgt (Prinzip der Zweckbestimmung). Zum anderen ist jede Weiterverarbeitung unzulässig, soweit diese nicht mit den ursprünglichen Zwecken *vereinbar* ist (Prinzip der Kompatibilität).

Trotz der Bedeutung des Zweckbindungsgrundsatzes sowie der regulatorischen Kontinuität bereitet die praktische Anwendung des Art. 5 Abs. 1 lit. b DSGVO erhebliche Schwierigkeiten. Insbesondere im Kontext von Big-Data-Anwendungen stellt sich die Frage, wie das Prinzip der Zweckbestimmung und das Prinzip der Kompatibilität angewendet werden sollen, damit ein angemessenes Schutzniveau für die Rechte und Freiheiten der betroffenen Person erhalten werden kann, ohne dabei den gesellschaftlichen und wirtschaftlichen Nutzen dieser Anwendung aus den Augen zu verlieren.[338]

Im Nachfolgenden wird zunächst der teleologische Hintergrund des Zweckbindungsgrundsatzes erörtert. Unter Berücksichtigung des Telos des Art. 5 Abs. 1 lit. b DSGVO werden sodann die einzelnen Tatbestandsmerkmale dieser Vorschrift analysiert.

---

335 „Personenbezogene Daten, die automatisch verarbeitet werden: müssen für festgelegte und rechtmäßige Zwecke gespeichert sein und dürfen nicht so verwendet werden, daß es mit diesen Zwecken unvereinbar ist".

336 Daher kann zur Auslegung des Art. 5 Abs. 1 lit. b DSGVO auf die Ausführungen der *Art.-29-Datenschutzgruppe* (WP 203) zurückgegriffen werden.

337 *Art.-29-Datenschutzgruppe*, WP 203, 2013, S. 4; *Monreal*, ZD 2016, 507 (509).

338 Vgl. *Holthausen*, RdA 2021, 19 (24); *Weichter*, ZD 2013, 251 (256); *Martini*, DVBl 2014, 1481 (1484); *Richter*, DuD 2015, 735 (735).

I. Der Zweckbegriff in der DSGVO

Der Zweckbegriff gehört zu den zentralen Merkmalen des Datenschutzrechts.[339] Gleichwohl findet sich in der DSGVO keine Legaldefinition dieses Begriffes. Die *Art.-29-Datenschutzgruppe* definierte „Zweck“ als ein „erwartetes Ergebnis, das beabsichtigt ist oder die geplante Aktion leitet“.[340] Diese Definition wurde sinngemäß vom *EDSA* übernommen und findet in der Literatur ebenfalls verbreitet Zustimmung.[341] Allerdings hat der *EDSA* den Zweckbegriff im Vergleich zur *Art.-29-Datenschutzgruppe* dahingehend erweitert, dass der Zweck auch beschreibt „wie ein Ergebnis erzielt oder ein Ziel erreicht wird“.[342] Dementsprechend setzt sich der Zweck der Datenverarbeitung aus den Motivationen, Zielen oder sonstigen Interessen des Verantwortlichen in Bezug auf die Verarbeitung zusammen. Die zentrale Aufgabe bei der Operationalisierung des Zweckbegriffes besteht darin, diese abstrakten Faktoren zu bündeln und zu einer rechtlichen Einheit zu konkretisieren.[343]

II. Der Telos des Zweckbindungsgrundsatzes

Der Zweckbindungsgrundsatz steht im Mittelpunkt des datenschutzrechtlichen Gesamtgefüges. Er ist der Transmissionsriemen, durch welchen der grundrechtliche Schutz personenbezogener Daten vom Primärrecht in das Sekundärrecht übersetzt wird. Nach Ansicht der *Art.-29-Datenschutzgruppe* diente der in Art. 6 Abs. 1 lit. b DS-RL verankerte Zweckbindungsgrundsatz vor allem der Schaffung von Transparenz, der Herstellung von Rechtssicherheit und der Ermöglichung der Vorhersehbarkeit weiterer Datenverarbeitungsschritte.[344] Dieser Befund lässt sich aufgrund des nahezu identi-

---

339 So auch *Spies*, ZD 2022, 75 (75); ausführlich zu dem Zweckbegriff *Sens*, Der Zweckbindungsgrundsatz der DSGVO beim Machine Learning im Vertrieb, 2024, S. 88 ff.

340 *Art.-29-Datenschutzgruppe*, WP 169, 2010, S. 16.

341 *EDSA*, Guidelines 7/2020, 2020, Version 2, Rn. 33, 35; u. a. *Jandt/Roßnagel*, ZD 2011, 160 (160); *Wagner*, ZD 2018, 307 (309); *Specht-Riemenschneider/Schneider*, MMR 2019, 503 (505); *Radtke*, Gemeinsame Verantwortlichkeit unter der DSGVO, 2021, S. 123.

342 *EDSA*, Guidelines 7/2020, 2020, Version 2, Rn. 33.

343 So wohl auch *Sens*, Der Zweckbindungsgrundsatz der DSGVO beim Machine Learning im Vertrieb, 2024, S. 91.

344 *Art.-29-Datenschutzgruppe*, WP 203, 2.04.2013, S. 11; hierauf bezugnehmend *Grafenstein*, DuD 2015, 789 (789).

schen Wortlautes auf den Zweckbindungsgrundsatz der DSGVO übertragen.

Die Bedeutung des Zweckbindungsgrundsatzes für die Schaffung von Transparenz liegt auf der Hand. Damit die Datenverarbeitung für die betroffenen Personen nachvollziehbar ist, müssen die Ziele bekannt sein, welche die Verantwortlichen verfolgen. Dementsprechend ist die Einhaltung der Vorgaben des Art. 5 Abs. 1 lit. b DSGVO zwingend erforderlich, damit dem Prinzip der Transparenz aus Art. 5 Abs. 1 lit. a DSGVO Genüge getan werden kann.[345] Die Schaffung von Transparenz bedingt gleichermaßen die Vorhersehbarkeit der weiteren Verarbeitungsschritte. Aufgrund der Bindung des Verantwortlichen an die festgelegten Zwecke können die betroffenen Personen die möglichen Weiterverarbeitungsvorgänge überblicken. Dieser Grundsatz ist als Ausprägung des Vorfeldschutzgedankens des Art. 8 GRC zu verstehen, denn die Vorhersehbarkeit der Weiterverarbeitungsschritte reduziert die Wahrscheinlichkeit von Selbstbeschränkungen durch die betroffenen Personen.[346]

Darüber hinaus kommt dem Zweckbindungsgrundsatz eine Kontrollfunktion zu. Der Zweck der Datenverarbeitung bildet den Maßstab, anhand dessen die Einhaltung von weiteren Vorschriften der DSGVO überprüft wird.[347] In diesem Sinne kann die Erforderlichkeit der Datenverarbeitung nach dem Grundsatz der Datenminimierung (Art. 5 Abs. 1 lit. c DSGVO) nur ausgehend von dem Zweck bestimmt werden.[348] Ferner sind die Zwecke der Ausgangspunkt für die Beurteilung, ob die Datenverarbeitung auf eine der in Art. 6 Abs. 1 DSGVO abschließend aufgezählten Rechtsgrundlagen gestützt werden kann.[349]

Weiterhin kommt dem Zweckbindungsgrundsatz eine Selbstregulierungsfunktion für die Verantwortlichen zu.[350] Indem die Verantwortlichen

345 *Mantz/Marosi* in: Specht/Mantz, Handbuch Europäisches und deutsches Datenschutzrecht, 2019, Teil A., § 3, Rn. 83; *Steinrötter* in: Broges/Hilber, BeckOK IT-Recht, 18. Edition, Stand: 01.03.2023, DSGVO, Art. 5, Rn. 15.

346 Ein zentrales Anliegen des Art. 8 GRC ist es sogenannte. „chilling effects" zu verhindern. Vertieft hierzu unter Kap. 4, A.I.3.b.

347 *Thode* in: Schläger/Thode, Handbuch Datenschutz und IT-Sicherheit, 2018, Teil A., Rn. 125; *Dammann*, ZD 2016, 307 (311); *Schuh/Weiss*, ZfDR 2024, 225 (236).

348 Vgl. *Roßnagel* in: Simitis/Hornung/Spiecker gen. Döhmann, Datenschutzrecht, 2. Aufl., 2025, DSGVO, Art. 5, Rn. 67; *Herbst* in: Kühling/Buchner, DS-GVO/BDSG, 4. Aufl., 2024, DSGVO, Art. 5, Rn. 56.

349 *Richter*, DuD 2015, 735 (735); *Dammann*, ZD 2016, 307 (311).

350 *Schantz* in: Wolff/Brink, BeckOK Datenschutzrecht, 42. Ed., 01.11.2021, Art. 5, Rn. 14; *Grafenstein*, DuD 2015, 789 (792); *Weichert* in: Däubler/Wedde/Wei-

die Zwecke der Datenverarbeitung festlegen, beschränken sie gleichermaßen die Möglichkeiten der Weiterverarbeitung der personenbezogenen Daten. Diese Selbstregulierung ist kein Akt altruistischer Selbstbeschränkung der Verantwortlichen.[351] Vielmehr bildet die Selbstbindung an die festgelegten Zwecke den Ausgleich zu der durch die DSGVO garantierten Freiheit hinsichtlich der Zweckbestimmung.[352] Anders ausgedrückt: Die Verantwortlichen sind in ihrer Zweckbestimmung zwar frei, aber durch die Ausübung dieser Freiheit begrenzen sie selbst die Weiterverarbeitungsmöglichkeiten.

Die vorangegangenen Ausführungen belegen die Feststellung, dass es sich bei dem Zweckbindungsgrundsatz um einen Eckpfeiler des europäischen Datenschutzrechts handelt. Gleichzeitig folgt hieraus ein zentraler Umstand für das Verständnis des Zweckbindungsgrundsatzes: Art. 5 Abs. 1 lit. b DSGVO dient nicht einer präventiven Beschränkung der Datenerhebung. Der Grundsatz der Zweckbindung hat nicht zum Ziel, die Datenverarbeitung als solche zu verhindern, sondern die Aufgabe des Art. 5 Abs. 1 lit. b DSGVO besteht darin, eine grundrechtschonende Datenverarbeitung zu gewährleisten.

III. Tatbestand des Art. 5 Abs. 1 lit. b DSGVO

Wie bereits dargelegt,[353] besteht Art. 5 Abs. 1 lit. b DSGVO aus zwei Komponenten: dem Prinzip der Zweckbestimmung und dem Prinzip der Zweckkompatibilität. Das Prinzip der Zweckbestimmung bildet dabei das Fundament des Zweckbindungsgrundsatzes. Durch die Bestimmung der Zwecke werden Leitplanken aufgestellt, innerhalb derer sich die Verarbeitung zu bewegen hat. Demgegenüber ergibt sich aus dem Prinzip der Kompatibilität, unter welchen Voraussetzungen von dem festgelegten Weg abgewichen werden kann.[354] Diese Prinzipien bauen somit

---

chert/Sommer, 3. Aufl., 2024, DSGVO, Art. 5, Rn. 33; *Ulmenstein*, PinG 2020, 47 (49); *Schuh/Weiss*, ZfDR 2024, 225 (239); kritisch hinsichtlich des Begriffes der Selbstregulierung *Sens*, Der Zweckbindungsgrundsatz der DSGVO beim Machine Learning im Vertrieb, 2024, S. 32.

351 Vgl. *Sens*, Der Zweckbindungsgrundsatz der DSGVO beim Machine Learning im Vertrieb, 2024, S. 32.

352 Die Zweckfestlegung wird nur insoweit begrenz, als dass es sich um „legitime" Zwecke handeln muss. Hierzu unter Kap. 4, C.III.1.c.

353 Hierzu unter Kap. 4, C.

354 Hierzu unter Kap. 4, C.2.

aufeinander auf. Dementsprechend werden zunächst die Vorgaben des Art. 5 Abs. 1 lit. b DSGVO an die Zweckbestimmung analysiert. Anschließend wird dargelegt, unter welchen Umständen von den festgelegten Zwecken abgewichen werden kann.

1. Prinzip der Zweckbestimmung

Eine Datenerhebung ist nach Art. 5 Abs. 1 lit. b DSGVO nur zulässig, wenn diese Erhebung zu *festgelegten, eindeutigen* und *legitimen* Zwecken erfolgt. Das Prinzip der Zweckbestimmung setzt sich mithin aus drei Voraussetzungen zusammen, die jeweils kumulativ vorliegen müssen. Darüber hinaus besteht Einigkeit dahingehend, dass diese Vorgaben bereits *vor* der Erhebung der Daten erfüllt sein müssen.[355] Hierfür spricht zunächst der Wortlaut des Art. 5 Abs. 1 lit. b DSGVO, wonach die personenbezogenen Daten für „festgelegte (...) Zwecke erhoben werden". Des Weiteren gibt der ErwGr. 39 S. 6 DSGVO vor, dass die Zwecke zum Zeitpunkt der Erhebung feststehen müssen. Darüber hinaus folgt die Pflicht zur Vorabfestlegung der Zwecke aus dem Telos der Norm. Nur wenn die Zwecke der Datenverarbeitung bereits vor der Erhebung der Daten feststehen, kann die Verarbeitung für die betroffenen Personen vorhersehbar sein.[356] Gleichermaßen kann die Rechtmäßigkeit der Datenverarbeitung nur wirksam überprüft werden, wenn die Verantwortlichen die Zwecke vor der Datenverarbeitung festgelegt haben. Dementsprechend ist ein Nachschieben von Zwecken unzulässig.[357] Eine anderweitige Auslegung würde dem Missbrauch durch die Verantwortlichen Vorschub leisten und wäre mit den grundrechtlichen Vorgaben des Art. 8 GRC nicht vereinbar. Vor diesem Hintergrund ist der letzt-

---

355 *Art.-29-Datenschutzgruppe*, WP 203, 2.04.2013, S. 15; *Schantz* in: Wolff/Brink, BeckOK Datenschutzrecht, 52. Ed., 01.11.2021, Art. 5, Rn. 14; *Heberlein* in: Ehmann/Selmayr, DS-GVO, 3. Aufl., 2024, Art. 5, Rn. 13; *Steinrötter* in: Borges/Hilber, BeckOk IT-Recht, 18. Edition, Stand. 01.01.2023, DSGVO, Art. 5, Rn. 16; *Richter*, DuD 2015, 735 (735); *Brühan* in: Groeben/Schwarze/Hatje, Europäisches Unionsrecht, 7. Aufl., 2015, AEUV, Art. 16, Rn. 54.

356 Entsprechend muss die Informationspflicht (die auch die Zwecke der Datenverarbeitung erfasst) aus Art. 13 DSGVO vor der Datenerhebung erfüllt werden, *Bäcker* in: Kühling/Buchner, DS-GVO/BDSG, 4. Aufl., 2024, DSGVO, Art. 13, Rn. 56; BGH, Urt. v. 10.11.2022 – I ZR 186/17 = GRUR 2023, 193, Rn. 31.

357 *Krammer* in: Auernhammer, DSGVO/BDSG, 8. Aufl., 2023, DSGVO, Art. 5, Rn. 23; *Heberlein* in: Ehmann/Selmayr, DS-GVO, 3. Aufl., 2024, Art. 5, Rn. 13.

mögliche Zeitpunkt, in dem die Zweckbestimmung durch den Verantwortlichen vorgenommen werden kann, der Moment der Datenerhebung.[358]

Demgegenüber sind die Verantwortlichen in der inhaltlichen Bestimmung der Zwecke frei. Dies bildet den gebotenen Ausgleich zu der Selbstbindungswirkung, welche aus der Zweckbestimmung für die Verantwortlichen folgt.[359] Bei der Zweckbestimmung ist nur die tatbestandsimmanente Schranke der Legitimität der Zwecke zu beachten.[360]

Des Weiteren lassen sich die Tatbestandsmerkmale des Prinzips der Zweckbestimmung in formelle und materielle Kategorien unterteilen. Die materiellen Vorgaben des Prinzips der Zweckbestimmung finden sich in den Merkmalen des Festlegens und der Legitimität, wohingegen die Eindeutigkeit des Zwecks die formelle Seite dieses Grundsatzes abbildet. Betrachtet man die deutsche Kommentarliteratur zum Art. 5 Abs. 1 lit. b DSGVO, ergibt sich ein leicht anderes Bild: Es wird überwiegend davon ausgegangen, dass es sich bei dem Merkmal des Festlegens um eine formelle Anforderung handelt und dem Merkmal der Eindeutigkeit wird eine materielle Bedeutung beigemessen.[361] Dieses Verständnis des Wortlautes hängt mit der deutschen Übersetzung der DSGVO zusammen.[362] Vergleicht man die deutsche Version („festgelegt“) mit der englischen Sprachfassung („specified“), so wird deutlich, dass in der englischen Version der DSGVO das erste Merkmal des Art. 5 Abs. 1 lit. b DSGVO von der Wortbedeutung stärker inhaltlich aufgeladen ist, wohingegen das zweite Merkmal („explicit“) einen formellen Charakter hat.[363]

---

358 *Art.-29-Datenschutzgruppe*, WP 203, 2013, S. 15; sich dem anschließend *Herbst* in: Kühling/Buchner, DS-GVO/BDSG, 4. Aufl., 2024, DSGVO, Art. 5, Rn. 31; *Schantz* in: Wolff/Brink/Ungern-Sternberg, BeckOk Datenschutzrecht, 52. Edition, Stand: 01.11.2021, DSGVO, Art. 5, Rn. 14.

359 So bereits unter Kap. 4, C.II.

360 Hierzu unter C.III.1.c.

361 *Frenzel* in: Paal/Pauly, DS-GVO/BDSG, 3. Aufl., 2021, DSGVO, Art. 5, Rn. 27; *Mantz/Marosi* in: Specht/Mantz, Handbuch des europäischen Datenschutzrecht, 2019, Teil A., § 3, Rn. 85; vgl. *Heberlein* in: Ehmann/Selmayr, DS-GVO, 3. Aufl., 2024, Art. 5, Rn. 14; *Steinrötter* in: Broges/Hilber, BeckOK IT-Recht, 18. Edition, Stand: 01.01.2023, DSGVO, Art. 5, Rn. 17; a. A. wohl *Schnatz* in: Wolff/Brink/Ungern-Sternberg, BeckOk Datenschutzrecht, 52. Edition, Stand: 01.11.2021, DSGVO, Art. 5, Rn. 16.

362 Im Deutschen: „für festgelegte, eindeutige und legitime Zwecke“. Im Englischen: „for specified, explizit and legitimat purposes“.

363 So auch *Art.-29-Datenschutzgruppe*, WP 203, 2013, S. 15 f.; in diese Richtung auch EuGH, Urt. v. 24.02.2022 – C-175/20 = EuZW 2022, 527, Rn. 64; *Monreal*, ZD 2016, 507 (509); *Rücker/Kugler*, New European Data Protection Regulation, 2018, C.,

Diese Divergenz in den Sprachfassungen ist für die inhaltliche Auseinandersetzung mit Art. 5 Abs. 1 lit. b DSGVO allerdings unerheblich. Bei der Auslegung des Unionsrechts kommt es weniger auf den Wortlaut der Vorschrift in den einzelnen Sprachfassungen an als vielmehr auf die inhaltliche Bedeutung und dem Kontext der Norm.[364] Die einzelnen Merkmale des Grundsatzes der Zweckbestimmung sind bei der Anwendung nicht isoliert zu betrachten, sondern ergänzen sich gegenseitig.[365] Mithin spielt es keine Rolle, ob nun dem ersten oder dem zweiten Merkmal eine stärkere materielle Bedeutung zugesprochen wird.

Im Folgenden wird sich an der Einschätzung der *Art.-29-Datenschutzgruppe* orientiert und dem Merkmal des Festlegens eine materielle Bedeutung zugemessen.

a. „Festgelegte" Zwecke

Dreh- und Angelpunkt des Zweckbindungsgrundsatzes ist die Vorgabe, dass vor der Datenerhebung die Zwecke der Datenverarbeitung durch die Verantwortlichen verbindlich festgelegt werden müssen. Aus den festgelegten Zwecken leitet sich ab, ob die weiteren Verarbeitungsschritte mit dem Zweckbindungsgrundsatz vereinbar sind. Die Bedeutung dieses Tatbestandsmerkmals spiegelt sich auch darin wider, dass es als einziges Merkmal des Art. 5 Abs. 1 lit. b DSGVO im Art. 8 Abs. 2 S. 1 GRC primärrechtlich verankert ist. Den zentralen Problempunkt dieses Merkmals bildet die Frage, wie präzise die Festlegung der Zwecke zu erfolgen hat.[366]

Die DSGVO gibt nicht vor, unter welchen Voraussetzungen von einem datenschutzkonformen Festlegen der Zwecke im Sinne des

---

Rn. 267 f.; *Schantz* in: Wolff/Brink/Ungern-Sternberg, BeckOK Datenschutzrecht, 52. Edition, Stand: 01.11.2021, DSGVO, Art. 5, Rn. 16; *Sens*, Der Zweckbindungsgrundsatz der DSGVO beim Machine Learning im Vertrieb, 2024, S. 97.

364 Vgl. *Albrecht/Jotzo*, Das neue Datenschutzrecht der EU, 2017, Rn. 30; *Wegener* in: Calliess/Ruffert, Art. 19, Rn. 16; EuGH, Urt. v. 1.10.2019 – C-673/17 = MMR 2019, 732, Rn. 48; EuGH, Urt. v. 7.12.2023 – C-634/21 = NZA 2024, 45, Rn. 41.

365 *Frenzel* in: Paal/Pauly, DS-GVO/BDSG, 3. Aufl., 2021, DSGVO, Art. 5, Rn. 27.

366 *Schantz* in: Wolff/Brink/Ungern-Sternberg, BeckOK Datenschutzrecht, 52. Edition, Stand: 01.11.2021, DSGVO, Art. 5, Rn. 15; *Thode* in: Schläger/Thode, Handbuch Datenschutz und IT-Sicherheit, 2018, Teil A, Rn. 126; ausführlich zu dieser Problemstellung, *Grafenstein*, The Principle of Purpose Limitation in Data Protection Law, 2018, S. 231 ff.; *Sens*, Der Zweckbindungsgrundsatz der DSGVO beim Machine Learning im Vertrieb, 2024, S. 101.

Art. 5 Abs. 1 lit. b DSGVO ausgegangen werden kann.[367] Auch der EuGH hat sich zu dieser Fragestellung noch nicht explizit geäußert. Der Gerichtshof betont nur, ohne hierbei näher auf den Zweckbindungsgrundsatz einzugehen, dass die Datenverarbeitung auf das absolut Notwendige beschränkt werden muss.[368] Dies soll nicht mehr der Fall sein, „wenn eine Übermittlung von personenbezogenen Daten gestattet wurde, ohne irgendeine Differenzierung, Einschränkung oder Ausnahme anhand des verfolgten Ziels vorzunehmen und ohne ein objektives Kriterium vorzusehen, das es ermöglicht, den Zugang der Behörden zu den Daten und deren spätere Nutzung auf ganz bestimmte, strikt begrenzte Zwecke zu beschränken, die den sowohl mit dem Zugang zu diesen Daten als auch mit deren Nutzung verbundenen Eingriff zu rechtfertigen vermögen".[369] Aus dieser Entscheidung ergibt sich kein Kriterium, anhand dessen das Maß an Spezifikation des Zwecks beurteilt werden kann. Vielmehr wird lediglich festgestellt, dass die Datenverarbeitung nicht auf das absolut Notwendige beschränkt wurde, wenn eine hinreichende Bestimmung der Zwecke der Datenverarbeitung nicht erfolgt.

Ausgangspunkt für die Beantwortung der vorliegenden Frage ist, dass die Zwecke so konkret gefasst sein müssen, dass für einen objektiven Dritten die Ziele der Datenverarbeitung eindeutig erkennbar sind. Daher wird allgemein angenommen, dass zu abstrakt gefasst Zwecke mit den Vorgaben des Art. 5 Abs. 1 lit. b DSGVO unvereinbar sind.[370] Als zu vage in diesem Sinne werden unter anderem die Verwendung der Daten für Werbung, für IT-Sicherheit, für Big-Data-Anwendungen oder zur Verbesserung der Nutzererfahrung angesehen.[371]

---

367 *Rücker/Kugler*, New European Data Protection Regulation, 2018, C., Rn. 267; vgl. *Grafenstein*, The Principle of Purpose Limitation in Data Protection Law, 2018, S. 244; *Herfurth*, Big Data – Big Accountability, 2022, S. 257.

368 EuGH, Urt. v. 06.10.2015 – C-362/14 = NJW 2015, 3151, Rn. 92; EuGH, Urt. v. 8.04.2014 – C-293/12 u. C-594/12 = EuZW 2014, 459, Rn. 52.

369 EuGH, Urt. v. 06.10.2015 – C-362/14 = NJW 2015, 3151, Rn. 93.

370 *Reimer* in: Sydow/Marsch, DS-GVO/BDSG, 3. Aufl., 2022, DSGVO, Art. 5, Rn. 22; *Herbst* in: Kühling/Buchner, DS-GVO/BDSG, 4. Aufl., 2024, DSGVO, Art. 5, Rn. 35; *Kramer* in: Auernhammer, DSGVO/BDSG, 8. Aufl., 2023, DSGVO, Art. 5, Rn. 27; *Voigt* in: Taeger/Gabel, DSGVO/BDSG/TTDSG, 4. Aufl., 2022, DSGVO, Art. 5, Rn. 24; *Schantz/Wolff*, Das neue Datenschutzrecht, 2017, Rn. 406.

371 *Art.-29-Datenschutzgruppe*, WP 203, 2013, S. 16; *Schantz*, NJW 2016, 1841 (1844); *Mantz/Marosi* in: Specht/Mantz, Handbuch Europäisches und deutsches Datenschutzrecht, 2019, Teil A., § 3, Rn. 86; *Schantz/Wolff*, Das neue Datenschutzrecht, 2017, Rn. 406; *Herbst* in: Kühling/Buchner, DS-GVO/BDSG, 4. Aufl., 2024, DSGVO, Art. 5, Rn. 35.

Die Zwecke der Datenverarbeitung sind demnach zu unpräzise, wenn sich aus dem festgelegten Zweck eine nicht mehr überschaubare Anzahl an Weiterverarbeitungszwecken ergeben kann.[372] Durch zu unbestimmte Verarbeitungszwecke wird die von der Zweckfestlegung angestrebte Begrenzung der Weiterverarbeitung unterlaufen. Weiterhin ist es der betroffenen Person nicht möglich, die Verarbeitungsvorgänge nachzuvollziehen bzw. vorherzusehen. Wird als Verarbeitungszweck beispielsweise die Verarbeitung der Daten für Werbung festgelegt, kann die betroffene Person nicht vorhersehen, welche Verarbeitungstätigkeiten der Verantwortliche vornehmen möchte. Denkbar wäre die Verarbeitung der Daten zum Zwecke der Direktwerbung oder zu Marktanalysen. Besteht eine derartige Unklarheit, kann die betroffene Person zudem nicht abschätzen, ob ihr Interesse am Unterlassen der Datenverarbeitung gegenüber dem Interesse der Verantwortlichen nach dem Maßstab des Art. 6 Abs. 1 lit. f DSGVO überwiegt. Lassen sich die möglichen Weiterverarbeitungsschritte aus den festgelegten Zwecken demnach nicht von betroffenen Personen vorhersehen, fehlt es sowohl an der Transparenz der Datenverarbeitung als auch an der Möglichkeit, die Rechtmäßigkeit der Datenverarbeitung zu überprüfen.[373]

Die Überprüfbarkeit der Rechtmäßigkeit von Datenverarbeitungsvorgängen ist das prägende Leitmotiv für die Beantwortung der Frage, wie präzise die Zwecke der Datenverarbeitung festgelegt werden müssen. In einer neueren Entscheidung hat der europäische Gerichtshof dargelegt, dass die Zwecke der Verarbeitung so spezifiziert werden müssen, dass eine Überprüfung der Rechtmäßigkeit ermöglicht wird.[374] Zwar ergibt sich aus dem Telos des Art. 5 Abs. 1 lit. b DSGVO, dass die Zwecke ausreichend konkret festgelegt sein müssen, um die Überprüfung der Rechtmäßigkeit der Datenverarbeitung zu gewährleisten. Allerdings lässt sich hieraus keine allgemeingültige Vorgabe ableiten, anhand derer sich die Verantwortlichen hinsichtlich der erforderlichen Zweckgranularität orientieren können. Ob eine Datenverarbeitung im Sinne des Art. 6 Abs. 1 DSGVO rechtmäßig ist, hängt von verschiedensten Faktoren ab, die einzelfallabhängig variieren.

---

372 So auch *Sens*, Der Zweckbindungsgrundsatz der DSGVO beim Machine Learning im Vertrieb, 2024, S. 105.

373 In diese Richtung auch BVerfG, Urt. v. 23.10.2006 - 1 BvR 2027/2002 = r + s 2007, Rn 46 f., wonach der Verarbeitungszweck „Sachdienlichkeit der Information" nicht ausreichend präzise ist, damit die betroffenen Personen die Datenverarbeitung überblicken und überprüfen kann.

374 EuGH Urt. v. 24.02.2022 – C-175/20 = EuZW 2022, 527, Rn. 71.

Die Anforderungen, die an das Merkmal des Festlegens zu stellen sind, müssen somit bei jeder Datenerhebung neu zu bewerten.[375]

Bei der Beurteilung der Rechtmäßigkeit der Datenverarbeitung ist immer auch der Art. 9 DSGVO in den Blick zunehmen. Wenn und soweit besondere Kategorien von Daten verarbeitet werden sollen, dann ist dies nur unter den strengen Voraussetzungen des Art. 9 Abs. 2 DSGVO zulässig. Dieser besondere Schutz rechtfertigt sich nach ErwGr. 51 S. 1 DSGVO aufgrund der erheblichen Risiken für die Grundrechte und Grundfreiheiten, die bei der Verarbeitung derartiger Datenkategorien für die betroffenen Personen bestehen. Die Anforderungen an die Rechtmäßigkeit der Datenverarbeitung ist somit von dem mit der Datenverarbeitung verbundenen Risiko abhängig. Fraglich ist, ob das Risiko für die betroffenen Personen auch zur Beurteilung der notwendigen Zweckgranularität einen tauglichen Maßstab bildet. Anders ausgedrückt: Ist bei der Auslegung des Art. 5 Abs. 1 lit. b DSGVO der sogenannte risikobasierte Ansatz zugrunde zu legen?

aa. Der risikobasierte Ansatz in der DSGVO

Der risikobasierte Ansatz ist eines der prägenden Prinzipien der DSGVO.[376] Die *Art.-29-Datenschutzgruppe* weist zutreffend darauf hin, dass es sich hierbei um kein grundsätzlich neues datenschutzrechtliches Konzept handelt.[377] Es fanden sich bereits in der DS-RL Vorschriften, die auf die Risiken für die betroffenen Personen als Maßstab abstellen (Art. 17 Abs. 1; Art. 20 DS-RL). Erst mit dem Beginn der 2010er-Jahre wurde dem risikobasierten Ansatz als datenschutzrechtliches Prinzip vermehrt Aufmerksamkeit geschenkt.[378] Dies lag an seiner prominenten Rolle bei den

---

375 So auch *Art.-29-Datenschutzgruppe*, WP 203, 2.04.2013, S. 16.

376 *Rüpke/Lewinski/Eckhardt*, Datenschutzrecht, 2018, § 18, Rn. 18; *Lang* in: Taeger/Gabel, DSGVO/BDSG/TTDSG, 4. Aufl., 2022, DSGVO, Art. 24, Rn. 31; *Veil*, ZD 2015, 348 (349); *Schuh/Weiss*, ZfDR 2024, 225 (235); *Gellert*, International Data Privacy Law 2015, Vol. 5, Nr. 1, 3 (6 f.); *Gonçalves*, Journal of Risk Research 2020, Vol. 23, Nr. 2, 139 (140).

377 *Art.-29-Datenschutzgruppe*, WP 218, 2014, S. 2; *Cate/Kuner/Millard/Svantesson/Lynskey*, International Data Privacy Law 2015, Vol. 5, Nr. 2, 95 (95 f.); *Gonçalves*, Journal of Risk Research 2020, Vol. 23, Nr. 2, 139 (142); unzutreffend insoweit *Schröder*, ZD 2019, 503 (503).

378 *Cate/Kuner/Millard/Svantesson/Lynskey*, International Data Privacy Law 2015, Vol. 5, Nr. 2, 95 (95).

Verhandlungen zur DSGVO.[379] Vergleicht man die Normtexte sowie die ErwGr. der DS-RL mit denen der DSGVO, so werden die Auswirkungen dieser Diskussion erkennbar. In der DSGVO wird der Begriff des Risikos um ein Vielfaches häufiger verwendet als in der DS-RL.[380] Hieraus lässt sich noch nicht ableiten, welche Folgen der risikobasierte Ansatz für die Auslegung und Anwendung der Vorschriften der DSGVO hat. Bevor sich die Arbeit dieser Fragestellung widmet, ist zunächst auf den Hintergrund der Diskussion zu diesem Ansatz einzugehen.

Bei der wissenschaftlichen Auseinandersetzung bezüglich des risikobasierten Ansatzes geht es im Kern nicht um die Auslegung einzelner datenschutzrechtlicher Vorschriften, sondern um die konzeptionelle Grundausrichtung des Datenschutzrechts. Die Idee hinter dem Konzept des risikobasierten Ansatzes ist, dass die Verantwortlichen sich nicht starr an datenschutzrechtliche Vorgaben halten müssen, sondern dass diese Vorgaben je nach Einzelfall skalierbar sind.[381] Vor dem Hintergrund der Masse an Datenverarbeitungsvorgängen soll hieraus eine angemessenere Verteilung von knappen Ressourcen resultieren.[382] Für die vorliegende Arbeit kommt es nicht darauf an, ob und inwiefern dieser Ansatz konzeptionell überzeugend ist.[383] Fakt ist, dass die DSGVO jedenfalls in Teilen einem risikobasierten Ansatz folgt.[384] Entscheidend ist daher, wie sich dieser Ansatz auf die Auslegung und Anwendung der datenschutzrechtlichen Normen auswirkt. Hierfür sind zunächst die verschiedenen Verwendungskontexte des Risikobegriffes in der DSGVO in den Blick zu nehmen.

Die DSGVO referenziert an verschiedenen Stellen den Begriff des Risikos explizit. Dieser ausdrückliche Bezug zum Risiko im Normtext ist jedoch nicht zwingend notwendig, um eine Risikoorientiertheit der Norm

379 *Art.-29-Datenschutzgruppe*, WP 218, 2014, S. 2; *Veil*, ZD 2015, 348 (348); *Thoma*, ZD 2013, 578 (580).

380 Hierzu *Veil*, ZD 2015, 348 (349).

381 *Art.-29-Datenschutzgruppe*, WP 218, 2014, S. 2; *Veil*, ZD 2015, 348 (348); *Gonçalves*, Journal of Risk Research 2020, Vol. 23, Nr. 2, 139 (142 f.).

382 *Cate/Kuner/Millard/Svantesson/Lynskey*, International Data Privacy Law 2015, Vol. 5, Nr. 2, 95 (96); *Gonçalves*, Journal of Risk Research 2020, Vol. 23, Nr. 2, 139 (142 f.); *Gellert*, International Data Privacy Law 2015, Vol. 5, Nr. 1, 3 (13).

383 Zu den möglichen Risiken und Schwächen dieses Konzeptes *Gonçalves*, Journal of Risk Research 2020, Vol. 23, Nr. 2, 139 (139 ff.); *Quelle*, 'The 'risk revolution' in EU data protection law: We can't have our cake and eat it, too' in: Leenes/van Brakel/Gutwirth/De Hert, Data Protection and Privacy: The Age of Intelligent Machines, 2017, 1 (1 ff.); zu der Frage, ob und inwiefern der risikobasierte Ansatz eine konzeptionelle Änderung mit sich bringt, *Gellert*, EDPL 2016, 481 (481 f.).

384 So auch *Schröder*, ZD 2019, 503 (506).

anzunehmen. Im Folgenden werden die unterschiedlichen Risikoausprägungen in der DSGVO an Beispielen aufgezeigt.

Ein prominentes Beispiel für den risikobasierten Ansatz ist dabei der Art. 24 Abs. 1 DSGVO. Nach dieser Vorschrift hängen die von dem Verantwortlichen zu treffenden technisch-organisatorischen Maßnahmen zur Sicherstellung der Einhaltung der datenschutzrechtlichen Vorschriften davon ab, welche Risiken für die betroffenen Personen mit der Datenverarbeitung verbunden sind. Der risikobasierte Ansatz bezieht sich in diesem Kontext also auf das „wie" der Einhaltung der Vorschrift.

Demgegenüber schreibt Art. 35 Abs. 1 DSGVO vor, dass eine Datenschutz-Folgenabschätzung vorzunehmen ist, wenn voraussichtlich ein hohes Risiko für die betroffenen Personen aus der Datenverarbeitung resultiert. In diesem Kontext steht der risikobasierte Ansatz demnach für das „ob" der Anwendung der Vorschrift.

Ferner findet sich eine bekannte Ausprägung der Risikoorientierung im Datenschutzrecht in Art. 9 DSGVO wieder.[385] Zwar wird in Art. 9 DSGVO der Begriff des Risikos nicht ausdrücklich genannt, es liegt dem Verbot der Verarbeitung von besonderen Kategorien von Daten aber die Tatsache zugrunde, dass die betroffenen Personen bei der Verarbeitung dieser Art von Daten regelmäßig einem besonders hohen Risiko ausgesetzt sind.[386]

Die vorstehenden Beispiele haben gemeinsam, dass das Risiko für die Rechte und Freiheiten der betroffenen Personen als Maßstab in unterschiedlichen Kontexten herangezogen wird. Anhand dieses Maßstabes wird untersucht, ob der Verantwortliche die Verarbeitung durchführen darf, ob der Verantwortliche datenschutzrechtliche Maßnahmen zu treffen hat und welche Anforderungen an die Vornahme dieser Maßnahmen zu stellen sind. Die Heranziehung des Risikos als Maßstab wird dabei entweder explizit im Gesetzestext angeordnet oder folgt aus dem Schutzkonzept der Norm.[387] Dementsprechend kann der risikobasierte Ansatz bei der

---

385 Vgl. *Veil*, ZD 2015, 348 (349); *Quelle*, 'The 'risk revolution' in EU data protection law: We can't have our cake and eat it, too' in: Leenes/van Brakel/Gutwirth/De Hert, Data Protection and Privacy: The Age of Intelligent Machines, 2017, 1 (5).

386 ErwGr. 51 S. 1 DSGVO.

387 Unvereinbar mit dem risikobasierten Ansatz sind die (meisten) betroffenen Rechte. Als Beispiel hierfür kann auf Art. 15 DSGVO verwiesen werden (so auch *Veil*, ZD 2015, 348 (352)). Das Recht auf Auskunft kann seine intendierte Wirkung nur entfalten, wenn es auf Tatbestandseben absolut gilt; hierzu *Quelle*, 'The 'risk revolution' in EU data protection law: We can't have our cake and eat it, too' in: Leenes/van Brakel/Gutwirth/De Hert, Data Protection and Privacy: The Age of Intelligent Machines, 2017, 1 (19 f.).

Auslegung der Vorschriften der DSGVO herangezogen werden, soweit dies mit dem Schutzgedanken der Norm vereinbar ist. Die genannten Beispiele lassen sich dem Grunde nach in zwei Kategorien einteilen: in der ersten Kategorie begründet das Ergebnis der Risikoeinschätzung eine starre Rechtsfolge (Art. 9 Abs. 1 DSGVO: Verbot der Datenverarbeitung, Art. 35 Abs. 1 DSGVO: Durchführung der Datenschutz-Folgeabschätzung); in der zweiten Kategorie begründet das Ergebnis der Risikoeinschätzung eine skalierbare Rechtsfolge (Art. 24 Abs. 1 DSGVO). Die risikoabhängige-skalierbare Anwendung von datenschutzrechtlichen Vorschriften bildet nach dem Verständnis der *Art.-29-Datenschutzgruppe* den Kern des risikobasierten Ansatzes.[388]

In Ansehung der vorangegangenen Ausführungen stellt sich die Frage, ob und inwiefern der risikobasierte Ansatz sich von dem Grundsatz der Verhältnismäßigkeit unterscheidet. Dieser Ansatz hat das Ziel, einen angemessenen Schutz der betroffenen Personen sicherzustellen und gleichzeitig die Verantwortlichen nicht über Gebühr zu belasten. Der Ausgleich von kollidierenden (grundrechtlich) geschützten Interessen erfolgt auch auf europäischer Ebene unter der Heranziehung des Verhältnismäßigkeitsgrundsatzes.[389]

Auf den ersten Blick wirkt es so, als würde der risikobasierte Ansatz sich nicht von dem Verhältnismäßigkeitsgrundsatz unterscheiden. Betrachtet man die angeführten Beispiele, so fällt auf, dass unter Heranziehung des risikobasierten Ansatzes nur eine unvollständige Abwägung der widerstreitenden Interessen vorgenommen wird. Es werden die im Einzelfall bestehenden Interessen des Verantwortlichen an der Datenverarbeitung unberücksichtigt gelassen.[390] Für die Risikobewertung kommt es ausschließlich auf die potentiellen Auswirkungen für die betroffene Person an. Die Interessen der Verantwortlichen spielen insofern eine Rolle, als dass die Ziele der Datenverarbeitung als Anhaltspunkt für die Bestimmung des Risikos dienen. Hierdurch unterscheidet sich der risikobasierte Ansatz von dem Grundsatz der Verhältnismäßigkeit.

---

388 *Art.-29-Datenschutzgruppe*, WP 218, 2014, S. 2, so auch *Schröder*, ZD 2019, 503 (506).

389 Hierzu *Trstenjak/Beysen*, EuR 2012, 265 (283 f.).

390 *Art.-29-Datenschutzgruppe*, WP 218, 2014, S. 4.

bb. Auswirkungen des risikobasierten Ansatzes auf die Auslegung des Art. 5 Abs. 1 lit. b DSGVO

Bevor der Frage nachgegangen werden kann, ob und inwiefern der risikobasierte Ansatz sich auf die Auslegung des Tatbestandsmerkmals des „festlegen“ auswirkt, ist zu klären, ob er mit dem Schutzkonzept des Art. 5 Abs. 1 lit. b DSGVO vereinbar ist. Zweifel hieran könnten sich aus der Stellungnahme der *Art.-29-Datenschutzgruppe* ergeben. Demnach solle der risikobasierte Ansatz die Grundprinzipien der Datenverarbeitung nicht verändern.[391] Diese Aussage wirkt sich allerdings nicht auf die Auslegung des Art. 5 Abs. 1 lit. b DSGVO aus. Denn die Stellungnahme der *Art.-29-Datenschutzgruppe* wurde zu einer Zeit veröffentlicht, zu der im Gesetzgebungsverfahren die Ausrichtung der DSGVO hin zu einem mehr risiko-basierten Ansatz intensiv diskutiert worden ist. Vor diesem Hintergrund ist diese Stellungnahme als Warnung zu verstehen, dass der risikobasierte Ansatz nicht dazu führen dürfe, dass in den Fällen eines geringen Risikos für die betroffenen Personen die Grundsätze der Datenverarbeitung nicht einzuhalten sind. Diese Entwicklung ist bei der DSGVO (in der aktuellen Fassung) nicht zu erwarten. Die in Art. 5 Abs. 1 DSGVO genannten Grundsätze zeichnen sich durch ihre Abstraktheit aus. Diese Abstraktheit eröffnet eine im Einzelfall skalierbare Anwendung.[392] Dementsprechend bietet sich der risikobasierte Ansatz als Auslegungsperspektive an, damit ein angemessenes datenschutzrechtliches Schutzniveau für die betroffenen Personen gewährleistet werden kann, ohne dass die Verantwortlichen über Gebühr belastet werden. Mithin kann der risikobasierte Ansatz für die Auslegung des Tatbestandsmerkmals des „festlegen“ herangezogen werden.

(1). Der Begrif des Risikos in der DSGVO

Zunächst bedarf es der Klärung, was unter dem Begriff des Risikos zu verstehen ist.[393] Eine Definition dieses Begriffes findet sich in der DSGVO nicht. Die DSK leitet aus den ErwGr. 75 und 94 S. 2 DSGVO folgende Risiko-Definition ab: „Ein Risiko im Sinne der DS-GVO ist das Bestehen der Möglichkeit des Eintritts eines Ereignisses, das selbst einen Schaden

391 *Art.-29-Datenschutzgruppe*, WP 218, 2014, S. 3.

392 Vgl. *Art.-29-Datenschutzgruppe*, WP 218, 2014, S. 3.

393 Zum Risikobegriff im Recht *Grafenstein*, The Principle of Purpose Limitation in Data Protection Law, 2018, S. 82 ff.

(einschließlich ungerechtfertigter Beeinträchtigung von Rechten und Freiheiten natürlicher Personen) darstellt oder zu einem weiteren Schaden für eine oder mehrere natürliche Personen führen kann."[394]

Nach dieser Definition ergibt sich das Risiko für die betroffenen Personen aus der Möglichkeit eines „Schadens". In diesem Zusammenhang stellt sich die Frage, ob und inwiefern ein Verstoß gegen datenschutzrechtliche Bestimmungen aus sich heraus einen (ersatzfähigen) Schaden begründen kann und daher die Möglichkeit eines DSGVO-Verstoßes isoliert betrachtet bei der Risikoanalyse zu berücksichtigen wäre.[395] Überwiegend wird sich dafür ausgesprochen, dass der Verstoß gegen Vorschriften der DSGVO als solcher noch keinen Schaden bei der betroffenen Person zur Folge hat.[396] Dieser Ansicht hat sich der EuGH in einer aktuellen Entscheidung angeschlossen.[397] Der Gerichtshof begründet seine Entscheidung damit, dass der Wortlaut des Art. 82 Abs. 1 DSGVO als Voraussetzungen für einen Schadensersatzanspruch sowohl einen Schaden als auch einen Verstoß gegen die Verordnung fordert.[398] Eine Auslegung, wonach jeder Verstoß gegen die Vorgaben der DSGVO per se einen Schaden für die betroffene Person darstellt, ist nicht mit dem Wortlaut vereinbar. Die Kritik an der Definition der DSK ist dementsprechend berechtigt. Ersetzt man jedoch in der Definition Schaden mit Rechtsgutsverletzung, so erübrigt sich die geäußerte Kritik. Eine Rechtsgutsverletzung muss nicht zwingend einen materiellen oder immateriellen Schaden zur Folge haben. Demnach ist ein Risiko im Sinne der DSGVO gegeben, wenn die Möglichkeit eines Ereigniseintritts besteht, dass selbst eine Rechtsgutsverletzung begründet oder welches zu einer Rechtsgutsverletzung bei einer oder mehreren betroffenen Personen führen kann. Relevanter als die dargestellte Auseinandersetzung sind die zentralen Merkmale des Risikobegriffes. Ein Risiko setzt sich aus der Wahrscheinlichkeit des Ereigniseintritts und den Folgen des Ereigniseintrittes zusammen.[399]

394 DSK, Kurzpapier Nr. 18, 2018, 1 (1); sich dem anschließend *Lang* in: Taeger/Gabel, DSGVO/BDSG/TTDSG, 4. Aufl., 2022, DSGVO, Art. 24, Rn. 34.

395 Zur Ersatzfähigkeit von reinen DSGVO verstößen u. a. *Wybitul/Leibold*, ZD 2022, 207 (211 f.); *Paal/Aliprandi*, ZD 2021, 241 (242 f.); *Korch*, NJW 2021, 978 (978 f.); *Bergt* in: Kühling/Buchner, DSGVO/BDSG, 4. Aufl., 2024, DSGVO, Art. 82, Rn. 18.

396 *Wybitul/Leibold*, ZD 2022, 207 (211).

397 EuGH, Urt. v. 04.05.2023 – C-300/21 = GRUR-RS 2023, 8972, Rn. 58.

398 EuGH, Urt. v. 04.05.2023 – C-300/21 = GRUR-RS 2023, 8972, Rn. 32 ff.

399 *Gellert*, International Data Privacy Law 2015, Vol. 5, Nr. 1, 3 (7); so auch DSK, Kurzpapier Nr. 18, 2018, 1 (1); vgl. auch Art. 3 Nr. 2 KI-VO.

(2). Kriterien zur Ermittlung des Risikos im Einzelfall

Der ErwGr. 75 DSGVO nennt potenzielle negative Auswirkungen von Datenverarbeitungsvorgängen für die Rechte und Freiheiten der betroffenen Personen. Zu den Risiken für die betroffenen Personen, die aus einer Verarbeitung hervorgehen können, zählen unter anderem Diskriminierungen, Identitätsdiebstahl oder -betrug, finanzielle Verluste, Rufschädigungen oder die Hinderung der betroffenen Personen an der Ausübung ihrer Rechte, insbesondere der Kontrolle ihrer Daten. Die Nennung der Risikobewertungskriterien im ErwGr. 75 DSGVO folgt keiner übergeordneten Systematik und die Kriterien sind nicht als abschließend anzusehen.[400]. Dementsprechend müssen bei der Risikobewertung alle erdenklichen negativen Folgen berücksichtigt werden.[401] Die genannten Beispiele dienen dabei als Anhaltspunkte für potenziell besonders gravierenden Folgen für die betroffenen Personen.

Neben den potenziellen Folgen für die betroffenen Personen lassen sich aus den Vorschriften der DSGVO noch weitere Faktoren ableiten, die für eine Risikobewertung relevant sind. Insbesondere ist die Art der Datenverarbeitung zu berücksichtigen. Als eine besonders risikoanfällige Art der Datenverarbeitung lässt sich die in Art. 22 Abs. 1 DSGVO adressierte automatisierte Einzelfallentscheidungen anführen.[402] Bei automatisierten Einzelfallentscheidung wird die Gefahr vor allem darin gesehen, dass die Entscheidung auf für die betroffene Person nicht nachvollziehbaren Kriterien beruht.[403] Ein weiteres Risikokriterium ergibt sich aus der Art der zu verarbeitenden Daten. Gemäß Art. 9 Abs. 1 DSGVO wird grundlegend zwischen besonderen Kategorien von personenbezogenen Daten und „sonstigen“ personenbezogenen Daten differenziert. Je sensibler die Information, desto höher ist das Risiko für die betroffene Person. Darüber hinaus sind auch innerhalb der Kategorie der „sonstigen“ Daten Differenzierungen vor-

400 *Veil*, ZD 2015, 347 (352); *Schröder*, ZD 2019, 503 (504).

401 DSK, Kurzpapier Nr. 18, 2018, 1 (3).

402 *Buchner* in: Kühling/Buchner, DS-GVO/BDSG, 4. Aufl., 2024, DSGVO, Art. 22, Rn. 1; *Martini* in: Paal/Pauly, DS-GVO/BDSG, 3. Aufl., 2021, DSGVO, Art. 22, Rn. 8; kritisch hinsichtlich eines besonderen Risikos für die betroffenen Personen hingegen *Schulz* in: Gola/Heckmann, DS-GVO/BDSG, 3. Aufl., 2022, DSGVO, Art. 22, Rn. 2.

403 *Buchner* in: Kühling/Buchner, DS-GVO/BDSG, 4. Aufl., 2024, DSGVO, Art. 22, Rn. 1; *Taeger* in: Taeger/Gabel, DSGVO/BDSG/TTDSG, 4. Aufl., 2022, DSGVO, Art. 22, Rn. 9; *Paal/Schulz*, ZfDR 2025, 89 (94).

zunehmen. Nicht jede Verarbeitung von Daten dieser Kategorie ist im gleichen Maße grundrechtsrelevant.

cc. Ergebnis

Die Anforderungen an das Tatbestandsmerkmal des „Festlegens“ variieren von Einzelfall zu Einzelfall. Der risikobasierte Ansatz bildet in diesem Zusammenhang einen geeigneten Maßstab, um die notwendige Zweckgranularität im Einzelfall zu bewerten. Indem das Risiko für die Rechte und Freiheiten der betroffenen Personen als Maßstab für die Präzisierungsanforderungen herangezogen wird, können die datenschutzrechtlichen Vorgaben im Einzelfall praxistauglich skaliert werden. Hierdurch bleibt zum einen ein angemessenes datenschutzrechtliches Niveau bestehen. Zum anderen werden keine überhöhten Anforderungen an die Einhaltung der Vorgaben des Art. 5 Abs. 1 lit. b DSGVO gestellt, soweit das Risiko für die betroffenen Personen als gering anzusehen ist.

Eine DSGVO-konforme Festlegung der Verarbeitungszwecke können die Verantwortlichen durch die Einhaltung des folgenden Dreischritts garantieren: Zunächst haben die Verantwortlichen festzustellen, welche Zwecke sie durch die Datenverarbeitung verfolgen. Anschließend hat eine Risikobewertung anhand der dargelegten Kriterien zu erfolgen. Aufgrund dieser Risikobewertung können gegebenenfalls die Zwecke der Datenverarbeitung konkretisiert werden.

b. „Eindeutige“ Zwecke

Das Tatbestandsmerkmal der Eindeutigkeit bildet das formelle Gegenstück zum Merkmal des Festlegens.[404] Eine bestimmte Form wird durch die DSGVO nicht vorgegeben. Nach Auffassung der *Art.-29-Datenschutzgruppe* kann der Verantwortliche jede erdenkliche Form wählen, solange die Zwecke der Verarbeitung verständlich dargelegt werden.[405] Eine bloß mentale Zweckbestimmung durch den Verantwortlichen ist demnach unzulässig.[406] Eine andere Auslegung ist mit der Rechenschaftspflicht aus

404 Siehe C.III.1.
405 *Art.-29-Datenschutzgruppe*, WP 203, 2013, S. 17.
406 *Art.-29-Datenschutzgruppe*, WP 203, 2013, S. 17; dem zustimmend *Herbst* in: Kühling/Buchner, DS-GVO/BDSG, 4. Aufl., 2024, DSGVO, Art. 5, Rn. 32; *Jas-*

Art. 5 Abs. 2 DSGVO unvereinbar. Hiernach muss der Verantwortliche die Einhaltung der Vorgaben des Art. 5 Abs. 1 DSGVO nachweisen können. Bei einer bloßen mentalen Zweckfestlegung könnte dieser Nachweis nicht erbracht werden.

Die Anforderungen, welche an die Dokumentierung der Zwecke zu stellen sind, hängen von den Umständen des Einzelfalles ab.[407] In diesem Sinne korrespondieren die Anforderungen an die formelle Einhaltung des Zweckbindungsgrundsatzes mit den materiellen Vorgaben: Je höher das Risiko für die betroffenen Personen ist, desto genauer und umfangreicher hat die Zweckdokumentierung zu erfolgen.

Die Bewertung, ob und inwiefern die Dokumentation der Zwecke den Vorgaben des Art. 5 Abs. 1 lit. b DSGVO genügt, hängt maßgeblich von der potenziellen Mehrdeutigkeit der Formulierung der Zwecke ab. Grundsätzlich ist es unzulässig, die Zwecke in einer Art und Weise zu formulieren, die mehrere Interpretationsmöglichkeiten eröffnet.[408] In diesen Fällen werden die Überprüfung der Rechtmäßigkeit sowie die Nachvollziehbarkeit der Datenverarbeitung erheblich erschwert. Allerdings kann ein abstrakt mehrdeutiger Zweck als eindeutig im Sinne des Art. 5 Abs. 1 lit. b DSGVO angesehen werden, wenn sich aus dem Kontext und/oder der Verkehrsanschauung eine Konkretisierung des Zwecks ergibt.[409] Das Merkmal der Eindeutigkeit ist als eine spezielle Ausprägung des Transparenzgrundsatzes (Art. 5 Abs. 1 lit. a Var. 3 DSGVO) zu verstehen.[410]

c. „Legitime Zwecke“

Das dritte Merkmal des Grundsatzes der Zweckbestimmung verpflichtet die Verantwortlichen dazu, nur „legitime“ Zwecke zu verfolgen. Unter

---

per/Schwartmann/Hermann in: Schwartmann/Jaspers/Thüsing/Kugelmann, DS-GVO/BDSG, 3. Aufl., 2024, DSGVO, Art. 5, Rn. 45.

407 *Sens*, Der Zweckbindungsgrundsatz der DSGVO beim Machine Learning im Vertrieb, 2024, S. 98.

408 *Art.-29-Datenschutzgruppe*, WP 203, 2013, S. 17.

409 *Art.-29-Datenschutzgruppe*, WP 203, 2013, S. 18; *Kramer* in: Auernhammer, DSGVO/BDSG, 8. Aufl., 2023, DSGVO, Art. 5, Rn. 27; *Schmidt* in: Freund/Schmidt/Heep/Roschek, DSGVO, 2023, Art. 5, Rn. 30.

410 In diese Richtung auch *Sens*, Der Zweckbindungsgrundsatz der DSGVO beim Machine Learning im Vertrieb, 2024, S. 97; *Plath* in: Plath, DSGVO/BDSG/TT-DSG, 4. Aufl., 2023, DSGVO, Art. 5, Rn. 7; *Frenzel* in: Paal/Pauly, DS-GVO/BDSG, 3. Aufl., 2021, DSGVO, Art. 5, Rn. 27.

welchen Voraussetzungen ein Zweck als „legitim“ anzusehen ist, lässt die DSGVO offen. Teile der Literatur gehen davon aus, dass ein legitimer Verarbeitungszweck gegeben ist, wenn der Zweck mit einer gesetzlichen Verarbeitungsgrundlage vereinbar ist oder wenn die betroffene Person wirksam in die Verarbeitung zu dem angegebenen Zweck eingewilligt hat.[411] Die Legitimität des Zwecks würde sich dementsprechend danach richten, ob die Datenverarbeitung auf eine Rechtsgrundlage des Art. 6 Abs. 1 DSGVO gestützt werden kann. Durch diese Interpretation verliert das Merkmal der Legitimität allerdings im Ergebnis einen eigenständigen Bedeutungsgehalt.

Die *Art.-29-Datenschutzgruppe* sieht demgegenüber einen Zweck als legitim an, soweit dieser Zweck mit dem geschriebenen Recht, dem Gewohnheitsrecht sowie den allgemeinen Rechtsprinzipien vereinbar ist.[412] Die Legitimität der verfolgten Zwecke würde sich somit nicht nur nach den datenschutzrechtlichen Normen richten. Diese Interpretation des Art. 5 Abs. 1 lit. b DSGVO hat zur Folge, dass dem Merkmal der Legitimität des Zwecks eine eigenständige Bedeutung zukommt und ist deshalb vorzugswürdig.[413]

An das Merkmal der Legitimität sollten allerdings keine allzu strengen Anforderungen gestellt werden.[414] Die Verantwortlichen sind nach Art. 5 Abs. 1 lit. b DSGVO grundsätzlich frei in der Entscheidung, welche Zwecke durch die Datenverarbeitung verfolgt werden sollen. Das Merkmal der Legitimität dient hierbei nur als äußere Grenze, um solche herauszufiltern, die mit der Rechtsordnung nicht vereinbar sind. Als Beispiele hierfür dient die Verarbeitung von personenbezogenen Daten zum Zwecke der Diskriminierung von marginalisierten Gruppen oder zur Bildung einer kriminellen Vereinigungen.

---

411 *Mantz/Marosi* in: Specht/Mantz, Handbuch Europäisches und deutsches Datenschutzrecht, 2019, Teil A., § 3, Rn. 87; *Schantz/Wolff,* Das neue Datenschutzrecht, 2017, D., Rn. 407; *Frenzel* in: Paal/Pauly, DS-GVO/BDSG, 3. Aufl., 2021, DSGVO, Art. 5, Rn. 28.

412 *Art.-29-Datenschutzgruppe*, WP 203, 2.04.2013, S. 20; dem zustimmend *Monreal*, ZD 2016, 507 (509); *Voigt* in: Taeger/Gabel, DSGVO/BDSG/TTDSG, 4. Aufl., 2022, DSGVO, Art. 5, Rn. 25; *Schmidt* in: Freund/Schmidt/Heep/Roschek, DSGVO, 2023, Art. 5, Rn. 30.

413 Zumindest nicht nur eine Rechtsgrundlage fordernd, sondern Legitimität weiterverstehend *Sens*, Der Zweckbindungsgrundsatz der DSGVO beim Machine Learning im Vertrieb, 2024, S. 91 f.

414 *Reimer* in: Sydow/Marsch, DS-GVO/BDSG, 3. Aufl., 2022, DSGVO, Art. 5, Rn. 23; *Schantz* in: Wolff/Brink/Ungern-Sternberg, BeckOK Datenschutzrecht, 52. Edition, Stand: 01.11.2021, DSGVO, Art. 5, Rn 17.

d. Mehrzahl von Zwecken

Personenbezogene Daten werden in der Praxis häufig erhoben, um nicht nur einen, sondern mehrere Zwecke zu erreichen. Die Verfolgung von multiplen Zwecken steht dem Prinzip der Zweckbestimmung nicht entgegen. Der Wortlaut des Art. 5 Abs. 1 lit. b DSGVO bezieht sich explizit auf die Möglichkeit, mehrere Zwecke zu verfolgen. Eine Einschränkung hinsichtlich der Anzahl an möglichen Zwecken, die der Datenverarbeitung zugrunde gelegt werden können, findet sich hingegen nicht im Wortlaut der Norm. Teilweise wird vertreten, dass die Verantwortlichen nur eine begrenzte Mehrheit von Zwecken verfolgen dürften.[415] Dieser Auffassung ist nur bedingt zuzustimmen: Wie bereits erwähnt, ergibt sich aus dem Wortlaut keine Begrenzung der Anzahl an möglichen Verarbeitungszwecken. Weiterhin lässt sich weder aus der DSGVO noch aus dem Art. 8 GRC ein belastbarer Maßstab ableiten, anhand dessen bewertet werden könnte, wie viele Zwecke im Einzelfall maximal verfolgt werden dürfen.[416] Demgegenüber wäre eine artifizielle Begrenzung der Verarbeitungszwecke in vielen Fällen mit einem nicht nur unerheblichen Eingriff in die durch Art. 16 GRC geschützte unternehmerische Freiheit der Verantwortlichen verbunden.[417] Darüber hinaus spricht die Binnensystematik des Art. 5 Abs. 1 DSGVO gegen eine zahlenmäßige Beschränkung der Verarbeitungszwecke. Eine derartige Beschränkung hätte zwar grundsätzlich zu Folge, dass weniger Daten verarbeitet werden oder zumindest die Anzahl an Datenverarbeitungsvorgängen gemindert wird. Jedoch hat die DSGVO mit dem Grundsatz der Datenminimierung eine Norm, welche das explizite Ziel hat, die Datenverarbeitung zu begrenzen.[418] Die Begrenzung der Verarbeitung erfolgt nach Art. 5 Abs. 1 lit. c DSGVO abhängig von den Verarbeitungszwecken. Die Verarbeitung der Daten muss im Hinblick auf die Zwecke der Datenverarbeitung auf das hierfür notwendige Maß beschränkt werden. Die Begrenzungswirkung ergibt sich demnach anhand der Zwecke, bezieht sich jedoch nicht *auf* die Zwecke. Dieses Ergebnis steht im Einklang mit den Zielen des Art. 5 Abs. 1 lit. b DSGVO. Der Zweckbindungsgrundsatz soll verhindern, dass einmal erhobene Daten nach Belieben der Verantwortlichen weiterver-

---

415 *Herbst* in: Kühling/Buchner, DS-GVO/BDSG, 4. Aufl., 2024, DSGVO, Art. 5, Rn. 21.

416 In diese Richtung auch *Herfurth*, Big Data – Big Accountability, 2022, S. 259. *Herfurth* betont zudem, dass ein etwaiges Verarbeitungskontingent praktisch nicht umsetzbar wäre.

417 Überzeugend *Herfurth*, Big Data – Big Accountability, 2022, S. 259.

418 Hierzu unter Kap. 4, D. II.

arbeitet werden. Eine Begrenzung der Datenerhebung strebt diese Norm hingegen nicht an.[419]

Nichtsdestotrotz können die Verantwortlichen faktisch nicht beliebig viele Zwecke als Verarbeitungszwecke ausweisen. Es ist mit den Vorgaben des Art. 5 Abs. 1 DSGVO unvereinbar, Daten „auf Vorrat" zu erheben oder über die Zweckerreichung hinaus zu speichern.[420] Das Gleiche muss entsprechend gelten, wenn personenbezogene Daten zu Zwecken erhoben oder weiterhin gespeichert werden sollen, deren Verfolgung nur theoretisch angedacht ist oder erst in Zukunft in Betracht kommen kann.[421] Ansonsten wäre es möglich, dass die Verantwortlichen nahezu alle denkbaren Verarbeitungszwecke als Erhebungszwecke ausweisen, um hierdurch die Zweckbindung auszuhebeln. Ein derartiges Vorgehen widerspricht offensichtlich dem Telos des Art. 5 Abs. 1 lit. b DSGVO. Die Ungewissheit, die mit einer unbegrenzten Anzahl an Verarbeitungszwecke einhergeht, steht dem Ziel der Schaffung von Transparenz entgegen und wirkt sich auf die Möglichkeit der betroffenen Personen aus, die Rechtmäßigkeit der Datenverarbeitung zu überprüfen.

Demgegenüber ist es mit Art. 5 Abs. 1 lit. b DSGVO vereinbar, dass die Zweckfestlegung zukünftige Verarbeitungszwecke mit einbezieht, wenn und soweit die Verfolgung dieser Zwecke bei der Datenerhebung tatsächlich beabsichtigt ist.[422] In diesen Fällen bestehen hinsichtlich der Transparenz der Verarbeitung keine Bedenken. In Ansehung dieser Ausführungen kön-

---

419 So auch *Paal*, ZfDR 2024, 129 (143); demgegenüber zweifeln *Biega/Finck* an der datenschutzrechtlichen Wirksamkeit der Zweckbindungsgrundsatzes aufgrund der fehlenden Zweckbeschränkung durch diese Norm, *Biega/Finck*, TechReg 2021, 44 (49).

420 EuGH Urt. v. 8.04.2014 – C-293/12, C-593/12 = NJW 2014, 2169, Rn. 57 f.; *Roßnagel* in: Simitis/Hornung/Spiecker gen. Döhmann, Datenschutzrecht, 2. Aufl., 2025, DSGVO, Art. 5, Rn. 72; *Herfurth*, Big Data – Big Accountability, 2022, S. 255.

421 Demgegenüber hält es *Ashkar* grundsätzlich für zulässig, dass Verantwortliche den Versuch unternehmen, möglichst viele zukünftige Verarbeitungszwecke zu antizipieren, um die Vorgaben des Kompatibilitätstest zu umgehen, *Ashkar*, ZD 2023, 523 (526).

422 In diese Richtung auch *Schulz* in: Gola/Heckmann, DS-GVO/BDSG, 3. Aufl., 2022, DSGVO, Art. 6, Rn. 19, 150. Allerdings geht der Autor davon aus, dass auch bedingte Zweckfestlegungen zulässig sein können. Vor dem Hintergrund, dass die Kompatibilität der Verarbeitungszwecke sich auch und gerade aus der inhaltlichen Nähe derselben ergeben kann, besteht keine Notwendigkeit, eine bedingte Zweckfestlegung für zulässig zu erachten. Der Art. 6 Abs. 4 DSGVO wurde in Ansehung des Umstandes geschaffen, dass eine nachträgliche Änderung der Verarbeitungsumstände eintreten kann.

nen die Verantwortlichen demnach zwar beliebig viele Zwecke mit der Datenverarbeitung verfolgen, allerdings nur insoweit, als dass diese Zwecke Gegenstand der Verarbeitung sind oder sein sollen. An dieser Stelle tritt die materielle Wirkung der Zweckfestlegung offen zutage. Die Zweckfestlegung ist gerade kein reiner Formalismus. Darüber hinaus ist zu beachten, dass bei der Festlegung der einzelnen Zwecke jeweils die sich aus dem Prinzip der Zweckbestimmung ergebenden Anforderungen erfüllt werden müssen.[423]

2. Prinzip der Kompatibilität

Die zweite Komponente des Zweckbindungsgrundsatzes bildet das Prinzip der Kompatibilität. Demnach dürfen die erhobenen personenbezogenen Daten „nicht in einer mit diesen [ursprünglich festgelegten] Zwecken nicht zu vereinbarenden Weise weiterverarbeitet werden". Dieser Wortlaut des Art. 5 Abs. 1 lit. b DSGVO verleitet zu Missverständnissen.[424] Man könnte das Prinzip der Kompatibilität so verstehen, dass es das Prinzip der Zweckbestimmung absichert, indem eine Weiterverarbeitung nur zulässig ist, wenn diese sich unter die ursprünglich festgelegten Zwecke subsumieren lässt. Nimmt man den zweiten Halbsatz des Art. 5 Abs. 1 lit. b DSGVO mit in die Betrachtung auf, so wird jedoch deutlich, dass das Prinzip der Kompatibilität eigentlich eine Lockerung des Zweckbindungsgrundsatzes darstellt.[425] Nach Art. 5 Abs. 1 lit. b HS. 2 DSGVO gilt „eine Weiterverarbeitung für im öffentlichen Interesse liegende Archivzwecke, für wissenschaftliche oder historische Forschungszwecke oder für statistische Zwecke (...) nicht als unvereinbar mit den ursprünglichen Zwecken". Die hier aufgezählten Zwecke können selbstverständlich Primärzweck der Verarbeitung sein, häufig werden diese Zwecke allerdings erst verfolgt, wenn der Primärzweck erreicht ist und die erhobenen Daten einer (gesellschaftlich) wünschenswerten Zweitverwertung zukommen sollen.

Vor diesem Hintergrund spricht sich *Herbst* dafür aus, dass eine „Weiterverarbeitung" von personenbezogenen Daten im Sinne des Art. 5 Abs. 1 lit. b DSGVO erst gegeben ist, wenn mit der Datenverarbei-

---

423 Vgl. *Art.-29-Datenschutzgruppe*, WP 203, 2013, S. 16; zustimmend *Herbst* in: Kühling/Buchner, DS-GVO/BDSG, 4. Aufl., 2024, DSGVO, Art. 5, Rn. 36.

424 *Herbst* in: Kühling/Buchner, DS-GVO/BDSG, 4. Aufl., 2024, DSGVO, Art. 5, Rn. 39.

425 *Frenzel* in: Paal/Pauly, DS-GVO/BDSG, 3. Aufl., 2021, DSGVO, Art. 5 Rn. 30; *Kramer* in: Auernhammer, DSGVO/BDSG, 8. Aufl., 2023, DSGVO, Art. 5, Rn. 29.

tung eine tatsächliche Zweckänderung einhergeht.[426] Demgegenüber geht die *Art.-29-Datenschutzgruppe* davon aus, dass bereits jeder (technische) Verarbeitungsvorgang ab der Erhebung der Daten eine Weiterverarbeitung darstellt.[427]

Diese unterschiedlichen Auffassungen führen nicht zu divergierenden Ergebnissen.[428] Eine rechtliche Folge ergibt sich nach beiden Ansichten nur, wenn eine Zweckänderung durch die Weiterverarbeitung erfolgt. Lassen sich die Zwecke des Verarbeitungsvorgangs unter die ursprünglichen Zwecke subsumieren, besteht keine rechtfertigungsbedürftige Friktion mit dem Prinzip der Zweckbestimmung. Nichtsdestotrotz ist es Aufgabe des Verantwortlichen, auch und soweit keine Zweckänderung geplant ist, kontinuierlich zu überprüfen, ob die Verarbeitungsvorgänge von dem ursprünglichen Erhebungszweck gedeckt sind.[429]

Des Weiteren hat der Wortlaut des Art. 5 Abs. 1 lit. b DSGVO nicht zur Folge, dass die betroffenen Personen die Beweislast für die Unvereinbarkeit der Zwecke tragen.[430] Durch die Nutzung der doppelten Verneinung wird rechtstechnisch die Abkehr von der Regel zum Ausdruck gebracht. Dementsprechend müssten die betroffenen Personen nachweisen, dass die Weiterverarbeitung nach dem Maßstab des Art. 5 Abs. 1 lit. b DSGVO mit den Erhebungszwecken unvereinbar ist.

Ein derartiges Verständnis widerspricht der grundlegenden Systematik des Datenschutzrechts. Denn es ist die Aufgabe der Verantwortlichen, die Datenverarbeitung zu rechtfertigen. Den betroffenen Personen wird hingegen ermöglicht, mittels ihrer Betroffenenrechte die Verantwortlichen zu kontrollieren. Darüber hinaus ist eine Umkehr der Beweislast nicht mit der Rechenschaftspflicht aus Art. 5 Abs. 2 DSGVO vereinbar. Hiernach sind die Verantwortlichen verpflichtet, die Einhaltung der Datenverarbeitungs-

---

426 *Herbst* in: Kühling/Buchner, DS-GVO/BDSG, 4. Aufl., 2024, DSGVO, Art. 5, Rn. 40.

427 *Art.-29-Datenschutzgruppe*, WP 203, 2013, S. 21; so auch *Rücker/Kugler*, New European Data Protection Regulation, 2018, C., Rn. 284; *Herfurth*, Big Data – Big Accountability, 2022, S. 259.

428 Im Ergebnis so auch *Herbst* in: Kühling/Buchner, DS-GVO/BDSG, 4. Aufl., 2024, DSGVO, Art. 5, Rn. 41.

429 Vgl. *Herbst* in: Kühling/Buchner, DS-GVO/BDSG, 4. Aufl., 2024, DSGVO, Art. 5, Rn. 38; *Schantz* in: Wolff/Brink/Ungern-Sternberg, BeckOk Datenschutzrecht, 52. Edition, Stand: 01.11.2021, DSGVO, Art. 5, Rn. 20.

430 *Schantz* in: Wolff/Brink/Ungern-Sternberg, BeckOK Datenschutzrecht, 52. Edition, Stand. 01.11.2021, DSGVO, Art. 5, Rn. 18; *Heberlein* in: Ehmann/Selmayr, DS-GVO, 3. Aufl., 2024, Art. 5, Rn. 16; a. A. *Frenzel* in: Paal/Pauly, DS-GVO/BDSG, 3. Aufl., 2021, DSGVO, Art. 5 Rn. 30.

grundsätze nachweisen zu können. Mithin tragen die Verantwortlichen die Beweislast für den Nachweis der Zweckkompatibilität.[431]

a. Voraussetzungen für die Zweckänderung nach Art. 6 Abs. 4 HS. 2 DSGVO

Aus dem Wortlaut des Art. 5 Abs. 1 lit. b DSGVO folgt nicht unmittelbar, unter welchen Voraussetzungen die Zwecke der Weiterverarbeitung mit den ursprünglichen Zwecken als vereinbar anzusehen sind. Aus Sicht der *Art.-29-Datenschutzgruppe* sind bei der Untersuchung der Kompatibilität der Zwecke vor allem vier Faktoren zu beachten: 1. Welcher Zusammenhang besteht zwischen den in Frage stehenden Zwecken; 2. In welchem Kontext wurden die Daten erhoben und wie wirkt sich dieser Kontext auf die vernünftigen Erwartungen der betroffenen Person aus; 3. Welche Art von Daten wurde erhoben und welche Folgen hat die Weitverarbeitung für die betroffene Person; 4. Welche Vorkehrungen hat der Verantwortliche zum Schutze der personenbezogenen Daten getroffen.[432] Diese Faktoren hat der Verordnungsgeber im Wesentlichen in Art. 6 Abs. 4 DSGVO übernommen.[433] Die Untersuchung der Vereinbarkeit der Zwecke anhand dieser Faktoren wird als Kompatibilitätstest bezeichnet.[434] Aus dem Wortlaut dieser Vorschrift ergibt sich, dass die genannten Faktoren nicht abschließend sind. Gleichzeitig sind die Verantwortlichen aufgrund des Wortlautes dazu verpflichtet, diese Kriterien bei der Überprüfung der Zweckvereinbarkeit zu beachten.[435] Allerdings müssen diese Faktoren nicht jeweils im gleichen Maße in diese Beurteilung einfließen. Vielmehr können die Kriterien je nach Einzelfall unterschiedlich stark bei der Durchführung

431 So auch *Schantz* in: Wolff/Brink/Ungern-Sternberg, BeckOK Datenschutzrecht, 52. Edition, Stand: 01.11.2021, DSGVO, Art. 5, Rn. 18; *Roßnagel* in: Simitis/Hornung/Spiecker gen. Döhmann, Datenschutzrecht, 2. Aufl., 2025, DSGVO, Art. 5, Rn. 100; *Weichter* in: Däubler/Wedde/Weichert/Sommer, 3. Aufl., 2024, DSGVO, Art. 5, Rn. 38.

432 *Art.-29-Datenschutzgruppe*, WP 203, 2.04.2013, S. 23 - 27.

433 *Herbst* in: Kühling/Buchner, DS-GVO/BDSG, 4. Aufl., 2024, DSGVO, Art. 5, Rn. 45.

434 *Frenzel* in: Paal/Pauly, DS-GVO/BDSG, 3. Aufl., 2021, DSGVO, Art. 6, Rn. 46; *Schulz* in: Gola/Heckmann, DS-GVO/BDSG, 3. Aufl., 2022, DSGVO, Art. 6, Rn. 135; *Hagen/Völzmann*, MMR 2022, 176 (179); *Hessel/Leffer/Potel*, ZD 2022, 537 (540).

435 *Kramer* in: Auernahmmer, DSGVO/BDSG, 8. Aufl., 2023, DSGVO, Art. 6, Rn. 112; *Roßnagel* in: Simitis/Hornung/Spiecker gen. Döhmann, Datenschutzrecht, 2. Aufl., 2025, DSGVO, Art. 6 Abs. 4, Rn. 34; *Wedde* in: Däubler/Wedde/Weichert/Sommer, 3. Aufl., 2024, DSGVO, Art. 5, Rn. 126.

des Kompatibilitätstests gewichtet werden. Hierfür spricht, dass die in Art. 6 Abs. 4 DSGVO aufgeführten Faktoren abstrakt gehalten sind.[436] Diese Ausgestaltung ermöglicht und bezweckt eine flexible Handhabung der Vereinbarkeitsprüfung im Einzelfall.[437]

Die Beurteilung, ob die Zwecke der Datenerhebung und der Datenweiterverarbeitung miteinander vereinbar sind, hat durch den Verantwortlichen zur erfolgen. Aus diesem Grund erscheint es zunächst sinnvoll, dass hierbei die Perspektive des Verantwortlichen einzunehmen ist.[438] Demgegenüber wird ebenfalls vertreten, dass bei der Bewertung die Perspektive der betroffenen Person entscheidend sei.[439] Dies folge bereits aus Art. 6 Abs. 4 lit. b DSGVO sowie aus ErwGr. 50 S. 6 DSGVO, denn die DSGVO stelle hierbei ausdrücklich auf die vernünftigen Erwartungen der betroffenen Person ab.[440] Dieses Verständnis des ErwGr. 50 S. 6 DSGVO ist keinesfalls zwingend, denn in ErwGr. 50 S. 6 DSGVO wird ebenfalls betont, dass die Prüfung der Vereinbarkeit von den Verantwortlichen durchzuführen ist. Darüber hinaus wird es in vielen Fällen für die Verantwortlichen nicht möglich bzw. mit einem unverhältnismäßigen Aufwand verbunden sein, die tatsächlichen subjektiven Erwartungen der betroffenen Personen zu erkennen. Gleichzeitig wären datenschutzrechtliche Defizite zu befürchten, wenn nur die subjektive Perspektive der Verantwortlichen zu berücksichtigen wäre. Einen angemessenen Ausgleich zwischen den divergierenden Interessen lässt sich herstellen, indem auf eine verobjektivierte Betrachtung aus der Sicht des Verantwortlichen abgestellt wird.[441] Hierdurch wird dem Umstand Rechnung getragen, dass die Verantwort-

---

436 Vgl. *Roßnagel* in: Simitis/Hornung/Spiecker gen. Döhmann, Datenschutzrecht, 2. Aufl., 2025, DSGVO, Art. 6 Abs. 4, Rn. 35; *Schulz* in: Gola/Heckmann, DS-GVO/BDSG, 3. Aufl., 2022, DSGVO, Art. 6, Rn. 135; *Richter*, DuD 2015, 735 (739).

437 So auch *Culik/Döpke*, ZD 2017, 226 (229).

438 *Frenzel* in: Paal/Pauly, DS-GVO/BDSG, 3. Aufl., 2021, DSGVO, Art. 6, Rn. 47; *Borges/Steinrötter* in: Borges/Hilber, BeckOK IT-Recht, 18. Edition, Stand: 01.01.2022, DSGVO, Art. 6, Rn. 74.

439 *Roßnagel* in: Simitis/Hornung/Spiecker gen. Döhmann, Datenschutzrecht, 2. Aufl., 2025, DSGVO, Art. 6 Abs. 4, Rn. 34; *Buchner/Petri* in: Kühling/Buchner, DS-GVO/BDSG, 4. Aufl., 2024, DSGVO, Art. 6, Rn. 188.

440 *Buchner/Petri* in: Kühling/Buchner, DS-GVO/BDSG, 4. Aufl., 2024, DSGVO, Art. 6, Rn. 188.

441 So auch *Borges/Steinrötter* in: Borges/Hilber, BeckOK IT-Recht, 18. Edition, Stand: 01.01.2022, DSGVO, Art. 6, Rn. 74; hingegen eine rein objektive Betrachtung präferierend *Schulz* in: Gola/Heckmann, DS-GVO/BDSG, 3. Aufl., 2022, DSGVO, Art. 6, Rn. 138.

lichen die Vereinbarkeitsprüfung durchzuführen haben, ohne dass das grundrechtlich vorgegebene Datenschutzniveau gefährdet wird.

Im Nachfolgenden werden die in Art. 6 Abs. 4 DSGVO genannten Faktoren kursorisch behandelt.

aa. Verbindung der Zwecke

Gemäß Art. 6 Abs. 4 lit. a DSGVO ist bei der Vereinbarkeitsprüfung zu untersuchen, ob eine „Verbindung" zwischen den in Frage stehenden Zwecken besteht. Ein Indiz für eine solche Verbindung kann sich dabei aus der sprachlichen Vergleichbarkeit der Zwecke ergeben. Die sprachliche Vergleichbarkeit der Zweck bildet weder eine notwendige noch eine hinreichende Bedingung hinsichtlich der Feststellung, ob eine Verbindung zwischen den Zwecken besteht. Eine rein formalistische Auslegung dieses Tatbestandsmerkmales entspricht nicht den grundrechtlich geschützten Interessen der betroffenen Personen oder der Verantwortlichen. Entscheidend ist vielmehr, ob eine materielle Verbindung zwischen den Zwecken besteht.[442] Eine materielle Verbindung ist unter anderem dann anzunehmen, wenn die Weiterverarbeitung mehr oder weniger die logische Folge der Datenerhebung bildet.[443] Ein Beispiel hierfür bildet die Weiterverarbeitung von Neukundendaten zum Zwecke der Marktanalyse.

bb. Vernünftige Erwartungen der betroffenen Person

Die vernünftigen Erwartungen der betroffenen Personen werden in unterschiedlichen datenschutzrechtlichen Konstellationen als Maßstab herangezogen. Dies folgt nicht nur aus der ausdrücklichen Nennung dieses Kriteriums in den Erwägungsgründen der DSGVO,[444] sondern auch und gerade aus dem Schutzkonzept des Datenschutzgrundrechts. Eine mögliche Kontrolle der Daten sowie die Verhinderung von „chilling effects" setzen voraus, dass die betroffenen Personen die Verarbeitungsvorgänge überblicken können. Der Wortlaut des Art. 6 Abs. 4 lit. b DSGVO referenziert das Kriterium der vernünftigen Erwartungen zwar nicht ausdrücklich, es handelt

---

442 *Art.-29-Datenschutzgruppe*, WP 203, 2013, S. 23.

443 *Art.-29-Datenschutzgruppe*, WP 203, 2013, S. 24; dem zustimmend *Buchner/Petri* in: Kühling/Buchner, DS-GVO/BDSG, 4. Aufl., 2024, DSGVO, Art. 6, Rn. 187.

444 ErwGr. 47; ErwGr. 50.

sich aber bei den Kriterien des Kontexts der Datenerhebung sowie des Verhältnisses zwischen Verantwortlichem und betroffener Person um zentrale Faktoren zur Bestimmung der vernünftigen Erwartung der Betroffenen.[445]

cc. Die Art der personenbezogenen Daten

Das Kriterium der Art der personenbezogenen Daten dient im Datenschutzrecht häufig als Maßstab. Es handelt sich hierbei um eine Ausprägung des risikobasierten Ansatzes. Das Risiko, welches für die betroffenen Personen durch die Datenverarbeitung begründet wird, hängt insbesondere von der Art der Daten ab. Der Systematik der DSGVO folgend, ergibt sich aus Art. 6 Abs. 4 lit. c DSGVO, dass die Weiterverarbeitung besonderer Kategorien von Daten nur in Ausnahmefällen zulässig sein kann und wird.

dd. Die möglichen Folgen der Datenverarbeitung

Die Beachtung der Folgen der Datenverarbeitung für die betroffenen Personen entspricht ebenfalls dem risikobasierten Ansatz der DSGVO. Dabei weist die *Art.-29-Datenschutzgruppe* darauf hin, dass im Kontext des Kompatibilitätstests nicht nur negative, sondern auch und gerade positive Folgen zu berücksichtigen sind.[446] Aus dem Wortlaut des Art. 6 Abs. 4 lit. d DSGVO („*möglichen* Folgen“) – im Einklang mit dem risikobasierten Ansatz – ergibt sich, dass die Eintrittswahrscheinlichkeit der Folgen der Datenverarbeitung bei der Bewertung der Vereinbarkeit der Zwecke nicht außer Acht gelassen werden darf.

ee. Geeignete Schutzmaßnahmen

Nach Art. 6 Abs. 4 lit. e DSGVO sind bei der Vereinbarkeitsprüfung die Garantien des Verantwortlichen zu beachten, auf Grund derer die Ein-

445 Vgl. *Heberlein* in: Ehman/Selmayr, DS-GVO, 2. Aufl., 2018, Art. 6, Rn. 56; *Art.-29-Datenschutzgruppe*, WP 203, 2013, S. 24.

446 *Art.-29-Datenschutzgruppe*, WP 203, 2013, S. 25; so auch *Buchner/Petri* in: Kühling/Buchner, DS-GVO/BDSG, 4. Aufl., 2024, DSGVO, Art. 6, Rn. 189; *Borges/Steinrötter* in: Borges/Hilber, BeckOK IT-Recht, 18. Edition, Stand: 01.01.2022, DSGVO, Art. 6, Rn. 78.

haltung der Vorgaben der DSGVO zu gewährleisten sind. In Anbetracht des Umstandes, dass der Verantwortliche gemäß Art. 24 Abs. 1 DSGVO ohnehin dazu verpflichtet ist, entsprechende Garantien in die Verarbeitung aufzunehmen, sind im Rahmen des Kompatibilitätstests zugunsten des Verantwortlichen in erster Linie solche Maßnahmen zu berücksichtigen, die über das gesetzlich vorgegebene Maß hinausgehen. Weiterhin kann sich auf diese Prüfung auch auswirken, ob und inwiefern sich die getroffenen Schutzmaßnahmen im Vergleich zu dem Niveau, welches bei der Erhebung der Daten bestand, verbessert bzw. verschlechtert haben.[447]

b. Privilegierte Verarbeitungszwecke

Eine Weiterverarbeitung trotz Zweckänderung ist nicht nur nach Durchführung des Kompatibilitätstests möglich. Gemäß Art. 5 Abs. 1 lit. b HS. 2 DSGVO ist die Weiterverarbeitung der erhobenen Daten zu im öffentlichen Interesse liegenden Archivzwecken, für wissenschaftliche oder historische Forschungszwecke oder für statistische Zwecke als mit den ursprünglichen Zwecken vereinbar anzusehen. Es handelt sich hierbei um eine gesetzliche Fiktion der Zweckkompatibilität.[448] Hinsichtlich der Gründe für die Privilegierung dieser Verarbeitungszwecke herrscht Uneinigkeit. Teilweise wird auf den Wortlaut des Art. 5 Abs. 1 lit. b DSGVO rekurriert und die Privilegierung mit dem besonderen öffentlichen Interesse an diesen Verarbeitungszwecken begründet.[449]

Roßnagel hingegen vertritt die Ansicht, dass die Privilegierung dieser Zwecke nicht aus deren Höherwertigkeit folgt, sondern daher rührt, dass es das Ziel der Verarbeitung ist, Metadaten zu generieren, die keinen Bezug zu den betroffenen Personen aufweisen.[450] Andere sehen in der Privilegierung des Art. 5 Abs. 1 lit. b HS. 2 DSGVO die gesetzgeberische Entscheidung

---

447 *Buchner/Petri* in: Kühling/Buchner, DS-GVO/BDSG, 4. Aufl., 2024, DSGVO, Art. 6, Rn. 191.

448 *Weichert* in: Däubler/Wedde/Weichert/Sommer, 3. Aufl., 2024, DSGVO, Art. 5, Rn. 43; *Steinrötter* in: Borges/Hilber, BeckOK IT-Recht, 18. Edition, Stand: 01.01.2023, DSGVO, Art. 5, Rn. 25; *Johannes/Richter*, DuD 2017, 300 (301).

449 *Weichert* in: Däubler/Wedde/Weichert/Sommer, 3. Aufl., 2024, DSGVO, Art. 5, Rn. 44; *Herbst* in: Kühling/Buchner, DS-GVO/BDSG, 4. Aufl., 2024, DSGVO, Art. 5, Rn. 52.

450 *Roßnagel* in: Simitis/Hornung/Spiecker gen. Döhmann, Datenschutzrecht, 2. Aufl., 2025, DSGVO, Art. 5, Rn. 104; dieses Ziel wird im ErwGr. 162 S. 5 DSGVO explizit gefordert.

in den genannten Fällen, die grundrechtlich geschützten Interessen der Verantwortlichen stärker zu gewichten als die der betroffenen Personen.[451]

Die angeführten Ansichten stehen bei näherer Betrachtung nicht in einem Widerspruch zueinander. Denn die drei privilegierten Verarbeitungszwecke des Art. 5 Abs. 1 lit. b HS. 2 DSGVO erfassen in ihrer Pauschalität verschiedene Verarbeitungskontexte. Vor diesem Hintergrund lassen sich unterschiedliche Gründe für die Aufhebung des Kompatibilitätsprinzips im Einzelfall finden. *Eichenhofer* führt unter der Bezugnahme des ErwGr. 33 S. 1 DSGVO an, dass im Rahmen der wissenschaftlichen Forschung zum Zeitpunkt der Datenerhebung die Zwecke der Verarbeitung noch nicht vorhergesehen werden können.[452] Die Privilegierung dieser Verarbeitungszwecke folgt daher aus der Vermutung, dass in der spezifischen Verarbeitungssituation in Anbetracht gewichtiger gesellschaftlicher Interessen sowie grundrechtlicher Wertungen die Interessen an der Datenverarbeitung höher zu gewichten sind als die Interessen der betroffenen Personen.[453]

Die in Art. 5 Abs. 1 lit. b HS. 2 DSGVO getroffene gesetzgeberische Wertung darf nicht dazu führen, dass der Grundsatz der Zweckbindung ausgehöhlt wird. Es besteht daher weitestgehend Einigkeit, dass die privilegierten Verarbeitungszwecke restriktiv auszulegen sind.[454] Darüber hinaus darf bei der Untersuchung, ob ein privilegierter Zweck verfolgt wird, nicht alleinig auf die Methode der Datenverarbeitung abgestellt werden,[455] was sich bereits aus dem dargelegten Verständnis des Zweckbegriffes ergibt.[456] Diese Vorgabe der restriktiven Auslegung des Art. 5 Abs. 1 lit. b HS. 2 DSGVO gilt nicht für den persönlichen Anwendungsbereich der Privilegierung. Auf die Privilegierung können sich alle Stellen berufen, die die inhaltlichen

---

451 *Assion/Nolte/Veil* in: Gierschmann/Schlender/Stenzel/Assion, DS-GVO, 2018, Art. 6, Rn. 225.

452 *Eichenhofer*, PinG 2017, 135 (140).

453 In diese Richtung wohl auch *Frenzel* in: Paal/Pauly, DS-GVO/BDSG, 3. Aufl., 2021, DSGVO, Art. 5, Rn. 32.

454 *Schantz/Wolff*, Das neue Datenschutzrecht, 2017, Rn. 413; *Steinrötter* in: Borges/Hilber, BeckOK IT-Recht, 18. Edition, Stand: 01.01.2023, DSGVO, Art. 5, Rn. 25; *Frenzel* in: Paal/Pauly, DS-GVO/BDSG, 3. Aufl., 2021, DSGVO, Art. 5, Rn. 33; a. A. wohl *Buchholtzl/Stenzel* in: Gierschmann/Schlender/Stenzel/Assion, DS-GVO, 2018, Art. 5, Rn. 35.

455 *Roßnagel/Nebel/Richter*, ZD 2015, 455 (458).

456 Hierzu unter C.II.

Anforderungen an die Datenverarbeitungszwecke einhalten, unabhängig davon, ob es sich um öffentliche oder private Stellen handelt.[457]

Die Privilegierung der Weiterverarbeitung ist nur gegeben, wenn die Verantwortlichen bei der Verarbeitung die Vorgaben des Art. 89 Abs. 1 DSGVO berücksichtigen. Nach dieser Vorschrift müssen die Verantwortlichen geeignete Garantien zum Schutze der Rechte und Freiheiten der betroffenen Personen einhalten. Mit geeigneten Garantien sind in diesem Zusammenhang technische und organisatorische Maßnahmen gemeint, die über die notwendigen Maßnahmen nach Art. 24 Abs. 1 DSGVO hinausgehen.[458] Die Formulierung des Art. 89 Abs. 1 S. 2 DSGVO ist insoweit missverständlich, wenn es im Wortlaut heißt, dass die Garantien nur sicherstellen sollen, dass technische und organisatorische Maßnahmen bestehen. Art. 89 Abs. 1 S. 3 DSGVO stellt klar, dass zu diesen Garantien die Pseudonymisierung zählt, welche wiederum eine technisch-organisatorische Maßnahme im Sinne der DSGVO darstellt.

c. Zweckänderung aufgrund einer Einwilligung oder einer Rechtsvorschrift

Neben den dargestellten Möglichkeiten für eine zulässige Zweckänderung gibt Art. 6 Abs. 4 HS. 1 DSGVO den Verantwortlichen zwei weitere Optionen an die Hand, um die personenbezogenen Daten einer rechtskonformen Sekundärnutzung zuzuführen: Zum einen kann die Zweckbindung aus Art. 5 Abs. 1 lit. b DSGVO aufgehoben werden, wenn die betroffene Person in die Weiterverarbeitung einwilligt; zum anderen kann eine Sekundärnutzung zulässig sein, wenn die Weiterverarbeitung auf einer Rechtsvorschrift der Union oder eines Mitgliedstaates beruht.

aa. Einwilligung der betroffenen Person

Im Einklang mit den grundrechtlichen Wertungen normiert der Art. 6 Abs. 4 HS. 1 Var. 1 DSGVO eine datenschutzrechtliche Selbstverständ-

---

457 *Reimer* in: Sydow/Marsch, DS-GVO/BDSG, 3. Aufl., 2022, DSGVO, Art. 5, Rn. 30; vgl. *Kramer* in: Auernhammer, DSGVO/BDSG, 8. Aufl., 2023, DSGVO, Art. 5, Rn. 33.

458 A.A. *Bronner/Wiedemann*, ZD 2023, 77 (78). Die Autoren gehen davon aus, dass der Art. 89 Abs. 1 DSGVO nur die ohnehin zu ergreifenden technisch-organisatorischen Maßnahmen verlangt.

lichkeit. Das Datenschutzgrundrecht aus Art. 8 GRC gewährleistet die Datensouveränität der jeweiligen betroffenen Person. Die Einwilligung der betroffenen Person in die Sekundärnutzung der personenbezogenen Daten ist Ausdruck dieser informationellen Selbstbestimmung. Das Datenschutzgrundrecht sowie die DSGVO haben nicht das Ziel, Datenverarbeitung zu beschränken, die mit dem erklärten Willen der betroffenen Person vorgenommen werden soll. In diesem Sinne gibt ErwGr. 50 S. 7 DSGVO vor, dass soweit eine Einwilligung der betroffenen Person vorliegt, es auf eine Vereinbarkeit der Verarbeitungszwecke nicht ankommen soll.[459] Hierdurch wird ebenfalls die besondere Stellung der Einwilligung im datenschutzrechtlichen Schutzkonzept verdeutlicht. Anders als der Kompatibilitätstest, welcher Maßstäbe für eine Zweckvereinbarkeit liefert, sowie die Privilegierung des Art. 5 Abs. 1 lit. b HS. 2 DSGVO, welche die Zweckvereinbarkeit fingiert,[460] kommt es aufgrund der Natur der Einwilligung als Ausdruck der souveränen Entscheidung der betroffenen Person über ihre Daten auf eine etwaige Zweckvereinbarkeit nicht an.

Damit die Datensouveränität der betroffenen Personen tatsächlich zur Geltung kommt, muss gleichermaßen gewährleistet werden, dass die Einwilligung auf einer freien und informierten Entscheidung der betroffenen Person beruht. Es ist überzeugend, dass im Rahmen des Art. 6 Abs. 4 HS. 1 Var. 1 DSGVO die allgemeinen Grundsätze hinsichtlich der Wirksamkeit der Einwilligung gelten.[461] Hieraus folgt, dass die Einwilligung als Grundlage für die Weiterverarbeitung der personenbezogenen Daten für die Verantwortlichen mit nicht nur unerheblichen Unsicherheiten verbunden sein kann. Zum einen kann die Auslegung und damit die Anwendung der Tatbestandsmerkmale der Einwilligung problematisch sein.[462] Zum anderen muss der Verantwortliche die Einwilligung erst ein-

---

459 *Schulz* kritisiert die Formulierung des ErwGr. 50 S. 7 DSGVO sowie des Art. 6 Abs. 4 HS. 1 DSGVO als unverständlich und dogmatisch unsauber, *Schulz* in: Gola/Heckmann, DS-GVO/BDSG, 3. Aufl., 2022, DSGVO, Art. 6, Rn. 145. Ohne näher darauf einzugehen, ob diese Kritik überzeugend ist, bleibt festzustellen, dass unter Berücksichtigung der grundrechtlichen Wertungen im Wege der Auslegung ein eindeutiges und systematisch stimmiges Ergebnis erreicht werden kann.

460 Auch im Rahmen des Art. 6 Abs. 4 HS. 1 Var. 2 DSGVO wird die Zweckvereinbarkeit fingiert, wie ErwGr. 50 S. 3 DSGVO klarstellt. Vgl. EuGH, Urt. v. 02.03.2023 – C-268/21 = BeckRS 2023, 2998, Rn. 33.

461 *Buchner/Petri* in: Kühling/Buchner, DS-GVO/BDSG, 4. Aufl., 2024, DSGVO, Art. 6, Rn. 179.

462 Zu den Rechtsfragen hinsichtlich der Einwilligungsvoraussetzungen ausführlich *Scheuer*, Spielerisch selbstbestimmt, 2019, S. 130 ff.

mal einholen, wobei es keine Garantie dafür gibt, dass die betroffene Person die Einwilligung erteilt. Im Hinblick auf die Weiterverarbeitung von großen Datenmengen stellt die Einwilligung keine praxistaugliche Grundlage dar.[463] Andererseits ermöglicht die Einwilligung die Sekundärnutzung von spezifischen Daten, wenn eine Weiterverarbeitung anderweitig nicht in Betracht kommen würde.

bb. Weiterverarbeitung aufgrund einer Rechtsvorschrift

Weiterhin kann die Sekundärnutzung der personenbezogenen Daten zulässig sein, wenn die Verarbeitung auf einschlägigen mitgliedstaatlichen oder unionalen Rechtsvorschriften beruht, Art. 6 Abs. 4 HS. 1 Var. 2 DSGVO. Auf den ersten Blick könnte es sich hierbei um eine Öffnungsklausel handeln. Für dieses Verständnis könnte der Wortlaut herangezogen werden, da hierdurch ausdrücklich Bezug auf bereits erlassene (mitgliedstaatliche oder unionalen) Rechtsvorschriften genommen wird. In diesem Sinne spricht der BGH von einer sich aus dem Wortlaut eindeutig ergebenden Öffnungsklausel.[464] Allerdings unterscheidet sich die im Art. 6 Abs. 4 DSGVO gewählte Formulierung eindeutig von anderen Öffnungsklauseln der DSGVO. Insbesondere die Öffnungsklauseln des Art. 6 Abs. 2 und Art. 23 Abs. 1 DSGVO sprechen davon, dass abweichende Regelungen durch die Mitgliedstaaten oder durch die europäische Union getroffen werden *können*. Demgegenüber wird im Art. 6 Abs. 4 DSGVO nur angeführt, dass bereits eine entsprechende Rechtsvorschrift erlassen worden ist. Es ist zu beachten, dass Normadressat des Art. 6 Abs. 4 DSGVO der Verantwortliche ist. Demgegenüber sind bei der Öffnungsklausel des Art. 23 Abs. 1 DSGVO – wie bereits die Formulierung darlegt – die Mitgliedstaaten und die Unionsorgane Regelungsadressaten.[465] Es ist daher überzeugend, Art. 6 Abs. 4 DSGVO nicht als eigenständige Öffnungsklausel zu verstehen.[466]

---

463 Diese Problematik zeigt sich besonders im Kontext der KI-Entwicklung. Hierzu u. a. *Schuh/Weiss*, ZfDR 2024, 225 (260); *Hüger*, ZfDR 2024, 263 (271).

464 BGH, Beschluss v. 24.09.2019 – VI ZB 39/18 = BeckRS 2019, 28976, Rn. 37; mit zutreffender Kritik insbesondere an der Quellenauswahl des BGH, *Buchner/Petri* in: Kühling/Buchner, DS-GVO/BDSG, 4. Aufl., 2024, DSGVO, Art. 6, Rn. 200.

465 *Bucholtz/Stenzel* in: Gierschmann/Schlender/Stenzel/Veil, DSGVO, 208, Art. 23, Rn. 4.

466 So auch mit einer Darstellung der abweichenden Meinungen in der deutschen höchstrichterlichen Rechtsprechung *Buchner/Petri* in: Kühling/Buchner, DSGVO/

Die Lockerung der Zweckbindung nach Art. 6 Abs. 4 HS. 1 Var. 2 DSGVO erfolgt nur, wenn es sich bei der jeweiligen Rechtsvorschrift um eine in einer demokratischen Gesellschaft notwendige und verhältnismäßige Maßnahme zum Schutz der in Art. 23 Abs. 1 DSGVO genannten Ziele handelt. Der Wortlaut stellt sicher, dass soweit eine Rechtsvorschrift nicht aufgrund der Öffnungsklausel des Art. 23 Abs. 1 DSGVO erlassen worden ist, die Zweckbindungslockerung nur fruchtbar gemacht werden kann, wenn die vom Art. 23 Abs. 1 DSGVO aufgestellten Mindestanforderungen zum Schutz der betroffenen Personen eingehalten worden sind.[467]

Im Rahmen dieser Arbeit kommt dem Art. 6 Abs. 4 HS. 1 Var. 2 DSGVO im Zusammenhang mit den europäischen Datenakten eine relevante Bedeutung zu, da in diesen Rechtsvorschriften teilweise die Zweckbindung zu Gunsten der Förderung von der Entwicklung von KI-Systemen gelockert wird.

d. Rechtsfolge der Zweckkompatibilität

Liegt eine Zweckvereinbarkeit vor oder wird diese aufgrund der Privilegierung des Weiterverarbeitungszwecks vermutet, stellt sich die Frage nach der Rechtsfolge. Umstritten ist hierbei, ob die Weiterverarbeitung auf eine eigenständige Rechtsgrundlage aus Art. 6 Abs. 1 DSGVO gestützt werden muss. Die aufgeworfene Frage lässt sich nicht alleine anhand des Wortlautes beantworten. Nach Art. 5 Abs. 1 lit. b DSGVO dürfen die zu den festgelegten Zwecken erhobenen Daten „*nicht* in einer mit diesen Zwecken *nicht* zu vereinbarenden Weise weiterverarbeitet werden". Diese doppelte Verneinung lässt sowohl eine Interpretation zu, nach der die Weiterverarbeitung zulässig *ist*, als auch eine, nach der die Weiterverarbeitung nur

BDSG, 4. Aufl., 2024, Art. 6, Rn. 200; ebenso *Heberlein* in: Ehmann/Selmayr, DSGVO, 3. Aufl., 2024, Art. 6, Rn. 73.

467 In diese Richtung auch *Schulz* in: Gola/Heckmann, DS-GVO/BDSG, 3. Aufl., 2022, DSGVO, Art. 6, Rn. 146; *Culik/Döpke*, ZD 2017, 226 (229). Interessant ist in diesem Zusammenhang noch, dass, soweit die Vorgaben des Art. 6 Abs. 4 HS. 1 Var. 2 DSGVO nicht eingehalten worden sind, die Sekundärnutzung nicht auf die jeweilige Rechtsvorschrift gestützt werden kann. Vor diesem Hintergrund könnte man sich die Frage stellen, ob theoretisch eine europarechtskonforme und somit wirksame Rechtsnorm erlassen werden kann, die gleichzeitig ihre (zumindest partiell) intendierte Wirkung aufgrund des Art. 6 Abs. 4 HS. 1 Var. 2 DSGVO nicht entfalten kann.

zulässig sein *kann*. Berücksichtigt man den ErwGr. 50 S. 2 DSGVO ergibt sich eine scheinbar klare Interpretationsvorgabe. Demnach ist in den Fällen der Zweckkompatibilität „keine andere gesonderte Rechtsgrundlage erforderlich als diejenige für die Erhebung der personenbezogenen Daten". Mithin müsste der Art. 5 Abs. 1 lit. b DSGVO in dem Sinne ausgelegt werden, dass die Zweckvereinbarkeit die Rechtmäßigkeit der Weiterverarbeitung zur Folge hat. Trotz der Unmissverständlichkeit des ErwGr. 50 S. 2 DSGVO spricht sich dennoch eine nicht nur unerhebliche Anzahl an Stimmen der Literatur dafür aus, dass die Weiterverarbeitung in diesen Fällen nur zulässig ist, wenn eine entsprechende Rechtsgrundlage des Art. 6 Abs. 1 DSGVO einschlägig ist.[468] Auch die *DSK* ist der Ansicht, dass die Kompatibilität der Zwecke nicht aus sich heraus die Rechtmäßigkeit der Weiterverarbeitung zur Folge hat.[469]

Für diese Ansicht spricht Art. 8 Abs. 2 S. 1 GRC, wonach personenbezogene Daten nur aufgrund einer Einwilligung oder einer anderen gesetzlich geregelten Grundlage verarbeitet werden dürfen. Diese primärrechtliche Vorgabe wird sekundärrechtlich durch Art. 6 Abs. 1 DSGVO umgesetzt. Der Katalog des Art. 6 Abs. 1 DSGVO regelt abschließend die Erlaubnistatbestände für die Datenverarbeitung.[470] Die Systematik der DSGVO verbietet es demnach, Art. 5 Abs. 1 lit. b DSGVO als eine eigenständige Rechtsgrundlage für die Weiterverarbeitung der Daten heranzuziehen.[471] Allerdings wird vertreten, dass die Zweckkompatibilität zur Folge habe, dass der ursprüngliche Erlaubnistatbestand die Weiterverarbeitung rechtfertigt.[472] Dieser Annahme stehen erhebliche rechtliche Bedenken entgegen. Denn indem die Weiterverarbeitung auf die Rechtsgrundlage der Datenerhebung gestützt wird, ohne dass es einer erneuten Prüfung der Tatbestandsvoraussetzungen des einschlägigen Erlaubnistatbestandes bedarf, wird die Rechtmäßigkeit der Datenverarbeitung faktisch fingiert. Durch diese Auslegung

---

468 U. a. *Albers/Veit* in: Wolff/Brink/Ungern-Sterberg, BeckOK Datenschutzrecht, 52. Edition, Stand: 01.05.2025, DSGVO, Art. 6, Rn. 108; *Reimer* in: Sydow/Marsch, DS-GVO/BDSG, 3. Aufl., 2022, DSGVO, Art. 5, Rn. 26; *Schantz*, NJW 2016, 1841 (1844); a. A. *Plath* in: Plath, DSGVO/BDSG/TTDSG, 4. Aufl., 2023, DSGVO, Art. 5, Rn. 10; *Roßnagel*, ZD 2019, 157 (162); *Hornung/Hofmann*, ZD-Beil. 2019, 1 (8).

469 *DSK*, Erfahrungsbericht der unabhängigen Datenschutzaufsichtsbehörden des Bundes und der Länder zur Anwendung der DSGVO, 2019, S. 13.

470 *Schulz* in: Gola/Heckmann, DS-GVO/BDSG, 3. Aufl., 2022, DSGVO, Art. 6, Rn. 9; *Wedde* in: Däubler/Wedde/Weichert/Sommer, 3. Aufl., 2024, DSGVO, Art. 6, Rn. 2.

471 In diese Richtung wohl *Culik/Döpke*, ZD 2017, 226 (230).

472 *Steinrötter* in: Borges/Hilber, BeckOK IT-Recht, 18. Edition, Stand: 01.01.2023, DSGVO, Art. 5, Rn. 23; *Schantz/Wolff*, Das neue Datenschutzrecht, 2017, Rn. 411.

besteht ein nicht nur unerhebliches Risiko, dass die Weiterverarbeitung tatsächlich rechtswidrig ist. Es widerspricht dem Grundsatz der Rechtmäßigkeit aus Art. 5 Abs. 1 lit. a DSGVO, dass ein solches Risiko sehenden Auges hingenommen wird.

Weiterhin besteht Einigkeit dahingehend, dass der Verantwortliche die Rechtmäßigkeit der Datenverarbeitung regelmäßig zu überprüfen hat.[473] In diese Richtung kann der ErwGr. 39 S. 11 DSGVO verstanden werden. Es lässt sich nicht überzeugend darlegen, warum in den Fällen der Zweckänderung, welche nach dem Grundsatz der Zweckbindung gerade die Ausnahme darstellen sollen, die Überprüfung der Rechtmäßigkeit durch den Verantwortlichen entfallen soll. Es wäre vielmehr ein mit dem Grundsatz der Zweckbindung nicht zu vereinbarender Systembruch, wenn die Weiterverarbeitung bei einer Zweckänderung in diesem Maße vereinfacht werden würde.[474]

In Anbetracht der vorstehenden Ausführungen ist *Schantz* in seiner Einschätzung zuzustimmen, dass es sich bei dem ErwGr. 50 S. 2 DSGVO um ein Redaktionsversehen handelt.[475] Nach der hier vertretenen Ansicht muss demnach in den Fällen der Zweckkompatibilität gesondert geprüft werden, ob eine Rechtsgrundlage des Art. 6 Abs. 1 DSGVO einschlägig ist. Dies schließt selbstverständlich nicht aus, dass die Weiterverarbeitung auf die gleiche Rechtsgrundlage gestützt werden kann, wie bereits die Datenerhebung.[476]

e. Ergebnis

Das Prinzip der Zweckkompatibilität ergänzt den Grundsatz der Zweckbestimmung nicht im eigentlichen Sinne. Vielmehr bildet der Kompatibilitätsgrundsatz die Ausnahme zu der sich aus der Zweckbestimmung ergebenden Zweckbindung. Die hieraus folgende Schwächung der Zweckbindung führt nicht dazu, dass der Zweckbindungsgrundsatz an Bedeutung verliert

473 U. a. *Meets/Hinzpeter* in: Taeger/Gabel, DSGVO/BDSG/TTDSG, 4. Aufl., 2022, DSGVO, Art. 17, Rn. 86; *Herbst* in: Kühling/Buchner, DS-GVO/BDSG, 4. Aufl., 2024, DSGVO, Art. 17, Rn. 47.

474 So auch *Herbst* in: Kühling/Buchner, DS-GVO/BDSG, 4. Aufl., 2024, DSGVO, Art. 5, Rn. 49.

475 *Schantz*, NJW 2016, 1841 (1844), zustimmend *Herbst* in: Kühling/Buchner, DS-GVO/BDSG, 4. Aufl., 2024, DSGVO, Art. 5, Rn. 49; ablehnend hingegen *Monreal*, ZD 2016, 507 (510).

476 *Reimer* in: Sydow/Marsch, DS-GVO/BDSG, 3. Aufl., 2022, DSGVO, Art. 5, Rn. 26.

oder gar abgeschafft wird.[477] Die Weiterverarbeitung zu Sekundärzwecken ist und bleibt grundsätzlich nur zulässig, soweit die Anforderungen an die Zweckkompatibilität, die sich aus Art. 6 Abs. 4 DSGVO ergeben, erfüllt werden. Die beim Kompatibilitätstest zu berücksichtigenden Faktoren tragen dazu bei, dass die grundrechtlich geschützten Rechte und Interessen der betroffenen Person im Falle der Weiterverarbeitung nicht außer Acht gelassen werden. Aber auch in Fällen, in denen eine Datenverarbeitung zu privilegierten Sekundärzwecken nach Art. 5 Abs. 1 lit. b HS. 2 DSGVO vorliegt, ist eine Aushöhlung des Zweckbindungsgrundsatzes nicht zu befürchten: Zum einen ist es Konsens, dass die Privilegierung der Zwecke restriktiv zu handhaben ist. Zum anderen bildet der Kompatibilitätstest nicht die alleinige Sicherheitsvorkehrung zum Schutz der betroffenen Personen.

Nach der hier vertretenen Ansicht führt die Vereinbarkeit der Zwecke nicht automatisch dazu, dass die Weiterverarbeitung rechtmäßig ist. Vielmehr bedarf es für diese Datenverarbeitungen einer eigenständigen Rechtsgrundlage im Sinne des Art. 6 Abs. 1 DSGVO. Hierdurch wird die Einhaltung des Grundsatzes der Rechtmäßigkeit aus Art. 5 Abs. 1 lit. a DSGVO gewährleistet. Weiterhin ist der Verantwortliche gemäß Art. 13 Abs. 3 und 14 Abs. 4 DSGVO verpflichtet, der betroffenen Person die gleichen Informationen zur Verfügung zu stellen, die bei der Erhebung der Daten mitgeteilt werden müssen. Im Falle der Weiterverarbeitung können die Verantwortlichen sich in Teilen auf die Ausnahme des Art. 13 Abs. 4 DSGVO bzw. Art. 14 Abs. 5 lit. a DSGVO berufen. Demnach müssen die Verantwortlichen den betroffenen Personen nicht solche Informationen zur Verfügung stellen, über die die betroffenen Personen bereits verfügen. Abschließend ist ebenfalls zu berücksichtigen, dass bei der Festlegung des Sekundärzwecks die Vorgaben des Prinzips der Zweckbestimmung im gleichen Maße eingehalten werden müssen, wie dies bei der Datenerhebung der Fall ist.[478]

Vor diesem Hintergrund wird deutlich, dass die rechtlichen Anforderungen an die Datenerhebung nicht wesentlich höher sind als die Anforderungen an die Weiterverarbeitung zu Sekundärzwecken. Der Vorteil, welcher für die Verantwortlichen aufgrund des Prinzips der Kompatibilität besteht,

---

477 Diese Befürchtung äußernd *Roßnagel/Nebel/Richter*, ZD 2015, 455 (458); *Buchner*, DuD 2015, 155 (157).

478 *Weichert* in: Däubler/Wedde/Weichert/Sommer, 3. Aufl., 2024, DSGVO, Art. 5, Rn. 35; *Pötter* in: Gola/Heckmann, DS-GVO/BDSG, 3. Aufl., 2022, DSGVO, Art. 5, Rn. 19; *Herbst* in: Kipker/Reusch/Ritter, Recht der Informationsfreiheit, 2023, DSGVO, Art. 5, Rn. 40; *Spies*, ZD 2022, 75 (77).

erschöpft sich im Wesentlichen in dem Umstand, dass die personenbezogenen Daten nicht neu erhoben werden müssen.

D. Der Grundsatz der Datenminimierung

Der Grundsatz der Datenminimierung nimmt unter Berücksichtigung der modernen Datenwirtschaft eine hervorgehobene Stellung im datenschutzrechtlichen Schutzkonzept ein. Ziel des Datenminimierungsgrundsatzes ist es, die Erhebung und Verarbeitung von personenbezogenen Daten zu begrenzen. Es sollen nur solche personenbezogenen Daten verarbeitet werden, die für die Zweckerreichung tatsächlich benötigt werden. Gemäß Art. 5 Abs. 1 lit. c DSGVO muss die Verarbeitung von personenbezogenen Daten „dem Zweck angemessen und erheblich sowie auf das für die Zwecke der Verarbeitung notwendige Maß beschränkt sein". Sowohl die Grundstruktur als auch der Wortlaut der Vorschrift ähneln den Maßgaben der Vorgängervorschrift, Art. 6 Abs. 1 lit. c DS-RL.[479] Allerdings wurden im Zuge der DSGVO die Anforderungen an die Einhaltung des Datenminimierungsgrundsatzes in einem zentralen Punkt verschärft.[480] Es ist nicht mehr ausreichend, dass die Datenverarbeitung im Hinblick auf die Zwecke der Verarbeitung nicht *exzessiv* ist. Vielmehr muss nach Art. 5 Abs. 1 lit. c DSGVO nunmehr die Verarbeitung für die Zweckerreichung *notwendig* sein.

Innerhalb der Binnensystematik des Art. 5 Abs. 1 DSGVO besteht zwischen dem Grundsatz der Zweckbindung und dem Datenminimierungsgrundsatz ein enger Zusammenhang.[481] Diese beiden Grundsätze beeinflussen und ergänzen sich wechselseitig.[482] Im Hinblick auf den Grundsatz der Zweckbindung gewährleistet das Prinzip der Datenminimierung,

479 Deutlich wird dies bei einem Vergleich der englischen und deutschen Sprachfassungen. DSGVO: adequate, relevant and limited to what is necessary in relation to the purposes for which they are processed; DS-RL: adequate, relevant and not excessive in relation to the purposes for which they are collected and/or further processed.

480 Vgl. *Heberlein* in: Ehmann/Selmayer, DS-GVO, 3. Aufl., 2024, Art. 5, Rn. 22; *Hacker*, Datenprivatrecht, 2020, S. 157; a.A. *de Terwangne* in: Kuner/Bygrave/Docksey, The EU GDPR, 2020, Art. 5, S. 317.

481 *Jaspers/Schwartmann/Hermann* in: Schwartmann/Jaspers/Thüsing/Kugelmann, DS-GVO/BDSG, 3. Aufl., 2024, DSGVO, Art. 5, Rn. 53; *Herbst* in: Kühling/Buchner, DS-GVO/BDSG, 4. Aufl., 2024, DSGVO, Art. 5, Rn. 55; *Duisberg* in: Borges/Keil, Big Data, Teil 2, § 6, Rn. 47.

482 *Schuh/Weiss*, ZfDR 2024, 224 (238).

dass die Verarbeitung der personenbezogenen Daten tatsächlich nur zur Verfolgung des festgelegten Zwecks erfolgt.[483] Demgegenüber dienen die gemäß Art. 5 Abs. 1 lit. b DSGVO festgelegten Zwecke als Orientierungspunkt für die Prüfung, ob und inwiefern die Vorgaben des Datenminimierungsgrundsatzes im Einzelfall eingehalten werden.[484] Aus dem Verhältnis zwischen Zweckbindungs- und Datenminimierungsgrundsatz folgt für die praktische Anwendung dieser Grundsätze eine zweistufige Prüfung:[485] Zunächst muss überprüft werden, ob die Zweckbestimmung den Anforderungen aus Art. 5 Abs. 1 lit. b DSGVO gerecht wird. Ausgehend hiervon müssen die sich aus dem Datenminimierungsgrundsatz ergebenden Maßstäbe an die geplante Datenverarbeitung angelegt werden.

I. Funktion des Grundsatzes der Datenminimierung

Nach der Grundkonzeption des Datenschutzrechts stellt jede Verarbeitung von personenbezogenen Daten eine rechtfertigungsbedürftige Beeinträchtigung des grundrechtlichen Gewährleistungsgehaltes aus Art. 8 Abs. 1 GRC dar. Vor diesem Hintergrund kommt dem Grundsatz der Datenminimierung die Funktion zu, die Beeinträchtigung der betroffenen Personen zu verringern, indem die zulässigen Datenverarbeitungsvorgänge begrenzt werden. Allerdings verlangt der Art. 5 Abs. 1 lit. c DSGVO nicht von den Verantwortlichen, dass die Datenverarbeitungen auf das absolut notwendige und technisch mögliche Mindestmaß reduziert werden.[486] Diese Auslegung wird durch den ErwGr. 39 S. 9 DSGVO gestützt. Demnach dürfen personenbezogene Daten nur verarbeitet werden, „wenn der Zweck der Verarbeitung nicht in zumutbarer Weise durch andere Mittel erreicht wer-

---

483 *Jaspers/Schwartmann/Hermann* in: Schwartmann/Jaspers/Thüsing/Kugelmann, DS-GVO/BDSG, 3. Aufl., 2024, DSGVO, Art. 5, Rn. 53; *Herbst* in: Kühling/Buchner, DS-GVO/BDSG, 4. Aufl., 2024, DSGVO, Art. 5, Rn. 56.

484 *Steinrötter* in: Borges/Hilber, BeckOK IT-Recht, 18. Edition, Stand: 01.01.2023, DSGVO, Art. 5, Rn. 28; *Roßnagel* in: Simitis/Hornung/Spiecker gen. Döhmann, Datenschutzrecht, 2. Aufl., 2025, DSGVO, Art. 5, Rn. 122; *Herbst* in: Kühling/Buchner, DS-GVO/BDSG, 4. Aufl., 2024, DSGVO, Art. 5, Rn. 56.

485 Hierzu anschaulich OVG NRW, Urt. v. 15.06.2022 – 16 A 857/21 = NVwZ 2023, 1178.

486 *Kramer* in: Auernhammer, DSGVO/BDSG, 8. Aufl., 2023, DSGVO, Art. 5, Rn. 34; *Plath* in: Plath, DSGVO/BDSG/TTDSG, 4. Aufl., 2023, DSGVO, Art. 5, Rn. 12; *Hacker*, Datenprivatrecht, 2020, S. 156; demgegenüber geht *Dokara* davon aus, dass aus Art. 5 Abs. 1 lit. c DSGVO folgen würde, dass die Verarbeitung von personenbezogenen Daten nur als „ultima ratio“ zulässig sei, *Dokara*, Datenschutzgrundverodnung – rechtlicher Vorreiter oder Innovationsbremse?, 2021, S. 49.

den kann“. Indem der Erwägungsgrund die Zumutbarkeit als Maßstab einführt, bringt der Verordnungsgeber zum Ausdruck, dass die aus dem Grundsatz der Datenminimierung ergebenden Anforderungen einzelfallabhängig sind. Dieser Grundsatz begrenzt die Datenverarbeitung dementsprechend nicht in einer absoluten Art und Weise, sondern in einer relativen.[487] Darüber hinaus sieht der EuGH zutreffend den Wortlaut des Art. 5 Abs. 1 lit. c DSGVO als klaren Beleg dafür, dass durch die Einführung des Grundsatzes der Datenminimierung kein „allgemeines und absolutes Verbot“ von Datenverarbeitung eingeführt werden sollte.[488] Nach Art. 5 Abs. 1 lit. c DSGVO muss die Datenverarbeitung nur auf das „notwendige Maß beschränkt sein“. Entsprechend folgt aus dem Datenminimierungsgrundsatz, dass die Verantwortlichen die Erhebung und Weiterverarbeitung der personenbezogenen Daten anhand einer Zweck-Mittel-Relation auf ihre Notwendigkeit hin zu überprüfen haben.[489]

Die Beschränkung der Datenverarbeitung hat sowohl in quantitativer als auch in qualitativer Hinsicht zu erfolgen.[490] Die qualitative Begrenzung der Datenverarbeitung bezieht sich nicht auf die Menge der Daten, sondern auf deren Grundrechtsrelevanz. Somit ist dem Grundsatz der Datenminimierung in qualitativer Hinsicht nicht Genüge getan, wenn die Verarbeitungszwecke durch eine weniger eingriffsintensive Datenverarbeitung hätten erreicht werden können.[491]

Die Bewertung, ob und inwiefern dem Grundsatz der Datenminimierung in quantitativer Hinsicht entsprochen wird, hat demgegenüber aus verschiedenen Perspektiven zu erfolgen. Zunächst ist zu untersuchen, ob die Anzahl an Daten für die Erreichung des Zwecks notwendig ist. Darüber hinaus ist zu prüfen, ob die Anzahl an geplanten Verarbeitungsschritten

---

487 *Willecke* in: Hoeren/Sieber/Holznagel, Handbuch Multimedia-Recht, Loseblatt, Stand Juni 2024, EL 62, Teil 29.3, Rn. 40; *Vogel*, Künstliche Intelligenz und Datenschutz, 2022, S. 170.

488 EuGH, Urt. v. 22.06.2021 – C-439/19 = ZD 2021, 625, Rn. 104.

489 *Voigt* in: Taeger/Gabel, DSGVO/BDSG/TTDSG, 4. Aufl., 2022, DSGVO, Art. 5, Rn. 27; a. A. wohl *Heberlein* in: Ehmann/Selmayer, DS-GVO, 3. Aufl., 2024, Art. 5, Rn. 22.

490 *Frenzel* in: Paal/Pauly, DS-GVO/BDSG, 3. Aufl., 2021, DSGVO, Art. 5, Rn. 34; *Spindler/Dalby* in: Spindler/Schuster, Recht der elektronischen Medien, 4. Aufl., 2019, DSGVO, Art. 5, Rn. 12; *Thies/Jandt/Knote/Söllner*, DuD 2020, 573 (576).

491 Vgl. *Winter*, Big Data und KI im Gesundheitswesen, 2023, S. 64.

notwendig ist.[492] Weiterhin kann eine quantitative Minimierung der Daten dadurch erfolgen, dass die Anzahl der betroffenen Personen möglichst klein gehalten wird.[493] Bei dem letzten Punkt ist zu prüfen, ob die Verarbeitung vieler Daten von einer Person grundrechtsschonender ist als die Verarbeitung weniger Daten von mehreren Personen.

Zudem hat der EuGH dargelegt und in einer aktuellen Entscheidung bestätigt, dass sich aus dem Grundsatz der Datenminimierung die Pflicht ergibt, den Verarbeitungszeitraum von personenbezogenen Daten zu begrenzen.[494] Zutreffend führt der Gerichtshof an, dass die Grundrechtsbeeinträchtigungen der betroffenen Personen sich intensivieren je länger die jeweiligen Informationen verarbeitet werden.[495] Allerdings wirft dieser Befund Fragen hinsichtlich des Verhältnisses von dem Grundsatz der Datenminimierung zu dem Prinzip der Speicherbegrenzung auf. Nach Art. 5 Abs. 1 lit. e DSGVO ist die Speicherungsdauer von personenbezogenen Daten auf das für die Zweckerreichung erforderliche Maß zu begrenzen. Es ist daher nicht notwendig, den Grundsatz der Datenminimierung im Hinblick auf die Dauer der Datenverarbeitung in Stellung zu bringen. In der aktuellen Entscheidung des EuGH wird im Rahmen der Prüfung des Art. 5 Abs. 1 lit. c DSGVO der Grundsatz der Speicherbegrenzung angeführt, um die Unzulässigkeit einer dauerhaften Speicherung von personenbezogenen Daten zu unterstreichen.[496] Der klaren Differenzierung zwischen diesen Grundsätzen scheint der EuGH keine gesteigerte Bedeutung zuzumessen, zumal eine Differenzierung keine praktischen Auswirkungen auf die Zulässigkeit der Datenverarbeitung hat. Aus einer dogmatischen Perspektive ist es jedoch überzeugender, die zeitliche Begrenzung der Datenverarbeitung erst im Rahmen des Art. 5 Abs. 1 lit. e DSGVO zu prüfen.

Neben der qualitativen und quantitativen Beschränkung der Datenverarbeitung wird teilweise vertreten, dass der Grundsatz der Datenminimierung im Rahmen der Zweckbestimmung berücksichtigt werden müsse.[497]

---

492 *Roßnagel* in: Simitis/Hornung/Spiecker gen. Döhmann, Datenschutzrecht, 2. Aufl., 2025, DSGVO, Art. 5, Rn. 130; *Pötters* in: Gola/Heckmann, DS-GVO/BDSG, 3. Aufl., 2022, DSGVO, Art. 5, Rn. 23.

493 *Pötters* in: Gola/Heckmann, DS-GVO/BDSG, 3. Aufl., 2022, DSGVO, Art. 5, Rn. 23; *Roßnagel* in: Simitis/Hornung/Spiecker gen. Döhmann, Datenschutzrecht, 2. Aufl., 2025, DSGVO, Art. 5, Rn. 131.

494 EuGH, Urt. v. 24.02.2022 – C-175/20 = EuZW 2022, 527, Rn. 79; EuGH, Urt. v. 04.10.2024 – C-446/21 = GRUR-RS 2024, 26053, Rn. 127.

495 EuGH, Urt. v. 04.10.2024 – C-446/21 = GRUR-RS 2024, 26053, Rn. 128.

496 EuGH, Urt. v. 04.10.2024 – C-446/21 = GRUR-RS 2024, 26053, Rn. 129 ff.

497 OVG Münster, Urt. v. 15.06.2022 – 16 A 857/21 = NVwZ 2023, 1178, Rn. 45.

Damit würde in Art. 5 Abs. 1 lit. c DSGVO das aus dem nationalen Recht bekannte Prinzip der Datensparsamkeit hineingelesen werden.[498] Nach § 3a BDSG a. F. musste die Datenverarbeitung so ausgestaltet werden, dass möglichst wenige Daten verarbeitet werden. Zunächst ist zu beachten, dass die DSGVO unionsrechtsautonom auszulegen ist. Nationale Grundsätze und Prinzipien können nicht auf das Unionsrecht übertragen werden. Vielmehr müssen diese Prinzipien ihren Ursprung im Unionsrecht finden. Das Gebot der Datensparsamkeit lässt sich dem Wortlaut des Art. 5 Abs. 1 lit. c DSGVO nicht entnehmen.[499] Nach dem Wortlaut der Norm sowie dem ErwGr. 39 S. 9 DSGVO sind die Zwecke der Verarbeitung der Ausgangspunkt für die Datenminimierung und nicht der Gegenstand derselbigen.[500] Der Grundsatz der Datenminimierung wirkt sich nicht auf die Zweckfestlegung aus. Mithin sind die Verantwortlichen nicht verpflichtet, nur solche Zwecke zu verfolgen, die eine möglichst datenschonende Verarbeitung zur Folge haben.

Der Grundsatz der Datenminimierung entspricht nicht dem Grundsatz der Datensparsamkeit. Nichtsdestotrotz ist es wichtig zu betonen, dass Art. 5 Abs. 1 lit. c DSGVO ebenfalls darauf abzielt, dass die Verarbeitung von personenbezogenen Daten vermieden wird.[501] Nach der hier vertretenen Ansicht wirkt sich die Zielsetzung der Datenvermeidung nur im Rahmen der Zweckerreichung aus. Demgegenüber bleibt die Zweckfestlegung von dem Telos des Art. 5 Abs. 1 lit. c DSGVO unberührt.

II. Anwendungsbereich

Die Grundsätze der Datenverarbeitung müssen bei jedem Verarbeitungsvorgang beachtet werden.[502] Dieser Ausgangsbefund wird im Hinblick auf

---

498 So etwa *Winter*, Big Data und KI im Gesundheitswesen, 2023, S. 64.

499 So auch *Roßnagel* in: Simitis/Hornung/Spiecker gen. Döhmann, Datenschutzrecht, 2. Aufl., 2025, DSGVO, Art. 5, Rn. 123; a. A. *Buchner*, DuD 2016, 155 (156); *Heberlein* in: Ehmann/Selmayr, DS-GVO, 3. Aufl., 2024, Art. 5, Rn. 22; *Albrecht/Jotzo*, Das neue Datenschutzrecht der EU, 2017, Teil 2, Rn. 6; *Kugelmann*, DuD 2024, 496 (501).

500 So auch überzeugend *Herfurth*, Big Data – Big Accountability, 2022, S. 270.

501 *Herfurth*, Big Data – Big Accountability, 2022, S. 269; *Paal* in: Kaulartz/Braegelmann, Rechtshandbuch Aritficial Intelligence und Machine Learning, 2020, Kap. 8.7, Rn. 15.

502 *Jasper/Schwartmann/Hermann* in: Schwartmann/Jaspers/Thüsing/Kugelmann, DS-GVO/BDSG, 3. Aufl., 2024, DSGVO, Art. 5, Rn. 13; *Heberlein* in: Ehmann/Selmayr, DS-GVO, 3. Aufl., 2024, Art. 5, Rn. 5; vgl. *Breyer*, DuD 2018, 311 (311).

den Grundsatz der Datenminimierung allerdings teilweise infrage gestellt. Es wird vertreten, dass der Datenminimierungsgrundsatz sich nicht auf die Verarbeitung einzelner personenbezogener Daten beziehe, sondern erst zum Tragen komme, wenn eine gewisse Menge an personenbezogenen Daten verarbeitet werden.[503] Diese Ansicht hätte zur Folge, dass die Vorgaben des Art. 5 Abs. 1 lit. c DSGVO bei der Verarbeitung einzelner personenbezogener Daten nicht beachtet werden müssten. Auf den ersten Blick erscheint es überzeugend, dass eine Reduzierung von Datenverarbeitungsvorgängen nach dem Datenminimierungsgrundsatz nur in Betracht kommen kann, wenn mehrere Daten verarbeitet werden sollen. Dementsprechend müsste der Grundsatz der Datenminimierung bei der Verarbeitung einzelner personenbezogener Daten nicht beachtet werden.

Dieser Befund kann bei näherer Betrachtung jedoch nicht überzeugen. Zunächst lässt sich aus Art. 5 Abs. 1 lit. c DSGVO kein Maßstab ableiten anhand dessen beurteilt werden könnten, ab wann die kritische Menge an personenbezogenen Daten erreicht worden ist, die den Anwendungsbereich des Datenminimierungsgrundsatzes eröffnen würde. Die Anwendung beziehungsweise die Nicht-Anwendung dieser Norm wäre daher mit einer erheblichen Rechtsunsicherheit verbunden. Weiterhin ist zu berücksichtigen, dass der Grundsatz der Datenminimierung darauf abzielt, dass die Verarbeitung von personenbezogenen Daten vermieden wird, soweit dies möglich ist. Demnach haben die Verantwortlichen vor der Datenverarbeitung zu untersuchen, ob die Zweckerreichung durch die Verwendung von anonymisierten Daten oder anderen nicht-personenbezogenen Daten gelingen kann. Diese Vorgabe lässt sich aus dem ErwGr. 39 S. 9 DSGVO ableiten, wonach personenbezogene Daten nur verarbeitet werden dürfen, „wenn der Zweck der Verarbeitung nicht in zumutbarer Weise durch andere Mittel erreicht werden kann". Vor diesem Hintergrund ist es mit dem Sinn und Zweck des Art. 5 Abs. 1 lit. c DSGVO nicht vereinbar, wenn die Vorgaben dieser Norm erst ab einer „gewissen Menge" an personenbezogenen Daten Berücksichtigung finden müssten.[504] Es wäre widersinnig, die Datenverarbeitung nicht zu beanstanden, obwohl die Zweckerreichung durch die Verwendung von nicht-personenbezogenen Daten möglich wäre, nur weil quantitativ eine unkritische Masse an personenbezogenen Daten verarbeitet werden sollte.

---

503 *Schantz/Wolff*, Das neue Datenschutzrecht, 2017, Rn. 420; sich dem anschließend *Mantz/Marosi* in: Specht/Mantz, Handbuch Europäisches und deutsches Datenschutzrecht, 2019, Teil A, § 3, Rn. 95.

504 Vgl. *de Terwangne* in: Kuner/Bygrave/Docksey, The EU GDPR, 2020, Art. 5, S. 317.

Die Vorgabe des ErwGr. 39 S. 9 DSGVO kann nur volle Geltung erlangen, wenn bei jeder einzelnen Datenerhebung oder Weitverarbeitung anhand des Maßstabs des Datenminimierungsgrundsatzes überprüft wird, ob die Verarbeitung des Datums notwendig ist. Mithin haben die Verantwortlichen unabhängig von der Menge der zu verarbeitenden Daten die Vorgaben des Art. 5 Abs. 1 lit. c DSGVO einzuhalten.

III. Tatbestand des Art. 5 Abs. 1 lit. c DSGVO

Der Grundsatz der Datenminimierung setzt sich nach seinem Wortlaut aus drei eigenständigen Merkmalen zusammen.[505] Diese Merkmale lassen sich in die Unterbegriffe Angemessenheit, Erforderlichkeit und Erheblichkeit einteilen. Der Wortlaut des Art. 5 Abs. 1 lit. c DSGVO gibt keine feste Prüfungsreihenfolge der genannten Merkmale vor. Es empfiehlt sich, mit dem Merkmal der Erheblichkeit zu beginnen, da dieses Merkmal die geringste Filterwirkung hat.

1. Erheblichkeit

Gemäß Art. 5 Abs. 1 lit. c DSGVO muss die Datenverarbeitung für die Zweckerreichung „erheblich" sein. Nach allgemeiner Ansicht ist die Datenverarbeitung erheblich, wenn hierdurch die Zweckerreichung zumindest gefördert wird.[506] Die Prüfung der Erheblichkeit entspricht dem Merkmal der Geeignetheit im Rahmen der Verhältnismäßigkeitsprüfung.[507] Von einer Förderung der Zwecke ist dementsprechend bereits auszugehen, wenn hierdurch ein Beitrag zur Zweckerreichung gewährleistet wird.[508] Nicht notwendig ist hingegen, dass durch die einzelnen Datenverarbei-

505 *Thode* in: Schläger/Thode, Handbuch Datenschutz und IT-Sicherheit, 2018, Teil A, Rn. 130.

506 U. a. *Schantz/Wolff*, Das neue Datenschutzrecht, 2017, Rn. 422; *Roßnagel* in: Simitis/Hornung/Spiecker gen. Döhmann, Datenschutzrecht, 2. Aufl., 2025, DSGVO, Art. 5, Rn. 120; *Herbst* in: Kühling/Buchner, DS-GVO/BDSG, 4. Aufl., 2024, DSGVO, Art. 5, Rn. 57.

507 Vgl. *Krämer* in: Stern/Sachs, GRCh, 2016, Art. 52, Rn. 48; *Pache* in: Pechstein/Nowak/Häde, Frankfurter Kommentar, 2. Aufl., 2023, GRC, Art. 52, Rn. 26.

508 *Hacker*, Datenprivatrecht, 2020, S. 157; vgl. *Jarass* in: Jarass, Charta der Grundrechte der EU, 4. Aufl., 2021, Art. 52, Rn. 37; *Streinz/Michl* in: Streinz, EUV/AEUV, 3. Aufl., 2018, GRC, Art. 52, Rn. 18.

tungsvorgänge die Zwecke der Verarbeitung vollumfassend verwirklicht werden können. Aufgrund des Merkmals der Erheblichkeit sind vor allem solche Datenverarbeitungen unzulässig, die eine Speicherung der Daten auf Vorrat zum Ziel haben.[509]

Um zu überprüfen, ob die Zwecke der Datenverarbeitung gefördert werden, schlägt *Wolff* folgende Kontrollfrage vor: Kann die Datenverarbeitung weggedacht werden, ohne dass die Zweckerreichung erschwert wird?[510] Diese Kontrollfrage ist unter Beachtung des Ziels des Datenminimierungsgrundsatzes zu unpräzise. „Erheblich" wären nach dieser Kontrollfrage auch solche Datenverarbeitungen, die sich in keiner Weise auf die Zweckerreichung auswirken. Überflüssige Datenverarbeitung sollen durch das Merkmal der Erheblichkeit verhindert werden. Vor diesem Hintergrund ist eine Erheblichkeit der Datenverarbeitung abzulehnen, wenn die Verarbeitung hinweggedacht werden kann, ohne dass hierdurch die Zweckerreichung positiv beeinflusst wird.

2. Angemessenheit

Nach Art. 5 Abs. 1 lit. c DSGVO müssen die personenbezogenen Daten, die verarbeitet werden sollen, im Hinblick auf den Zweck der Verarbeitung „angemessen" sein. Welche Anforderungen an das Merkmal der Angemessenheit zu stellen sind, wird in der Literatur nicht einheitlich beantwortet. Teilweise wird vertreten, dass die personenbezogenen Daten dem Zweck angemessen sind, wenn die Zuordnung dieser Daten zu dem Zweck nicht beanstandet werden kann.[511] Aus dieser Interpretation des Angemessenheitsbegriffes folgt jedoch kein praxistauglicher Erkenntnisgewinn. Es handelt sich bei der Beanstandbarkeit im gleichen Maße wie bei der Angemessenheit um einen auslegungsbedürftigen Rechtsbegriff. Für die Auslegung des Art. 5 Abs. 1 lit. c DSGVO ist diese Interpretation ungeeignet.

Weiterhin wird vertreten, dass die Angemessenheit bereits gegeben ist, wenn ein sachlicher Bezug zwischen dem Verarbeitungszweck und den

509 *Shanmugam/Shabania/Diaz/Finck/Biega*, Learning to Limit Data Collection via Scaling Laws, 2022, S. 2, *Schantz* in: Wolff/Brink/Ungern-Sternberg, BeckOK Datenschutzrecht, 52. Edition, Stand. 01.11.2021, DSGVO, Art. 5, Rn. 13; *Hornung* in: Hoffmann-Riem, Big Data – Regulative Herausforderungen, 2018, S. 85.

510 *Schantz/Wolff*, Das neue Datenschutzrecht, 2017, Rn. 422.

511 *Frenzel* in: Paal/Pauly, DS-GVO/BDSG, 3. Aufl., 2021, DSGVO, Art. 5, Rn. 35; *Schantz/Wolff*, Das neue Datenschutzrecht, 2017, Rn. 421.

personenbezogenen Daten besteht.[512] Hieraus würde folgen, dass die Angemessenheit der Datenverarbeitung abzulehnen wäre, wenn der Verarbeitungszweck durch die Verarbeitung der konkreten Daten nicht erreicht werden kann.[513] Nach dieser Auslegung bestünde zwischen dem Merkmal der Angemessenheit und dem Merkmal der Erheblichkeit kein inhaltlicher Unterschied. Denn eine Förderung der Verarbeitungszwecke setzt zwingend voraus, dass ein sachlicher Bezug zwischen den Daten der Verarbeitung und dem Zweck besteht. Umgekehrt ist es schwer vorstellbar, dass zwar ein sachlicher Bezug gegeben ist, die Verarbeitung dieser Daten den Zweck aber nicht fördern kann. In Anbetracht des Umstandes, dass sich der Grundsatz der Datenminimierung aus drei eigenständigen Merkmalen zusammensetzt, kann eine Auslegung des Merkmals der Angemessenheit nicht überzeugen, wonach ihr keinerlei eigenständige materielle Bedeutung zukommen würde.[514]

Des Weiteren wird vertreten, dass das Merkmal der Angemessenheit dem Prüfungspunkt der Verhältnismäßigkeit im engeren Sinne aus der nationalen Grundrechtsprüfung entspricht.[515] Der Verantwortliche müsste demnach vor jeder Datenverarbeitung eine qualifizierte Interessenabwägung durchführen, um zu überprüfen, ob die Angemessenheit im Sinne des Art. 5 Abs. 1 lit. c DSGVO gegeben ist.[516] Durch diese Auslegung würde aus dem Grundsatz der Datenminimierung folgen, dass eine Datenverarbeitung nur zulässig sein kann, wenn die Interessen des Verantwortlichen an der Verarbeitung der personenbezogenen Daten gegenüber den Interessen der betroffenen Person überwiegen. Dieser Auslegungsvariante stehen unter der Berücksichtigung der Gesetzgebungshistorie erhebliche Bedenken entgegen. Der Rat hatte vorgeschlagen den Wortlaut des Art. 5 Abs. 1 lit. c DSGVO dahingehend zu ändern, dass die personenbezo-

512 *Steinrötter* in: Borges/Hilbers, BeckOK IT-Recht, 18. Edition, Stand: 01.01.2023, DSGVO, Art. 5, Rn. 30; *Herbst* in: Kühling/Buchner, DS-GVO/BDSG, 4. Aufl., 2024, DSGVO, Art. 5, Rn. 57; *Mantz/Marosi* in: Specht/Mantz, Handbuch Europäisches und deutsches Datenschutzrecht, 2019, Teil A, § 3, Rn. 95.

513 *Kramer* in: Auernhammer, DSGVO/BDSG, 8. Aufl., 2023, DSGVO, Art. 5, Rn. 39.

514 A. A. *Herbst* in: Kühling/Buchner, DS-GVO/BDSG, 4. Aufl., 2024, DSGVO, Art. 5, Rn. 57; *Herbst* geht davon aus, dass die drei Merkmale des Art. 5 Abs. 1 lit. c DSGVO „kaum trennscharf zu definieren" sind.

515 *Schantz* in: Wolff/Brink/Ungern-Sternberg, BeckOK Datenschutzrecht, 52. Edition, Stand: 01.11.2021, DSGVO, Art. 5, Rn. 26; *Weichert* in: Däubler/Wedde/Weichert/Sommer, 3. Aufl., 2024, DSGVO, Art. 5, Rn. 47.

516 *Weichert* in: Däubler/Wedde/Weichert/Sommer, 3. Aufl., 2024, DSGVO, Art. 5, Rn. 47.

genen Daten dem Verarbeitungszweck entsprechend verhältnismäßig sein müssen.[517] Dieser Änderungsvorschlag wurde ausweislich des Normtexts nicht übernommen. Hieraus lässt sich ableiten, dass der Verordnungsgeber mit dem Grundsatz der Datenminimierung keine strenge Verhältnismäßigkeitskontrolle bei der Verarbeitung von personenbezogenen Daten einführen wollte.[518]

Weiterhin spricht das Verhältnis von Art. 6 Abs. 1 DSGVO und dem Datenminimierungsgrundsatz gegen die dargestellte Ansicht. Die Rechtmäßigkeit der Datenverarbeitung gemäß Art. 6 Abs. 1 DSGVO setzt gerade nicht zwingend voraus, dass eine Abwägung der widerstreitenden Interessen durch den Verantwortlichen vorgenommen wird. Eine solche Interessenabwägung ist vielmehr nur notwendig, wenn der Verantwortliche die Verarbeitung der personenbezogenen Daten auf den Erlaubnistatbestand des Art. 6 Abs. 1 lit. f DSGVO stützen möchte. Allerdings ist der Verantwortliche nicht verpflichtet, die Datenverarbeitung auf diese Rechtsgrundlage zu stützen. Die Rechtfertigungstatbestände des Art. 6 Abs. 1 DSGVO stehen gleichwertig nebeneinander.[519] Die Verantwortlichen sind frei in ihrer Entscheidung, welche Rechtsgrundlage zur Rechtfertigung der Datenverarbeitung herangezogen werden soll.[520] Es würde jedoch in vielen Fällen keinen Grund geben, eine andere Rechtsgrundlage als die des Art. 6 Abs. 1 lit. f DSGVO zu wählen, wenn die Verantwortlichen die notwendige Interessenabwägung ohnehin nach Art. 5 Abs. 1 lit. c DSGVO vornehmen müssten. Darüber hinaus modifiziert der Art. 6 Abs. 1 lit. f DSGVO die Interessenabwägung dahingehend, dass die Abwägung zugunsten des Verantwortlichen ausfällt, soweit nicht die entgegenstehenden Interessen der betroffenen Person überwiegen. Diese Modifikation zugunsten des Verantwortlichen wäre überflüssig, wenn nach Art. 5 Abs. 1 lit. c DSGVO die Verantwortlichen bei jeder Datenverarbeitung eine herkömmliche Abwägung vornehmen müssten.

In Anbetracht der vorausgegangenen Ausführungen ist für die Auslegung des Merkmals der Angemessenheit daher ein Mittelweg zu wählen: Weder kann es ausreichen, dass irgendein sachlicher Bezug zwischen dem Zweck und den Daten der Verarbeitung besteht, noch bedarf es einer strengen

517 Rat der europäischen Union, 6834/15, 9.03.2015, Art. 5 Abs. 1 lit. c DSGVO.

518 *Hacker*, Datenprivatrecht, 2020, S. 157; vgl. *Roßnagel* in: Simitis/Hornung/Spiecker gen. Döhmann, Datenschutzrecht, 2. Aufl., 2025, DSGVO, Art. 5, Rn. 117.

519 *Reimer* in: Sydow/Marsch, DS-GVO/BDSG, 3. Aufl., 2022, DSGVO, Art. 6, Rn. 9; *Schulz* in: Gola/Heckmann, DS-GVO/BDSG, 3. Aufl., 2022, DSGVO, Art. 6, Rn. 10.

520 *Buchner/Petri* in: Kühling/Buchner, DSGVO/BDSG, 3. Aufl., 2020, Art. 6, Rn. 22.

Verhältnismäßigkeitsprüfung. Vor diesem Hintergrund ist von einer Angemessenheit der Zweck-Daten-Relation auszugehen, wenn die Eingriffsintensität der Datenverarbeitung in keinem offensichtlichen Missverhältnis zu den Verarbeitungszwecken steht.[521] Ein solches Missverhältnis ist unter anderem anzunehmen, wenn besondere Kategorien von personenbezogenen Daten (Art. 9 Abs. 1 DSGVO) zu trivialen Zwecken verarbeitet werden sollen.[522] Die Untersuchung, ob ein derartiges offensichtliches Missverhältnis besteht, hat dabei aus einer objektiv-wertenden Betrachtung zu erfolgen.[523]

Diese Auslegung des Tatbestandsmerkmals der Angemessenheit steht auch nicht im Widerspruch zu der Rechtsprechung des EuGH. Der Gerichtshof hat wiederholt darauf hingewiesen, dass in dem Grundsatz der Datenminimierung der Grundsatz der Verhältnismäßigkeit zum Ausdruck gebracht wird.[524] Unter der Berücksichtigung der bereits genannten Argumente ist diese Aussage des EuGH nicht dahingehend zu verstehen, dass bei der Anwendung des Art. 5 Abs. 1 lit. c DSGVO eine strenge Verhältnismäßigkeitsprüfung durchzuführen ist. Vielmehr müssen bei der Auslegung der einzelnen Tatbestandsmerkmale des Art. 5 Abs. 1 lit. c DSGVO die widerstreitenden Interessen der Beteiligten angemessen berücksichtigt werden. Diese Herangehensweise ist geprägt durch den Grundsatz der Verhältnismäßigkeit. In Ansehung der voranstehenden Ausführungen wird durch das Merkmal der Angemessenheit die vom Datenminimierungsgrundsatz angestrebte qualitative Begrenzung der Datenverarbeitung sichergestellt.[525]

---

521 Der EuGH hat leider in einer aktuellen Entscheidung die Chance verstreichen lassen zu dieser Frage Stellung zu nehmen. In dem Verfahren ging es um die Verarbeitung von Informationen über die sexuelle Orientierung zu Werbezwecken. EuGH, Urt. v. 04.10.2024 – C-446/21 = GRUR-RS 2024, 26053.

522 Im Ergebnis so auch *Schantz/Wolff*, Das neue Datenschutzrecht, 2017, Rn. 421; *Roßnagel* in: Simitis/Hornung/Spiecker gen. Döhmann, Datenschutzrecht, 2. Aufl., 2025, DSGVO, Art. 5, Rn. 119; *Spindler/Dalby* in: Spindler/Schuster, Recht der elektronischen Medien, 4. Aufl., 2019, DSGVO, Art. 5, Rn. 12.

523 Vgl. *Spindler/Dalby* in: Spindler/Schuster, Recht der elektronischen Medien, 4. Aufl., 2019, DSGVO, Art. 5, Rn. 12; *Reimer* in: Sydow/Marsch, DS-GVO/BDSG, 3. Aufl., 2022, DSGVO, Art. 5, Rn. 33.

524 EuGH, Urt. v. 22.06.2021 – C-439/19 = ZGI 2021, 61, Rn. 98; EuGH, Urt. v. 24.02.2022 – C-175/20 = EuZW 2022, 527, Rn. 83; EuGH, Urt. v. 04.10.2024 – C-446/21 = GRUR-RS 2024, 26053, Rn. 41; EuGH, Urt. v. 09.01.2024 – C-394/23 = NJW 2025, 807, Rn. 24.

525 Siehe hierzu Kap. 4, D.I.

3. Erforderlichkeit

Das Merkmal der Erforderlichkeit bildet das Herzstück des Grundsatzes der Datenminimierung.[526] Teilweise wird der Datenminimierungsgrundsatz darauf reduziert, eine Ausprägung des Erforderlichkeitsgrundsatzes zu sein.[527] In Anbetracht der hier vertretenen Auslegung des Merkmals der Angemessenheit stellt die Erforderlichkeitsprüfung zwar den Kern des Art. 5 Abs. 1 lit. c DSGVO dar, sie wird aber um eine normativ-wertende Betrachtungsebene ergänzt.[528]

Nach Art. 5 Abs. 1 lit. c DSGVO müssen die personenbezogenen Daten „auf das für die Zwecke der Datenverarbeitung notwendige Maß beschränkt werden". Die Datenverarbeitung ist notwendig, wenn ohne die jeweiligen Verarbeitungsvorgänge die Verarbeitungszwecke nicht erreicht werden können.[529] Maßstab für die Bestimmung der Notwendigkeit ist nicht eine Kausalität der Datenverarbeitung im Sinne der Äquivalenztheorie[530].[531] Aus dem ErwGr. 39 S. 9 DSGVO folgt, dass im Rahmen des Art. 5 Abs. 1 lit. c DSGVO kein absolutes, sondern ein relatives Verständnis des Notwendigkeitsbegriffes zu Grunde gelegt werden muss.[532] Die Datenschutzkonformität der Verarbeitung hängt davon ab, ob die Zwecke nicht in zumutbarer Weise durch andere Mittel erreicht werden können. Mithin hat der Umstand, dass es tatsächlich möglich ist, die vom Verantwortlichen angestrebten Ziele zu erreichen, ohne dass hierfür die Verarbeitung von personenbezogenen Daten notwendig wäre, nicht zwingend zur Folge, dass die Datenverarbeitung gegen den Grundsatz der Datenminimierung verstößt. Vielmehr muss unter der Berücksichtigung der Umstände des Einzelfalles untersucht werden, ob der Verzicht oder die Begrenzung der Datenverar-

526 *Frenzel* vertritt hingegen die These, dass die Erforderlichkeit durch die Merkmale der Angemessenheit und Erheblichkeit regelmäßig konsumiert wird, *Frenzel* in: Paal/Pauly, DS-GVO/BDSG, 3. Aufl., 2021, DSGVO, Art. 5, Rn. 37.

527 Vgl. *Reimer* in: Sydow/Marsch, DS-GVO/BDSG, 3. Aufl., 2022, DSGVO, Art. 5, Rn. 32; *Hornung* in: Hoffmann-Riem, Big Data – Regulative Herausforderungen, 2018, S. 86.

528 Vgl. *Thode* in: Schläger/Thode, Handbuch Datenschutz und IT-Sicherheit, 2018, Teil A, Rn. 133.

529 *Roßnagel* in: Simitis/Hornung/Spiecker gen. Döhmann, Datenschutzrecht, 2. Aufl., 2025, DSGVO, Art. 5, Rn. 121; *Steinrötter* in: Broges/Hilber, BeckOK IT-Recht, 18. Edition, Stand: 01.01.2023, DSGVO, Art. 5, Rn. 30.

530 Zur Äquivalenztheorie *Musielak*, JA 2013, 241 (241 f.).

531 Ebenso *Kramer* in: Auernhammer, DSGVO/BDSG, 8. Aufl., 2023, DSGVO, Art. 5, Rn. 37.

532 Hierzu bereits unter Kap. 4, D.II.

beitung für die Verantwortlichen keinen unangemessenen Mehraufwand begründen würde. Dieses Ergebnis entspricht dem ErwGr. 4 S. 2 DSGVO, wonach der Schutz von personenbezogenen Daten keinen absoluten Vorrang gegenüber den grundrechtlich geschützten Interessen der Verantwortlichen hat.

Ausgehend von ErwGr. 39 S. 9 DSGVO hat die Eruierung der Zumutbarkeitsgrenze im Einzelfall im Wege einer Zweck-Mittel-Relation zu erfolgen. Im Rahmen dieser Abwägung kommt es vor allem auf die Grundrechtsrelevanz der Datenverarbeitung sowie auf die zeitlichen und finanziellen Ressourcen an, die dem Verantwortlichen zur Verfügung stehen. In diesem Zusammenhang wird sich dafür ausgesprochen, dass die Verantwortlichen im Rahmen der Zweck-Mittel-Relation insbesondere berücksichtigen sollen, ob die Zweckerreichung unter Verwendung von anonymisierten Daten möglich ist.[533] Diesem Befund ist grundsätzlich zuzustimmen, obwohl dessen Aussagegehalt nicht überbewertet werden sollte. Anonymisierte Daten zeichnen sich dadurch aus, dass diese Daten keinen Personenbezug (mehr) aufweisen, ErwGr. 26 S. 5 DSGVO. Die Aufforderung zur Verwendung anonymisierter Daten, wirkt sich damit nicht auf das Merkmal der Zumutbarkeit aus, sondern benennt eines der *anderen* Mittel im Sinne des ErwGr. 39 S. 9 DSGVO. Weiterhin steht dieser Befund unter dem Vorbehalt, dass die Daten wirksam und rechtssicher anonymisiert worden sind.[534]

Neben der Anonymisierung wird die Pseudonymisierung der personenbezogenen Daten als Mittel zur Datenminimierung genannt.[535] Gemäß Art. 4 Nr. 5 DSGVO ist die Pseudonymisierung von Daten „die Verarbeitung personenbezogener Daten in einer Weise, dass die personenbezogenen Daten ohne Hinzuziehung zusätzlicher Informationen nicht mehr einer spezifischen betroffenen Person zugeordnet werden können, sofern diese zusätzlichen Informationen gesondert aufbewahrt werden und technischen

533 *Hacker*, Datenprivatrecht, 2020, S. 157; *Herbst* in: Kühling/Buchner, DS-GVO/BDSG, 4. Aufl., 2024, DSGVO, Art. 5, Rn. 58; *Weichert* in: Däubler/Wedde/Weichert/Sommer, 3. Aufl., 2024, DSGVO, Art. 5, Rn. 48; zur datenschutzrechtlichen Problematik im Hinblick auf die Anonymisierung von Daten unter Kap. 3, A.III.

534 Kritisch zur tatsächlichen Umsetzbarkeit einer rechtssicheren Anonymisierung von personenbezogenen Daten unter Kap. 3, D.

535 U. a. *Jaspers/Schwartmann/Hermann* in: Schwartmann/Jaspers/Thüsing/Kugelmann, DS-GVO/BDSG, 3. Aufl., 2024, DSGVO, Art. 5, Rn. 55; *Schantz* in: Wolff/Brink/Ungern-Sternberg, BeckOK Datenschutzrecht, 52. Edition, Stand: 01.11.2021, DSGVO, Art. 5, Rn. 25.1; *Roßnagel* in: Simitis/Hornung/Spiecker gen. Döhmann, Datenschutzrecht, 2. Aufl., 2025, DSGVO, Art. 5, Rn. 132.

und organisatorischen Maßnahmen unterliegen, die gewährleisten, dass die personenbezogenen Daten nicht einer identifizierten oder identifizierbaren natürlichen Person zugewiesen werden". Das wesentliche Merkmal der Pseudonymisierung ist die Trennung der Information von den Identifizierungssmerkmalen der natürlichen Person, wobei diese Trennung wieder aufhebbar sein muss.[536] Dementsprechend handelt es sich bei pseudonymisierten Daten weiterhin um personenbezogene Daten.[537] Dies gilt nur insoweit, als dass die verarbeitende Stelle die Möglichkeit hat, die Trennung der Information von der betroffenen Person wieder aufzuheben, Art. 4 Nr. 1 DSGVO.[538]

Vor diesem Hintergrund ist es fraglich, ob und inwiefern die Datenverarbeitung durch die Pseudonymisierung der Daten im Sinne des Art. 5 Abs. 1 lit. c DSGVO beschränkt werden kann. Der wesentliche Zweck der Pseudonymisierung besteht darin, die Risiken für die betroffenen Personen bei der Datenverarbeitung zu verringern.[539] Diese Risikoverringerung folgt aus dem Umstand, dass nur die berechtigten Stellen die Möglichkeit haben, den Personenbezug herzustellen. Auf die Datenverarbeitung durch die berechtigten Stellen in quantitativer Hinsicht wirkt sich die Pseudonymisierung der Daten nicht aus. Somit kann die Pseudonymisierung der Daten zwar einen gewichtigen Beitrag für den Schutz der personenbezogenen Daten leisten. Demgegenüber scheint sich die Pseudonymisierung der Daten nicht auf die Einhaltung dieses Grundsatzes auszuwirken.

Allerdings ist zu beachten, dass nach Art. 25 Abs. 1 DSGVO die Pseudonymisierung ausdrücklich als technisch-organisatorische Maßnahme zur Umsetzung der Datenschutzgrundsätze angeführt wird. Dabei wird explizit ein Bezug zwischen der Pseudonymisierung und dem Grundsatz der Datenminimierung hergestellt. Mithin geht der Verordnungsgeber davon aus, dass die Pseudonymisierung von personenbezogenen Daten einen Beitrag zur Einhaltung des Grundsatzes der Datenminimierung leisten kann.

---

536 *Stummer*, DuD 2023, 354 (357); *Schulz*, PinG 2019; 238 (238); *Eßer* in: Auernhammer, DSGVO/BDSG, 8. Aufl., 2023, DSGVO, Art. 4, Rn. 70.

537 *Kalbunde* in: Ehmann/Selmayr, DS-GVO, 3. Aufl., 2024, Art. 4, Rn. 32; *Ziebarth* in: Sydow/Marsch, DS-GVO/BDSG, 3. Aufl., 2022, DSGVO, Art. 4, Rn. 99; *Anderl/Kruesz*, MMR 2023, 255 (257); *Sütthoff*, ZdiW 2023, 111 (116).

538 Ausführlich hierzu *Roßnagel*, ZD 2018, 243 (246 f.); *Schulz*, PinG 2019, 238 (238).

539 *Borges* in: Borges/Hilber, BeckOK IT-Recht, 18. Edition, Stand: 01.07.2021, DSGVO, Art. 4, Rn. 66; *Hansen* in: Simitis/Hornung/Spiecker gen. Döhmann, Datenschutzrecht, 2. Aufl., 2025, DSGVO, Art. 4, Nr. 5, Rn. 16.

Die Tatsache, dass die Pseudonymisierung sich nicht auf die Menge der zu verarbeitenden Daten auswirkt, steht nicht in einem Widerspruch zu dem Aussagegehalt des Art. 25 Abs. 1 DSGVO. Der Grundsatz der Datenminimierung zielt nicht nur auf die quantitative, sondern auch und gerade auf die qualitative Begrenzung der Datenverarbeitung ab.[540] Indem die Pseudonymisierung der Daten das allgemeine Risiko für die Rechte und Interessen der betroffenen Personen verringert, wird dem Telos des Art. 5 Abs. 1 lit. c DSGVO entsprochen. Darüber hinaus ist die Absicht, pseudonymisierte Daten zu verwenden, im Rahmen der Zweck-Mittel-Relation zu Gunsten der Verantwortlichen zu beachten.

E. Grundsatz der Speicherbegrenzung

Art. 5 Abs. 1 lit. e DSGVO normiert das Prinzip der Speicherbegrenzung. Demnach dürfen personenbezogene Daten nur so lange gespeichert werden, wie die Verarbeitung dieser Daten für die Zweckerreichung erforderlich ist. Art. 5 Abs. 1 lit. e DSGVO verbrieft ein grundlegendes Prinzip der DSGVO. Personenbezogene Daten sollen dem Grunde nach nur auf Zeit gespeichert und verarbeitet werden. Bereits im Zeitpunkt der Erhebung der personenbezogenen Daten soll, soweit dies möglich ist, feststehen, wann die Daten wieder gelöscht werden, vgl. Art. 13 Abs. 2 lit. a DSGVO. Indem Art. 5 Abs. 1 lit. e DSGVO vorschreibt, dass die personenbezogenen Daten wieder zu löschen sind, findet eine zeitliche Beschränkung der Datenverarbeitungsmöglichkeiten statt. Anders ausgedrückt ergänzt der Grundsatz der Speicherbegrenzung den Grundsatz der Datenminimierung in zeitlicher Hinsicht.[541] Aus dem engen Zusammenhang zwischen dem Zweckbindungsgrundsatz und dem Grundsatz der Datenminimierung folgt zudem, dass das Prinzip der Speicherbegrenzung die Vorgaben des Art. 5 Abs. 1 lit. b DSGVO absichert.[542] Aufgrund der Vorgaben des Art. 5 Abs. 1 lit. e DSGVO muss die Datenverarbeitung beendet werden,

---

540 Hierzu unter Kap. 4, D.I.

541 *Weichert* in: Däubler/Wedde/Weichert/Sommer, 3. Aufl., 2024, DSGVO, Art. 5, Rn. 60; *Reimer* in: Sydow/Marsch, DS-GVO/BDSG, 3. Aufl., 2022, DSGVO, Art. 5, Rn. 42; *Schantz/Wolff*, Das neue Datenschutzrecht, 2017, Rn. 444; *Leeb/Liebhaber*, JuS 2018, 543 (537); *Abel*, PinG 2017, 177 (178).

542 *Herbst* in: Kühling/Buchner, DS-GVO/BDSG, 4. Aufl., 2024, DSGVO, Art. 5, Rn. 65; *Jaspers/Schwartmann/Hermann* in: Schwartmann/Jaspers/Thüsing/Kugelmann, DS-GVO/BDSG, 3. Aufl., 2024, DSGVO, Art. 5, Rn. 67; *Steinrötter* in: Borges/Hilber, BeckOK IT-Recht, 18. Edition, Stand: 01.01.2023, DSGVO, Art. 5, Rn. 36.

soweit die Zwecke der Datenverarbeitung erreicht worden sind. Hierdurch wird gewährleistet, dass das Prinzip der Zweckbindung nicht unterlaufen wird, indem die personenbezogenen Daten trotz Zweckerreichung weiterhin gespeichert werden. Vor diesem Hintergrund nimmt der Grundsatz der Speicherbegrenzung eine unterstützende, aber gleichermaßen bedeutsame Funktion im Schutzkonzept des Art. 5 DSGVO ein.[543]

Der Stellenwert dieses Grundsatzes ergibt sich nicht nur aus dem konzeptionellen Gesamtgefüge des Art. 5 Abs. 1 DSGVO. Vielmehr ergibt sich die Bedeutung des Art. 5 Abs. 1 lit. e DSGVO in Ansehung der Praxis. Die Verantwortlichen haben grundsätzlich kein Interesse daran, einmal erhobene Daten nur für eine begrenzte Zeit zu speichern. Zum einen ist das Erheben von Daten mit dem Einsatz von Ressourcen verbunden, wohingegen die Speicherung von Daten ohne nennenswerten Aufwand nahezu unbegrenzt möglich ist. Zum anderen können in der modernen Datenwirtschaft die personenbezogenen Daten in vielfältigen Kontexten verwendet werden. In diesem Zusammenhang wird von der „multifunktionalen Verwendung von personenbezogenen Daten" gesprochen.[544] Zudem besteht ein Interesse der Verantwortlichen, die Daten aufzubewahren, um auf zukünftige Entwicklungen flexibel reagieren zu können.[545] Der Grundsatz der Speicherbegrenzung bildet daher einen gewichtigen Gegenpol zu den Interessen der Verantwortlichen, um die Rechte der betroffenen Personen zu schützen. Insbesondere verdeutlich der Art. 5 Abs. 1 lit. e DSGVO, dass eine Speicherung von personenbezogenen Daten auf Vorrat, ohne dass ein konkreter Zweck verfolgt wird, unzulässig ist.[546]

Die Begrenzung der Speicherdauer erfolgt nicht anhand von starren zeitlichen Vorgaben. Aus dem Wortlaut des Art. 5 Abs. 1 lit. e DSGVO folgt vielmehr, dass ab dem Zeitpunkt der Unterschreitung der Erforderlichkeitsgrenze (im Hinblick auf die Zweckerreichung) die Identifizierung

543 Demgegenüber geht *Dokara* davon aus, dass dem Grundsatz der Speicherbegrenzung aufgrund seiner Unterstützungswirkung im Vergleich zu den anderen Grundsätzen eine geringe Bedeutung zu kommt, *Dokara*, Datenschutzgrundverodnung – rechtlicher Vorreiter oder Innovationsbremse?, 2021, S. 51.

544 So bereits das BVerfG im Volkszählungsurteil, BVerfGE 65, 1 (146) = NJW 1984, 419, Rn. 159; *Herfurth*, Big Data – Big Accountability, 2022, S. 255.

545 Vgl. *Herfurth*, Big Data – Big Accountability, 2022, S. 255.

546 Vgl. *Spiecker gen. Döhmann* in: Gethmann/Buxmann/Distelraht, Künstliche Intelligenz in der Forschung, 2022, S. 159.

der betroffenen Person nicht mehr möglich sein darf.[547] Die Grenze der zulässigen Speicherdauer ergibt sich demnach dynamisch aus den Umständen des jeweiligen Einzelfalles. Weiterhin folgt aus dem Wortlaut des Art. 5 Abs. 1 lit. e DSGVO nicht ausdrücklich, dass ab dem Zeitpunkt der Unterschreitung der Erforderlichkeitsgrenze die personenbezogenen Daten zu löschen sind. Es muss jedoch gewährleistet werden, dass die Identifizierung der betroffenen Person nicht mehr möglich ist. Nach der hier vertretenen Ansicht handelt es sich bei der Aufhebung des Personenbezuges (sprich der Anonymisierung der Daten) um eine Variante der Datenlöschung.[548] Dem Umstand, dass der Gesetzestext nicht ausdrücklich eine Löschung anordnet, ist demnach keine gesteigerte Bedeutung zuzumessen. Die Rechtsfolge, die sich aus dem Grundsatz der Speicherbegrenzung ergibt, ist die Verpflichtung zur Löschung der personenbezogenen Daten.

Aus der Löschungsverpflichtung nach Art. 5 Abs. 1 lit. e DSGVO kann sich im Einzelfall ein Spannungsverhältnis hinsichtlich der Zulässigkeit der Weiterverarbeitung zu Sekundärzwecken ergeben. Nach dem Grundsatz der Kompatibilität können personenbezogene Daten zu Sekundärzwecken verarbeitet werden, wenn diese Zwecke mit den Primärzwecken vereinbar sind.[549] Bei dieser Vereinbarkeitsprüfung wird nicht untersucht, ob zu diesem Zeitpunkt die Verarbeitung der personenbezogenen Daten noch für die Erreichung des Primärzwecks erforderlich war. Mithin ist es möglich, dass zwar eine Zweckvereinbarkeit gegeben ist, die personenbezogenen Daten aber bereits gelöscht sein müssten. In diesen Fällen wird die Zulässigkeit der Weiterverarbeitung durch den Grundsatz der Speicherbegrenzung beschränkt.[550] Durch eine andere Auslegung würde das Prinzip der Zweckbindung unterlaufen werden, da ansonsten die Verantwortlichen angehalten wären, personenbezogene Daten nach Zweckerreichung aufzubewahren, wenn die Möglichkeit bestehen könnte, diese Daten zukünftig zur Verfolgung eines kompatiblen Sekundärzwecks weiter zu verarbeiten.

547 *Kramer* in: Auernhammer, DSGVO/BDSG, 8. Aufl., 2023, DSGVO, Art. 5, Rn. 50; *Steinrötter* in: Borges/Hilber, BeckOK IT-Recht, 18. Edition, Stand: 01.01.2023, DSGVO, Art. 5, Rn. 37.

548 Hierzu unter Kap. 3, B.I.4.

549 Hierzu unter Kap. 4, C.III.2.a.

550 *Kramer* in: Auernhammer, DSGVO/BDSG, 8. Aufl., 2023, DSGVO, Art. 5, Rn. 53; *Frenzel* in: Paal/Pauly, DS-GVO/BDSG, 3. Aufl., 2021, DSGVO, Art. 5, Rn. 43.

I. Tatbestand des Art. 5 Abs. 1 lit. e DSGVO

Nach dem Grundsatz der Speicherbegrenzung dürfen personenbezogene Daten nur gespeichert werden, wenn und solange dies zur Zweckerreichung erforderlich ist. Bei der Auslegung dieses Tatbestandes ist zunächst zu klären, welches Verständnis von „speichern" dem Art. 5 Abs. 1 lit. e DSGVO zugrunde liegt. Anschließend ist zu untersuchen, welche Anforderungen an das Tatbestandsmerkmal der Erforderlichkeit zu stellen sind.

1. Begriff des Speicherns

Die DSGVO definiert den Begriff des Speicherns nicht. Aus Art. 4 Nr. 2 DSGVO geht hervor, dass es sich bei dem Speichern von personenbezogenen Daten um eine Verarbeitungsvariante handelt. In der Literatur herrscht weitestgehend Einigkeit dahingehend, dass unter Speicherung die Aufbewahrung von personenbezogenen Daten in verkörperter Form auf einem Datenträger zu verstehen ist.[551] Da es sich bei der Speicherung von Daten ausweislich des Art. 4 Nr. 2 DSGVO nur um eine der möglichen Verarbeitungsvarianten handelt, könnte der Anwendungsbereich des Art. 5 Abs. 1 lit. e DSGVO dementsprechend beschränkt sein.

Diese Annahme ist unzutreffend: Zunächst lässt sich das Speichern von personenbezogenen Daten aus technischer Sicht nicht von den anderen Verarbeitungsvarianten inhaltlich trennen. Jeder Verarbeitungsschritt setzt zwingend zumindest eine Zwischenspeicherung der Daten voraus. Weiterhin spricht der Telos des Art. 5 Abs. 1 lit. e DSGVO gegen eine derartig verkürzende Auslegung.[552] Der Grundsatz der Speicherbegrenzung soll die betroffenen Personen schützen, indem die Zulässigkeit der Datenverarbeitung in zeitlicher Hinsicht auf das erforderliche Maß beschränkt wird. Dieser Schutz würde in seiner Wirkweise drastisch verkürzt werden, wenn der Begriff der Speicherung in Art. 5 Abs. 1 lit. e DSGVO restriktiv ausgelegt würde. Mithin ist Art. 5 Abs. 1 lit. e DSGVO dahingehend auszulegen, dass

551 U. a. *Arning/Rothkegel* in: Taeger/Gabel, DSGVO/BDSG/TTDSG, 4. Aufl., 2022, DSGVO, Art. 4, Rn. 76; *Ernst* in: Paal/Pauly, DS-GVO/BDSG, 3. Aufl., 2021, DSGVO, Art. 4, Rn. 25; *Weichert* in: Däubler/Wedde/Weichert/Sommer, 3. Aufl., 2024, DSGVO, Art. 4, Rn. 40.

552 So auch *Roßnagel* in: Simitis/Hornung/Spiecker gen. Döhmann, Datenschutzrecht, 2. Aufl., 2025, DSGVO, Art. 5, Rn. 152.

jede Datenverarbeitung, die nicht die Löschung der personenbezogenen Daten zur Folge hat, ab dem Zeitpunkt der Unterschreitung der Erforderlichkeitsgrenze unzulässig ist.[553]

2. Erforderlichkeit der Datenverarbeitung

Der Anwendungsbereich des Grundsatzes der Speicherbegrenzung hängt von der Auslegung des Tatbestandsmerkmals der Erforderlichkeit ab. Aufgrund der materiellen Verbindung zwischen dem Grundsatz der Datenminimierung und dem Prinzip der Speicherbegrenzung, lassen sich die bereits aufgestellten Maßstäbe auf die Auslegung des Merkmals der Erforderlichkeit übertragen.[554] Dementsprechend hängt die Erforderlichkeit der Datenverarbeitung davon ab, ob unter Berücksichtigung der Umstände des Einzelfalls die Löschung der personenbezogenen Daten für die Verantwortlichen keinen unangemessenen Mehraufwand hinsichtlich der Zweckerreichung begründet. Die äußerste Grenze der Erforderlichkeit bildet die Zweckerreichung. Sobald sämtliche Primärzwecke erreicht worden sind und keine Zweckänderung durchgeführt worden ist, sind die personenbezogenen Daten zu löschen.

Aus der Einzelfallabhängigkeit der Löschungsverpflichtung folgt, dass die Verantwortlichen in regelmäßigen Abständen die Erforderlichkeit der Datenverarbeitung zu überprüfen haben.[555] Diese regelmäßige Überprüfungsobliegenheit wird ausdrücklich in ErwGr. 39 S. 10 DSGVO angeordnet. In welchen Abständen die Erforderlichkeitskontrolle vorzunehmen ist, lässt sich dem ErwGr. 39 S. 10 DSGVO nicht entnehmen. Für die Ermittlung eines dem Einzelfall angemessenen Turnus ist der risikobasierte Ansatz in Stellung zu bringen. Mithin hat die Überprüfung der Erforderlichkeit in engeren Abständen zu erfolgen, falls erhebliche Risiken für die Rechte und Freiheiten der betroffenen Person bestehen. Demgegenüber können die Überprüfungszeiträume großzügiger ausfallen, wenn mit der Datenverarbeitung nur ein geringes Risiko für die betroffenen Personen verbunden ist.

---

553 Vgl. *Reimer* in: Sydow/Marsch, DS-GVO/BDSG, 3. Aufl., 2022, DSGVO, Art. 4, Rn. 61.

554 Siehe hierzu unter Kap. 4, D.III.3.

555 Vgl. *Roßnagel* in: Simitis/Hornung/Spiecker gen. Döhmann, Datenschutzrecht, 2. Aufl., 2025, DSGVO, Art. 5, Rn. 159; *Schantz* in: Wolff/Brink/Ungern-Sternberg, BeckOK Datenschutzrecht, 52. Edition, Stand: 01.11.2021, DSGVO, Art. 5, Rn. 33.

II. Privilegierte Verarbeitungszwecke

Der Grundsatz der Speicherbegrenzung sieht, wie der Grundsatz der Zweckbindung ebenfalls eine Privilegierung für die Verarbeitung von personenbezogenen Daten zu Archiv- oder Forschungszwecken sowie für statistische Zwecke vor.[556] Teilweise wird diese Privilegierung als Ausnahme von dem Grundsatz der Speicherbegrenzung beschrieben.[557] Diese Formulierung ist zumindest missverständlich. Nach Art. 5 Abs. 1 lit. e HS. 2 DSGVO dürfen personenbezogene Daten *länger* verarbeitet werden, wenn die Verarbeitung auf die Erreichung der genannten Zwecke abzielt. Diese Privilegierung hat nicht zur Folge, dass in diesen Fällen die personenbezogenen Daten nie mehr gelöscht werden müssen. Eine andere Auslegung lässt der eindeutige Wortlaut des Art. 5 Abs. 1 lit. e DSGVO nicht zu. Zu beachten ist in diesem Zusammenhang, dass die Beantwortung der Frage, ob die personenbezogenen Daten weiterhin gespeichert werden dürfen, nach dem Grundsatz der Speicherbegrenzung davon abhängt, inwiefern die Daten für die Zweckerreichung noch erforderlich sind. Damit der vom Verordnungsgeber angestrebte Effekt erreicht wird, ist Art. 5 Abs. 1 lit. e HS. 2 DSGVO dahingehend auszulegen, dass die Erforderlichkeit der Speicherung erst mit der Zweckerreichung entfällt.[558]

Ebenso wie Art. 5 Abs. 1 lit. b HS. 2 DSGVO gilt die Privilegierung des Art. 5 Abs. 1 lit. e HS. 2 DSGVO nur, wenn die Verantwortlichen geeignete Garantien im Sinne des Art. 89 Abs. 1 DSGVO zum Schutz der personenbezogenen Daten vorweisen können.

---

556 *Herbst* in: Kühling/Buchner, DS-GVO/BDSG, 4. Aufl., 2024, DSGVO, Art. 5, Rn. 69; *Schantz* in: Wolff/Brink/Ungern-Sternberg, BeckOK Datenschutzrecht, 52. Edition, Stand: 01.11.2021, DSGVO, Art. 5, Rn. 34; *Buchner*, DuD 2022, 555 (556).

557 So etwa *Pötters* in: Gola/Heckmann, DS-GVO/BDSG, 3. Aufl., 2022, DSGVO, Art. 5, Rn. 28; *Voigt* in: Taeger/Gabel, DSGVO/BDSG/TTDSG, 4. Aufl., 2022, DSGVO, Art. 5, Rn. 37; *Kramer* in: Auernhammer, DSGVO/BDSG, 8. Aufl., 2023, DSGVO, Art. 5, Rn. 54.

558 In diese Richtung auch *Roßnagel* in: Simitis/Hornung/Spiecker gen. Döhmann, Datenschutzrecht, 2. Aufl., 2025, DSGVO, Art. 5, Rn. 162.

Kapitel 5: Das Spannungsverhältnis zwischen den Grundsätzen der Datenverarbeitung und der KI-Entwicklung

Der Einsatz von KI-Systemen gewinnt in der modernen Gesellschaft zunehmend an Bedeutung. Das liegt unter anderem daran, dass KI-Systeme bereits in unterschiedlichsten Bereichen – etwa im Gesundheitssystem, im Bereich der Mobilität oder im Marketing – zum Einsatz kommen.[559] Des Weiteren planen viele Branchen die Nutzung von KI-Systemen in Zukunft zu intensivieren. In diesem Zusammenhang ist auf eine Studie des Weltwirtschaftsforums zu verweisen, wonach drei Viertel der befragten Unternehmen bis zum Jahr 2027 planen, KI-Systeme in ihre Arbeitsprozesse zu integrieren.[560] Aber nicht nur im Wirtschafts-, sondern auch im Privatleben spielen KI-Systeme eine immer größere Rolle. Unter anderem gehört der Einsatz von Sprachassistenten wie Alexa oder Siri mittlerweile für viele Menschen zum Alltag.[561] Darüber hinaus hat die Veröffentlichung des Sprachmodelles ChatGPT von OpenAI im November 2022 das öffentliche Bewusstsein für die Leistungsfähigkeit und das Potenzial von KI-Systeme schlagartig erhöht.[562]

Mit dem Bedeutungszuwachs von KI-Technologien korrespondiert die Notwendigkeit, das Vertrauen in den Einsatz dieser Systeme zu stärken.[563] Wie die 2018 vom Deutschen Bundestag eingesetzte Enquete-Kommission – „Künstliche Intelligenz" zutreffend feststellt, ist es „weder möglich noch sinnvoll" den zunehmenden Einsatz von KI-Technologien aufhalten

559 Vgl. ErwGr. 3 S. 1 KI-VO; umfassend hierzu *Vogel*, Künstliche Intelligenz und Datenschutz, 2022, S. 54 ff.; *Paal*, ZfDR 2024, 129 (130); *Klar*, BB 2019, 2243 (2244); *Mühlhoff/Ruschemeier*, ZfDR 2024, 337 (338); *Fischer*, ZdiW 2024, 20 (20); *Golland*, EuzW 2024, 846 (852); *Kugelmann*, DuD 2021, 501 (502).

560 *Weltwirtschaftsforum*, Future of Jobs Report 2023, 2023, S. 6.

561 Vgl. https://de.statista.com/statistik/daten/studie/1323879/umfrage/anzahl-weltweit-verwendeter-sprachassistenten/; *Klar*, BB 2019, 2243 (2244).

562 Vgl. *Engel*, KIR 2024, 21 (21); *Paal*, ZfDR 2024, 129 (130); *Adrian*, NotBZ 2024, 201 (201); vgl. *Blum/Rappenglück*, CR 2024, 626 (626); *Baumgartner/Brunnbauer/Cross*, MMR 2025, 543 (543).

563 So auch Europäische Kommission, COM(2020), 19.02.2020, S. 2; *Plattform Lernende Systeme*, Datenschatz für KI nutzen, Datenschutz mit KI wahren. Technische und rechtliche Ansätze für eine datenschutzkonforme, gemeinwohlorientierte Datennutzung, 2023, S. 4.

zu wollen.[564] Vor diesem Hintergrund ist das erklärte Ziel der Europäischen Kommission, ein „Ökosystem für Vertrauen" für den Einsatz und die Entwicklung von KI-Systemen in der Union zu schaffen.[565] Dabei geht es nicht allein um den Erlass neuer Rechtsakte für die Regulierung von KI. Vielmehr müssen die sich aus dem geltenden Recht ergebenden Konfliktlagen zunächst analysiert und anschließend einer Lösung zugeführt werden, die sowohl einen ausreichenden Schutz grundrechtlich relevanter Interessen der natürlichen Personen bietet als auch den gesellschaftlichen und wirtschaftlichen Mehrwert, der sich durch den Einsatz von KI-Systemen ergeben kann, angemessen berücksichtigt.

In diesem Zusammenhang ist die Entwicklung von KI-Systeme in den Fokus zu nehmen. Die rechtskonforme Entwicklung von KI-Technologien ist das notwendige Substrat, um Vertrauen in den Einsatz von KI-Systemen zu begründen und zu stärken.[566] Aus datenschutzrechtlicher Perspektive bilden die Grundsätze der Datenverarbeitung das Fundament, auf dem jede Verarbeitung von personenbezogenen Daten fußen muss.[567] Wenn und soweit bei der Entwicklung von KI-Systemen personenbezogenen Daten verarbeitet werden, ist es unumgänglich, dass die rechtsverbindlichen Vorgaben des Art. 5 Abs. 1 DSGVO eingehalten werden.

Ziel dieses Kapitels ist es, vor diesem Hintergrund zu untersuchen, ob und inwiefern es bei der Entwicklung von KI-Systemen zu Friktionen mit den Grundsätzen der Datenverarbeitung kommen kann. Die Untersuchung beschränkt sich dabei auf die Grundsätze der Zweckbindung, Datenminimierung sowie Speicherbegrenzung.[568]

Darüber hinaus werden die Rechtsakte, welche die DSGVO flankieren – die KI-VO und die Rechtsakte bezüglich der europäischen Datenräume – bei der Analyse der möglichen Konfliktlagen im Hinblick auf die Grundsätze der Datenverarbeitung aus Art. 5 Abs. 1 DSGVO zunächst ausgeklammert und erst im nächsten Kapitel behandelt.

564 Enquete-Kommission Künstliche Intelligenz, Drucksache 19/23700, 2020, S. 28.
565 Europäische Kommission, COM(2020), 19.02.2020, S. 10; ErwGr. 2 KI-VO.
566 Vgl. *Ballestrem et al.* in: Ballestrem/Bär/Gausling/Hack/Oelffen, Künstliche Intelligenz, 2020, S. 4.
567 Zur rechtlichen Wirkung der Grundsätze aus Art. 5 Abs. 1 DSGVO unter Kap. 4, A.
568 So bereits zu Beginn dieser Arbeit dargelegt. Kap. 1, C.

A. Ausgangspunkt

KI-Systeme und deren Entwicklung sind von einer starken Datenabhängigkeit geprägt.[569] Anzahl und Qualität der vorhandenen Trainingsdaten wirken sich maßgeblich auf die Leistungsfähigkeit und die Genauigkeit des jeweiligen KI-Systems aus. Bei der KI-Entwicklung gilt die Prämisse, dass mehr (und qualitativ hochwertigere) Trainingsdaten zu einer besseren Funktionsfähigkeit des jeweiligen Modells führen.[570] Diese Trainingsdaten müssen nicht in jedem Fall einen Personenbezug im Sinne des Art. 4 Nr. 1 DSGVO aufweisen. Vielmehr ergibt sich aus dem Trainingszweck, ob und inwiefern die Verarbeitung von personenbezogenen Daten für die Entwicklung des KI-Systems erforderlich ist. Allerdings ist zu beachten, dass aufgrund der weiten Definition von personenbezogenen Daten nach Art. 4 Nr. 1 DSGVO im Einzelfall geprüft werden muss, ob es sich bei den Trainingsdaten um personenbezogene Daten handelt. Dementsprechend wird vertreten, die Verantwortlichen sollten stets davon ausgehen, dass es sich unabhängig von den konkret verfolgten Entwicklungszielen bei den Trainingsdaten um personenbezogene Daten handelt.[571] Hierfür spricht auch, dass bei breit angelegten Datenerhebungen zum Zwecke des KI-Trainings regelmäßig personenbezogene Daten zumindest miterhoben werden.[572]

Die Annahme dieser Prämisse hat einerseits zur Folge, dass sich der Aufwand erhöht, welcher zur Einhaltung Anforderungen an die Rechtmäßigkeit der Datenverarbeitung bei der KI-Entwicklung nach der DSGVO nötig ist. Andererseits verringert sich hierdurch das Haftungsrisiko für

569 *Heinze/Sorge/Specht-Riemenschneider*, KIR 2024, 11 (12); *Bierekoven*, ITRB 2023, 211 (212); *Paal* in: Kaulartz/Braegelmann, Artificial Intelligenz und Machine Learning, 2020, Kap. 8.7, Rn. 1; *Gausling*, PinG 2019, 61 (64); *Le7Treibel*, ZD 2024, 370 (371).

570 *Siems/Repka*, Unrechtmäßige Nutzung von KI-Trainingsdaten als Gefahr für neue Geschäftsmodelle – Compliance-Anforderungen bei der Entwicklung von KI-Systemen, in: Taeger (Hrsg.), DSRI Tagungsband 2021, 517 (517); *Vogel*, Künstliche Intelligenz und Datenschutz, 2022, S. 49; *Stiemerling* in: Kaulartz/Braegelmann, Rechtshandbuch Artificial Intelligence und Machine Learning, 2020, Kap. 2, Rn. 15; *Paal*, ZfDR 2024, 129 (130); *Werkmeister/Laux*, PinG 2023, 103 (104); demgegenüber wird diese Prämisse in der Big-Data-Forschung auch kritisch diskutiert, hierzu *Biega/Finck*, TechReg 2021, 44 (45).

571 Vgl. *Stege/Kuß* in: Chibanguza/Kuß/Steege, Künstliche Intelligenz, 2022, § 2, C., Rn. 12; *Krügel/Pfeiffenbring* in: Ebers/Heinze/Krügel/Steinrötter, Künstliche Intelligenz und Robotik, 2020, § 11, Rn. 12; *Hanßen/Vogel*, ZdiW 2024, 131 (133); *Hüger*, ZfDR 2024, 263 (268 f.).

572 *Dieker*, ZD 2024, 132 (133); *Hornung* in: Hoffmann-Riem, Big Data – Regulative Herausforderungen, 2018, S. 83; *Paal*, ZfDR 2024, 129 (131).

die Verantwortlichen und es müssen keine Ressourcen verwendet werden, um zu überprüfen, ob einzelne Daten einen Personenbezug aufweisen. Es handelt sich daher, um eine praxistaugliche und pragmatische Herangehensweise für die KI-Entwicklung. Die nachfolgende Analyse folgt diesem Ansatz auch deshalb, weil so der Fokus auf die Spannungsverhältnisse gelegt werden kann, die bei der Entwicklung von KI-Systemen im Hinblick auf die Grundsätze der Datenverarbeitung entstehen und die Untersuchung dabei nicht durch die Frage der Anwendbarkeit der DSGVO im Einzelfall an Schärfe verliert. Vor diesem Hintergrund wird im Nachfolgenden stetes davon ausgegangen, dass bei der Entwicklung von KI-Systemen solche Trainingsdaten verarbeitet werden, die einen Personenbezug aufweisen.

Auch die Literatur legt diese Prämisse in der Regel der datenschutzrechtlichen Analysen von Fragestellungen im Zusammenhang mit KI-Systemen zugrunde.[573] Daran anknüpfend wird in Teilen der Literatur die Ansicht vertreten, die Grundsätze der Datenverarbeitung nach Art. 5 Abs. 1 DSGVO stünden der Entwicklung von KI-Systemen diametral entgegen.[574] Dies folge vor allem aus der selbstlernenden Struktur der KI-Systeme sowie ihrer Abhängigkeit von enormen Datenmengen.[575] Mithin solle die Entwicklung von KI-Systemen qua ihrer Natur unvereinbar mit den Vorgaben des Art. 5 Abs. 1 DSGVO sein. Diese These dient als Ausgangspunkt der nachfolgenden Analyse und muss aufgrund ihrer pauschalen Aussagegehalts einer kritischen Untersuchung zugeführt werden. Zuvor gilt es, die Abstraktionshöhe der Betrachtung zu eruieren.

Wie bereits zu Beginn dieses Kapitels angeführt worden ist, sind KI-Systeme in einer Vielzahl von Bereichen bereits im Einsatz. Zum gegenwärtigen Zeitpunkt lässt sich nur schwer absehen, wo KI-Systeme in den nächsten Jahren noch zur Anwendung kommen werden. Infolge dieser großen Diversität potenzieller Einsatzbereiche von KI, benötigt die Entwicklung von KI-Systemen ganz unterschiedliche Kategorien personenbezogener

573 U. a. *Paal*, ZfDR 2024, 129 (131); *Vogel*, Künstliche Intelligenz und Datenschutz, 2022, S. 84 f.; *Valkanova* in: Kaulartz/Braegelmann, Rechtshandbuch Artificial Intelligence und Machine Learning, 2020, Kap. 8.1, Rn. 1; *Schwartmann/Keber/Zenner*, KI-Verordnung, 2024, Kap. 3, Rn. 17.

574 In diese Richtung *Roßnagel* in: Simitis/Hornung/Spiecker gen Döhmann, Datenschutzrecht, 2. Aufl., 2025, DSGVO, Art. 5, Rn. 111; *Baumgartner/Brunnbauer/Cross*, MMR 2023, 543 (545); im Hinblick auf Big Data im allgemeinen vgl. *Hornung* in: Hoffman-Riem, Big Data – Regulative Herausforderungen, 2018, S. 85; *Leistner/Antoine/Sagstetter*, Big Data, 2021, S. 281 f.

575 Vgl. *Baumgartner/Brunnbauer/Cross*, MMR 2023, 543 (545); *Ruschemeier*, DuD 2025, 349 (350).

Daten.[576] Weiterhin ergeben sich aus Art. 5 Abs. 1 DSGVO keine starren Vorgaben für die Datenverarbeitung. Vielmehr zeichnen sich die Tatbestandsmerkmale der jeweiligen Datenverarbeitungsgrundsätze durch ihre Einzelfallabhängigkeit und die damit verbundene Skalierbarkeit aus. Dementsprechend können die Anforderungen, die sich aus Art. 5 Abs. 1 DSGVO für die Entwicklung von KI-Systemen ergeben, im Einzelfall stark divergieren.

Zur Beantwortung der Frage, ob und inwiefern die Entwicklung von KI-Systemen mit den Grundsätzen der Datenverarbeitung vereinbar ist, muss eine Betrachtungsperspektive gewählt werden, die sich nicht am Einzelfall orientiert. Diese Dekontextualisierung ist ein notwendiger Schritt, um die sich potenziell ergebenden Konfliktlagen zu systematisieren und die daraus gewonnen Erkenntnisse entweder für die Verantwortlichen im Wege einer (Re-)Konkretisierung im Einzelfall operationalisierbar zu machen oder Denkanstöße für eine Evaluation und Novellierung des geltenden Rechts zu liefern. Hierfür ist auf Gemeinsamkeiten sich ergebender Konfliktlagen abzustellen, die unabhängig vom konkreten Zweck der jeweiligen KI-Systeme bei deren Entwicklung bestehen. Allen KI-Systemen ist gemein, dass ihre Entwicklung auf die im zweiten Kapitel vorgestellten Trainingsverfahren zurückgreift. Der nachfolgende Abschnitt analysiert daher die sich aus Art. 5 Abs. 1 DSGVO potenziell ergebenden Konfliktlagen entlang der einzelnen KI-Trainingsmethoden.

Ferner ist zu beachten, dass das Training von KI-Systemen aus verschiedene Verarbeitungsphasen besteht:[577] Bevor KI-Systeme mit Daten trainiert werden können, müssen diese Daten erhoben oder im Sinne des Art. 5 Abs. 1 lit. b DSGVO weiterverarbeitet werden. Die Erhebung und Nutzbarmachung von bereits erhobenen personenbezogenen Daten zum Zwecke des KI-Trainings werden im Folgenden als Generierung von Trainingsdaten beschrieben. Die Generierung von Trainingsdaten bildet

576 Vgl. *Siems/Repka*, Unrechtmäßige Nutzung von KI-Trainingsdaten als Gefahr für neue Geschäftsmodelle – Compliance-Anforderungen bei der Entwicklung von KI-Systemen, in: Taeger (Hrsg.), DSRI Tagungsband 2021, 517 (517); *Vogel*, Künstliche Intelligenz und Datenschutz, 2022, S. 162.

577 *LfDI Baden-Württemberg*, Rechtsgrundlagen im Datenschutz beim Einsatz von Künstlicher Intelligenz, 2023, S. 7 ff.; *Reichert/Radtke/Eske*, ZD 2024, 483 (484); *Sens*, Der Zweckbindungsgrundsatz der DSGVO beim Machine Learning im Vertrieb, 2024, S. 20 f.; *Paal*, ZfDR 2024, 129 (132); *Hüger*, ZfDR 2024, 263 (266 f.); DSK, Orientierungshilfe zu empfohlenen technischen und organisatorischen Maßnahmen bei der Entwicklung und beim Betrieb von KI-Systemen, 2025, S. 4; *EDSA*, Stellungnahme 28/2024 zu gewissen Datenschutzaspekten der Verarbeitung personenbezogener Daten im Zusammenhang mit KI-Modellen, 2024, S. 13.

das Fundament für die weiteren Verarbeitungsschritte bei der Entwicklung von KI-Systemen. Dementsprechend setzt eine datenschutzkonforme KI-Entwicklung die datenschutzkonforme Generierung von Trainingsdaten voraus. Der Schwerpunkt der nachfolgenden Analyse, welche Konfliktlagen bei der Generierung von Trainingsdaten auftreten können, liegt auf den wesentlichen Methoden für die Datengenerierung und die hieraus möglicherweise entstehenden Spannungsverhältnisse mit den Grundsätzen der Datenverarbeitung.

B. Generierung von Trainingsdaten

Die Entwicklung von KI-Systemen gliedert sich in unterschiedliche Phasen. Im Wesentlichen kann zwischen der Generierung und Bereinigung bzw. Aufbereitung der Trainingsdaten sowie der Lernphase differenziert werden.[578] Ausgangspunkt für die KI-Entwicklung bildet die Phase der Generierung und Akkumulation von Daten, mit denen die KI-Systeme trainiert werden können. Da die Qualität des jeweiligen KI-Systems von den Trainingsdaten abhängt, ist das Generieren solcher Trainingsdaten einer der wichtigsten Verarbeitungsschritte innerhalb des Entwicklungszyklus von KI-Systemen.[579] Die Trainingsdaten bilden das Fundament des jeweiligen KI-Systems. Dementsprechend kommt eine datenschutzkonforme KI-Entwicklung überhaupt erst in Betracht, wenn bereits bei der Generierung der Trainingsdaten die Grundsätze der Datenverarbeitung aus Art. 5 Abs. 1 DSGVO beachtet werden.[580]

Die DSGVO adressiert die Datenverarbeitung zum Zwecke der Generierung von Trainingsdaten nicht explizit. Dementsprechend enthält die DSGVO keine Definition dieses Begriffes. Allerdings greift die KI-VO den Begriff der Trainingsdaten auf und enthält eine Definition desselben. Nach Art. 3 Nr. 29 KI-VO sind Trainingsdaten solche, „die zum Training eines KI-Systems verwendet werden“. Der Normgeber verzichtet darauf, den Begriff der Trainingsdaten darüber hinaus inhaltlich zu schärfen. Die Tatsache, dass „Trainingsdaten“ als Rechtsbegriff nicht präziser konturiert wurde, ist jedoch kein Versäumnis. Die bewusst weit gefasste Definition von Trainingsdaten trägt vielmehr dem Umstand Rechnung, dass KI-Systeme mannigfaltig einsetzbar sind. Entsprechend divers sind die für das Training

578 Vgl. *Hacker*, GRUR 2020, 1025 (1026), *Paal*, ZfDR 2024, 129 (132).
579 *Ruschemeier*, DuD 2025, 349 (351); *Hüger*, ZfDR 2024, 263 (267).
580 Vgl. *Franke*, RDi 2023, 565 (565).

der KI-Systeme benötigten Datenarten. Bei einer restriktiven Definition von Trainingsdaten bestünde die Gefahr, dass diese Konkretisierung die KI-Entwicklung behindert. Aus datenschutzrechtlicher Perspektive hat dieses Begriffsverständnis zur Folge, dass jede Kategorie von personenbezogenen Daten grundsätzlich für das Training von KI-Systemen in Betracht kommt.

Die für das Training benötigten Daten können aus unterschiedlichen Quellen stammen. Welche Datenart erhoben und welche Methode hierfür genutzt wird, hängt von den mit der KI-Entwicklung verfolgten Zielen ab. Für die in dieser Arbeit behandelte Frage lassen sich im Wesentlichen drei Anknüpfungspunkte für die Generierung von Trainingsdaten ausmachen: Es werden bereits durch den Verantwortlichen erhobene personenbezogene Daten weiterverarbeitet (I.), es werden Daten aus frei zugänglichen Quellen des Internets extrahiert (II.) oder es werden bei spezifisch ausgewählten betroffenen Personen unmittelbar personenbezogene Daten erhoben (III.). Darüber hinaus können Verantwortliche die benötigten Trainingsdaten von Datenhändlern erwerben.[581] Der Handel mit personenbezogenen Daten, auch und gerade über Datenhandelsplattformen, wirft viele eigenständige datenschutzrechtliche Fragen auf, sodass sich in dieser Arbeit mit diesen Problemfeld nicht auseinandergesetzt werden kann. Es ist jedoch anzumerken, dass der Handel mit Daten nicht bereits konzeptionell mit den Grundsätzen der Datenverarbeitung unvereinbar ist, vgl. Art. 1 Abs. 3 DSGVO. Die Einhaltung der Vorgaben des Art. 5 Abs. 1 DSGVO könnte sogar erleichtert werden, wenn die Übermittlung der personenbezogenen Daten von professionellen und datenschutzrechtlich versierten Datenhändlern vorgenommen wird. Aktuelle Recherchen vom BR und Netzpolitik.org haben jedoch nachgewiesen, dass Datenhändler teilweise sehr nachlässig mit personenbezogenen Daten umgehen.[582] Es bleibt abzuwarten, welche datenschutzrechtlichen Problemstellungen beim Handel mit personenbezogenen Daten noch identifiziert werden.

Untersuchungsgegenstand der nachfolgenden Analyse sind die drei genannten Formen der Generierung von Trainingsdaten. Ziel der Analyse ist es, die Besonderheiten herauszuarbeiten, die aufgrund der jeweiligen Form der Datengewinnung im Hinblick auf die Grundsätze der Datenverarbeitung auftreten können. Zu diesem Zwecke wird die Datengenerierung als Verarbeitungsschritt isoliert betrachtet. Datenschutzrechtliche Problemstel-

581 Vgl. *Zech*, NJW 2022, 502 (504); *Hüger/Radtke*, KIR 2025, 154 (157).

582 https://netzpolitik.org/2024/databroker-files-die-grosse-datenhaendler-recherche-im-ueberblick/.

lungen, die sich aus der Wahl des jeweiligen Trainingsverfahrens ergeben können, werden zunächst ausgeklammert und erst im Abschnitt C. dieses Kapitels behandelt.

I. Weiterverarbeitung von bereits erhobenen Daten

Die Nutzung von bereits selbst erhobenen Daten zum Zwecke des KI-Trainings ist von hoher praktischer Bedeutung.[583] Für Verantwortliche können die Daten ihrer Nutzer eine wesentliche Grundlage bilden, um eigene KI-Dienste zu entwickeln oder zu verbessern. Insbesondere im Bereich des E-Commerce, aber auch bei Streaming-Anbietern, werden die Nutzerdaten dafür verwendet, um KI-Systeme dahingehend zu trainieren, dass diese Systeme den Nutzern entsprechend ihrer individuellen Interessen Vorschläge unterbreiten.[584] Auch spielt die Nutzung von Mitarbeiterdaten für Unternehmen beim Training von KI-Systemen eine erhebliche Rolle. Mittlerweile werden KI-Systeme unter anderem genutzt, um eingehende Stellenbewerbungen vorzusortieren.[585] Für das Training dieser Systeme werden in der Regel Daten von erfolgreichen Bewerbern genutzt.[586]

Die Weiterverarbeitung bereits erhobener Daten muss den Anforderungen des Zweckbindungsgrundsatzes aus Art. 5 Abs. 1 lit. b DSGVO genügen. Grundsätzlich ist die Weiterverarbeitung von personenbezogenen Daten untersagt, soweit sich Erhebungs- und Weiterverarbeitungszwecke nicht decken. Die Bindungswirkung der ursprünglichen Zweckfestlegung kann allerdings gelockert werden, wenn und soweit die neuen Zwecke mit den bei der Datenerhebung festgelegten Zwecken „vereinbar" sind, Art. 5 Abs. 1 lit. b DSGVO. Der Maßstab für diese Vereinbarkeitsprüfung folgt aus Art. 6 Abs. 4 DSGVO. Darüber hinaus ist eine Weiterverarbeitung ohne Durchführung eines Kompatibilitätstest möglich, wenn es sich bei den Weiterverarbeitungszwecken um privilegierte Zwecke im Sinne des

583 *Bierekoven*, ITRB 2019, 261 (263); *Valkanova* in: Kaulartz/Braegelmann, Artificial Intelligenz und Machine Learning, 2020, Kap. 8.1, Rn. 3; vgl. *Vogel*, Künstliche Intelligenz und Datenschutz, 2022, S. 157; vgl. *Kruedener/Göbel* in: Schefzig/Kilian, BeckOK KI-Recht, 1. Edition, Stand: 01.01.2025, Art. 59, Rn. 10.

584 *Deckert/Meyer*, Digitalisierung und Künstliche Intelligenz, 2020, S. 19.

585 *Kössel*, DB 2024, 1069 (1069); *Hersemeyer/Ludolph*, Datenschutzrechtliche Herausforderungen beim Einsatz Künstlicher Intelligenz im Unternehmenskontext, in: Taeger (Hrsg.), DSRI Tagungsband 2023, 365 (369).

586 Vgl. *Hartmann*, EuZA 2019, 421 (421); *Dzida/Groh*, NJW 20198, 1917 (1917).

Art. 5 Abs. 1 lit. b HS. 2 DSGVO handelt. In diesen Fällen wird die Zweckvereinbarkeit fingiert.

Die grundsätzliche Möglichkeit der rechtmäßigen Weiterverarbeitung von personenbezogenen Daten zu anderen Zwecken hat zur Folge, dass die Weiterverarbeitung zum Zwecke des KI-Trainings nicht generell als unzulässig anzusehen ist. Dieser Befund ergibt sich aus Art. 6 Abs. 4 DSGVO. Das Regelungsregime dieser Norm setzt der Weiterverarbeitung keine starren inhaltlichen Grenzen. Anders ausgedrückt: Die Vereinbarkeitsprüfung scheitert nicht bereits daran, dass die Daten zum Zwecke des Trainings von KI-Systemen weiterverwendet werden sollen.

Ausgehend hiervon konzentriert sich die nachfolgende Untersuchung darauf, ob aus dem Umstand, dass Daten zum Zwecke des KI-Trainings weiterverarbeitet werden sollen, sich unabhängig vom Einzelfall Besonderheiten ergeben können, die bei der Überprüfung der Rechtmäßigkeit der Zweckänderung zu berücksichtigen sind. Zunächst stellt sich dabei die Frage, ob die Verarbeitung von personenbezogenen Daten für die Entwicklung von KI-Systemen unter einen der in Art. 5 Abs. 1 lit. b HS. 2 DSGVO abschließend aufgezählten privilegierten Verarbeitungszwecke subsumiert werden kann.

1. KI-Entwicklung als privilegierter Verarbeitungszweck?

Gemäß Art. 5 Abs. 1 lit. b HS. 2 DSGVO zählen zu den privilegierten Verarbeitungszwecken Archivzwecke, wissenschaftliche und historische Zwecke sowie statistische Zwecke. Für die vorliegende Fragestellung können zunächst die Archivzwecke unberücksichtigt bleiben. Die Privilegierung der Datenverarbeitung zu Archivzwecken verfolgt das Ziel, Informationen, an denen ein öffentliches Interesse besteht, zu erhalten und zugänglich zu machen (ErwGr. 158 S. 2 DSGVO). Die weitergehende Nutzung der archivierten Daten ist hingegen nicht von der Privilegierungswirkung umfasst.[587] Mithin kann die Weiterverarbeitung von Daten zum Zwecke der KI-Entwicklung nicht auf die privilegierten Archivzwecke gestützt werden. Schon das Ziel, eine Trainingsdatenbank aufzubauen, wäre unter dieser Privilegierungsvariante nicht privilegierungsfähig. Der primäre Zweck solcher Datenbanken besteht darin, Daten für das KI-Training zu sammeln und auf-

587 *Roßnagel* in: Simitis/Hornung/Spiecker gen. Döhmann, Datenschutzrecht, 2. Aufl., 2025, DSGVO, Art. 5, Rn. 105.

zubereiten. Die Weiterverwendung der Daten steht im Vordergrund, nicht dagegen deren Informationsgehalt. Demgegenüber setzt die datenschutzrechtliche Privilegierung der Archivierung nach ErwGr. 158 S. 2 DSGVO ein allgemeines öffentliches Interesse an der Information voraus. Die Erleichterung der Speicherung, Aufbereitung und Zugänglichmachung wird erst durch den Informationsgehalt als solcher gerechtfertigt, wohingegen die potenzielle Fruchtbarmachung der Information für den Archivierungszweck keine Rolle spielen darf.[588]

Eine vereinfachte Weiterverarbeitung der personenbezogenen Daten kommt nur in Betracht, wenn die Entwicklung von KI-Systemen unter den Begriff der Forschung oder der Statistik subsumiert werden kann.

a. Forschungsprivileg

Der Einsatz und somit auch die Entwicklung von KI-Systemen in der Wissenschaft und Forschung haben erheblich an Bedeutung dazu gewonnen.[589] Teilweise sind sogar die Modelle als solche Forschungsgegenstand.[590] Es ist daher naheliegend, dass die Weiterverarbeitung von personenbezogenen Daten teilweise auf das Forschungsprivileg des Art. 5 Abs. 1 lit. b HS. 2 DSGVO gestützt werden kann. Die nachfolgende Untersuchung orientiert sich allerdings nicht daran, welche Vorhaben im Einzelfall privilegierungswürdig sind. Aufgrund der eingangs festgelegten Abstraktionshöhe der Untersuchung gilt es vielmehr zu analysieren, welche grundsätzlichen Voraussetzungen für die Privilegierungswürdigkeit eines Vorhabens erfüllt sein müssen. Hierbei ist zu berücksichtigen, ob und inwiefern die Entwicklung von KI-Systemen als Verarbeitungszweck sich auf die Privilegierungswürdigkeit nach Art. 5 Abs. 1 lit. b HS. 2 DSGVO auswirkt.

Gesellschaftlicher Fortschritt ist eng verbunden mit Erfolgen und Innovation aus dem Bereich der Forschung.[591] In einer digitalisierten Gesell-

588 Vgl. *Buchner/Tinnefeld* in: Kühling/Buchner, DS-GVO/BDSG, 4. Aufl., 2024, DSGVO, Art. 89, Rn. 9b f.

589 *Gethmann et. al.* in: Gethmann/Buxmann/Distelraht, Künstliche Intelligenz in der Forschung, 2022, S. 9 f.

590 Vgl. https://www.iks.fraunhofer.de/de/themen/kuenstliche-intelligenz/kuenstliche-intelligenz-forschung.html (zuletzt abgerufen am 29.04.2024.).

591 Vgl. *Specht-Riemenschneider/Wehde*, ZGI 2022, 3 (3); *Louven* in: Taeger/Gabel, DSGVO/BDSG/TTDSG, 4. Aufl., 2022, DSGVO, Art. 89, Rn. 7.

schaft spielt die datenbasierte Forschung eine zentrale Rolle.[592] Aus diesem Grund war es dem Verordnungsgeber ein besonderes Anliegen, dass die DSGVO nicht zum Hemmschuh für eine datengetriebenen Forschung wird.[593] Dementsprechend findet sich in ErwGr. 159 S. 2 DSGVO die Vorgabe, wonach der Forschungsbegriff weit auszulegen ist. Insbesondere soll die technologische Entwicklung berücksichtigt werden. Weiterhin weist ErwGr. 159 S. 2 explizit darauf hin, dass sich nicht nur öffentliche Stellen, sondern auch und gerade private bzw. privat finanzierte Stellen sich auf das Forschungsprivileg berufen können. Aus ErwGr. 159 S. 2 DSGVO lassen sich keine materiellen Einschränkungen des Forschungsbegriffes ableiten, sodass Forschung zur Verfolgung von kommerziellen Zwecken nicht von Vornhinein von der Privilegierung des Art. 5 Abs. 1 lit. b HS. 2 DSGVO ausgeschlossen ist.[594] In Anbetracht dessen stellt sich die Frage, ob und inwiefern sich Verantwortliche auf das Forschungsprivileg berufen können, wenn sie KI-Systeme entwickeln wollen. Hierfür ist zunächst der der DSGVO zugrunde liegende Forschungsbegriff in den Blick zu nehmen.

In der DSGVO findet sich keine Legaldefinition des Forschungsbegriffes. Im Rahmen des Art. 13 S. 1 GRC wird der Begriff der Forschung einheitlich dahingehend ausgelegt, dass Forschung die methodisch, systematisch und nachprüfbare Generierung neuer Erkenntnisse beschreibt.[595] Aufgrund des Rangverhältnis zwischen GRC und DSGVO sowie aus Gründen der einheitlichen Auslegung des Unionsrechts ist auf dieses Verständnis von Forschung für die Auslegung des Forschungsbegriffes der DSGVO zu rekurrieren.[596] Hierfür spricht ferner, dass sich weder aus der Gesetzgebungs-

592 Datenethikkommission, Gutachten, 2019, S. 124; *Spiecker gen. Döhmann* in: Gethmann/Buxmann/Distelraht, Künstliche Intelligenz in der Forschung, 2022, S. 147.

593 Datenethikkommission, Gutachten, 2019, S. 124; vgl. *Buchner*, DuD 2022, 555 (555).

594 *EDSB*, A Preliminary Opinion on data protection and scientific research, 2020, S. 11; vgl. *Herfurth*, Big Data – Big Accountability, 2022, S. 263; *Mantz/Marois* in: Specht/Mantz, Handbuch Europäisches und deutsches Datenschutzrecht, 2019, § 3, Rn. 93; *Rossnagel*, ZD 2019, 157 (159); *Grages* in: Plath, DSGVO/BDSG/TTDSG, 4. Aufl., 2023, DSGVO Art. 89, Rn. 6; *Duisberg* in: Borges/Keil, Big Data, 2024, § 6, Rn. 73; a. A. wohl *Richter*, DuD 2016, 581 (584).

595 *Ruffert* in: Calliess/Ruffert, EUV/AEUV, 6. Aufl., 2022, GRCh, Art. 13, Rn. 6; *Jarass* in: Jarass, GRCh, 4. Aufl., 2021, Art. 13, Rn. 8; *Geminn*, DuD 2018, 640 (640 f.); *Herfurth*, Big Data – Big Accountability, 2022, S. 263; *Greve* in: Auernhammer, DSGVO/BDSG, 8. Aufl., 2023, DSGVO, Art. 83, Rn. 5.

596 In diese Richtung auch *Vogel*, der jedoch auf den Forschungsbegriff aus dem Grundgesetz zurückgreift, *Vogel*, Künstliche Intelligenz und Datenschutz, 2022, S. 155; ähnlich *Johannes/Richter*, DuD 2017, 300 (300 f.); *Weichert*, ZD 2020, 18 (19); *Pötters* in: Gola/Heckmann, DS-GVO/BDSG, 3. Aufl., 2022, DSGVO, Art. 89, Rn. 22; *Nie-*

historie noch aus dem Schutzzweck der DSGVO Anhaltspunkte ergeben, die eine eigene datenschutzrechtliche Definition des Forschungsbegriffes erforderlich machen.

Das zentrale Merkmal für die Eröffnung des Anwendungsbereichs des Forschungsprivilegs ist das Ziel, mit der Datenverarbeitung neue Erkenntnisse zutage zu fördern. Dementsprechend kann das Forschungsprivileg nicht für die Entwicklung solcher KI-Systeme fruchtbar gemacht werden, die nicht der Generierung neuen Wissens dienen. Hierzu zählen auch und gerade generative KI-Systeme wie etwa der Textgenerator ChatGPT oder der Bildgenerator Midjourney. Diese Systeme zielen darauf ab, „neue Werke" zu schaffen, nicht jedoch neue Erkenntnis zu generieren.

Vergleichbares gilt für KI-Systeme, die im Wege des bestärkenden Lernens trainiert werden. Diese Modelle werden mit dem Ziel entwickelt, eine Problemlösung innerhalb eines sich dynamisch verändernden Umfeldes zu finden. Die Generierung neuer Erkenntnis steht bei diesem Lernverfahren hingegen nicht im Fokus.

Unabhängig von den genannten Beispielen verbleibt eine große Anzahl an KI-Systemen, denen eine explorative Ausrichtung zu Grunde liegt.[597] Entsprechend weit bleibt der potenzielle Anwendungsbereich für eine Privilegierung der Weiterverarbeitung von personenbezogenen Daten zum Zwecke des KI-Trainings nach Art. 5 Abs. 1 lit. b HS. 2 DSGVO. Wichtig ist dabei, dass sich ein retrospektiv festgestellter fehlender Erkenntnisgewinn nicht rückwirkend auf die Privilegierung der Datenverarbeitung auswirkt. [598] Dies folgt bereits aus dem Umstand, dass die Zweckfestlegung zwingend vor der Datenverarbeitung erfolgen muss.[599]

Ferner ist zu beachten, dass eine explorative Ausrichtung des zu entwickelnden KI-Systems nicht die einzige Voraussetzung ist, damit eine Eröffnung des Anwendungsbereichs dieser Privilegierungsvariante in Betracht kommt. Der Forschungsbegriff setzt zusätzlich ein methodisches, systematisches und nachvollziehbares Vorgehen voraus. Diese Merkmale gewährleisten, dass nur solche Datenverarbeitungsvorgänge von der Privilegierung

---

mann/Kevekodrdes, CR 2020, 179 (179); mit Verweis auf ErwGr. 159 DSGVO hingegen kritisch *Spiecker gen. Döhmann* in: Gethmann/Buxmann/Distelraht, Künstliche Intelligenz in der Forschung, 2022, S. 163.

597 Vgl. mit verschiedenen Beispielen *Spiecker gen. Döhmann* in: Gethmann/Buxmann/Distelraht, Künstliche Intelligenz in der Forschung, 2022, S. 148.

598 *Werkmeister/Schwaab*, CR 2019, 85 (86); *Weichert*, ZD 2020, 18 (19).

599 ErwGr. 39 S. 6 DSGVO, vertiefend hierzu Kap. 4, C.III.1. (S. 73 f.).

erfasst sind, die den grundlegenden wissenschaftlichen Anforderungen und Standards genügen.[600]

Bei der Behandlung der vorliegenden Fragestellung können die für die Forschung charakteristischen Merkmale der Methodik und der Systematik vernachlässigt werden. Die Entwicklung von KI-Systemen ist unabhängig vom Einzelfall stets durch ein methodisches und systematisches Vorgehen gekennzeichnet.[601] Bei dem Versuch, die Entwicklung von KI-Systemen unter den Forschungsbegriff zu subsumieren, kommt es daher auf die Merkmale des Erkenntnisgewinns und der Nachprüfbarkeit an. Ausgangspunkt der nachfolgenden Untersuchung bildet insoweit die Frage, ob und inwiefern materiell-rechtliche Anforderungen an das Forschungsvorhaben zu stellen sind.

aa. Privilegierungswürdigkeit des Forschungsvorhabens

Aus der DSGVO lassen sich auf den ersten Blick keine materiellen Anforderungen an die Privilegierungswürdigkeit des Forschungsvorhabens ableiten. Mithin können sich grundsätzlich auch kommerzielle Forschungsvorhaben und Industrieforschung auf die Privilegierung des Art. 5 Abs. 1 lit. b HS. 2 DSGVO berufen.[602] Nichtsdestotrotz herrscht in weiten Teilen der Literatur Einigkeit, dass Forschungsvorhaben, deren Hauptziel es ist, ihre Marktposition oder Gewinnerzielung zu verbessern, nicht von der Privilegierung erfasst sind.[603] Relevant ist folglich, ob und inwiefern eine solche normative Beschränkung des Forschungsbegriffes zulässig und geboten ist.

---

600 *Spiecker gen. Döhmann*, in: Gethmann/Buxmann/Distelraht, Künstliche Intelligenz in der Forschung, 2022, S. 164.

601 Kritisch hingegen *Spiecker gen. Döhmann*, in: Gethmann/Buxmann/Distelraht, Künstliche Intelligenz in der Forschung, 2022, S. 164. Nach der Einschätzung der Autorin entspricht die Entwicklung von KI-Systemen nicht aus sich heraus einer wissenschaftlichen Methodik.

602 *Duisberg* in: Borges/Keil, Big Data, 2024, § 6, Rn. 73; *Niemann/Kevekodrdes*, CR 2020, 179 (179).

603 U. a. *EDSB*, A Preliminary Opinion on data protection and scientific research, 2020, S. 12; *Vogel*, Künstliche Intelligenz und Datenschutz, 2022, S. 156; *Spiecker gen. Döhmann* in: Gethmann/Buxmann/Distelraht, Künstliche Intelligenz in der Forschung, 2022, S. 164; *Caspar* in: Simitis/Hornung/Spiecker gen. Döhmann, Datenschutzrecht, 2. Aufl., 2025, DSGVO, Art. 89, Rn. 17; *Buchner/Tinnefed* in: Kühling/Buchner, DS-GOV/BDSG, 4. Aufl., 2024, Art. 89, Rn. 12 f.; *Greve* in: Auernhammer, DSGVO/BDSG, 8. Aufl., 2023, DSGVO, Art. 83, Rn. 7; *Weichert*, ZD 2020, 18 (20); kritisch hingegen *Duisberg* in: Borges/Keil, Big Data, 2024, § 6, Rn. 75.

Zunächst scheint eine einschränkende Auslegung des Begriffs der Forschung dem Willen des Verordnungsgebers zu widersprechen. In Ansehung des Wortlautes von Art. 5 Abs. 1 lit. b HS. 2 DSGVO und ErwGr. 159 DSGVO kommt eine Privilegierung aller Verarbeitungsvorgänge, die dem Erkenntnisgewinn dienen, in Betracht. Allerdings handelt es sich bei den Erwägungsgründen lediglich um Auslegungshilfen. Nach der ständigen Rechtsprechung des EuGH sind die Erwägungsgründe nicht Bestandteil des Normtexts und entfalten keine rechtliche Verbindlichkeit.[604] Folglich kann nicht auf die Erwägungsgründe rekurriert werden, um eine Auslegungsvariante zu stützen, die mit dem Sinn und Zweck der jeweiligen Norm nicht vereinbar ist.

Vor diesem Hintergrund ist zu betonen, dass es sich bei der Privilegierung der Forschungszwecke aus Art. 5 Abs. 1 lit. b HS. 2 DSGVO um eine Ausnahme von dem Prinzip der Zweckbindung handelt. Zur Aufrechterhaltung des Ausnahmecharakters der Privilegierung sind die Privilegierungstatbestände grundsätzlich restriktiv zu handhaben.[605] Andernfalls würde eines der zentralen Ziele des Art. 5 Abs. 1 lit. b DSGVO – die Begrenzung der Weitverarbeitungsmöglichkeiten von personenbezogenen Daten – ausgehöhlt.[606] Auch die grundrechtlichen Wertungen aus Art. 8 GRC gebieten eine restriktive Anwendung der Privilegierungsvorschrift. Bei der Weiterverarbeitung von personenbezogenen Daten zu Forschungszwecken sind die grundrechtlich geschützten Interessen der betroffenen Personen sowie der Verantwortlichen in einen angemessenen Ausgleich zu bringen. Zwar hat sich der Verordnungsgeber dafür entschieden, die Interessen der Forschenden grundsätzlich höher zu gewichten.[607] Aus dieser Entscheidung folgt aber nicht, dass die Interessen der betroffenen Personen in jedem Fall zurücktreten. Das zentrale Anliegen der DSGVO ist es, ein angemessenes Datenschutzniveau zu gewährleisten, um die in Art. 8 GRC grundrechtlich verbrieften Interessen der betroffenen Personen zu schützen. Dementsprechend dürfen die Privilegierungstatbestände der DSGVO nicht zur Folge haben, dass Kernbereiche des Datenschutzgrundrechts faktisch außer Kraft

604 U. a. EuGH, Urt. v. 19.06.2014 – C-345/13 = EuZW 2014, 703, Rn. 31; EuGH, Urt. v. 13.09.2018 – C-287/17 = IWRZ 2018, 271, Rn. 33.

605 *Steege/Kuß* in: Chibanguza/Kuß/Steege, Künstliche Intelligenz, 2022, § 2, C., Rn. 58; im Ergebnis so auch *Vogel*, Künstliche Intelligenz und Datenschutz, 2022, S. 156; vgl. *Denga*, EuZW 2023, 25, (28).

606 Vgl. *Spiecker gen. Döhmann* in: Gethmann/Buxmann/Distelraht, Künstliche Intelligenz in der Forschung, 2022, S. 163.

607 Zur Begründung der Privilegierung im Allgemeinen unter Kap. 4, C.III.2.b.

gesetzt werden. Ausweislich Art. 8 Abs. 2 GRC zählt hierzu der Schutz betroffener Personen vor einer übermäßigen Weiterverarbeitung ihrer personenbezogenen Daten, da die Zweckbindung als einziger Grundsatz des Art. 5 Abs. 1 DSGVO primärrechtlich ausdrücklich genannt wird. Mithin bedarf es einer differenzierten Prüfung des Verarbeitungszwecks, bevor ein Vorhaben unter den Begriff der Forschung subsumiert werden kann.[608] Anders ausgedrückt: Die Ausnahme vom Weiterverarbeitungsverbot zu Gunsten der Forschung steht unter besonderem Rechtfertigungsdruck.

Die gebotene restriktive Anwendung der Privilegierungstatbestände ist mit der nach ErwGr. 159 S. 2 DSGVO geforderten weiten Auslegung des Begriffs der Forschung in Einklang zu bringen. Der Ausgleich zwischen den widerstreitenden Vorgaben lässt sich herstellen, indem zwar keine thematische Begrenzung von Forschung vorgenommen wird,[609] gleichzeitig die Privilegierung sich nur auf solche Projekte erstreckt, die ein angemessenes wissenschaftliches Niveau aufweisen.[610] Der folgende Abschnitt soll dazu beitragen, einen geeigneten Maßstab hierfür zu entwickeln.

(1). Kriterium der Unabhängigkeit

Zur Begründung eines angemessenen wissenschaftlichen Niveaus greift die Literatur verbreitet auf das Merkmal der Unabhängigkeit der Forschung zurück.[611] Die wissenschaftliche Unabhängigkeit ist von existenzieller Bedeutung für das Vertrauen in und die Wirkmacht von Forschungsergebnissen.[612] Dementsprechend sollen sich nur unabhängige Forschungsvorhaben auf die Privilegierung des Art. 5 Abs. 1 lit. b DSGVO berufen können. Eine

---

608 So auch *Caspar* in: Simitis/Hornung/Spiecker gen. Döhmann, Datenschutzrecht, 2. Aufl., 2025, DSGVO, Art. 89, Rn. 16; *Sens*, Der Zweckbindungsgrundsatz der DSGVO beim Machine Learning im Vertrieb, 2024, S. 141.

609 Vgl. *Weichert* in: Däubler/Wedde/Weichert/Sommer, 3. Aufl., 2024, DSGVO, Art. 89, Rn. 13.

610 Vgl. *EDSA*, A Prelimanary Opinion on Data Protection and Scientfific Research, 2020, S. 40; *Winter*, Big Data und KI im Gesundheitswesen, 2023, S. 159.

611 *Vogel*, Künstliche Intelligenz und Datenschutz, 2022, S. 156; *Spiecker gen. Döhmann* in: Gethmann/Buxmann/Distelraht, Künstliche Intelligenz in der Forschung, 2022, S. 164 f.; *Weichert* in: Däubler/Wedde/Weichert/Sommer, 3. Aufl., 2024, DSGVO, Art. 89, Rn. 11; *Greve* in: Auernhammer, DSGVO/BDSG, 8. Aufl., 2023, DSGVO, Art. 83, Rn. 6; *Geminn*, DuD 2018, 640 (643).

612 Vgl. Deutscher Hochschuldverband, Pressemitteilung 20.03.2012, abrufbar unter https://www.hochschulverband.de/positionen/presse/resolutionen/zur-unparteilichkeit-von-wissenschaft (zuletzt abgerufen am 17.05.2024).

unabhängige Forschung soll nicht mehr gegeben sein, wenn Dritte – insbesondere Auftraggeber – Einfluss auf das Vorgehen der Forschenden und somit auf das Ergebnis der Forschung nehmen.[613]

Aus einer normativen Perspektive ist die Unabhängigkeit als Maßstab geeignet, um den Anwendungsbereich der Privilegierungsvariante zu begrenzen. In Ansehung der widerstreitenden grundrechtlichen Interessen zwischen den betroffenen Personen und den Verantwortlichen ist es angemessen, nur Datenverarbeitungen zu privilegieren, die den elementaren Grundsätzen wissenschaftlichen Arbeitens entsprechen.

Gleichzeitig ist die Unabhängigkeit als Maßstab nicht unproblematisch, weil die Umstände, aus denen sich eine Beeinflussung von Forschungsvorhaben ergeben kann, vielfältiger Natur sind. Eine Abhängigkeit ist z. B. nicht schon zu bejahen, wenn Dritte das Forschungsthema vorgeben.[614] Voraussetzung ist, dass eine ergebnisoffene Forschung weiterhin garantiert ist und die Themenvorgabe keine tendenziöse Wirkung hat.

Ein gewichtiges Kriterium für die Unabhängigkeit der Forschung kann sich aus der Finanzierung des jeweiligen Forschungsprojektes ergeben. Legt man die Prämisse zugrunde, dass die Interessen der Geldgeber bei der Forschung berücksichtigt werden, könnten nur solche Forschungsvorhaben als unabhängig gelten, die nicht von privatwirtschaftlichen Stellen gefördert oder finanziert werden.[615] Mithin wäre nur die staatlich finanzierte Forschung als unabhängig und als privilegierungswürdig anzusehen.[616] Diese restriktive Herangehensweise würde den Anwendungsbereich des Art 5 Abs. 1 lit. b HS. 2 DSGVO erheblich einschränken. Viele private, aber auch öffentliche Forschungsvorhaben sind von (privaten) Drittmittelfinanzierungen abhängig.[617] Gleichzeitig werden bei zahlreichen dieser

---

613 *Hornung/Hofmann*, ZD-Beil. 2017, 1 (5); sich dem anschließend *Vogel*, Künstliche Intelligenz und Datenschutz, 2022, S. 161.

614 *Spiecker gen. Döhmann* in: Gethmann/Buxmann/Distelraht, Künstliche Intelligenz in der Forschung, 2022, S. 164 f.

615 Laut dem Wissenschaftsbarometer 2023 gibt mehr als die Hälfte der Befragten an, dass die Abhängigkeit der Forschenden von Geldgebern Grund für Misstrauen in die Forschung ist; *Wissenschaft im Dialog*, Wissenschaftsbarometer 2023, abrufbar unter https://wissenschaft-im-dialog.de/projekte/wissenschaftsbarometer/#erhebung-2023 (zuletzt abgerufen am 06.08.2025).

616 Ob die Prämisse zutrifft, dass staatliche Förderung eine Beeinflussung der Forschung tatsächlich ausschließt, soll hier nicht erörtert werden.

617 *EDSB*, A Preliminary Opinion on data protection and scientific research, 2020, S. 7; *Retzbach*, Wissenschaftskommunikation 2018, abrufbar unter https://www.wissenschaftskommunikation.de/wie-interessenkonflikte-das-vertrauen-beschae

Forschungsvorhaben höchste wissenschaftliche Standards eingehalten. Die Unabhängigkeit allein anhand der Finanzierung des Forschungsvorhabens zu beurteilen, widerspräche wissenschaftlicher Praxis. Dennoch kann die finanzielle Förderung eines Projektes als Anhaltspunkt dienen, um die Unabhängigkeit des Forschungsvorhabens infrage zu stellen. Insbesondere können sich Forschenden in bestimmten Situationen unter Druck gesetzt fühlen bzw. motiviert werden, nach Ergebnissen zu suchen, die den Interessen der Geldgeber Rechnung tragen.[618] Ob und inwiefern die Unabhängigkeit der Forschung im Einzelfall durch die Finanzierung derselben gefährdet ist, lässt sich vor diesem Hintergrund nicht pauschal beurteilen.[619]

(2). Zulässigkeit der Zweckmehrheit

Ein weiteres Kriterium für die Auflösung der vorgestellten Konfliktlage könnte sich aus der Frage ergeben, ob und inwiefern eine Zweckmehrheit sich auf die Anwendbarkeit der Privilegierung auswirkt. Aus Art. 5 Abs. 1 lit. b DSGVO folgt, dass es der datenschutzrechtlichen Zulässigkeit einer (Weiter)-Verarbeitung nicht im Wege steht, wenn die Verantwortlichen mehrere Zwecke verfolgen. Die Anwendbarkeit des Forschungsprivilegs kann dementsprechend unproblematisch bejaht werden, wenn die Datenverarbeitung dazu dient, verschiedene Forschungszwecke voranzutreiben. In diesen Fällen ist bei allen Verarbeitungszwecken der Anwendungsbereich der Privilegierung des Art. 5 Abs. 1 lit. b HS. 2 DSGVO eröffnet. Fraglich ist, wie es sich auf die Privilegierung der Datenverarbeitung auswirkt, wenn nicht nur Forschungszwecke, sondern auch wirtschaftliche Interessen durch die Datenverarbeitung verfolgt werden.

Zu dieser Fragestellung lassen sich zunächst zwei sich diametrale entgegenstehende Antwortmöglichkeiten finden: Auf der einen Seite könnte man das Prinzip der Gesamtinfektion[620] fruchtbar machen. Demnach ist eine

---

digen-15767/ (zuletzt abgerufen am 15.05.2024); vgl. *Winter*, Big Data und KI im Gesundheitswesen, 2023, S. 170.

618 vgl. *EDSB*, A Preliminary Opinion on data protection and scientific research, 2020, S. 7; *Retzbach*, Wissenschaftskommunikation 2018, abrufbar unter https://www.wissenschaftskommunikation.de/wie-interessenkonflikte-das-vertrauen-beschaedigen-15767/ (zuletzt abgerufen am 15.05.2024).

619 So auch *Spiecker gen. Döhmann* in: Gethmann/Buxmann/Distelraht, Künstliche Intelligenz in der Forschung, 2022, S. 165.

620 Das Prinzip der Gesamtinfektion wird im deutschen Zivilrecht in unterschiedlichen Kontexten verwendet. Es drückt aus, dass, sobald eine rechtliche Gesamtheit in

Privilegierung mehrerer Verarbeitungszwecke ausgeschlossen, sobald einer der Zwecke für sich alleinstehend nicht nach Art. 5 Abs. 1 lit. b HS. DSGVO privilegiert wäre.[621] Auf der anderen Seite könnte man vertreten, dass schon, wenn für einen der Zwecke das Forschungsprivileg greift, die Gesamtheit der Weiterverarbeitungszwecke als privilegiert anzusehen ist.

Beide Positionen sind in ihrer Absolutheit nicht überzeugend. Nach der restriktiven Variante wäre nur Forschungsvorhaben zum „Selbstzweck" privilegiert. Hierdurch würden zahlreiche Vorhaben aus dem Anwendungsbereich der Privilegierung fallen. Es ist aus einer gesellschaftlichen Perspektive nicht erstrebenswert, dass Forschungsprojekte nicht privilegiert werden, nur weil die Ergebnisse der Forschung praktisch zur Anwendung kommen sollen. Durch die restriktive Auslegung würden nicht nur Vorhaben mit kommerzieller Zielsetzung aus dem Anwendungsbereich der Privilegierung herausfallen. Vielmehr würden auch solche Projekte nicht privilegiert werden, die einen gesellschaftlichen Mehrwert schaffen. Demgegenüber hätte die extensive Variante zur Folge, dass das Forschungsprivileg über das grundrechtlich verträgliche Maß hinaus ausgedehnt wird. Vorzugswürdig ist eine zwischen den Extrempositionen vermittelnde Lösung.

Unter Berücksichtigung der vorstehenden Ausführungen sollte die Privilegierung bei einer Mehrheit von Zwecken auch auf solche Zwecke erstreckt werden, die für sich genommen nicht unter den Forschungsbegriff subsumiert werden können. Zu klären bleibt, nach welchen Maßstäben sich die Durchsetzung des Forschungszwecks gegenüber den sonstigen Verarbeitungszwecken rechtfertigen lässt. Diese Problemstellung wird in der Praxis relevant, wenn durch die Forschung vor allem wirtschaftliche Interessen verfolgt werden. Die kommerzielle Forschung kann zwar grundsätzlich privilegierungswürdig sein. Allerdings vertritt die Literatur mehrheitlich, dass die Verfolgung von rein kommerziellen Interessen durch die Forschung nicht privilegierungswürdig ist.[622] Die Abgrenzung zwischen privilegierungswürdigen und nicht-privilegierungswürdigen Verarbeitungsvor-

---

wirksame und unwirksame Teile aufgeteilt werden kann, die unwirksamen Aspekte die Gesamtheit „infiziert"; sodass die Gesamtheit vollständig als rechtswidrig anzusehen ist. Im Bereich der Schönheitsreparaturklauseln BGH Urt. v. 18.3.2015 – VIII ZR 21/13 = NJW 2015, 1874, Rn 10; sich dem anschließend *Pieronczyk/Tayaranian*, JA 2019, 248 (251); *Zehelein* in: Hau/Poseck, BeckOK BGB, 70. Edition, Stand: 01.05.2024, Rn. 449. Im Bereich des Erbrechts *Rott/Rott*, NWB-EV 2013, 160 (164); *Herzog*, NJW 2013, 3745 (3746).

621 In diese Richtung wohl *Weichert* in: Däubler/Wedde/Weichert/Sommer, 3. Aufl., 2024, DSGVO, Art. 89, Rn. 13.

622 Hierzu bereits unter Kap. 5, B.I.1.a.aa.

haben hat anhand der grundrechtlich geschützten Interessen zu erfolgen.[623] Überwiegt die durch Art. 13 GRC verbriefte Forschungsfreiheit das kommerzielle Interesse, ist eine Privilegierung der Verarbeitung angemessen. Ist die Verarbeitung eher dem Bereich der Berufsfreiheit (Art. 15 GRC) und/ oder der unternehmerischen Freiheit (Art. 16 GRC) zuzuordnen, ist die Anwendung des Forschungsprivilegs nach Art. 5 Abs. 1 lit. b HS. 2 DSGVO ausgeschlossen. Um diese Abgrenzung vorzunehmen, kann vor allem auf zwei Kriterien zurückgegriffen werden: die Transparenz des Forschungsvorhabens und die Gemeinwohlorientiertheit.

(a). Die Transparenz als Kriterium zur Bestimmung der Privilegierungswürdigkeit

Die Kriterien der Transparenz und der Gemeinwohlorientiertheit des Forschungsvorhabens sind eng miteinander verwoben. Transparente Forschung setzt voraus, dass die Forschungsmethodik sowie die Forschungsergebnisse der Allgemeinheit zugänglich gemacht werden.[624] Bereits aus dieser Definition folgt der Bezug zur Gemeinwohlorientiertheit: Nur wenn Forschungsergebnisse und Methodik öffentlich gemacht werden, kann das Forschungsvorhaben einen Beitrag zum gesellschaftlichen Fortschritt leisten. Werden hingegen die Ergebnisse der Forschung geheim gehalten, liegt nahe, dass eigene Interessen, insbesondere wirtschaftliche Erwägungen im Vordergrund stehen. In diesen Fällen tritt der Gemeinwohlaspekt der Forschung zurück.[625] Darüber hinaus ist Transparenz von Forschung fundamentaler Bestandteil des redlichen wissenschaftlichen Arbeitens. Erst indem die Methodik des Vorhabens öffentlich gemacht wird, kann von der Forschungsgemeinschaft der Versuch unternommen werden, die Ergebnisse zu reproduzieren und dadurch zu validieren. Eine Privilegierung nach Art. 5 Abs. 1 lit. b HS. 2 DSGVO kommt nur in Betracht, wenn die Verantwortlichen beabsichtigen, Forschungsergebnisse und Methodik zu veröffentlichen.

---

623 Vgl. *Spiecker gen. Döhmann* in: Gethmann/Buxmann/Distelraht, Künstliche Intelligenz in der Forschung, 2022, S. 164.

624 *Buchner/Tinnefed* in: Kühling/Buchner, DS-GOV/BDSG, 4. Aufl., 2024, Art. 89, Rn. 13; *Grages* in: Plath, DSGVO/BDSG/TTDSG, 4. Aufl., 2023, DSGVO Art. 89, Rn. 6.

625 Vgl. *Caspar* in: Simitis/Hornung/Spiecker gen. Döhmann, Datenschutzrecht, 2. Aufl., 2025, DSGVO, Art. 89, Rn. 16; *Grages* in: Plath, DSGVO/BDSG/TTDSG, 4. Aufl., 2023, DSGVO Art. 89, Rn. 6.

(b). Das Kriterium der Gemeinwohlorientiertheit

Neben der Transparenz ist die Gemeinwohlorientiertheit ein geeigneter Maßstab für die Bewertung der Privilegierungswürdigkeit des Verarbeitungszwecks. Rechtswissenschaft und -praxis ziehen das Argument „Gemeinwohl" traditionell für die Rechtfertigung von Grundrechtsbeeinträchtigungen.[626] So nennt Art. 52 Abs. 1 GRC das Gemeinwohl explizit als Rechtfertigungsgrund für Grundrechtsbeschränkungen. Anders als das Merkmal der Transparenz ist der Begriff des „Gemeinwohl" von einer inhärenten Unschärfe geprägt.[627] Das liegt unter anderem daran, dass es kein anerkanntes und einheitliches Verständnis davon gibt, was „Gemeinwohl" ist, sondern der Begriff parallel zu gesellschaftlichen Entwicklungen einem ständigen Wandel unterworfen ist.[628] Trotz der Unbestimmtheit dieses Begriffes lässt sich das „Gemeinwohl" als Maßstab für die Beantwortung der vorliegenden Fragestellung operationalisieren.

Aufgrund der nahezu metaphysischen Natur des Gemeinwohl-Begriffes ist der Versuch, eine allgemeingültige Definition für „Gemeinwohl" zu finden, nicht zielführend. Hierfür spricht der Wortlaut des Art. 52 Abs. 1 GRC, wonach eine Grundrechtseinschränkung nur zulässig ist, wenn sie „den von der Union anerkannten dem Gemeinwohl dienenden Zielsetzungen" entspricht. Der Gemeinwohlbezug ergibt sich aus den von der Union anerkannten Zielsetzungen und muss nicht gesondert definiert und festgestellt werden. In diesem Sinne wird in der Rechtsprechung des EuGH das Gemeinwohl als Merkmal nicht abstrakt bestimmt, sondern es wird im Einzelfall untersucht, ob und inwiefern die Zielsetzung einer bestimmten Maßnahme anerkanntermaßen dem Gemeinwohl zuzurechnen ist.[629]

Darüber hinaus legt *Elsuni* aus einer öffentlich-rechtlichen Perspektive überzeugend dar, dass eine a-priori-Festlegung des Gemeinwohlbegriffes konzeptionell mit pluralistisch-demokratischen Gesellschaften unvereinbar ist.[630] Das Verständnis von „Gemeinwohl" ist stets neu zu verhandeln und

---

626 Hierzu *Papier*, IWRZ 2020, 195 (196 f.); *Elsuni* in: Hiebaum, Handbuch Gemeinwohl, 2022, S. 438 f.

627 Vgl. *Hiebaum* in: Hiebaum, Handbuch Gemeinwohl, 2022, S. 1 f; *Krüper*, Gemeinwohl im Prozess, 2006, S. 235.

628 Vgl. *Honer*, JA 2025, 1 (3 ff.); *Elsuni* in: Hiebaum, Handbuch Gemeinwohl, 2022, S. 439; *Krüper*, Gemeinwohl im Prozess, 2006, S. 236.

629 EuGH, Urt. v. 08.12.2022 – C-694/20 = NJW 2023, 667, Rn. 42 f; mit weiteren Nachweisen *Schwerdtfeger* in: Meyer/Hölscheidt, EU-Grundrechtecharta, 6. Aufl., 2024, Art. 52, Rn. 35.

630 *Elsuni* in: Hiebaum, Handbuch Gemeinwohl, 2022, S. 439 ff, 448.

kann nur kontextuell bestimmt werden.[631] Unabhängig vom Einzelfall ist jedoch eine Grundvoraussetzungen, um die Zuträglichkeit eines Vorhabens zum Gemeinwohl annehmen zu können, dass das Vorhaben darauf abzielt, eine positive Auswirkung auf eine Personengesamtheit zu haben.[632]

Dieser Maßstab dient als Schablone für die Begründung der Privilegierungswürdigkeit der Weiterverarbeitung von personenbezogenen Daten. Damit eine Privilegierung des jeweiligen Forschungsvorhabens in Betracht kommt, muss der grundlegende Zweck der Verarbeitung darin bestehen, einen positiven Beitrag zur Gesellschaft zu leisten. Der gesellschaftliche Nutzen des jeweiligen Forschungsvorhabens rechtfertigt es, dass im Einzelfall die grundrechtlich geschützten Interessen der betroffenen Personen zurücktreten und die Zweckbindung aufgehoben werden kann.[633] Allerdings sollte das Merkmal der Gemeinwohlorientiertheit nicht zu restriktiv gehandhabt werden. Die Privilegierung eines Forschungsvorhabens kommt nicht erst in Betracht, wenn sich hieraus eine unmittelbare positive Wirkung auf das gesellschaftliche Leben ableiten lässt. Im Einklang mit der Definition von Forschung ist die Generierung von Erkenntnis ohne praktischen „Nutzen" ein gesellschaftlicher Mehrwert beizumessen.

Des Weiteren ist zu beachten, dass die Gemeinwohlorientiertheit eines Forschungsvorhabens nicht konträr zur Verfolgung kommerzieller Interessen steht.[634] Anschaulich illustrieren lässt sich dieser Befund anhand der medizinischen Forschung. Laut *Gassner* betreiben privatwirtschaftlichen Unternehmen 70% der medizinischen Forschung in Deutschland.[635] Diese privatwirtschaftlichen Investitionen in die Forschung stehen zumindest auch unter der Prämisse, dass sich die Investitionen amortisieren. Trotz dieser kommerziellen Zielsetzung ist die Gemeinwohlorientiertheit von Gesundheitsforschung unbestritten.

Nichtsdestotrotz rechtfertigt nicht jede Förderung des Gemeinwohls, die Aufhebung der Zweckbindung. Damit der von Art. 5 Abs. 1 lit. b DSGVO bezweckte Grundrechtsschutz nicht unterlaufen wird, dürfen die pri-

631 *Krüper*, Gemeinwohl im Prozess, 2006, S. 236.

632 In diese Richtung auch *Koller* in: Hiebaum, Handbuch Gemeinwohl, 2022, S. 200.

633 Vgl. *Spiecker gen. Döhmann* in: Gethmann/Buxmann/Distelraht, Künstliche Intelligenz in der Forschung, 2022, S. 164; *Buchner/Tinnefed* in: Kühling/Buchner, DS-GOV/BDSG, 4. Aufl., 2024, Art. 89, Rn. 13; *Caspar* in: Simitis/Hornung/Spiecker gen. Döhmann, Datenschutzrecht, 2. Aufl., 2025, DSGVO, Art. 89, Rn. 16 f.

634 *Grages* in: Plath, DSGVO/BDSG/TTDSG, 4. Aufl., 2023, DSGVO, Art. 89, Rn. 6; *Leistner/Antoine/Sagstetter*, Big Data, 2021, S. 288; *Gassner*, DuD 2022, 739 (743).

635 *Gassner*, ZRP 2023, 34 (35).

vaten – insbesondere kommerzielle – Interessen der Verantwortlichen gegenüber der Förderung des Gemeinwohls nicht überwiegen. Nach der hier vertretenen Ansicht ist ein Forschungsvorhaben gemäß Art. 5 Abs. 1 lit. b HS. 2 DSGVO nur als privilegierungswürdig anzusehen, wenn die Weiterverarbeitung der personenbezogenen Daten primär dem Gemeinwohl Vorschub leisten und das Vorhaben gegenüber der Öffentlichkeit transparent gemacht werden soll.[636]

bb. Nachprüfbarkeit

Ein weiter wichtiger Bestandteil des Forschungsbegriffes ist die Nachprüfbarkeit des Forschungsergebnisses. Erst die Reproduzierbarkeit eines Ergebnisses ermöglicht dessen Validierung. Damit die Anwendbarkeit des Forschungsprivilegs in Betracht kommt, müssten die von KI-Systemen erzeugten Ergebnisse, grundsätzlich nachprüfbar sein. Die Eigenart von KI-Systemen als selbstlernende Anwendungen erschwert die Reproduzierbarkeit der Ergebnisse erheblich.[637] Insbesondere ist die Kontrolle des Ergebnisses durch einen Nachbau der konkreten KI-Systeme nicht ohne weiteres möglich, weil nicht sichergestellt werden kann, dass das nachgebaute KI-System aus denselben Trainingsdaten die gleichen Schlüsse zieht.[638] Dies gilt im besonderen Maße für tiefe neuronale Netzwerke, da die Struktur dieser Systeme im Gegensatz zu herkömmlichen KI-Systeme deutlich komplexer ist.[639] In diesem Zusammenhang spricht die datenschutzrechtliche Literatur von KI als „Black Box".[640] Die Erklärbarkeit der Entscheidungsfindung

---

636 Demgegenüber sieht *Winter* es im Rahmen der Industrieforschung im Gesundheitswesen als ausreichend an, wenn die Erkenntnis nur potenziell einen Gemeinwohlbeitrag leisten können. Auch eine Veröffentlichungsabsicht soll nicht von Nöten sein; *Winter*, Big Data und KI im Gesundheitswesen, 2023, S. 183.

637 *Spiecker gen. Döhmann* in: Gethmann/Buxmann/Distelraht, Künstliche Intelligenz in der Forschung, 2022, S. 148, 151; *Ebers* in: Ebers/Heinze/Krügel/Steinrötter, Künstliche Intelligenz und Robotik, 2020, § 3, Rn. 25.

638 Vgl. *Spiecker gen. Döhmann* in: Gethmann/Buxmann/Distelraht, Künstliche Intelligenz in der Forschung, 2022, S. 151.

639 *Dokara*, Datenschutzgrundverordnung – rechtlicher Vorreiter oder Innovationsbremse?, 2021, S. 17; *Gausling*, ZD 2019, 335 (335); *Käde/Maltzan*, CR 2020, 66 (69); *Lauscher/Legner*, ZfDR 2022, 367 (375).

640 U. a. *Deckert/Meyer*, Digitalisierung und Künstliche Intelligenz, 2020, S. 30; *Lauscher/Legner*, ZfDR 2022, 367 (375); *Gausling*, ZD 2019, 335 (335); *Geminn*, ZD 2021, 354 (357); *Dokara*, Datenschutzgrundverordnung – rechtlicher Vorreiter oder Innovationsbremse?, 2021, S. 17; kritisch zu dem Begriff der „Black Box" hingegen

bei komplexen KI-Systemen ist derartig schwierig, dass sich mittlerweile hierfür ein eigenes Forschungsfeld herausgebildet hat.[641]

Infolge der schwierigen Nachprüfbarkeit könnte eine Privilegierung von KI-Systemen grundsätzlich ausgeschlossen sein. Allerdings ist anzuerkennen, dass es gerade eine der Stärken von KI-Systemen ist, in komplexen Datensätzen unbekannte Muster zu erkennen.[642] Dies gilt besonders für Datensätze, die eine derartig große Datenmenge enthalten, dass eine von Menschen vorzunehmende Analyse dieser Daten kaum darstellbar wäre.[643] Aus der Perspektive der Forschung besteht daher ein erhebliches Interesse an der Entwicklung und dem Einsatz von potenten KI-Systemen. Eine strenge Auslegung des Merkmales der Nachprüfbarkeit könnte demnach zur Folge haben, dass die Rechtsanwendung die Entwicklung von KI-Systemen für die Forschung erschwert. Dieses Ergebnis steht im Widerspruch zu dem Ziel der DSGVO, Forschung nicht zu behindern. Aus ErwGr. 159 S. 2 DSGVO folgt, dass bei der Auslegung des Forschungsbegriffes die technologischen Entwicklungen zu beachten sind.

In Ansehung der voranstehenden Argumente sind an das Merkmal der Nachprüfbarkeit keine allzu hohen Anforderungen zu stellen. Es ist nicht notwendig, dass sich Ergbenisse und Entscheidungsfindung des KI-Systemes ohne Weiteres erklärbar sind. Um den Fortschritt in der Forschung nicht zu gefährden, ist für die Erfüllung des Merkmals der Nachprüfbarkeit als ausreichend anzusehen, wenn die Ergebnisse der KI-Systemen grundsätzlich durch herkömmliche Methoden validiert werden können.

Stiemerling in: Kaulartz/Braegelmann, Artificial Intelligenz und Machine Learning, 2020, Kap. 2, Rn. 59.

641 Das Forschungsfeld wird „Explainable AI" genannt. Hierzu u. a. *Holzinger*, Informatik-Spektrum 2018, 138 (138 f.); *Storey/Lukyanenko/Maass/Parson*, Viewpoint 2022, 27 (27 f.); *Schmid/Wrede*, KI – Künstliche Intelligenz 2022, 207 (207 f.); *Adrian*, NotBZ 2024, 201 (202); *Baum* in: Leupold/Wiebe/Glossner, IT-Recht, 4. Aufl., 2021, Teil 9.1, Rn. 33.

642 *Holzinger*, Informatik-Spektrum 2018, 138 (138); *Gausling*, Künstliche Intelligenz und DSGVO, in: Taeger (Hrsg.), DSRI Tagungsband 2018, 519 (532); *Krügel/Pfeiffenbring* in: Ebers/Heinze/Krügel/Steinrötter, Künstliche Intelligenz und Robotik, 2020, § 11, Rn. 24.

643 Vgl. *Holzinger*, Informatik-Spektrum 2018, 138 (138).

cc. Ergebnis

Der Anwendungsbereich des Forschungsprivilegs kann grundsätzlich bei der Entwicklung von KI-Systemen eröffnet sein.[644] Nach der hier vertretenen Ansicht ist die Anwendung des Forschungsprivilegs trotz der teilweise erschwerten Nachprüfbarkeit der Ergebnisse und Entscheidungsfindungen von KI-Systemen, nicht grundsätzlich ausgeschlossen. Durch eine entsprechend extensive Auslegung des Nachprüfbarkeitsmerkmals droht keine unzulässige Absenkung des datenschutzrechtlichen Schutzniveaus. Die hier favorisierte Auslegung des Forschungsbegriffes sowie der für die Bewertung der Privilegierungswürdigkeit des Vorhabens gebildete Maßstab gewährleisten die notwendige Begrenzung des Anwendungsbereichs von Art. 5 Abs. 1 lit. b HS. 2 DSGVO. Die Verantwortlichen können sich demnach nicht vorschnell auf das Forschungsprivileg berufen. Insbesondere ist es nicht bereits ausreichend, dass KI-Systemen mit der Zielsetzung entwickelt werden, neue Erkenntnisse zu generieren, um damit die Weiterverarbeitung der personenbezogenen Daten nach Art. 5 Abs. 1 lit. b HS. 2 DSGVO zu rechtfertigen. Vielmehr muss anhand der dargelegten Maßstäbe überprüft werden, ob das Vorhaben der Verantwortlichen privilegierungswürdig ist. Die Einhaltung der aufgestellten Maßstäbe gewährleistet, dass die grundrechtlich geschützten Interessen der Forschenden sowie der betroffenen Personen in einen angemessenen Ausgleich gebracht werden.

Ferner hat die Verfolgung von kommerziellen Interessen durch die Verantwortlichen nicht zwingend zur Folge, dass das Forschungsprivileg entfällt.[645] Dies gilt nur insoweit, als dass in einer Gesamtschau und unter Beachtung der dargelegten Maßstäbe die Forschungszwecke der Verarbeitung gegenüber den kommerziellen Interessen noch überwiegen. Vor diesem Hintergrund droht keine Aufweichung des Zweckbindungsgrundsatz durch das Forschungsprivileg zugunsten der KI-Entwicklung.[646] Durch diese Auslegung wird vielmehr das Regel-Ausnahme-Verhältnis der Privile-

644 In diese Richtung auch *Greve* in: Auernhammer, DSGVO/BDSG, 8. Aufl., 2023, DSGVO, Art. 83, Rn. 5; *Krügel/Pfeiffenbring* in: Ebers/Heinze/Krügel/Steinrötter, Künstliche Intelligenz und Robotik, 2020, § 11, Rn. 24; *Niemann/Kevekordes*, CR 2020, 179 (180).

645 So auch *Niemann/Kevekordes*, CR 2020, 179 (180).

646 Vgl. *Albrecht/Jotzo*, Das neue Datenschutzrecht der EU, 2017, Teil 3, Rn. 71; *Buchner/Tinnefeld* in: Kühling/Buchner, DSGVO/BDSG, 4. Aufl., 2024, DSGVO, Art. 89, Rn. 12; *Winter*, Big Data und KI im Gesundheitswesen, 2023, S. 156.

gierungstatbestände gewahrt. Diese Handhabung des Forschungsprivilegs entspricht ebenfalls dem Ziel des Gesetzgebers, den Anwendungsbereich der Privilegierung für „Big-Data"-Anwendungen zu begrenzen.[647]

b. Statistische Zwecke

Neben dem Forschungsprivileg werden in Art. 5 Abs. 1 lit. b HS. 2 DSGVO Weiterverarbeitungen von personenbezogenen Daten zu „statistischen Zwecken" privilegiert. Gemäß ErwGr. 162 S. 3 DSGVO sind unter statistischen Zwecken „jeder für die Durchführung statistischer Untersuchungen und die Erstellung statistischer Ergebnisse erforderliche Vorgang der Erhebung und Verarbeitung personenbezogener Daten" zu verstehen. Der Begriff „Statistik" beschreibt den methodischen Umgang mit quantitativen Informationen.[648] In Anbetracht dieser Definitionen könnte die Weiterverarbeitung von personenbezogenen Daten im Kontext von KI-Systemen stets privilegiert sein. Die Funktionsweisen von KI-Systemen beruht auf statistischen Methodiken.[649] Auch der europäische Gesetzgeber erkennt die statistische Methodik (zumindest) als ein Merkmal von KI-Systemen an (Art. 3 Nr. 1 KI-VO). Allerdings ist zu beachten, dass nach der Begriffsdefinition des ErwGr. 162 S. 3 DSGVO nicht jede statistische Datenverarbeitung privilegiert ist, sondern vielmehr nur solche Verarbeitungen, die der Gewinnung statistischer Erkenntnisse dienen.[650] Durch die Entwicklung von KI-Systemen sollen für sich genommen noch keine Erkenntnisse gewonnen werden. Vielmehr sollen die KI-Systeme erst darauf trainiert werden, Erkenntnisse zu liefern.

Um eine einheitliche Anwendung der Privilegierung nach Art. 5 Abs. 1 lit. b HS. 2 DSGVO zu gewährleisten, sind – ebenso wie beim Forschungsprivileg – Vorbereitungshandlungen von der Privilegierung erfasst, wenn und soweit diese Verarbeitung für die Zweckerreichung einen notwendigen Zwischenschritt darstellt. Nach der hier vertretenen Ansicht

---

647 Hierzu *Albrecht/Jotzo*, Das neue Datenschutzrecht, 2017, Rn. 71.

648 *Buchner/Tinnefed* in: Kühling/Buchner, DS-GOV/BDSG, 4. Aufl., 2024, Art. 89, Rn. 15; *Caspar* in: Simitis/Hornung/Spiecker gen. Döhmann, Datenschutzrecht, 2. Aufl., 2025, DSGVO, Art. 89, Rn. 22.

649 *Alpaydin*, Maschinelles Lernen, 2. Aufl., 2019, S. 4; *Solove*, Artificial Intelligenz and Privacy, 2024, S. 39.

650 So auch *Pötters* in: Gola/Heckmann, DSGVO/BDSG, 3. Aufl., 2022, DSGVO, Art. 89, Rn. 24.

könnte somit die Entwicklung von KI-Systemen als Verarbeitungszweck nach Art. 5 Abs. 1 lit. b HS. 2 Var. 3 DSGVO grundsätzlich privilegiert sein.

Jedoch schränkt ErwGr. 162 S. 5 DSGVO den Anwendungsbereich der Privilegierung ein. Demnach sollen nur solche Verarbeitungen zu statistischen Zwecken privilegiert sein, bei denen es Ziel der Verarbeitung ist, aggregierte Daten zu erzeugen, die keinen Personenbezug aufweisen. Zudem darf die Erstellung der aggregierten Daten nicht dem Zweck dienen, aus den gewonnen Erkenntnissen Maßnahmen oder Entscheidungen gegenüber einzelnen Personen abzuleiten.[651] Es ist zu beachten, dass „statistische Zwecke" sich begrifflich auf die Verarbeitungsmethode beziehen, nicht aber auf ein bestimmtes Interesse, auf welchem die Datenverarbeitung basiert.[652] Der potenzielle Anwendungsbereich der Privilegierung ist entsprechend weit. Insbesondere dürfte auch bei der Verfolgung kommerzieller Interessen die Privilegierung nicht von Vornherein ausgeschlossen sein.[653]

Allerdings muss bei der Auslegung dieser Variante des Art. 5 Abs. 1 lit. b HS. 2 DSGVO ebenfalls berücksichtigt werden, dass Privilegierungen stets restriktiv zu handhaben sind.[654] Vor diesem Hintergrund wird in der Literatur die Ansicht vertreten, dass eine Privilegierung von statistischen Zwecken nur in Betracht kommt, wenn die Verarbeitung im öffentlichen Interesse erfolgt.[655] Zwar muss nach dem Wortlaut von Art. 5 Abs. 1 lit. b DSGVO das öffentliche Interesse nur bei der Verarbeitung zu Archivzwecken gegeben sein. Dennoch sollte ein öffentliches Interesse bei den übrigen privilegierten Zwecken gefordert werden, damit ein einheitlicher Maßstab bei der Anwendung der Privilegierung eingehalten wird.[656] Zudem lässt sich die mit der Weiterverarbeitung verbunde-

651 ErwGr. 162 S. 5 HS. 2 DSGVO.

652 *Schantz/Wolf*, Das neue Datenschutzrecht, 2017, Rn. 1351.

653 *Steinrötter* in: Borges/Hilber, BeckOK IT-Recht, 18. Edition, Stand: 01.01.2023, DSGVO, Art. 5, Rn. 26; *Schantz/Wolf*, Das neue Datenschutzrecht, 2017, Rn. 1351; demgegenüber eine Privilegierung verneint, wenn die kommerziellen Interessen überwiegen *Buchner/Tinnefeld*, Kühling/Buchner, DS-GVO/BDSG, 4. Aufl., 2025, DSGVO, Art. 89, Rn. 15a.

654 Hierzu im Zusammenhang mit dem Forschungsprivileg Kap. 5, B.I.1a.aa.; *Caspar* in: Simitis/Hornung/Spiecker gen. Döhmann, Datenschutzrecht, 2. Aufl., 2025, DSGVO, Art. 89, Rn. 23.

655 *Weichert* in: Däubler/Wedde/Weichert/Sommer, 3. Aufl., 2024, DSGVO, Art. 89, Rn. 10; *Buchner/Tinnefed* in: Kühling/Buchner, DS-GOV/BDSG, 4. Aufl., 2024, Art. 89, Rn. 16.

656 *Weichert* in: Däubler/Wedde/Weichert/Sommer, 3. Aufl., 2024, DSGVO, Art. 89, Rn. 10; *Buchner/Tinnefed* in: Kühling/Buchner, DS-GOV/BDSG, 4. Aufl., 2024, Art. 89, Rn. 16.

ne Grundrechtsbeschränkung der betroffenen Personen nur rechtfertigen, wenn die Verarbeitung zumindest auch im Interesse der Allgemeinheit ist.[657]

Diese Ansicht vermag zunächst überzeugend scheinen. Für die Begründung einer restriktiven Auslegung des Forschungsprivilegs wird hier ebenfalls auf die grundrechtliche Rechtfertigungsbedürftigkeit der Zweckbindungsaufhebung rekurriert.[658] Fraglich ist, ob die Weiterverarbeitung der personenbezogenen Daten zu statistischen Zwecken unter demselben Rechtfertigungsdruck steht wie die anderen Varianten des Art. 5 Abs. 1 lit. b HS. 2 DSGVO. Nach dem ErwGr. 162 S. 5 DSGVO dürfen die Ergebnisse der Verarbeitung weder personenbezogene Daten sein noch dazu genutzt werden, Maßnahmen oder Entscheidungen gegenüber den betroffenen Personen zu treffen. Unter diesen Voraussetzungen ist das Risiko für die grundrechtlich geschützten Interessen der betroffenen Personen, welches durch die Weiterverarbeitung entsteht, als besonders gering zu bewerten.[659] Es besteht kein zwingender Grund, die Privilegierung der Weiterverarbeitung auf solche Fällen zu begrenzen, in denen die Verarbeitung auch im öffentlichen Interesse erfolgt.

Für die Anwendbarkeit der Privilegierung kommt es entscheidend darauf an, ob davon ausgegangen werden darf, dass das Ergebnis der Datenverarbeitung keinen Personenbezug aufweist. Die Prognoseentscheidung hat der Verantwortliche anhand des Maßstabs des Art. 4 Nr. 1 DSGVO zu treffen. In diesem Kontext wirft *Duisberg* die Frage auf, ob der Wortlaut des ErwGr. 162 S. 5 DSGVO („keine personenbezogenen Daten, sondern aggregierte Daten“) als Intention des europäischen Verordnungsgebers dahingehend zu verstehen ist, aggregierte Daten zu behandeln, als würden diese Daten keinen Personenbezug aufweisen.[660] Da eine Aggregation von Daten nicht zwingend zur Folge hat, dass die Daten keinen Personenbezug mehr aufweisen, müsste der fehlende Personenbezug fingiert werden. Zugegebenermaßen lässt die insoweit missverständliche Formulierung des Erwägungsgrundes eine derartige Interpretation zu.[661] Insbesondere die englische Sprachfassung des ErwGr. 162 S. 5 DSGVO kann hierfür ins Feld

---

657 *Caspar* in: Simitis/Hornung/Spiecker gen. Döhmann, Datenschutzrecht, 2. Aufl., 2025, DSGVO, Art. 89, Rn. 25.; *Weichert* in: Däubler/Wedde/Weichert/Sommer, 3. Aufl., 2024, DSGVO, Art. 89, Rn. 10; *Buchner/Tinnefed* in: Kühling/Buchner, DS-GOV/BDSG, 4. Aufl., 2024, Art. 89, Rn. 16.

658 Siehe oben unter Kap. 5, A.I.1.a.aa.(2).

659 *Schantz/Wolf*, Das neue Datenschutzrecht, 2017, Rn. 1350.

660 *Duisberg* in: Borges/Keil, Big Data, 2024, § 6, Rn. 79.

661 *Wiese/Svanberg* in: Kuner/Bygrave/Docksey, The EU GDPR, 2020, Art. 89, S. 1250.

geführt werden („The statistical purpose *implies* (Hervorh. d. Verf.) that the result of processing for statistical purposes is not personal data").

Dennoch überzeugt es nicht, in diesen Fällen einen fehlenden Personenbezug zu fingieren.[662] Die Vorgabe des ErwGr. 162 S. 5 Var. 1 DSGVO muss als Einschränkungen der Privilegierung, nicht dagegen als Erweiterung des Anwendungsbereiches gedacht werden. Es wäre mit dem von der DSGVO angestrebten Schutzniveau der betroffenen Personen nicht vereinbar, wenn aggregierte Daten aus dem Anwendungsbereich der DSGVO ausgenommen wären.[663]

Inwiefern das Training von KI-Systemen als Datenverarbeitung zu „statistischen Zwecken" im Sinne des Art. 5 Abs. 1 lit. b HS. 2 DSGVO anzusehen ist, hängt demnach unter anderem davon ab, ob sich aus dem austrainierten System personenbezogene Daten herausfiltern lassen. Es kann nicht in jedem Fall von vorneherein ausgeschlossen werden, dass die von dem System herausgegebenen Informationen identifizierbaren Personen zugeordnet werden können.[664] Weiterhin ist zu beachten, dass sobald die KI-Systeme der Öffentlichkeit zugänglich gemacht werden soll, das Risiko der Identifizierung erhöht wird. Bei der Frage, ob ein Personenbezug hergestellt werden kann, kommt es nicht nur auf den Verantwortlichen an, sondern auch auf Dritte, soweit die Dritten Zugang zu den erforderlichen Informationen haben.[665] Dies hat der EuGH in einer aktuellen Entscheidung erneut bestätigt.[666]

c. Ergebnis

Für die Aufhebung des Zweckbindungsgrundsatzes zur Weiterverarbeitung von personenbezogenen Daten zum Zwecke der KI-Entwicklung ist nicht ohne Weiteres auf die Privilegierungen gemäß

---

662 So auch *Wiese/Svanberg* in: Kuner/Bygrave/Docksey, The EU GDPR, 2020, Art. 89, S. 1250.

663 Vgl. *Wiese/Svanberg* in: Kuner/Bygrave/Docksey, The EU GDPR, 2020, Art. 89, S. 1250.

664 EDSA, Stellungnahme 28/2024 zu gewissen Datenschutzaspekten der Verarbeitung personenbezogener Daten im Zusammenhang mit KI-Modellen, 2024, S. 15 f.; *Steege/Kuß* in: Chibanguza/Kuß/Steege, Künstliche Intelligenz, 2022, § 2, C., Rn. 59; *Kugelmann*, DuD 2024, 496 (497); vgl. zu Big Data *Schantz/Wolf*, Das neue Datenschutzrecht, 2017, Rn. 1351; *Pesch/Magnussen*, DuD 2025, 367 (368).

665 *Klar/Kühling* in: Kühling/Buchner, DS-GVO/BDSG, 4. Aufl., 2024, Art. 4 Nr. 1, Rn. 27; hierfür spricht auch der ErwGr. 26 S. 3 DSGVO.

666 EuGH, Urt. v. 07.03.2024 – C-479/22 P = BeckRS 2024, 3655, Rn. 60 ff.

Art. 5 Abs. 1 lit. b HS. 2 DSGVO zu rekurrieren. Angesichts des von der DSGVO angestrebten Schutzniveaus für personenbezogene Daten müssen die Privilegierungstatbestände restriktiv gehandhabt werden. Die Entwicklung von KI-Systemen ist für sich genommen kein privilegierungswürdiger Verarbeitungszweck. In diesem Sinne kommt eine Privilegierung der Weiterverarbeitung nur in Betracht, wenn die Verarbeitungszwecke in ihrer Gesamtschau als privilegierungswürdig anzusehen sind. Vor diesem Hintergrund ist eine Verarbeitung zu „Forschungszwecken" denkbar, wenn die kommerziellen Interessen an dem Forschungsvorhaben gegenüber dem Allgemeinwohlinteresse nicht überwiegen. Bei der Beurteilung, ob ein statistischer Verarbeitungszweck vorliegt, ist es demgegenüber nicht notwendig, dass die Verarbeitung im öffentlichen Interesse erfolgt. Einen angemessenen Ausgleich zwischen den grundrechtlich geschützten Interessen der Beteiligten gewährleistet hingegen die konsequente Berücksichtigung der Einschränkungen des ErwGr. 162 S. 5 DSGVO. Vor allem ist aufgrund der weiten Auslegung der Legaldefinition von personenbezogenen Daten nach Art. 4 Nr. 1 DSGVO sichergestellt, dass der Anwendungsbereich der Privilegierung begrenzt wird.

In Ansehung der voranstehenden Ausführungen ist die Regelung des Art. 5 Abs. 1 lit. b HS. 2 DSGVO nicht geeignet, bereits erhobene Daten umfassend für die KI-Entwicklung nutzbar zu machen. In der Regel werden die Verantwortlichen die personenbezogenen Daten nur weiterverwenden können, wenn die Zwecke nach den Maßgaben des Kompatibilitätstests nach Art. 6 Abs. 4 DSGVO vereinbar sind.

2. Kompatibilitätstest

Anhand des in Art. 6 Abs. 4 DSGVO normierten Kompatibilitätstest wird beurteilt, ob die Zwecke der Weiterverarbeitung mit den Zwecken der Datenerhebung „vereinbar" im Sinne des Art. 5 Abs. 1 lit. b DSGVO sind. Die im Art. 6 Abs. 4 lit. a bis e DSGVO aufgezählten Faktoren sind dabei nicht abschließend.[667] Vielmehr haben die Verantwortlichen bei der Prüfung der Kompatibilität alle Umstände des Einzelfalles zu berücksichtigen. Bei der Kompatibilitätsprüfung handelt es sich im Wesentlichen um eine Interes-

667 Siehe Kap. 4, C.III.2.a.

senabwägung, wobei die lit. a – e als Leitlinien für die Abwägung dienen.[668] Aus der Einzelfallabhängigkeit der Kompatibilitätsprüfung folgt, dass die Vereinbarkeit der Weiterverarbeitung der Daten zum Zwecke das KI-Trainings weder pauschal angenommen noch abgelehnt werden kann.[669]

Die Verantwortlichen haben bei der Entwicklung von KI-Systemen die Möglichkeit, durch einen verhältnismäßig geringen Aufwand die Interessenabwägungen zu Gunsten einer Weiterverarbeitung zu beeinflussen. Nach Art. 6 Abs. 4 lit. e DSGVO ist bei der Kompatibilitätsprüfung zu berücksichtigen, ob der Verantwortliche geeignete Garantien für den Schutz der personenbezogenen Daten vorsieht. Zu den geeigneten Garantien zählen – ausweislich des Art. 6 Abs. 4 lit. e DSGVO – die Verschlüsselung oder Pseudonymisierung der Daten. Diese Maßnahmen beeinträchtigen den Aussagegehalt der Daten in der Regel nicht übermäßig, sodass die Verschlüsselung und Pseudonymisierung der Daten vor dem Training der KI-Systeme durchgeführt werden kann, ohne dass die Zweckerreichung gefährdet wird.[670]

Es ist jedoch zu beachten, dass es sich bei Art. 6 Abs. 4 lit. e DSGVO nur um einen Faktor handelt, der bei der Prüfung der Vereinbarkeit der Zwecke zu berücksichtigen ist. Aus dem Wortlaut des Art. 6 Abs. 4 DSGVO folgt, dass die Bejahung der Zweckvereinbarkeit nicht nur anhand eines Kriteriums vorgenommen werden darf.[671] Die Verschlüsselung oder Pseudonymisierung der personenbezogenen Daten sind kein „Geheimrezept", um bereits erhobene Daten für das Training von KI-Systemen fruchtbar zu machen. Werden andere Faktoren bei der Kompatibilitätsprüfung nicht berücksichtigt, riskieren die Verantwortlichen bei der Weiterverarbeitung gegen die Vorgaben des Art. 5 Abs. 1 lit. b DSGVO zu verstoßen.

Nach Art. 6 Abs. 4 HS. 1 DSGVO ist die Zweckvereinbarkeit nicht zu prüfen, wenn eine Einwilligung der betroffenen Personen vorliegt oder die Weiterverarbeitung durch das Unionsrecht oder das Recht des Mitgliedstaates erlaubt ist. Die Einwilligung der Betroffenen kann von den

---

668 *Culik/Döpke*, ZD 2017, 226 (229); vgl. *Albers/Veit* in: Wolff/Brink/Ungern-Sternberg, BeckOk Datenschutzrecht, 52. Edition, Stand: 01.05.2025, DSGVO, Art. 6, Rn. 105; demgegenüber darauf hinweisend, dass es sich nicht um eine *reine* Interessenabwägung handelt *Assion/Nolte/Veil* in: Gierschmann/Schlender/Stenzel/Veil, DS-GVO, 2018, Art. 6, Rn. 245.

669 *Steege/Kuß* in: Chibanguza/Kuß/Steege, Künstliche Intelligenz, 2022, § 2, C., Rn. 60; *Vogel*, Künstliche Intelligenz und Datenschutz, 2022, S. 157.

670 *Vogel*, Künstliche Intelligenz und Datenschutz, 2022, S. 157; *Schuh/Weiss*, ZfDR 2024, 225 (260).

671 Hierzu unter Kap. 4, C.III.2.a. (S. 91 f.).

Verantwortlichen grundsätzlich immer eingeholt werden. Dabei sind die formellen und materiellen Anforderungen an die Einwilligung einzuhalten.[672] Die Analyse dieser Voraussetzungen und die damit zusammenhängenden Probleme sind zu umfangreich, um sie darzustellen. Verwiesen wird auf die bereits existierenden Untersuchungen hierzu.[673] Zudem gilt es zu berücksichtigen, dass das Einholen der Einwilligung jeder einzelnen betroffenen Person in der Regel mit einem in der Praxis kaum darstellbaren organisatorischen und ökonomischen Aufwand verbunden ist.[674] Soweit die Verantwortlichen im Einzelfall bereit sind, diesen Aufwand auf sich zu nehmen, ist zu beachten, dass zum einen die betroffenen Personen die Einwilligung nicht erteilen oder sich überhaupt zurückmelden müssen. Dadurch erhöht sich das ökonomische Risiko für die Verantwortlichen. Zum anderen können betroffene Personen die erteilten Einwilligungen jederzeit mit Wirkung für die Zukunft frei widerrufen. Vor diesem Hintergrund ist die Einwilligung als Mittel, um die Weiterverarbeitung der Daten zum Zwecke des KI-Trainings zu ermöglichen, nicht besonders geeignet.

Hinsichtlich der zweiten Variante des Art. 6 Abs. 4 HS. 1 DSGVO ist zu beachten, dass in den letzten Jahren auf europäischer Ebene Datennutzungs- und Datenzugangsrechte eine große rechtspolitische Rolle spielen. Ob und inwiefern hiervon die Weiterverarbeitungsmöglichkeiten zum Zwecke der KI-Entwicklung betroffen sind, untersucht das nächste Kapitel.

3. Ergebnis

Aus der DSGVO ergeben sich keine grundsätzlichen Erleichterungen für die Weitverarbeitung von personenbezogenen Daten zum Zwecke des KI-Trainings. Eine Privilegierung der Weiterverarbeitung zu Trainingszwecken kommt vielmehr nur im Einzelfall in Betracht. Gleichzeitig ergeben sich aus der DSGVO keine besonderen KI-spezifischen Hürden für die Weiterverarbeitung. Hieraus folgt nicht, dass die rechtlichen Vorgaben hin-

---

672 Hierzu bereits unter Kap. 4, C.III.2.c.aa.

673 U. a. *Scheuer*, Spielerisch selbstbestimmt, 2019, S. 332 ff.; *Voigt*, Die datenschutzrechtliche Einwilligung, 2020. S. 81 ff.

674 So auch *Vakanova* in: Kaulartz/Braegelmann, Rechtshandbuch Artificial Intelligence und Machine Learning, 2020, Kap. 8.1, Rn. 5; *Schuh/Weiss*, ZfDR 2024, 225 (260); *Hüger*, ZfDR 2024, 263 (271); *Reichert/Radtke/Eske*, ZD 2024, 483 (484); *Stroscher/Link*, Verarbeitung personenbezogener Daten in KI-Reallaboren nach dem KI-VO-E als Herausforderung für den datenschutzrechtlichen Zweckbindungsgrundsatz, 2023, S. 7.

sichtlich der Weiterverarbeitung die KI-Entwicklung nicht beeinträchtigen würden. Maßgabe des Zweckbindungsgrundsatzes ist es, die Weiterverarbeitungsmöglichkeiten für die Verantwortlichen zu begrenzen. Die Einzelfallabhängigkeit der Zulässigkeit der Weiterverarbeitung hat zur Folge, dass die bereits erhobenen Daten nicht ohne weiteres für KI-Trainings fruchtbar gemacht werden können. Vielmehr haben die Verantwortlichen umfangreiche Prüfungen durchzuführen, was mit einem nicht nur unerheblichen Aufwand verbunden ist.

Fraglich ist, ob die Problematik der Weiterverarbeitung von personenbezogenen Daten dadurch umgangen werden könnte, dass bereits bei der Datenerhebung das Training von KI-Systemen als Zweck derselben benannt wird. Nach der hier vertretenen Ansicht liegt eine Weiterverarbeitung im Sinne des Art. 5 Abs. 1 lit. b DSGVO nur vor, wenn die Verarbeitung der Daten nicht mehr von dem ursprünglichen Verarbeitungszweck gedeckt ist.[675] Da es nach dem Wortlaut des Art. 5 Abs. 1 lit. b DSGVO ohne weiteres zulässig ist, mit der Datenverarbeitung mehrere Zwecke zu verfolgen, erscheint diese Vorgehensweise praxistauglich. Eine Datenerhebung „auf Vorrat" ist hingegen unzulässig.[676]

Haben die Verantwortlichen bei der Datenerhebung noch keine genaue Vorstellung darüber, wie die Daten für das KI-Training genutzt werden sollen oder ob das Training erst mit einem gewissen zeitlichen Abstand erfolgen soll, findet die Datenerhebung nicht zum Zwecke des KI-Trainings statt. Entsprechend können sich die Verantwortlichen, sobald das Training doch noch beginnen soll, nicht darauf berufen, dass keine Weiterverarbeitung vorliegt. Welche Zwecke mit der Datenverarbeitung verfolgt werden, bestimmt sich nicht (nur) danach, welche Zwecke der Verantwortliche formell festgelegt hat. Vielmehr hat die Zweckfestlegung aus einer materiellen Perspektive zu erfolgen.[677] Ansonsten verkäme die Zweckfestlegung zu einem reinen Formalismus, wodurch das Ziel des Zweckbindungsgrundsatzes unterlaufen würde. Die Verantwortlichen können sich demnach nicht von der Verpflichtung freikaufen, die Vereinbarkeit der Zwecke nach Art. 5 Abs. 1 lit. b DSGVO im Einzelfall zu prüfen, indem sie das Training von KI-Systemen prophylaktisch bei der Datenerhebung als Verarbeitungszweck angeben.

---

675 Hierzu unter Kap. 4, C.III.2.

676 U. a. *Schantz* in: Wolff/Brink/Ungern-Sternberg, BeckOK Datenschutzrecht, 52. Edition, Stand. 01.11.2021, DSGVO, Art. 5, Rn. 13; *Hornung* in: Hoffmann-Riem, Big Data – Regulative Herausforderungen, 2018, S. 85.

677 Hierzu unter Kap. 4, C.III.1.a. (S. 75 ff.).

II. Erhebung von frei zugänglichen Daten aus dem Internet

Das Internet ist ein wahres Füllhorn an Informationen. Dort lässt sich eine unvorstellbare Menge an Datenpunkten finden und jeden Tag kommen Milliarden weiterer Daten hinzu.[678] Aufgrund des schieren Ausmaßes der abrufbaren Informationen und der damit verbundenen Vielfalt an Datenarten, bildet das Internet eine bedeutsame Quelle für die Generierung von Trainingsdaten.[679] Fraglich ist, wie dieser „Datenschatz" am effektivsten rechtskonform gehoben werden kann. Zunächst wäre es möglich, die zahllosen Webseiten manuell zu durchsuchen und die personenbezogenen Daten einzeln zu extrahieren. Diese Herangehensweise ist nur praxistauglich, wenn und soweit gezielt einige wenige hochqualitative Daten für das KI-Training benötigt werden. Sind hingegen große Mengen von mehr oder weniger beliebigen Daten erforderlich, um die Funktionsfähigkeit des KI-Systems zu gewährleisten, wäre die manuelle Datenextraktion mit einem unverhältnismäßigen Aufwand verbunden. Dementsprechend wird für die Erhebung der notwendigen Datenmenge häufig auf darauf ausgerichtete Software-Programme zurückgegriffen.

In der Praxis erheben die Verantwortlichen die für das KI-Training benötigten Datenmengen vielfach mithilfe einer Kombination von Web-Crawling und Data Scraping.[680] Web-Crawling bezeichnet das automatisierte Auffinden von bestimmten Daten im Internet, nicht aber die Erhebung dieser Daten.[681] Vor diesem Hintergrund kann für die vorliegende Fragestellung die (datenschutz)rechtliche Zulässigkeit des Web-Crawlings vernachlässigt werden. Aufgrund der hohen praktischen Bedeutung untersucht der folgende Abschnitt nur die Datengewinnung durch den Einsatz von Data-Scraping-Programmen auf mögliche Friktionen mit den Grundsätzen der Datenverarbeitung.

---

678 Alleine auf Instagram werden täglich geschätzte 3 Milliarden Bilder hochgeladen, https://www.omnicoreagency.com/instagram-statistics/ (zuletzt abgegrufen am 22.06.2025).

679 Vgl. *Pukas*, GRUR 2023, 614 (614); *Dieker*,ZD 2024, 132 (132); *Paal*, ZfDR 2024, 129 (130); *Mühlhoff/Ruschemeier*, ZfDR 2024, 337 (338).

680 *Reichert/Radtke/Eske*, ZD 2024, 483 (484); *Mühlhoff/Ruschemeier*, ZfDR 2024, 337 (342); *Schäfer*, ZD 2025, 12 (13); *Hüger*, ZfDR 2024, 263 (267); vgl. *Werkmeister/Laux*, PinG 2023, 103 (104).

681 Zu dem Begriff des Web-Crawlings *Bomhard*, KI-Training mit fremden Daten – IP-rechtliche Herausforderungen rum um § 44b UrhG, in: Taeger (Hrsg.), DSRI Tagungsband 2023, 255 (255); *Schmidt/Pruß* in: Auer-Reinsdorff/Conrad, Handbuch IT- und Datenschutzrecht, 3. Aufl., 2019, § 3, Rn. 403 f., *Jandt/Krag* in: Jandt/Steidle, Datenschutz im Internet, 2. Aufl., 2025, V, Rn. 74a.

1. Data Scraping

Unter Data Scraping versteht man den automatisierten Prozess der Extraktion von Daten aus Webseiten mithilfe spezieller Softwareprogramme.[682] Der Einsatz von Data-Scraping-Programmen bietet für die Erhebung von Trainingsdaten viele Vorteile. Durch den Einsatz dieser Programme können große Datenmengen sehr effizient und kostengünstig erhoben werden. Zudem kann durch im Vorhinein festgelegte Parameter präzise bestimmt werden, welche Daten von den Webseiten erhoben werden. Die unterschiedlichen auf dem Markt verfügbaren Data-Scraping-Programme funktionieren im Wesentlichen nach dem gleichen Prinzip. Bevor die Daten extrahiert werden können, müssen die Verantwortlichen festlegen, von welchen Webseiten und welche Daten erhoben werden sollen. Anschließend werden die Daten zusammengetragen und können im gewünschten Format abgespeichert werden.

Die große praktische Bedeutung von Data-Scraping-Anwendungen für die Generierung von Trainingsdaten zeigt sich bei der Entwicklung von generativen KI-Systemen. Generative KI zeichnet sich dadurch aus, dass sie im Gegensatz zu herkömmlichen KI-Systemen „neue Werke“ [683] schafft.[684] Die Funktionsweise von generativen KI-Systemen lässt sich am Beispiel von ChatGPT eindrucksvoll illustrieren. Bei ChatGPT handelt es sich um ein sogenanntes großes Sprachmodell bzw. Large Language Modell (LLM).[685] Bei Modellen wie ChatGPT werden Texte abhängig von den Inputs der Nutzer generiert.[686] Zentrales Merkmal von LLMs ist es, dass die produzierten Texte Ergebnisse stochastischer Korrelation in der Struk-

---

682 *Gausling*, CR 2021, 609 (609); *Bomhard*, KI-Training mit fremden Daten – IP-rechtliche Herausforderungen rum um § 44b UrhG, in: Taeger (Hrsg.), DSRI Tagungsband 2023, 255 (256); *Diecker*, ZD 2024, 132 (132); *Bomhard*, InTer 2023, 174 (174); *Pesch/Böhme*, GRUR 2023, 997 (998); EDSA, Stellungnahme 28/2024 zu gewissen Datenschutzaspekten der Verarbeitung personenbezogener Daten im Zusammenhang mit KI-Modellen, 2024, S. 13.

683 Ob und inwiefern die von generativer KI erstellten Werke als neu zu bezeichnen sind ist strittig, vertieften hierzu *Krauss*, Künstliche Intelligenz und Hirnforschung, 2023, S. 153 ff; im Hinblick auf die Schutzfähigkeit von KI-Erzeugnissen durch das Urheberrecht, *Kögel*, Urheberechtliche Implikationen bei der Verwendung von kreativer und generativer Künstlicher Intelligenz, in: Taeger (Hrsg.), DSRI Tagungsband 2023, 285 (292 f.); *Welser*, GRUR-Prax 2023, 57 (58 f.).

684 *Werry*, MMR 2023, 911 (911): *Pesch/Böhme*, MMR 2023, 917 (918).

685 Die Verwendung der englischen Abkürzung entspricht dem wissenschaftlichen Standard und wird deswegen auch im Folgenden verwendet.

686 U. a. *Werkmeister/Laux*, PinG 2023, 103 (103).

tur von natürlicher Sprache sind.[687] Anders ausgedrückt orientieren sich diese Modelle nicht an dem Inhalt des Textes, sondern an der Wahrscheinlichkeit von Buchstaben- und Wortabfolgen.[688] Damit diese Modelle ihre Funktion erfüllen können, bedarf es einer erheblichen Menge an Textdaten.[689] ChatGPT wurde beispielweise mit etwa 300 Milliarden Wörtern trainiert.[690] Die Daten für diese Art von Textkorpus stammen auch und gerade aus frei zugänglichen Internet-Quellen.[691] Das Zusammentragen dieser Daten erfolgt in der Regel über den Einsatz von Data-Scraping-Programmen.

2. Datenschutzrechtliche Problemstellung

Der große Nutzen von Data-Scraping-Programmen besteht in der effizienten Akkumulation großer Datensätze. In der Praxis handelt es sich bei diesen Daten vielfach um solche, die einen Personenbezug im Sinne des Art. 4 Nr. 1 DSGVO aufweisen.[692] Bei der Verarbeitung großer Datenmenge ist besonders fraglich, ob und inwiefern die Grundsätze der Datenverarbeitung aus Art. 5 Abs. 1 DSGVO eingehalten werden (können). Der nachfolgende Abschnitt behandelt nur den Zweckbindungsgrundsatz und den Grundsatz der Datenminimierung, nicht aber den Grundsatz der Speicherbegrenzung. Diese Begrenzung folgt daraus, dass bei der Erhebung von Daten im Wege des Data Scrapings das Prinzip der Speicherbegrenzung im Vergleich zu anderen Datenerhebungsvarianten nicht besonders berührt wird.

---

687 *Hartung*, RDi 2023, 209 (210); *Feuerhelm*, RDi 2023, 368 (369); BSI, Große KI-Sprachmodelle, 2023, S. 10.

688 *Hartung*, RDi 2023, 209 (210); *Feuerhelm*, RDi 2023, 368 (369); BSI, Große KI-Sprachmodelle, 2023, S. 10.

689 BSI, Große KI-Sprachmodelle, 2023, S. 15.

690 So *Pesch/Böhme*, MMR 2023, 917 (918).

691 *Carlini et. al*, Extracting Training Data form Large Language Models, 2021, 1 (9 f.); *Dodge et al.*, Documenting the English Colossal Clean Crawled Corpus, 2021, 1 (3 f.), *Heine*, GRUR-Prax 2024, 87 (87); *Pesch/Böhme*, MMR 2023, 917 (918); *Moos*, CR 2024, 442 (442); *EDSA*, Report of the work undertaken by the ChatGPT Taskforce, 2024, S. 6.

692 *Carlini et. al*, Extracting Training Data form Large Language Models, 2021; *Werry*, MMR 2023, 911 (912): *Pesch/Böhme*, MMR 2023, 917 (920); *Baumgartner/Brunnbauer/Cross*, MMR 2023, 543 (543); *Laue/Nink/Kremer*, Datenschutzrecht in der betrieblichen Praxis, 3. Aufl., 2024, § 14, Rn. 19; *Moos*, CR 2024, 442 (442); *Ruschemeier*, DuD 2025, 349 (350).

Damit die datenschutzrechtliche Problemanalyse zielführend vorgenommen werden kann, müssen im Vorhinein bestimmte Prämissen festgelegt werden. Bei Data-Scraping-Programmen handelt es sich um Werkzeuge, welche die Verantwortlichen nach ihrem Belieben gebrauchen können. Datenschutzrechtliche Spannungsverhältnisse ergeben sich nicht aus dem Umstand, dass derartige Programme genutzt, sondern wie sie von den Verantwortlichen eingesetzt werden. Dementsprechend ist es eine Frage des Einzelfalles, ob und inwiefern die Datenerhebung datenschutzkonform erfolgt. Die missbräuchliche oder datenschutzrechtlich unzulässige Verwendung von Data-Scraping-Programmen knüpft an Versäumnisse auf Seiten der Verantwortlichen an und folgt nicht aus den Anwendungen selbst. Ferner müssen Data-Scraping-Programme nicht genutzt werden, um wahllos große Menge an Daten zu erheben. Diese Anwendungen können ebenfalls genutzt werden, um einzelne Informationen gezielt zu sammeln.

In der Praxis nutzen Entwickler diese Programme in der Regel dafür, große Datenmengen zu erheben, insbesondere für das Training von KI-Systemen. Um eine stringente Analyse der potenziell auftretenden datenschutzrechtlichen Konfliktlagen zu ermöglichen, wird die Prämisse zu Grunde gelegt, dass das Data Scraping dafür genutzt wird, um große Mengen an personenbezogenen Daten zu erheben.

a. Zweckbindungsgrundsatz

Data Scraping-Programme ermöglichen es, effizient umfassende Datenbestände zu generieren. Fraglich ist, ob dieses hohe Maß an Effizienz mit der Einhaltung der Vorgaben des Art. 5 Abs. 1 lit. b DSGVO konfligiert. Gemäß des aus dem Grundsatz der Zweckbindung abgeleiteten Prinzips der Zweckbestimmung müssen die Verantwortlichen vor der Erhebung von personenbezogenen Daten die Zwecke der Verarbeitung festlegen.[693] Ein Datenverarbeitungsvorgang darf nur in Gang gesetzt werden, wenn die Ziele feststehen, die der Verantwortliche mit der Datenverarbeitung verfolgt. Wie konkret diese Ziele bestimmt sein müssen, hängt – nach der hier vertretenen Ansicht – insbesondere von den Risiken für die Rechte und Freiheiten der betroffenen Person ab, die im Zusammenhang mit dem

693 Allgemein zu dem Prinzip der Zweckbestimmung unter Kap. 4 C.I.

Datenverarbeitungsprozess entstehen können (risikobasierter Ansatz)[694]. Für die vorliegende Fragestellung kommt es darauf an, ob und inwiefern – unter Berücksichtigung dieses Maßstabes – die Zweckfestlegung beim Data Scraping gelingen kann.

aa. Data Scraping als Weiterverarbeitung im Sinne des Art. 5 Abs. 1 lit. b DSGVO?

Bevor sich der aufgeworfenen Fragestellung gewidmet werden kann, ist zunächst zu klären, ob es sich beim Data Scraping um eine Datenerhebung oder um eine Weiterverarbeitung handelt. Einige Autoren vertreten wohl die Ansicht, dass es sich bei der Verwendung von personenbezogenen Daten aus dem Internet stets um eine Weiterverarbeitung von personenbezogenen Daten im Sinne des Art. 5 Abs. 1 lit. b DSGVO handelt.[695] Diese Annahme hätte für die Verantwortlichen zur Folge, dass nicht nur die aus dem Grundsatz der Zweckbestimmung abgeleiteten Anforderungen berücksichtigt werden müssen, sondern darüber hinaus eine Verarbeitung nur zulässig wäre, wenn die Voraussetzungen des Art. 6 Abs. 4 DSGVO gegeben sind oder es sich um eine privilegierte Verarbeitung im Sinne des Art. 5 Abs. 1 lit. b HS. 2 DSGVO handelt. Diese Ansicht vermag nicht zu überzeugen. Eine Erhebung von personenbezogenen Daten im Sinne des Art. 4 Nr. 2 Var. 1 DSGVO ist gegeben, wenn der Verantwortliche sich die Daten beschafft, also sie erstmals bewusst der Verfügungsmacht des Verantwortlichen unterliegen.[696] Es liegt in der Natur von Daten, dass beliebig viele Stellen Verfügungsmacht über die jeweiligen Informationen erlangen können. Der Umstand, dass die personenbezogenen Daten zunächst von einer anderen Stelle öffentlich zugänglich gemacht wurden, ändert nichts daran, dass Dritte erstmalig Verfügungsmacht über diese Daten erlangen und somit nach Art. 4 Nr. 2 DSGVO erheben. Diese Grundstruktur des Datenschutzrechts wird veranschaulicht durch die Differenzierung

694 Vertiefend zu dem Begriff des risikobasierten Ansatzes in der DSGVO unter Kap. 4, C.III.1.a.aa.

695 *Baumgartner/Brunnbauer/Cross*, MMR 2023, 543 (545); *Laue/Nink/Kremer*, Datenschutzrecht in der betrieblichen Praxis, 3. Aufl., 2024, § 14, Rn. 19; in diese Richtung wohl auch *Hüger*, ZfDR 2024, 263 (286).

696 U. a. *Herbst* in: Kühling/Buchmer, DS-GVO/BDSG, 4. Aufl., 2024, DSGVO, Art. 4 Nr. 2, Rn. 21; *Eßer* in: Auernhammer, DSGVO/BDSG, 8. Aufl., 2023, DSGVO, Art. 4, Rn. 37; *Arning/Rothkegel* in: Taeger/Gabel, DSGVO/BDSG/TTDSG, 4. Aufl., 2022, DSGVO, Art. 4, Rn. 70.

zwischen der Direkterhebung der Daten bei der betroffenen Person (vgl. Art. 13 DSGVO) und der Datenerhebung bei Dritten (vgl. Art. 14 DSGVO); letzteres setzt zwingend voraus, dass die jeweiligen personenbezogenen Daten bereits von einer anderen Stelle erhoben worden sind. Es handelt sich bei dem Abschöpfen von Daten aus dem Internet nicht um eine Weiterverarbeitung im Sinne der DSGVO.[697] Für die nachfolgende Untersuchung spielen die Anforderungen des Art. 6 Abs. 4 DSGVO sowie des Art. 5 Abs. 1 lit. b HS. 2 DSGVO daher keine Rolle.

bb. Die Risikoanalyse bei der Nutzung von Data Scraping-Programmen

Bevor beim Data Scraping der Datenextraktionvorgang angestoßen werden kann, müssen die Nutzer der Programme bestimmen, welche Daten von welchen Webseiten erhoben werden sollen. Dementsprechend ist es notwendig, dass bereits vor der Verwendung dieser Programme dem Grunde nach feststeht, welche Ziele mit der Datenverarbeitung verfolgt werden. Die Nutzer müssen bei der Kalibrierung der Data Scraping-Anwendungen Überlegungen anstellen, die im Rahmen der Zweckfestlegung fruchtbar gemacht werden können. Sollen personenbezogene Daten erhoben werden, können die Verantwortlichen während dieses Schrittes eine Risikoanalyse durchführen und die Zwecke der Datenverarbeitung präzisieren. Diese Programme können sogar einen Beitrag dazu leisten, dass die Vorgaben des Zweckbindungsgrundsatzes eingehalten werden. Grundsätzlich sprechen demnach gute Gründe dafür, dass es durch den Einsatz von Data Scraping-Programmen nicht zu einer Friktion mit dem Zweckbindungsgrundsatz kommt.

Die vorangegangene Feststellung trifft nur insoweit zu, als dass die Verantwortlichen Data Scraping-Anwendungen nutzen, um gezielt personenbezogenen Daten von bestimmten Personen zu erheben. In diesen Fällen unterscheidet sich die Erhebung von Daten im Wege des Data Scrapings nicht von „klassischen" Datenerhebungsvorgängen. Der große Vorteil von Data Scraping-Programmen besteht jedoch darin, dass die Verantwortlichen ohne Aufwendung erheblicher Ressourcen, eine große Menge personenbezogener Daten aus unterschiedlichen Quellen erheben können. Bei diesen breit angelegten Datenerhebungen ist es fraglich, ob

697 Vgl. EDSA, Stellungnahme 28/2024 zu gewissen Datenschutzaspekten der Verarbeitung personenbezogener Daten im Zusammenhang mit KI-Modellen, 2024, S. 12.

und inwiefern die Festlegung der Zwecke im Einklang mit den Vorgaben des Art. 5 Abs. 1 lit. b DSGVO steht.

Aus Perspektive der Rechtsanwender ist bei einer solchen Datenerhebung vor allem zu prüfen, ob die Zweckfestlegung präzise genug ist. In Ansehung des Telos von Art. 5 Abs. 1 lit. b DSGVO ist die notwendige Akkuratesse der Zweckbestimmung von den potenziellen Auswirkungen abhängig, welche die Datenverarbeitung auf Rechte und Interessen der betroffenen Person haben kann.[698] Hierfür kommt es darauf an, welche Kategorien von Daten verarbeitet werden sollen und ob es sich dabei um sensible personenbezogene Daten im Sinne von Art. 9 Abs. 1 DSGVO handelt. Damit die Zweckfestlegung durch die Verantwortlichen den Ansprüchen des Art. 5 Abs. 1 lit. b DSGVO genügt, müssen die Verantwortlichen Kenntnis von den Arten der zu erhebenden personenbezogenen Daten haben.

Gerade bei der automatisierten Erhebung von großen Datenmengen ist zweifelhaft, ob die Verantwortlichen im Vorhinein Kenntnis von den Datenarten haben oder überhaupt haben können.[699] Diese Problematik wird noch verstärkt, wenn die Verantwortlichen kein Interesse an dem „Inhalt" der Daten haben. Dies ist der Fall, wenn für die Entwicklung des konkreten KI-Systems nicht Daten einer bestimmten Datenkategorie benötigt werden, sondern ein möglichst breites Spektrum an Daten. Vor allem bei der Entwicklung von generativen KI-Modellen sind eine Vielzahl von unterschiedlichen Datenarten notwendig.[700] Für Textgeneratoren wie ChatGPT oder Gemini kommt es nicht im eigentlichen Sinne auf den Inhalt der Trainingsdaten an, vielmehr müssen die Trainingsdaten die Sprachstruktur von unterschiedlichen Texten abbilden.[701] Hierfür greifen die Verantwortlichen unter anderem auf die Wikipedia, online verfügbare Zeitungen sowie vergleichbare Webseiten als Textquellen zurück.[702] Auch Beiträge auf sozialen Medien werden als Trainingsdaten verwendet.[703] Die Grundrechtsrelevanz der einzelnen Daten kann dabei stark variieren. Dem-

---

698 Hierzu unter Kap. 4, C.III.cc.

699 Vgl. *Schäfer*, ZD 2025, 12 (13); *Dieker*, ZD 2024, 132 (133); *Paal*, ZfDR 2024, 129 (132); *Ruschemeier*, DuD 2025, 349 (350).

700 *Engel*, KIR 2024, 21 (22); vgl. *Paal*, ZfDR 2024, 129 (132); *Pesch/Böhm*, MMR 2023, 917 (918).

701 BSI, Große KI-Sprachmodelle, 2023, S. 15; vgl. *Pesch/Böhm*, MMR 2023, 917 (918).

702 Vgl. die Analyse des Colossal Clean Crawled Corpus (C4 Dataset), *Dodge et al.*, Documenting the English Colossal Clean Crawled Corpus, 2021, 1 (2); *Kätscher/Pesch*, KIR 2024, 46 (47); *Pesch/Böhm*, MMR 2023, 917 (918).

703 *Schürmann*, ZD 2022, 316 (317); *Hansen/Walczak*, KIR 2024, 82 (83); *Werkmeister/Laux*, PinG 2023, 103 (104).

entsprechend ist eine pauschale Risikoabschätzung dem Grunde nach ungeeignet, um eine ausreichend konkrete Zweckfestlegung hinsichtlich des jeweiligen personenbezogenen Datums zu sichern.

Dieser Befund hat auf den ersten Blick zur Folge, dass die Verantwortlichen breit angelegte Datenerhebungen im Wege des Data Scrapings nur durchführen dürfen, wenn sie vor der Datenerhebung sorgfältig überprüft haben, welche Arten von Daten erhoben werden. Diese ressourcenintensive Vorgehensweise würde den mit dem Data Scraping verbundenen Vorteil im Hinblick auf die Erhebung erheblicher Datenmengen negieren. Gleichzeitig hätte ein Verzicht auf diese Art der Datenerhebung zu Folge, dass ein signifikanter Teil der im Internet auffindbaren Informationen brachliegen würde. Hierdurch würde ein nicht nur unerhebliches Erkenntnis- und damit verbundenes Wertschöpfungspotenzial ungenutzt bleiben. Vor dem Hintergrund des erklärten Zieles der Europäischen Kommission, Europa zu einem Vorreiter der KI-Entwicklung zu machen, gilt es zu überprüfen, ob trotz Beachtung der dargelegten Konfliktlage eine datenschutzkonforme Zweckfestlegung de lege lata gelingen kann.

Bei dieser Untersuchung ist zunächst die Rolle des risikobasierten Ansatzes bei der Zweckfestlegung in Augenschein zu nehmen. Die Frage nach der Granularität der Zweckfestlegung bildet eine der zentralen Problemschwerpunkte im Hinblick auf den Zweckbindungsgrundsatz.[704] Unter Heranziehung des risikobasierten Ansatzes kann belastbar festgestellt werden, wie granular die Zwecke der Verarbeitung im Hinblick auf das potenzielle Risiko für die Rechte und Freiheiten der betroffenen Personen im Einzelfall festgelegt werden müssen. Dieser Maßstab ermöglicht es den Aufsichtsbehörden sowie den jeweiligen betroffenen Personen, die Zweckfestlegung ex post zu kontrollieren.

Für die Verantwortlichen hingegen handelt sich bei diesem Maßstab „nur" um ein (sehr nützliches) Hilfsmittel, um die Vorgaben des Art. 5 Abs. 1 lit. b DSGVO einzuhalten. Nach dem Telos der Norm dient der Zweckbindungsgrundsatz im Wesentlichen der Schaffung von Transparenz, der Überprüfbarkeit der Rechtmäßigkeit der Verarbeitung und der Begrenzung der Weiterverarbeitungsmöglichkeiten.[705] Hierfür ist es zwar notwendig, dass die Zwecke hinreichend konkret festgelegt werden. Für die betroffenen Personen sowie die Aufsichtsbehörden spielt es keine Rolle, wie die Zweckfestlegung zustande kommt, wenn und soweit die Zwecke

704 Hierzu unter Kap. 4, C.III.1.a.

705 Hierzu vertiefend unter Kap. 4, C.II.

entsprechend den Vorgaben des Art. 5 Abs. 1 lit. b DSGVO festgelegt worden sind. Auch aus dem Wortlaut Art. 5 Abs. 1 lit. b DSGVO lässt sich nicht ableiten, dass eine Risikoanalyse vor der Zweckfestlegung zwingend erforderlich ist.[706] Die Verantwortlichen sind in diesem Sinne frei in ihrer Entscheidung, wie sie die Zweckfestlegung im Einzelfall ausgestalten. Im gleichen Maße tragen die Verantwortlichen das Risiko, dass ihre Zweckfestlegung einer nachträglichen Überprüfung nicht standhält. Vor diesem Hintergrund ist es für die Einhaltung der Vorgaben des Zweckbindungsgrundsatzes nicht zwingend erforderlich, dass dem Verantwortlichen bekannt ist, welche Kategorien von personenbezogenen Daten erhoben werden. Ausgehend hiervon ist fraglich, wie die Verantwortlichen gewährleisten sollen, dass die Zweckfestlegung den Vorgaben des Art. 5 Abs. 1 lit. b DSGVO auch entspricht, wenn eine Risikoanalyse im Einzelfall nicht darstellbar ist.

cc. Perspektivwechsel bei der Zweckfestlegung

Die vorliegende Untersuchung und die wissenschaftliche Auseinandersetzung mit dem Zweckbindungsgrundsatz legen den Fokus auf die notwendige Granularität der Zweckbestimmung. Die notwendige Akkuratesse bildet dabei nur das von den Verantwortlichen zu erreichende Minimalziel ab. Dieser Abschnitt hat gezeigt, dass in der vorliegenden Konstellation, der Versuch, die Zwecke der Datenverarbeitung nur so präzise wie nötig festzulegen, nicht möglich oder jedenfalls mit einem erheblichen Risiko für die Verantwortlichen verbunden ist. Um eine DSGVO-Konforme Zweckfestlegung zu gewährleisten, ist ein Perspektivwechsel erforderlich.

Der Maßstab des risikobasierten Ansatzes ermöglicht es, den Korridor für eine ausreichende Zweckgranularität im Einzelfall zwischen den Polen der minimalen und maximalen Zweckkonkretheit rechtssicher zu identifizieren. Die absolute Grenze der sich aus Art. 5 Abs. 1 lit. b DSGVO ergebenden rechtlichen Verpflichtung bezüglich der Zweckgranularität verlangt jedoch keine faktisch größtmögliche Zweckakkuratesse.[707] Die DSGVO fordert von den Verantwortlichen auch nicht, dass die Zwecke der Verarbeitung präziser bestimmt werden als ihnen tatsächlich möglich. Allerdings

706 Vgl. *Rücker/Kugler*, New European General Data Protection Regulation, 2018, C., Rn. 267.

707 Vgl. *Herbst* in: Kühling/Buchner, DS-GVO/BDSG, 4. Aufl., 2024, DSGVO, Art. 5, Rn. 5; *Voigt* in: Taeger/Gabek, DSGVO/BDSG/TTDSG, 4. Aufl., 2024, DSGVO, Art. 5, Rn. 24; *Spies*, ZD 2022, 75 (76).

hat die Orientierung an der maximalen Zweckgranularität für die Verantwortlichen den Vorteil, dass beim Prozess der Zweckfestlegung auf die Ermittlung des konkreten Risikos, welches durch die Datenverarbeitung für die betroffenen Personen bestehen kann, verzichtet werden kann. Bei der vorliegenden Variante der Datenerhebung zur Generierung von Trainingsdaten sollten die Verantwortlichen der Maxime folgen, die Zwecke der Datenverarbeitung nicht so präzise wie nötig, sondern so konkret wie möglich festzulegen.

Ausgehend von diesem Ergebnis bleibt zu erörtern, welche Konsequenzen sich für die Datenerhebung zum Zwecke der KI-Entwicklung ableiten lassen. Aufgrund der Vielfältigkeit von KI-Systemen und der sich hieraus ergebenden Einzelfallabhängigkeit lässt sich die größtmögliche Zweckgranularität nicht abstrakt und allgemeingültig bestimmen. Allerdings lassen sich Leitlinien entwickeln, die bei der Zweckfestlegung berücksichtigt werden sollten.

Zunächst kann als negative Abgrenzung festgehalten werden, dass „Training von KI-Systemen" als Verarbeitungszweck unabhängig vom Einzelfall den Anforderungen an die Zweckfestlegung aus Art. 5 Abs. 1 lit. b DSGVO nicht genügen kann.[708] Unter diesen Zweck könnten eine unüberschaubare Anzahl an Verarbeitungsalternativen subsumiert werden, sodass weder die betroffenen Personen die Rechtmäßigkeit der Verarbeitung wirksam überprüfen könnten noch eine tatsächliche Begrenzung der Weiterverarbeitungsmöglichkeiten erreicht werden würde.[709]

Gleichzeitig erfordert der Grundsatz der Zweckbindung keine derartige Präzision bei der Festlegung der Verarbeitungszwecke, dass nur noch eine Verarbeitungsmöglichkeit verbleibt. Solche eine restriktive Auslegung des Art. 5 Abs. 1 lit. b DSGVO hätte zur Folge, dass eine wirksame Zweckfestlegung kaum mehr möglich wäre. Dies gilt im besonderen Maße für die Datenerhebung für die Entwicklung von explorativ ausgerichteten KI-Systemen. In diesen Fällen kann zum Zeitpunkt der Datenerhebung noch nicht konkret feststehen, welche Erkenntnis durch die KI-Systeme generiert werden soll. Dieser Umstand wirkt sich maßgeblich auf die

708 So u. a. *Sens*, Der Zweckbindungsgrundsatz der DSGVO beim Machine Learning im Vertrieb, 2024, S. 109; *Art.-29-Datenschutzgruppe*, WP 203, 2013, S. 16; *Schantz*, NJW 2016, 1841 (1844); *Mantz/Marosi* in: Specht/Mantz, Handbuch Europäisches und deutsches Datenschutzrecht, 2019, Teil A., § 3, Rn. 86.

709 Zu diesem Maßstab unter Kap. 4, C.III.1.a.

potenzielle Zweckgranularität aus.[710] Eine zu restriktive Auslegung des Art. 5 Abs. 1 lit. b DSGVO würde in diesem Kontext ein faktisches Datenerhebungsverbot begründen.[711] Auch ein nur faktisch wirkendes Verbot ist mit dem Telos des Zweckbindungsgrundsatzes nicht vereinbar. Art. 5 Abs. 1 lit. b DSGVO hat nicht die Zielsetzung die Datenerhebung als solche zu beschränken.[712] Dem Grundsatz der Zweckbindung eine prohibitive Ausrichtung zuzuschreiben, lässt sich auch nicht durch die Binnensystematik des Art. 5 Abs. 1 DSGVO begründen.[713]

Vor diesem Hintergrund kann eine eher allgemein gehaltene Zweckbestimmung DSGVO-konform sein, wenn eine weitere Präzisierung der Zwecke zum Zeitpunkt der Datenerhebung nicht möglich ist.[714] Der Vorwurf, dass die Zweckfestlegung nicht bestimmt genug war, kann nur erhoben werden, wenn zuvor eine Konkretisierungsmöglichkeit bestanden hat. Aus diesem Befund kann nicht abgeleitet werden, dass die Verantwortlichen – im Einklang mit Art. 5 Abs. 1 lit. b DSGVO – die Zwecke der Verarbeitung bewusst weit fassen dürfen. Eine allgemeingehaltene Zweckbestimmung ist nur als DSGVO-konform anzusehen, wenn zum Zeitpunkt der Datenerhebung eine Präzisierung der Zwecke tatsächlich nicht möglich war. Dabei ist zu berücksichtigen, dass anhand der ausgewählten Datenquellen sowie der angedachten Trainingsmethoden bereits bei der Datenerhebung die Ziele der Datenverarbeitung zumindest grob vorgezeichnet werden.[715] Die Verantwortlichen können sich dementsprechend nicht ohne Weiteres darauf berufen, dass eine hinreichende Zweckgranularität im Einzelfall nicht darstellbar sei. Ferner müssen die Verantwortlichen im Einklang mit Art. 5 Abs. 2 DSGVO in diesen Konstellationen nachweisen können, dass eine genauere Zweckfestlegung nicht möglich war.

---

710 Vgl. *Willeck* in: Hoeren/Sieber/Holznagel, Handbuch Multimediarecht, Loseblatt, Stand Juni 2024, EL 62, Kap. 29.3, Rn 37; *Hessel/Dillschneider*, RDi 2023, 458 (459 f.).

711 In diesem Sinne sieht *Ruschemeier* einen grundlegenden Widerspruch zwischen den Grundsatz der Zweckbindung um dem Design von LLMs, *Ruschemeier*, DuD 2025, 349 (350).

712 So zutreffend auch *Paal*, ZfDR 2024, 129 (143).

713 Zum systematischen Verhältnis des Grundsatzes der Datenminimierung und dem Zweckbindungsgrundsatz ausführlich unter Kap. 4, D.II.

714 Vgl. *Kühling*, DuD 2020, 182 (186); in diese Richtung auch *Kugelmann*, DuD 2024, 496 (500),

715 *Schuh/Weiss*, ZfDR 2024, 225 (258); EDSA, Stellungnahme 28/2024 zu gewissen Datenschutzaspekten der Verarbeitung personenbezogener Daten im Zusammenhang mit KI-Modellen, 2024, S. 24; vgl. *Kugelmann*, DuD 2024, 496 (500).

Aufgrund der aufgezeigten Problemlagen bei der Generierung von Trainingsdaten im Wege des Data Scrapings ist der risikobasierte Ansatz nicht geeignet, um die notwendige Zweckgranularität belastbar zu bestimmen. Allerdings ist eine DSGVO-konforme Zweckfestlegung in diesen Fällen weiterhin möglich, wenn und soweit die Verantwortlichen vor der Datenerhebung die Zwecke mit der größtmöglichen Akkuratesse festlegen. Bei der Bewertung, ob die Zweckbestimmung den Anforderungen des Art. 5 Abs.1 lit. b DSGVO genügt, ist zu beachten, dass der Grundsatz der Zweckbindung zwar der Beschränkung der Weiterverarbeitung von personenbezogenen Daten dient, nicht aber der Begrenzung der Datenerhebung. In diesem Sinne dürfen beim Data Scraping keine übersteigerten Anforderungen an die Granularität der Zweckfestlegung gestellt werden.

b. Datenminimierungsgrundsatz

Ziel des Grundsatzes der Datenminimierung ist es, die Datenverarbeitungsvorgänge in quantitativer sowie in qualitativer Hinsicht zu begrenzen.[716] Auf den ersten Blick liegt es nahe, dass die Erhebung großer Datenmengen für das Training von KI-Systemen mit dem Grundsatz der Datenminimierung unvereinbar ist.[717] Dann wäre auch der Einsatz von Data Scraping Programmen mit dem Ziel, große Mengen an Trainingsdaten zu erheben, gemäß Art. 5 Abs 1 lit. c DSGVO unzulässig. Die Pauschalität dieses Befundes steht im Widerspruch zu der regulatorischen Komplexität des Datenminimierungsgrundsatzes. Aus Art. 5 Abs. 1 lit. c DSGVO lassen sich keine starren Obergrenzen für die zulässige Menge an zu verarbeitenden Daten ableiten.[718] Demnach kann allein aus der Anzahl der verarbeiteten

716 Hierzu unter Kap. 4, D.II.

717 Vgl. *Leistner/Antoine/Sagstetter*, Big Data, 2021, S. 281; *Hornung* in: Hoffmann-Riem, Big Data – Regulative Herausforderungen, 2018, S. 86; *Paal* in: Kaulartz/Braegelmann, Rechtshandbuch Aritficial Intelligence und Machine Learning, 2020, Kap. 8.7, Rn. 15; *Vogel*, Künstliche Intelligenz und Datenschutz, 2022, S. 161; *Roßnagel* in: Simitis/Hornung/Spiecker gen. Döhmann, Datenschutzrecht, 2. Aufl., 2025, DSGVO, Art. 5, Rn. 135; *Siems/Repka*, Unrechtmäßige Nutzung von KI-Trainingsdaten als Gefahr für neue Geschäftsmodelle – Compliance-Anforderungen bei der Entwicklung von KI-Systemen, in: Taeger (Hrsg.), DSRI Tagungsband 2021, 517 (528); *Ashkar*, ZD 2023, 523 (524); *Deutscher Ethikrat*, Big Data und Gesundheit, 2018, S. 23; *Winter*, Big Data und KI im Gesundheitswesen, 2023, S. 64.

718 *Willecke* in: Hoeren/Sieber/Holznagel, Handbuch Multimedia-Recht, Loseblatt, Stand Juni 2024, EL 62, Teil 29.3, Rn. 40.

personenbezogenen Daten nicht auf einen Verstoß gegen den Grundsatz der Datenminimierung geschlossen werden.

Sowohl der Wortlaut von Art. 5 Abs. 1 lit. c DSGVO als auch von ErwGr. 39 S. 9 DSGVO belegen die Zweckabhängigkeit des Datenminimierungsgrundsatzes. Die Einhaltung des Grundsatzes der Datenminimierung bestimmt sich danach, ob und inwiefern die Verarbeitung der personenbezogenen Daten für die Zweckerreichung notwendig ist. Die Erhebung großer Datenmengen kann demnach mit den Vorgaben des Art. 5 Abs. 1 lit. c DSGVO durchaus im Einklang stehen.[719] Voraussetzung ist, dass die Verarbeitung all dieser personenbezogenen Daten für die Erreichung der Zwecke tatsächlich erforderlich ist.

Der Maßstab zur Beantwortung dieser Frage folgt aus den Tatbestandsmerkmalen des Art. 5 Abs. 1 lit. c DSGVO. Hiernach ist die Datenverarbeitung erforderlich, soweit die personenbezogenen Daten hinsichtlich des verfolgten Zwecks angemessen, erheblich sowie für die Zwecke der Verarbeitung auf das notwendige Maß beschränkt sind.[720] Die potenzielle Konfliktlage zwischen dem Grundsatz der Datenminimierung und der Datenerhebung im Wege des Data Scrapings ist anhand der einzelnen Tatbestandsmerkmale zu untersuchen. Das Merkmal der Erheblichkeit kann hierbei vernachlässigt werden. Erheblich sind alle Datenverarbeitungen, die geeignet sind, die Zweckerreichung zu fördern.[721] Bei der KI-Entwicklung gilt die Prämisse, dass mehr (und qualitativ hochwertige) Trainingsdaten zu einer besseren Funktionsfähigkeit des KI-Systems beitragen.[722] Unerheblich sind in diesem Zusammenhang nur solche Datenverarbeitungen, bei denen die Daten aufgrund ihres Informationsgehalts oder ihrer Qualität die Zweckerreichung nicht vorantreiben können. Im Nachfolgenden sind nur die Merkmale der Angemessenheit sowie der Erforderlichkeit zu beleuchten, wobei der Abschnitt den Fokus auf das letztgenannte Merkmal legt.

---

719 *Herbst* in: Kühling/Buchner, DS-GVO/BDSG, 4. Aufl., 2024, DSGVO, Art. 5, Rn. 56; *Kugelmann*, DuD 2024, 496 (500).

720 Zu der Auslegung der einzelnen Tatbestandsmerkmale unter Kap. 4, D.III.

721 Hierzu unter Kap. 4, D.III.1.

722 *Siems/Repka*, Unrechtmäßige Nutzung von KI-Trainingsdaten als Gefahr für neue Geschäftsmodelle – Compliance-Anforderungen bei der Entwicklung von KI-Systemen, in: Taeger (Hrsg.), DSRI Tagungsband 2021, 517 (517); *Vogel*, Künstliche Intelligenz und Datenschutz, 2022, S. 49; *Stiemerling* in: Kaulartz/Braegelmann, Rechtshandbuch Artificial Intelligence und Machine Learning, 2020, Kap. 2, Rn. 15; demgegenüber wird diese Prämisse in der Big-Data-Forschung auch kritisch diskutiert, hierzu *Biega/Finck*, TechReg 2021, 44 (45).

aa. Erforderlichkeitsprinzip

Gemäß Art. 5 Abs. 1 lit. c DSGVO sind die Datenverarbeitungsvorgänge auf ein für die Zweckerreichung „notwendiges Maß" zu beschränken. Zur Bestimmung der Notwendigkeit dient als Maßstab nicht eine naturwissenschaftliche Kausalität.[723] Vielmehr ist die Notwendigkeit der Datenverarbeitung im Wege einer wertenden Betrachtung zu ermitteln.[724] In diesem Sinne führt ErwGr. 39 S. 9 DSGVO die Zumutbarkeit als Bewertungskriterium ein. Demnach ist die Notwendigkeit der Datenverarbeitung gegeben, wenn ein Verzicht auf die Verwendung von personenbezogenen Daten für die Verantwortlichen nicht zumutbar ist. Bei der Zumutbarkeit handelt es sich um einen unbestimmten (Recht-)Begriff, weshalb es für die Ermittlung der Zumutbarkeitsgrenze im Sinne des ErwGr. 39 S. 9 DSGVO einer wertenden Betrachtung der Umstände des Einzelfalles bedarf.[725] Die Grenze der Zumutbarkeit ist überschritten, wenn der Verzicht auf die Verarbeitung von personenbezogenen Daten für die Verantwortlichen nur mit einem unverhältnismäßigen Aufwand realisiert werden kann.[726]

Vor diesem Hintergrund ist fraglich, welche Konfliktlagen sich im Hinblick auf die Ermittlung der Zumutbarkeitsgrenze ergeben, wenn und soweit große Mengen von Daten zum Zwecke des KI-Trainings erhoben werden sollen. Zunächst ist darauf hinzuweisen, dass nach der in dieser Arbeit vertretenen Ansicht der Grundsatz der Datenminimierung sich nicht auf die Zweckfestlegung auswirkt.[727] Demnach ist es datenschutzrechtlich nicht zu beanstanden, wenn die Verantwortlichen Zwecke verfolgen wollen, bei denen die Erhebung von großen Mengen an personenbezogenen Daten unerlässlich ist. Der abstrakte Befund, dass für die Entwicklung von KI-Systemen – in der Regel – große Mengen an personenbezogenen Daten benötigt werden, lässt gleichermaßen keine Rückschlüsse auf der Erforderlichkeit der einzelnen Datenverarbeitungsvorgänge zu. Vielmehr sind die Verantwortlichen bei der Erhebung und Weiterverarbeitung großer Datenmengen verpflichtet, für jeden Datenverarbeitungsvorgang die Erfor-

723 So bereits unter Kap. 4, D.III.3.

724 So auch *Paal*, ZfDR 2024, 129 (141); *Kramer* in: Auernhammer, DSGVO/BDSG, 8. Aufl., 2023, DSGVO, Art. 5, Rn. 37.

725 Hierzu unter Kap. 4, D.III.3.

726 *Roßnagel* in: Simitis/Hornung/Spiecker gen. Döhmann, Datenschutzrecht, 2. Aufl., 2025, DSGVO, Art. 5, Rn. 121; *Kramer* in: Auernhammer, DSGVO/BDSG, 8. Aufl., 2023, DSGVO, Art. 5, Rn. 37.

727 Hierzu unter Kap. 4, D.I.

derlichkeit zu prüfen und im Einklang mit dem Art. 5 Abs. 2 DSGVO die Erforderlichkeit nachzuweisen.

Der Umstand, dass jede einzelne Datenverarbeitung am Maßstab des Art. 5 Abs. 1 lit. c DSGVO gemessen werden muss, hat nicht zur Folge, dass die Prüfung der Erforderlichkeit hinsichtlich jeden Datums isoliert zu erfolgen hat. Die Funktionsfähigkeit sowie die Qualität eines KI-Systems sind nicht von der einzelnen Information abhängig, sondern von dem Zusammenspiel aller zu verarbeitenden Daten. Dementsprechend verblasst die Relevanz der einzelnen Information für die Zweckerreichung bei der Erhebung von großen Datenmengen für die KI-Entwicklung. In Anlehnung an die Äquivalenztheorie könnte die einzelne Datenverarbeitung hinweggedacht werden, ohne dass die Zweckerreichung gefährdet wird. Eine isolierte Betrachtung der zu verarbeitenden Daten hätte das widersinnige Ergebnis, dass keine Datenverarbeitung nach dem Maßstab des Art. 5 Abs. 1 lit. c DSGVO notwendig wäre. Diese Herangehensweise ist offensichtlich nicht zielführend und entspricht nicht dem Telos der Norm. Der Datenminimierungsgrundsatz hat nicht das Ziel, die Erhebung und Verarbeitung von großen Datenmengen generell unmöglich zu machen.[728]

Bei der Prüfung der Erforderlichkeit haben die Verantwortlichen daher eine Gesamtbetrachtungsperspektive einzunehmen. Die Erreichung der Zumutbarkeitsgrenze im Sinne von ErwGr. 39 S. 9 DSGVO hängt (zumindest auch) davon ab, ob und inwiefern die Verarbeitung einer kritischen Maße an personenbezogenen Daten für die Zweckerreichung notwendig ist. Die Verantwortlichen müssen vor der Datenerhebung den für die Zweckerreichung benötigten Datenumfang bestimmen. Bei der Datenerhebung für die KI-Entwicklung stellt dieser Schritt die Verantwortlichen vor nicht nur unerhebliche Herausforderungen. Ausgehend von der Prämisse, dass das Training mit mehr und qualitativ hochwertigen Daten zu besseren Ergebnissen bei der KI-Entwicklung führt, müssen die Verantwortlichen ermitteln, wie viele personenbezogene Daten nötig sind, damit die größte Leistungsfähigkeit des jeweiligen KI-Systems gewährleistet werden kann, ohne die Rechte und Interessen der betroffenen Personen über Gebühr zu beeinträchtigen.[729] Die Erforderlichkeitsprüfung dient in diesem Kontext dazu, einen angemessenen Ausgleich zwischen den Interessen der Verantwortlichen an der bestmöglichen Funktionsfähigkeit der KI-Systeme

---

728 In diese Richtung auch *Steege/Kuß* in: Chibanguza/Kuß/Steege, Künstliche Intelligenz, 2022, § 2, C., Rn. 63.

729 Vgl. DSK, Orientierungshilfe zu empfohlenen technischen und organisatorischen Maßnahmen bei der Entwicklung und beim Betrieb von KI-Systemen, 2025, S. 11.

und dem Interesse der betroffenen Personen an der geringstmöglichen grundrechtlichen Beeinträchtigung zu finden. Hierfür sind – unter Berücksichtigung der Datenarten, der Anzahl an betroffenen Personen und der angestrebten Funktion des KI-Systems – die widerstreitenden Interessen der an der Datenverarbeitung Beteiligten im Wege praktischer Konkordanz in einen angemessenen Ausgleich zu bringen.

Dieser Balanceakt wird dadurch erschwert, dass aufgrund der selbstlernenden Struktur von KI-Systemen nicht in jedem Fall vor Beginn des Trainingsprozesses festgestellt werden kann, wie viele Daten notwendig sind, um eine hinreichende Funktionsfähigkeit der KI-Systeme sicherzustellen.[730] Ferner ist zu beachten, dass bei der Entwicklung von komplexen KI-Systemen verschiedene Kategorien von personenbezogenen Daten notwendig sind. Die unterschiedliche Grundrechtsrelevanz dieser einzelnen Datenarten macht es erforderlich, dass die Verantwortlichen hinsichtlich jeder Datenkategorie eine gesonderte Abwägung durchführen. Darüber hinaus ist es – abhängig vom Zweck des KI-Systems – für die Verantwortlichen nicht gangbar, umfassend auf die Verarbeitung von personenbezogenen Daten im Rahmen der KI-Entwicklung zu verzichten. Zwar würde hierdurch die Einhaltung des Grundsatzes der Datenminimierung vereinfacht. Allerdings besteht in Fällen, in denen KI-Systeme mit einer unzureichenden Menge an personenbezogenen Daten trainiert werden, das Risiko, dass die Funktionsfähigkeit des KI-Systems beeinträchtigt wird und insbesondere die Gefahr einer Diskriminierung durch das austrainierte System.[731]

Ausgehend von diesen abstrakten Überlegungen ist in einem nächsten Schritt zu prüfen, ob unter Berücksichtigung der Art des jeweiligen Datums sowie des Zwecks der Datenverarbeitung die Nutzung anderer Mittel im Hinblick auf die Verarbeitung dieses konkreten Datums, keinen unverhältnismäßigen Aufwand für den Verantwortlichen begründen würde. Dabei ist erneut ein angemessener Ausgleich der Interessen der Beteiligten im Wege einer Abwägung herzustellen. Bei dieser zweistufigen Erforderlichkeitsprü-

730 So auch DSK, Orientierungshilfe zu empfohlenen technischen und organisatorischen Maßnahmen bei der Entwicklung und beim Betrieb von KI-Systemen, 2025, S. 11; für *Willecke* folgt aus diesem Umstand, dass die Einhaltung des Art. 5 Abs. 1 lit. c DSGVO während des gesamten Trainingsprozesses fortlaufend überwacht werden muss, *Willecke* in: Hoeren/Sieber/Holznagel, Handbuch Multimedia-Recht, Loseblatt, Stand Juni 2024, EL 62, Teil 29.3, Rn. 40.

731 Hierauf zutreffend hinweisend DSK, Orientierungshilfe zu empfohlenen technischen und organisatorischen Maßnahmen bei der Entwicklung und beim Betrieb von KI-Systemen, 2025, S. 11.

fung prägt das erste Abwägungsergebnis die zweite Abwägungsebene: Hat der Verantwortliche festgestellt, dass unter Berücksichtigung der widerstreitenden Interessen die Erhebung und Weiterverarbeitung einer bestimmten Menge von spezifischen Datenarten für die Zweckerreichung erforderlich ist, kommt im nächsten Schritt ein abweichendes Abwägungsergebnis nur in Betracht, wenn sich aus den Umständen des Einzelfalles eine Verschiebung der Gewichtung der Interessen ergibt. Der zweiten Stufe der Erforderlichkeitsprüfung kommt eine Kontrollfunktion zu.

In diesem Zusammenhang ist wiederum darauf hinzuweisen, dass der Verantwortliche nach Art. 5 Abs. 1 lit. c DSGVO für jeden einzelnen Datenverarbeitungsvorgang die Erforderlichkeit der Verarbeitung darlegen muss.[732] Allerdings können die Verantwortlichen bei personenbezogenen Daten derselben Datenkategorie eine einheitliche Abwägungsentscheidung treffen, wenn und soweit die Umstände des Einzelfalles keine gesonderte Bewertung des einzelnen Datums erfordern.

In der Theorie steht der DSGVO-konformen Durchführung der Erforderlichkeitsprüfung bei der Datenerhebung im Wege des Data Scrapings nichts entgegen. Die Zweistufigkeit der Erforderlichkeitsprüfung und die damit verbundenen multiplen Abwägungsentscheidungen begründen für die Verantwortlichen allerdings einen nicht nur unerheblichen Aufwand. Dieser Aufwand potenziert sich, je mehr personenbezogene Daten für die Entwicklung des KI-Systems erhoben werden sollen. Die für die Abwägung notwendigen finanziellen und zeitlichen Ressourcen konterkarieren den mit dem Data Scraping verbundenen Effizienzgewinn bei der Datenerhebung. Anders als bei dem Zweckbindungsgrundsatz können die Vorgaben des Art. 5 Abs. 1 lit. c DSGVO nur eingehalten werden, wenn die Verantwortlichen Kenntnis über die zu erhebenden Datenarten haben.[733] Die Vornahme einer rechtssicheren Abwägung ohne Kenntnis der genaueren Umstände des Einzelfalles ist nicht darstellbar.

Weiterhin können sich die Verantwortlichen bei der Erforderlichkeitsprüfung nicht zu ihren Gunsten darauf berufen, dass die Vorbereitung und Durchführung der Abwägungsentscheidung mit einem unverhältnismäßigen Aufwand verbunden sei. Die Belastung, welche auf die Verantwortlichen durch eine datenschutzkonforme Erforderlichkeitsprüfung zukommt, korrespondiert mit der Entscheidung der Verantwortlichen, große Mengen an personenbezogenen Daten zu erheben und weiterzuverarbeiten. Der

732 Hierzu unter Kap. 4, D.II.

733 Hierzu oben unter II.3.a.

sich hieraus ergebene Aufwand ist Ausfluss einer freien Entscheidung des Verantwortlichen. Zu berücksichtigen ist ferner, dass der Grundsatz der Datenminimierung zwar nicht das Ziel verfolgt, die Verarbeitung großer Mengen von personenbezogenen Daten generell unmöglich zu machen.[734] Gleichzeitig handelt es sich bei der Entwicklung von Leistungsstarken KI-Systemen nicht um privilegierte Verarbeitungszwecke.[735] Eine Erleichterung der Abwägung, weil große Mengen von personenbezogenen Daten verarbeitet werden sollen, widerspräche vielmehr den grundrechtlichen Wertungen aus Art. 8 GRC.

Vor diesem Hintergrund bleibt festzuhalten, dass die Einhaltung des Tatbestandsmerkmals der Erforderlichkeit bei der Erhebung von großen Datenmengen im Wege des Data Scrapings grundsätzlich möglich ist. Der hiermit verbundene Aufwand führt dazu, dass der mit dem Data Scraping erwünschte Effizienzgewinn sich in der Regel nur eingeschränkt realisieren lassen wird. Diese (ökonomische) Konfliktlage beruht auf der freien Entscheidung des jeweiligen Verantwortlichen und kann nicht zu dessen Gunsten bei der Auslegung des Art. 5 Abs. 1 lit. c DSGVO berücksichtigt werden.

bb. Angemessenheit der Datenerhebung

Neben der Erforderlichkeit muss die Datenverarbeitung nach Art. 5 Abs. 1 lit. c DSGVO angemessen sein. Welche Funktion dem Tatbestandsmerkmal der Angemessenheit im Rahmen des Art. 5 Abs. 1 lit. c DSGVO zukommen soll, wird in der datenschutzrechtlichen Literatur nicht einheitlich beantwortet. Nach der in dieser Arbeit vertretenen Ansicht erfüllt das Merkmal der Angemessenheit die Funktion eines grundrechtlichen Grobfilters. Das Tatbestandsmerkmal der Angemessenheit ist erfüllt, wenn zwischen der Eingriffsintensität der Datenverarbeitung und deren Zweck kein offensichtliches Missverhältnis besteht.[736] Es ist nicht erforderlich, dass die Verantwortlichen eine strenge Verhältnismäßig-

---

734 *Steege/Kuß* in: Chibanguza/Kuß/Steege, Künstliche Intelligenz, 2022, § 2, C., Rn. 63.
735 Hierzu unter Kap. 5, B.I.1.
736 Ausführlich unter Kap. 4, D.III.2.

keitsprüfung vornehmen.[737] Die Eingriffsintensität der Datenverarbeitung richtet sich wiederum nach der Art des jeweiligen Datums.[738]

Die Operationalisierung des Angemessenheitskriteriums bei der Erhebung von personenbezogenen Daten mithilfe von Data Scraping-Tools setzt voraus, dass die Verantwortlichen ausgehend von dem Zweck der Datenerhebung und im Wege der Abwägung überprüfen, ob die mit der Verarbeitung verbundenen Belastungen für die jeweils betroffenen Personen in einem offensichtlichen Missverhältnis zu den Zwecken der Datenerhebung stehen. Hierfür ist es – ebenso wie bei der Erforderlichkeitsprüfung – notwendig, dass die Verantwortlichen vor der Datenerhebung Kenntnis von den potenziellen Kategorien personenbezogener Daten haben, die erhoben werden könnten. Es ist also auch für das Merkmal der Angemessenheit notwendig, dass die Verantwortlichen vor der Datenerhebung feststellen, welche Datenarten für die Entwicklung des jeweiligen KI-Systems benötigt werden. Da dieser Schritt für die Anwendung des Tatbestandsmerkmals der Erforderlichkeit obligatorisch ist, begründet diese Voraussetzung im Rahmen der Angemessenheit keinen zusätzlichen Aufwand für die Verantwortlichen.

Die hier favorisierte Auslegung ermöglicht eine Operationalisierung des Angemessenheitsmerkmals, wonach die Angemessenheit der Datenverarbeitung im Wege einer negativen Abgrenzung festgestellt wird. Es ist also nicht geboten, die Angemessenheit für jedes Datum festzustellen. Vielmehr können die Verantwortlichen ausgehend von dem Zweck der Verarbeitung ermitteln, welche Datenkategorien für die Zweckerreichung abstrakt gesehen unangemessen wären. Ausgehend von diesem Ergebnis können die Verantwortlichen bei der Kalibrierung der Data Scraping-Programme darauf achten, dass nur auf solche Webseiten zugegriffen wird, bei denen zu erwarten ist, dass die Daten im Hinblick auf diesen Zweck als angemessen zu bewerten sind.

Diese Herangehensweise ist ebenfalls mit einem gewissen Risiko für die Verantwortlichen verbunden. Denn den Verantwortlichen können bei der Einschätzung, welche Datenarten auf einer Website veröffentlicht werden, Fehler unterlaufen. Ist die Angemessenheit der Datenverarbeitung infolge dessen nicht gegeben, so kann den Verantwortlichen nach Art. 83 Abs. 5 lit. a DSGVO ein Bußgeld auferlegt werden. Es bleibt damit in

737 Hierzu unter Kap. 4, D.III.2.

738 Insbesondere bei der Verarbeitung von besonderen Kategorien von Daten im Sinne des Art. 9 Abs. 1 DSGVO ist aufgrund der Gundrechtssensibilität dieser Art an Informationen, ob die Angemessenheit gegeben ist.

der Hand der Verantwortlichen, welchen Aufwand sie tätigten bzw. welches Risiko sie eingehen wollen, um die Angemessenheit der Datenverarbeitung zu überprüfen.

c. Ergebnis

Die Art und Weise des Einsatzes von Data Scraping-Programmen hängen von den Motiven des jeweils Verantwortlichen ab, sodass die Vereinbarkeit von deren Einsatz mit den Grundsätzen der Datenverarbeitung aus Art. 5 Abs. 1 DSGVO sich von Einzelfall zu Einzelfall unterscheiden kann. Bei der Generierung von Trainingsdaten für die KI-Entwicklung besteht der Nutzen dieser Programme darin, dass große Mengen an Daten erhoben werden können. Bei der Erhebung großer Datenmengen kann die Einhaltung der datenschutzrechtlichen Vorgaben für die Verantwortlichen problematisch sein. Dies ist vor allem der Fall, wenn die Verantwortlichen keine belastbare Prognose hinsichtlich der Art der Daten und der Anzahl der betroffenen Personen tätigen können. Unter diesen Umständen können die Verantwortlichen die Vorgaben des Art. 5 Abs. 1 lit. c DSGVO nicht oder nur in einer Art und Weise einhalten, die mit einer Selbstbeschränkung der Verantwortlichen einhergeht, die weder rechtlich geboten noch politisch gewollt ist. Demgegenüber kann in der dargelegten Konstellation der Zweckbindungsgrundsatz eingehalten werden, auch wenn eine Risikoanalyse im Einzelfall nicht möglich ist. Denn die Zwecke müssen nicht präziser festgelegt werden, als dies für die Verantwortlichen tatsächlich möglich ist.

III. Gezielte Erhebung der Daten bei den betroffenen Personen

Die Entwicklung von KI-Systemen behandelt die Literatur (richtigerweise) stets im Zusammenhang mit dem Stichwort Big-Data. Auch unter Berücksichtigung aktueller Fortschritte in diesem Bereich benötigt die KI-Entwicklung große Mengen von (personenbezogenen) Daten.[739] Aufgrund der großen Bandbreite an Anwendungsszenarien für KI-Systeme kommt

739 Die Verarbeitung großer Datenmengen ist für die KI-Entwicklung in der Regel weiterhin notwendig, allerdings kann der Punkt erreicht werden, an dem sich die Qualität des KI-Systems durch die Verwendung von zusätzlichen Daten nur noch geringfügig verbessert. Hierzu unter anderem *Shanmugam/Shabania/Diaz/Finck/Biega*, Learning to Limit Data Collection via Scaling Laws, 2022, S. 6.

es nicht in jedem Fall auf die Menge an Daten, sondern vielmehr auf die Qualität derselben an. Qualitativ hochwertige Daten können nicht ohne weiteres flächendeckend erhoben werden. Insbesondere bei der Nutzung von Gesundheitsdaten wird es in der Regel notwendig sein, Daten von spezifischen Personen zu erheben.

Vor diesem Hintergrund untersucht der folgende Abschnitt, ob die gezielte Erhebung einzelner personenbezogener Daten für die Entwicklung von KI-Systemen mit den Grundsätzen der Datenverarbeitung nach Art. 5 Abs. 1 DSGVO im Konflikt steht.

1. Grundsatz der Zweckbindung

Nach Art. 5 Abs. 1 lit. b DSGVO müssen vor der Datenerhebung die Zwecke eindeutig festgelegt werden. Im vorherigen Abschnitt lag der Fokus der Untersuchung auf dem Merkmal des Festlegens. Bei der gezielten Erhebung einzelner personenbezogener Daten für die Entwicklung von KI-Systemen sind keine besonderen Konfliktlagen hinsichtlich dieses Merkmals ersichtlich. Daher wird die Zweckfestlegung im Nachfolgenden nur kursorisch behandelt. Der Schwerpunkt dieses Abschnitts liegt daher auf dem Merkmal der Eindeutigkeit. Fraglich ist, ob und inwiefern das Ziel, KI-Systeme zu entwickeln, mit der Verpflichtung, die Zwecke der Datenverarbeitung eindeutig festzulegen, konfligiert.

a. Zweckfestlegung

Vor der Erhebung von personenbezogenen Daten müssen die Verantwortlichen Verarbeitungszwecke festlegen.[740] Die Bedeutung der Zweckfestlegung für das datenschutzrechtliche Regelungs- und Schutzkonzept kann nicht genug betont werden. Dementsprechend bedeutsam ist eine ordnungsgemäße Zweckfestlegung für eine datenschutzkonforme KI-Entwicklung. Nachfolgend ist zu untersuchen, ob und inwiefern die Erhebung von personenbezogenen Daten für das Training von KI-Systemen mit den Vorgaben und Zielen des Art. 5 Abs. 1 lit. b DSGVO konfligiert.

Ein entscheidendes Problem bei der Anwendung des Art. 5 Abs. 1 lit. b DSGVO besteht in der Frage nach der Zweckgranularität

740 Hierzu unter Kap. 4, C.III.1.a.

im Einzelfall.[741] Der Zweckbindungsgrundsatz dient – unter anderem – dazu, die Datenverarbeitung für die betroffenen Personen transparent zu machen und die (Weiter-)Verarbeitungsmöglichkeiten für die Verantwortlichen zu beschränken.[742] Zur Erreichung dieser Ziele ist es erforderlich, dass die Zwecke der Verarbeitung präzise bestimmt werden. Allerdings folgt aus der in den Tatbeständen des Art. 5 Abs. 1 DSGVO angelegten Skalierbarkeit der Anforderungen an die Datenverarbeitung, dass die Zwecke nicht so präzise wie möglich, sondern lediglich so präzise wie nötig festgelegt werden müssen. Zur Bestimmung der notwendigen Zweckgranularität im Einzelfall kann dabei auf den risikobasierten Ansatz zurückgegriffen werden.[743] Unabhängig vom Einzelfall ist ein Verarbeitungszweck als zu unbestimmt anzusehen, wenn hierdurch eine Vielzahl von (Weiter)Verarbeitungsmöglichkeiten in Betracht kommen.[744] In diesem Sinn wäre „Training von KI-Systemen" oder „Entwicklung von KI" als Verarbeitungszwecke als zu unbestimmt anzusehen.

Darüber hinausgehende Pauschalisierungen sind aufgrund des offenen Tatbestandes aus Art. 5 Abs. 1 lit. b DSGVO nicht möglich. Erforderlich ist vielmehr eine genaue Betrachtung des Einzelfalles. Die notwendige Granularität der Zweckfestlegung ist für jede Kategorie personenbezogener Daten gesondert festzustellen. Dementsprechend problematisch kann die Zweckfestlegung bei der Erhebung großer Mengen an Daten aus verschiedenen Datenkategorien sein.[745] In der vorliegenden Konstellation geht es jedoch um die Erhebung personenbezogener Daten (beispielsweise Gesundheitsdaten) bei einzelnen spezifisch ausgewählten betroffenen Personen. In diesen Fällen folgen aus dem übergeordneten Ziel, diese Daten für das Training von KI-Systemen zu verwenden, keine besonderen Anforderungen an die Einhaltung der Vorgaben des Art. 5 Abs. 1 lit. b DSGVO.

b. Eindeutigkeit der Zwecke

Gemäß Art. 5 Abs. 1 lit. b DSGVO müssen die Zwecke der Datenverarbeitung *eindeutig* bestimmt werden. Nach der hier vertretenen Auffassung handelt es sich bei diesem Tatbestandsmerkmal um das formelle Gegen-

---

741 So bereit unter Kap. 4, C.III.1.a.

742 Vertiefend hierzu unter Kap. 4, C.II.

743 Ausführlich hierzu bereits unter Kap. 4, C.III.1.aa - cc.

744 Kap. 4, C.III.1.a.

745 Hierzu ausführlich unter Kap. 5, B.

stück zur Zweckfestlegung.[746] In diesem Sinne verpflichtet die Norm die Verantwortlichen, die festgelegten Zwecke in einer Art und Weise zu dokumentieren, die eine Überprüfung der Rechtmäßigkeit der Datenverarbeitung ermöglicht sowie die Nachvollziehbarkeit der Verarbeitung gewährleistet. Für die Erhebung von personenbezogenen Daten zum Zwecke des Trainings von KI-Systemen bedeutet die Anwendung des Art. 5 Abs. 1 lit. b DSGVO, dass die Zwecke so eindeutig bestimmt sein müssen, dass sowohl die betroffene Person als auch die Behörden verstehen können, welche Ziele mit der Datenerhebung und -verarbeitung konkret verfolgt werden.

In diesem Zusammenhang wirft *Sens* die Frage auf, ob es für die Nachvollziehbarkeit der Datenverarbeitung notwendig ist, dass den betroffenen Personen Informationen hinsichtlich der Funktionsweise des jeweiligen KI-Systems zur Verfügung gestellt werden.[747] Wenn ja, könnte die Erfüllung des Tatbestandsmerkmales der Eindeutigkeit die Verantwortlichen vor erhebliche Herausforderungen stellen. Denn aufgrund der selbstlernenden Struktur von KI-Systemen können die Verantwortlichen die Entscheidungsfindung des Systems selbst nicht immer nachvollziehen.[748] Darüber hinaus ist es fast unmöglich, aus einer ex-ante Perspektive vorherzusagen, wie sich einzelne Trainingsdaten auf die Funktionsweise der KI-Systeme auswirken.

Es sprechen allerdings gute Gründe dagegen, das Merkmal der Eindeutigkeit dahingehend auszulegen, dass die technischen Abläufe der Datenverarbeitung erläutert werden müssen. Zunächst ist zu beachten, dass bei einer detaillierten Offenlegung der Verarbeitung die Rechte der Verantwortlichen – insbesondere der Geschäftsgeheimnisschutz – beeinträchtigt werden können. Dem Datenschutzgrundrecht kommt gegenüber den grundrechtlich geschützten Interessen der Verantwortlichen kein absoluter Vorrang zu. Ferner handelt es sich bei dem Tatbestandsmerkmal der Eindeutigkeit um eine spezielle Ausprägung des Transparenzgrundsatzes aus Art. 5 Abs. 1 lit. a Var. 3 DSGVO.[749] Nach dieser Vorschrift muss die

---

746 Hierzu unter Kap. 4, C.III.1.

747 *Sens*, Der Zweckbindungsgrundsatz der DSGVO beim Machine Learning im Vertrieb, 2024, S. 98.

748 *Klar*, BB 2019, 2243 (2251); *Gausling*, Künstliche Intelligenz und DSGVO, in: Taeger (Hrsg.), DSRI Tagungsband 2018, 519 (536); grundlegend zu der Frage der Erklärbarkeit von KI; *Körner* in: Kaulartz/Braegelmann, Rechtshandbuch Artificial Intelligence und Machine Learning, 2020, Kap. 2.4, Rn. 1 ff; *Poscher* in: Vöneky/Kellmeyer/Mueller/Burgrad, The Cambridge handbook of responsbile artificial intelligence, 2022, Kap. 16, S. 283.

749 Hierzu bereits unter Kap. 4, C.III.1.b.

Datenverarbeitung für die betroffene Person „nachvollziehbar" sein. Die Verpflichtung, die Nachvollziehbarkeit der Datenverarbeitung zu gewährleisten, wird durch die Art. 12 ff. DSGVO sowie ErwGr. 39 und 60 DSGVO konkretisiert. In der Gesamtschau folgt aus diesen Vorgaben nicht, dass die betroffenen Personen über jedes Detail des Verarbeitungsvorgangs informiert werden müssen.[750]

Dieser Befund überzeugt auch im Hinblick auf die speziellen Informationspflichten bei automatisierten Einzelfallentscheidungen: Nach Art. 13 Abs. 2 lit. f, Art. 14 Abs. 2 lit. g, Art 15 Abs. 1 lit. h DSGVO müssen betroffenen Personen „aussagekräftige Informationen über die involvierte Logik" zur Verfügung gestellt werden. Welche Qualität diese Informationen im Einzelfall haben müssen, ist zwar Gegenstand juristischer Diskussionen,[751] eine Verpflichtung zur Offenlegung des Quell- oder Maschinencodes wird aber abgelehnt.[752] Eine detaillierte Darlegung der technischen Verarbeitungsabläufe ist somit nicht einmal im Rahmen dieser erweiterten Informationspflichten angezeigt. Systematische Erwägungen sprechen dagegen, derartige Informationspflichten in das Tatbestandsmerkmal der Eindeutigkeit hineinzulesen.

Darüber hinaus bezieht sich die Eindeutigkeit allein auf die Zwecke der Datenverarbeitung.[753] Es sind demnach die hinter der Datenverarbeitung stehenden Ziele und Beweggründe transparent zu dokumentieren. Vom Zweckbegriff nicht erfasst sind hingegen die technischen Herangehensweisen zur Zweckerreichung. Vor diesem Hintergrund folgt aus der Komplexität der KI-Entwicklung nicht, dass bei der Erhebung von Trainingsdaten die Zwecke nicht eindeutig bestimmbar sind.

---

750 *Plath* in: Plath, DSGVO/BDSG/TTDSG, 4. Aufl., 2023, DSGVO, Art. 5, Rn. 6; *Kramer* in: Auernhammer, DSGVO/BDSG, 8. Aufl., 2023, DSGVO, Art. 5, Rn. 20.

751 *Vogel*, Künstliche Intelligenz und Datenschutz, 2022, S. 147; *Schmidt-Wudy* in: Wolff/Brink/Ungern-Sternberg, BeckOK Datenschutzrecht, 52. Edition, Stand: 01.05.2025, DSGVO, Art. 15, Rn. 78; *Paal*, ZfDR 2023, 114 (135).

752 U. a. *Bäcker* in: Kühling/Buchner, DS-GVO/BDSG, 4. Aufl., 2024, DSGVO, Art. 13, Rn. 54; *Steinrötter* in: Borges/Hilber, BeckOK IT-Recht, 18. Edition, Stand: 01.01.2023, DSGVO, Art. 13, Rn. 53; *Bortnikov/Dukart*, ZD 2024, 558 (560); *Bortnikov/Dukart*, ZD 2024, 558 (560).

753 Hierzu unter Kap. 4, C.III.1.b.

2. Grundsatz der Datenminimierung

Die Skepsis gegenüber der Möglichkeit einer datenschutzkonformen KI-Entwicklung, lässt sich auch und gerade auf den Grundsatz der Datenminimierung zurückführen. Es ist auf den ersten Blick einleuchtend, dass die Verarbeitung großer Mengen personenbezogener Daten mit der (scheinbaren) gesetzlichen Zielvorgabe des Art. 5 Abs. 1 lit. c DSGVO konfligiert, nur wenige personenbezogene Daten zu verarbeiten. Allerdings wurde bereits dargelegt, warum der Grundsatz der Datenminimierung keine starre Obergrenze für die Menge an zu verarbeitenden Daten vorsieht.[754] Der Regelungsgehalt des Art. 5 Abs. 1 lit. c DSGVO knüpft nicht an die Datengesamtheit, sondern an das jeweils einzeln zu verarbeitende Datum an. Ausgehend von dem Wortlaut des Art. 5 Abs. 1 lit. c DSGVO verlangt der Datenminimierungsgrundsatz von den Verantwortlichen, dass nur solche personenbezogenen Daten verarbeitet werden, die für die Zweckerreichung „notwendig" sind. Die Norm setzt eine Relation zwischen Zweck und einzelnem personenbezogenen Datum voraus. In diesem Sinne ist die Notwendigkeit der Datenverarbeitung nicht „naturwissenschaftlich" zu bestimmen, sondern im Wege einer Abwägung zwischen den Zwecken der Datenverarbeitung und den Recht und Interessen der betroffenen Person zu ermitteln.[755]

Ausgehend von diesem Befund ergeben sich bei der Erhebung von spezifischen personenbezogenen Daten für die KI-Entwicklung keine besonderen Konfliktlagen im Hinblick auf die Einhaltung der Vorgaben des Art. 5 Abs. 1 lit. c DSGVO. Der Grundsatz der Datenminimierung verlangt von den Verantwortlichen, dass hinsichtlich jedes Datums dargelegt werden kann, warum die Verarbeitung für die Zweckerreichung erforderlich ist. Dementsprechend können große Mengen an personenbezogenen Daten verarbeitet werden, soweit die Notwendigkeit der Verarbeitung nachgewiesen werden kann.[756] Die Vornahme der hierfür erforderlichen Abwägungsentscheidungen – unter der Heranziehung bereits dargelegten Maßstäbe – für spezifische personenbezogene Daten begründet für die Verantwortlichen keinen besonderen Aufwand. In diesem Sinne unterscheidet sich das Ziel, KI-Systeme zu entwickeln, nicht von anderen Verarbeitungszwecken. Problematisch wird die Einhaltung der Vorgaben

754 Hierzu unter Kap. 4, D.I.
755 Hierzu unter Kap. 4, D.III.
756 U. a. *Schäfer*, ZD 2025, 12 (15).

des Art. 5 Abs. 1 lit. c DSGVO nur, wenn große Mengen an personenbezogenen Daten im Wege des Data Scraping erhoben werden sollen.[757]

IV. Ergebnis

Die Generierung von Trainingsdaten bildet das Fundament der KI-Entwicklung. Dabei können die Erhebung sowie die Weitverarbeitung von personenbezogenen Daten die Verantwortlichen im Hinblick auf die Einhaltung der Vorgaben des Art. 5 Abs. 1 DSGVO vor erhebliche Probleme stellen. Diese potenziellen Spannungsverhältnisse mit den Grundsätzen der Datenverarbeitung sind von grundlegender Bedeutung für die KI-Entwicklung. Zwar ist es möglich, dass durch zukünftige Anonymisierungstechniken das Training von KI-Systemen in keinem Spannungsverhältnis zur DSGVO stehen kann, dies gilt aber nicht im gleichen Maße für die Generierung von Trainingsdaten. Die Anonymisierung dieser Daten kann erst erfolgen, wenn die Daten überhaupt erhoben worden sind. Hat der Verantwortliche das Ziel, die Daten vor dem Training der KI-Systeme zu anonymisieren, kann sich dieses Vorhaben zwar positiv auf die Risikoabwägung auswirken, es bleibt aber dabei, dass bei der Datengenerierung die Grundsätze der Datenverarbeitung eingehalten werden müssen.[758]

Hinsichtlich der Nutzung von bereits erhobenen personenbezogenen Daten für das KI-Training wurde herausgearbeitet, dass die Verantwortlichen sich in der Regel nicht auf die Privilegierung der Weiterverarbeitung nach Art. 5 Abs. 1 lit. b HS. 2 DSGVO berufen können, sondern nur bei Einhaltung der dargelegten Anforderungen. Dementsprechend müssen die Verantwortlichen für jedes einzelne Datum im Wege des Kompatibilitätstest nach Art. 6 Abs. 4 DSGVO überprüfen, ob das Training der jeweiligen KI-Systeme mit den bei der Datenerhebung festgelegten Zwecken vereinbar ist. In diesem Sinne können zwar grundsätzlich bereits erhobene Daten für das KI-Training fruchtbar gemacht werden. Allerdings begrenzt das Vereinbarkeitserfordernis die Weiterverarbeitungsmöglichkeiten in einem nicht nur unerheblichen Maße. Diese Begrenzung ist zwar datenschutzrechtlich gewollt, erschwert aber das rechtskonforme Training von KI-Systemen mit qualitativ hochwertigen Daten.

Bei der Generierung von Trainingsdaten spielt das Internet als Datenquelle eine erhebliche Rolle. Für die breit angelegte Erhebung großer Men-

757 Siehe oben Kap. 5, B.II.3.b.

758 So auch *Bierekoven*, ITRB 2019, 261 (263); vgl. *Kugelmann*, DuD 2024, 496 (497).

gen personenbezogener Daten wird in der Praxis vielfach auf Data Scraping-Programme zurückgegriffen. Beim Einsatz dieser Programme stellt sich die Frage, ob und inwiefern die Zwecke der Datenverarbeitung präzise genug festgelegt werden können. Unter Heranziehung des risikobasierten Ansatzes müsste hinsichtlich jedes Datums eine Risikoanalyse durchgeführt werden, um die notwendige Zweckgranularität festzustellen. Hieraus ergäbe sich für die Verantwortlichen ein kaum zu bewältigender Aufwand. Auf die Durchführung einer Risikoanalyse kann allerdings verzichtet werden, wenn und soweit die Zwecke der Datenverarbeitung ohnehin so konkret wie möglich vor der Datenerhebung festgelegt worden sind. In diesem Sinne kann auch eine unbestimmtere Zweckfestlegung den Vorgaben des Art. 5 Abs. 1 lit. b DSGVO entsprechen, wenn eine höhere Zweckgranularität nicht möglich wäre.

Weiterhin legt der Abschnitt dar, dass die Einhaltung des Grundsatzes der Datenminimierung theoretisch bei der Erhebung von großen Datenmengen möglich ist. Die Erforderlichkeit der Datenverarbeitung ist anhand einer zweistufigen Prüfung zu ermitteln: Auf der ersten Stufe haben die Verantwortlichen zu prüfen, ob unter der Berücksichtigung der Datengesamtheit abstrakt gesehen das Datum zur Zweckerreichung erforderlich ist. Ausgehend hiervon ist auf der zweiten Stufe zu prüfen, ob die Verarbeitung des konkreten Datums isoliert betrachtet notwendig ist. Die Durchführung dieser zweistufigen Prüfung kann von den Verantwortlichen die Aufwendung signifikanter Ressourcen erfordern.

Unter Berücksichtigung der vorstehenden Ausführungen bleibt festzuhalten, dass die Generierung von Trainingsdaten nicht dem Grunde nach mit den Grundsätzen der Datenverarbeitung aus Art. 5 Abs. 1 DSGVO unvereinbar ist. Allerdings ergeben sich aus dem Grundsatz der Zweckbindung und dem Datenminimierungsgrundsatz Hürden für die Erhebung und Weiterverarbeitung von personenbezogenen Daten zum Zwecke des KI-Trainings. In diesem Sinne blockieren die Vorgaben der DSGVO die KI-Entwicklung zwar nicht, aber die Begrenzung der Verarbeitungsmöglichkeit ist durchaus als substanzielle Behinderung einer rechtskonformen KI-Entwicklung anzusehen.

C. Trainingsmethoden beim maschinellen Lernverfahren

Neben der Generierung von Trainingsdaten bildet die datenschutzrechtliche Analyse des maschinellen Lernverfahrens den Schwerpunkt dieses Kapitels. Die Untersuchung erfolgt anhand der drei zentralen Methoden des maschinellen Lernens: dem überwachten Lernen (I.), dem unüberwachten Lernen (II.) und dem bestärkenden Lernen (III.).[759] Der Fokus ist dabei auf die Besonderheiten des jeweiligen Lernverfahrens und die sich hieraus ergebenden Konfliktlagen mit den Vorgaben des Art. 5 Abs. 1 DSGVO zu legen.

I. Überwachtes Lernen

Ein weitverbreitete und praktisch besonders relevante Trainingsmethode für die Entwicklung von KI-Systemen ist das Verfahren des überwachten Lernens.[760] Für diese Trainingsmethode bedarf es einer qualifizierten Aufbereitung der Trainingsdaten, das sogenannte Klassifizieren (eng. Labeln) der Daten.[761] Dabei handelt es sich um einen arbeitsintensiven Prozess, bei dem den einzelnen Trainingsdaten bestimmte Werte manuell zugeordnet werden müssen.[762] Der sich aus dem Labeln ergebende zeitliche und finanzielle Aufwand stellt zunächst eine beachtliche Belastung für die Verantwortlichen dar. Allerdings kann man diesen Verarbeitungsvorgang als datenschutzrechtliche Chance begreifen. Die intensive Auseinandersetzung mit den einzelnen personenbezogenen Daten ermöglicht es, die Einhaltung der datenschutzrechtlichen Vorgaben zu evaluieren und gegebenenfalls Anpassungen vorzunehmen. Im Nachfolgenden ist zu untersuchen, ob und inwiefern das Klassifizieren der Trainingsdaten als Verarbeitungsvorgang dazu geeignet ist, die Einhaltung der Vorgaben des Art. 5 Abs. 1 DSGVO zu ermöglichen.

1. Zweckbindungsgrundsatz

Nach ErwGr. 39 S. 7 DSGVO muss der Zweck der Datenverarbeitung spätestens zum Zeitpunkt der Datenerhebung feststehen. Das gleiche gilt für die Fälle, in denen die personenbezogenen Daten zu einem anderen

---

759 Zu den Lernverfahren Kap. 2.

760 U. a. *Sens*, Der Zweckbindungsgrundsatz der DSGVO beim Machine Learning im Vertrieb, 2024, S. 24.

761 Hierzu vertiefend unter Kap. 2, A.

762 U. a. *Jung*, Maschinelles Lernen, 2024, S. 14; *Sens*, Der Zweckbindungsgrundsatz der DSGVO beim Machine Learning im Vertrieb, 2024, S. 25.

Zweck als dem Erhebungszweck weiterverarbeitet werden sollen, insoweit als dass spätestens zum Zeitpunkt des Beginns der Weiterverarbeitung die Zwecke festgelegt sein müssen. Vor diesem Hintergrund erscheint eine Auseinandersetzung mit dem Zweckbindungsgrundsatz in dem vorliegenden Kontext des Klassifizierens der Trainingsdaten überflüssig, da zu diesem Zeitpunkt die Zwecke der Verarbeitung bereits festgelegt worden sind.[763]

Des Weiteren wird die Möglichkeit des Nachschiebens von Zwecken nach dem Beginn der Verarbeitung zu Recht abgelehnt.[764] Hierfür spricht neben dem Wortlaut des Art. 5 Abs. 1 lit. b DSGVO vor allem der Sinn und Zweck der Norm. Der Grundsatz der Zweckbindung dient - unter anderem - der Schaffung von Transparenz sowie der Begrenzung der Weiterverarbeitungsmöglichkeiten der Verantwortlichen.[765] Ein nachträgliches Hinzufügen von Verarbeitungszwecken ist mit den Zielen dieser Norm nicht vereinbar. Den betroffenen Personen soll durch die Festlegung der Zwecke die Möglichkeit gegeben werden, die Datenverarbeitungsvorgänge zu überblicken und hierdurch die Kontrolle über ihre personenbezogenen Daten zu behalten. Ein Nachschieben von Verarbeitungszwecken würde die angeordnete Zweckbindung faktisch gegenstandslos machen.

Dieser Befund wird dadurch gestützt, dass ein nachträgliches Abändern der Verarbeitungszwecke nur in den engen Grenzen des Art. 6 Abs. 4 DSGVO bzw. des Art. 5 Abs. 1 lit. b HS. 2 DSGVO zulässig ist. Neben dem Nachschieben und der nachträglichen Änderung der Datenverarbeitungszwecke kommt jedoch noch eine weitere Möglichkeit für den Umgang mit den Zwecken nach Erhebung der personenbezogenen Daten in Betracht. Noch nicht behandelt wurde die Frage, ob und inwiefern eine *nachträgliche Konkretisierung* der Zwecke statthaft sein kann.

Eine nachträgliche Konkretisierung der Zwecke kommt theoretisch in der Verarbeitungsphase des Klassifizierens in Betracht. Bei der Klassifizierung müssen die einzelnen personenbezogenen Daten genau untersucht werden, damit sie jeweils mit den richtigen Labeln versehen werden können. Falsch klassifizierte Trainingsdaten können sich erheblich auf die Genauigkeit und somit auf die Vertrauenswürdigkeit der austrainierten KI-Systeme auswirken. Diese intensive Auseinandersetzung mit den Trainingsdaten könnten die Verantwortlichen nutzen, um zu überprüfen, ob die Zwecke der Datenverarbeitung hinreichend konkret festgelegt worden sind und ob eine genauere Zweckfestlegung mittlerweile möglich wäre.

763 Hierzu vertiefend unter Kap. 4, C.III.1.
764 So bereits in Kap. 4, C.III.1.
765 Vertiefend hierzu Kap. 4, C.II.

Dabei ist zu beachten, dass aufgrund der durch die Klassifizierung vorgenommenen Einordnung der Daten, Umstände zutage treten können, die bei der Erhebung der Daten möglicherweise noch nicht bekannt waren. Soll etwa ein KI-System entwickelt werden, welches Prognosen hinsichtlich der Kaufentscheidung potenzieller Käufer tätigt, so kann im Rahmen der Datenklassifizierung präzise bestimmt werden, welcher Trainingseffekt durch die Verarbeitung des jeweiligen Datums erreicht werden soll. In Ansehung dieser praktischen Gegebenheiten soll nachfolgend untersucht werden, ob und wenn ja, unter welchen Voraussetzungen eine nachträgliche Konkretisierung Verarbeitungszwecke rechtlich zulässig ist. Hierbei kommt es sowohl auf den Telos als auch auf den Wortlaut des Art. 5 Abs. 1 lit. b DSGVO an.

a. Abgrenzung von der Weiterverarbeitung zur nachträglichen Zweckkonkretisierung

Bevor die rechtliche Zulässigkeit einer nachträglichen Konkretisierung der Zwecke untersucht wird, muss zunächst eine klare Abgrenzung von der Weiterverarbeitung nach Art. 5 Abs. 1 lit. b DSGVO zur Zweckkonkretisierung vorgenommen werden. Nach überzeugender Ansicht liegt eine „Weiterverarbeitung" im Sinne des Art. 5 Abs. 1 lit. b DSGVO vor, wenn die Zwecke des nächsten Verarbeitungsschrittes nicht mehr mit den bei der Datenerhebung festgelegten Zwecken übereinstimmen.[766] Grundsätzlich ist in diesen Fällen eine Weiterverarbeitung der personenbezogenen Daten nur bei Einhaltung der Vorgaben des Art. 6 Abs. 4 DSGVO zulässig. Demgegenüber kommt eine Konkretisierung der Zwecke nur in Betracht, wenn die Zwecke des nächsten Verarbeitungsschrittes bereits unter die Erhebungszwecke subsumiert werden können.[767] Die nachträgliche Änderung der Zwecke erweitert die Verarbeitungsmöglichkeiten, wohingegen eine Zweckkonkretisierung die Verarbeitungsoptionen im Vergleich zu den Möglichkeiten, die sich aus den ursprünglichen Zwecken der Datenerhebung ergeben *beschränkt*. Die Konkretisierung der Zwecke kann demnach als ein „Nachschärfen" beschrieben werden.

---

766 Hierzu unter Kap. 4. C. III.2.

767 Vor diesem Hintergrund sind die Aussagen von *Kugelmann* zumindest missverständlich, da der Autor die Konkretisierung der Verarbeitungszwecke mit den Grenzen der nach Art. 6 Abs. 4 DSGVO zulässigen Weiterverarbeitung in einen Zusammenhang bringt, DuD 2024, 496 (500).

b. Konkretisierung der Zwecke

Das Nachschieben von Zwecken ist mit dem Telos des Art. 5 Abs. 1 lit. b DSGVO unvereinbar, weil hierdurch die Zwecke der Datenverarbeitung erweitert werden. Eine Zweckkonkretisierung widerspricht diesem Telos allerdings nicht. Durch eine Konkretisierung werden einerseits die Weiterverarbeitungsmöglichkeiten für die Verantwortlichen eingeschränkt. Hierdurch wird der Begrenzungsfunktion des Zweckbindungsgrundsatzes zu einer weiterreichenden Wirksamkeit verholfen. Andererseits stellt sich die Konkretisierung der Verarbeitungszwecke für die betroffenen Personen als vorteilhaft dar. Macht die betroffene Person von ihrem Auskunftsrecht aus Art. 15 Abs. 1 DSGVO Gebrauch, steigert eine konkretisierte Zweckangabe die Transparenz der Datenverarbeitung. Die Schaffung von Transparenz ist eines der Kernanliegen des Art. 5 Abs. 1 lit. b DSGVO.[768] Darüber hinaus vereinfacht bzw. ermöglicht die Konkretisierung der Verarbeitungszwecke die Überprüfung der Rechtmäßigkeit der Datenverarbeitung sowohl durch die betroffenen Personen selbst als auch durch die Aufsichtsbehörden.

Angesichts der angeführten Argumente ist eine nachträgliche Konkretisierung der Zwecke nicht nur mit dem Telos der Norm vereinbar, vielmehr wird hierdurch die Erreichung des Sinns und Zwecks des Art. 5 Abs. 1 lit. b DSGVO sogar gefördert.[769] Beachtet werden muss, dass sowohl der Wortlaut als auch ErwGr. 39 S. 7 DSGVO eine Zweckfestlegung nur bis zum Zeitpunkt der Datenverarbeitung als statthaft erachten. Eine Zweckfestlegung zu einem späteren Zeitpunkt ist nach der DSGVO nur vorgesehen, wenn die personenbezogenen Daten zu einem anderen als dem Erhebungszweck weiterverarbeitet werden sollen. In diesen Fällen hat eine nachträgliche Zweckfestlegung vor der Weiterverarbeitung zu erfolgen. Demgegenüber ist eine anderweitige Anpassung des Ursprungszwecks auch zugunsten der betroffenen Person nicht in der DSGVO vorgesehen. Es besteht demnach eine Konfliktlage zwischen den Zielen des Zweckbindungsgrundsatzes einerseits und dem Wortlaut des Art. 5 Abs. 1 lit. b DSGVO andererseits. Die Auflösung dieser Konfliktlage erfordert es, entweder den Telos oder den Wortlaut höher zu gewichten.

Der Wortlaut einer Norm ist einer der zentralen Anknüpfungspunkte für die Auslegung. In der deutschen Rechtswissenschaft bildet der Wort-

768 Hierzu unter Kap. 4, C.II.
769 *Paal*, ZfDR 2024, 129 (144).

laut zudem die absolute Grenze der Auslegung.[770] Eine Interpretation, die zwar dem Telos einer Norm, nicht aber ihrem Wortlaut entspricht, ist grundsätzlich nicht zulässig.[771] Die nachträgliche Konkretisierung des Zwecks lässt sich bei einer konsequenten Auslegung nicht mit dem Wortlaut des Art. 5 Abs. 1 lit. b DSGVO in Einklang bringen. Der Umstand, dass die Zwecke „festgelegt" sein müssen, spricht unter Beachtung von ErwGr. 39 S. 7 DSGVO dafür, dass die Festlegung der Zwecke bereit erfolgt haben muss und eröffnet nicht die Interpretation einer nachträglichen Konkretisierung. Folgt man der deutschen Rechtsmethodik, wäre eine Auslegung nicht statthaft, die eine nachträgliche Zweckkonkretisierung für zulässig erachtet.

Die deutschen Auslegungsmethoden dürfen nicht ohne weiteres auf das Unionsrecht übertragen werden. Das Unionsrecht ist autonom auszulegen.[772] Mitgliedstaatliche Rechts- und Auslegungsgrundsätze können nur insoweit Anwendung finden, als dass sie bereits im Unionsrecht oder in den Rechtsordnungen aller Mitgliedstaaten angelegt sind. Der Wortlautauslegung kommt auch auf Unionsrechtebene eine beachtlich Bedeutung zu.[773] Der EuGH beginnt seine Argumentationen in der Regel mit dem Wortlaut der jeweiligen Vorschrift.[774] Allerdings ist zu beachten, dass nach Art. 342 AEUV i. V. m. Art. 1 der Verordnung Nr. 1 zur Regelung der Sprachenfrage für die Europäische Union (fast) alle mitgliedstaatlichen Sprachen gleichrangige Amtssprachen sind.[775] Es liegt in der Natur von Sprachen, dass bei deren Übersetzung die Wortbedeutung oder die Konnotation leicht verändert werden kann.[776] Vor diesem Hintergrund kommt

---

770 U. a. BVerfGE 71, 108 (115); BVerfGE 73, 206 (235); *Zippelius*, Juristische Methodenlehre, 12. Aufl., 2021, S. 39.

771 Eine Überschreitung der Wortlautgrenze ist in der deutschen Rechtsmethodik durch die Figuren der Analogie oder der teleologischen Reduktion möglich. Vgl. *Zippelius*, Juristische Methodenlehre, 12. Aufl., 2021, S. 39, S. 56 ff.

772 *Schwarze/Wunderlich* in: Schwarze/Becker/Hatje/Schoo, EU-Kommentar, 4. Aufl., 2019, EUV, Art. 19, Rn. 39; *Hofmann/Johannes*, ZD 2017, 221 (221); *Selmayr/Ehmann* in: Ehmann/Selmayr, DS-GVO, 3. Aufl., 2024, Einleitung, Rn. 102.

773 Vgl. *Selmayr/Ehmann* in: Ehmann/Selmayr, DS-GVO, 3. Aufl., 2024, Einleitung, Rn. 101.

774 *Weiler*, ZEuP 2010, 861 (862); Bespielhaft EuGH, Urt. v. 19.19.2016 – C-582/14 = NJW 2016, 3579, Rn. 40; EuGH, Urt. v. 4.05.2023 – C-300/21 = NZA 2023, 621, Rn. 29.

775 Nur Luxemburgisch und Türkisch (Zypern) sind Amtssprachen in Mitgliedstaaten der EU, die nicht ebenfalls Amtssprache der Union sind. https://de.wikipedia.org/wiki/Amtssprachen_der_Europäischen_Union (zuletzt abgerufen am 03.08.2024).

776 *Leisner*, EuR 2007, 689 (695); *Weiler*, ZEuP 2010, 861 (879 f.).

dem Telos der Unionsnormen eine besondere Bedeutung zu.[777] In diesem Sinne hat der EuGH in einer aktuellen Entscheidung dargelegt, dass eine „Entscheidung" gemäß Art. 22 Abs. 1 DSGVO nicht voraussetzt, dass eine rechtliche Entscheidungsmacht gegeben ist, vielmehr kann ausreichen, dass die Maßnahme sich faktisch wie eine Entscheidung auswirkt.[778] In dem auf den Telos als maßgebliche Auslegungsmethode abgestellt wird, kann unabhängig von der jeweiligen Sprachfassung gewährleistet werden, dass die jeweilige Norm eine einheitliche Rechtswirkung in den Mitgliedstaaten entfaltet. Diese Herangehensweise steht überdies im Einklang mit dem Grundsatz des effet utile.[779] In Ansehung der aufgeführten Argumente ist Art. 5 Abs. 1 lit. b DSGVO dahingehend auszulegen, dass trotz des Wortlautes der Norm eine nachträgliche Konkretisierung der Zwecke durch die Verantwortlichen zulässig ist.[780]

c. Pflicht zur Konkretisierung

Die Feststellung, dass eine nachträgliche Konkretisierung der Zwecke mit dem Grundsatz der Zweckbindung vereinbar ist, wirft wiederum die Frage auf, ob und inwiefern eine Pflicht für die Verantwortlichen besteht, eine derartige Konkretisierung der Zwecke vorzunehmen, wenn und soweit dies im Einzelfall möglich ist. Art. 5 Abs. 1 lit. b DSGVO verpflichtet die Verantwortlichen spätestens zum Zeitpunkt des Verarbeitungsbeginns die Zwecke DSGVO-konform festgelegt zu haben. Eine Überprüfung der Zwecke nach Beginn der Verarbeitung ist grundsätzlich nicht vorgesehen.

Allerdings ist zu beachten, dass der „Lebenszyklus" eines personenbezogenen Datums in verschiedene Verarbeitungsphasen unterteilt werden kann.[781] Der EuGH hat zu Recht betont, dass es entlang dieser einzel-

777 *Albrecht/Jotzo*, Das neue Datenschutzrecht der EU, 2017, Rn. 30; Wegener in: Calliess/Ruffert, Art. 19, Rn. 16; *Selmayr/Ehmann* in: Ehmann/Selmayr, DS-GVO, 3. Aufl., 2024, Einleitung, Rn. 101; EuGH, Urt. v. 1.10.2019 – C-673/17 = MMR 2019, 732, Rn. 48; EuGH, Urt. v. 7.12.2023 – C-634/21 = NZA 2024, 45 Rn. 41.

778 In diesem Urteil wurde die Frage behandelt, ob es sich bei der Erstellung von Schufa-Scores um nach Art. 22 Abs. 1 DSGVO verbotene automatisierte Einzelfallentscheidungen handelt. EuGH, Urt. v. 7.12.2023 – C-634/21 = NZA 2024, 45.

779 Zum Grundsatz des effet utile als Auslegungsmethode vertiefend *Potacs*, EuR 2009, 465 (466 ff.).

780 So auch *Paal*, ZfDR 2024, 129 (144); *Kugelmann*, DuD 2024, 496 (500).

781 Vgl. EuGH, Urt. v. 29.07.2019 – C-40/17 = MMR 2019, 579, Rn. 72.

nen Phasen zu datenschutzrechtlichen Neubewertungen kommen kann.[782] Die Verantwortlichen können sich demnach nicht auf den datenschutzrechtlichen Bewertungen ausruhen, die bei der Erhebung der Daten vorgenommen worden sind. Hierfür spricht die konzeptionelle Ausrichtung des Grundsatzes der Datenminimierung und des Grundsatzes der Speicherbegrenzung. Diese beiden Grundsätze verlangen von den Verantwortlichen im Wesentlichen, dass bei jedem Verarbeitungsschritt überprüft wird, ob die konkrete Datenverarbeitung für die Zweckerreichung weiterhin notwendig ist (Art. 5 Abs. 1 lit. c DSGVO). In Ansehung der engen Verzahnung zwischen den Grundsätzen der Speicherbegrenzung und der Datenminimierung mit dem Zweckbindungsgrundsatz ist es überzeugend, bei Art. 5 Abs. 1 lit. b DSGVO eine entsprechende Überprüfungsobliegenheit anzunehmen.[783]

Durch diese Interpretation des Art. 5 Abs. 1 lit. b DSGVO wird überdies ein angemessener Ausgleich zwischen den widerstreitenden Interessen der Verantwortlichen und der betroffenen Personen geschaffen. Es wurde bereits herausgearbeitet, dass nach Art. 5 Abs. 1 lit. b DSGVO eine mehrdeutige Zweckfestlegung zulässig sein kann, soweit zum Zeitpunkt der Zweckfestlegung eine höhere Zweckgranularität aus der Perspektive der Verantwortlichen nicht möglich ist.[784] Dies erleichtert es den Verantwortlichen, personenbezogene Daten für die KI-Entwicklung nutzbar zu machen. Im Gegenzug ist es geboten, dass die Verantwortlichen dazu verpflichtet werden die Zwecke der Verarbeitung nachzuschärfen, wenn und soweit dies nach den Umständen des Einzelfalles möglich ist. Hierdurch werden die grundrechtlich geschützten Interessen der betroffenen Personen gestärkt.[785]

2. Datenminimierung

Der Grundsatz der Datenminimierung zielt darauf ab, dass nur so viele Daten verarbeitet werden wie für die Zweckerreichung notwendig (Art. 5 Abs. 1 lit. c DSGVO). Ob der Verarbeitungsschritt sowie die Verarbeitung des konkreten personenbezogenen Datums erforderlich sind, muss bei jeder Verarbeitungsphase neu evaluiert werden. Im Hinblick auf

782 EuGH, Urt. v. 29.07.2019, – C-40/17 = MMR 2019, 579, Rn. 74 ff.
783 Vgl. so auch *Paal*, ZfDR 2024, 129 (144); in diese Richtung ebenfalls *Kugelmann*, DuD 2024, 496 (500).
784 Siehe oben unter Kap. 5, B.II.2.a.
785 Vgl. *Kugelmann*, DuD 2024, 496 (500).

das Trainingsverfahren des überwachten Lernens ergeben sich hierbei keine eigenständigen datenschutzrechtlichen Herausforderungen. Die grundlegenden Friktionen mit dem Grundsatz der Datenminimierung treten bei der Erhebung und Weiterverarbeitung großer Mengen an Trainingsdaten auf.[786] Dieses allgemein bestehende Spannungsverhältnis wird durch den Einsatz des überwachten Lernverfahren beim Training von KI-Systemen nicht weitergehend verschärft.

Das überwachte Lernverfahren bietet gegenüber den anderen Lernverfahren einen beachtlichen Vorteil. Durch den Verarbeitungsschritt des Klassifizierens müssen die Verantwortlichen sich mit den einzelnen personenbezogenen Daten auseinandersetzen. In diesem Schritt kann die verpflichtende Überprüfung der Vorgaben des Art. 5 Abs. 1 lit. c DSGVO durchgeführt werden, ohne dass hierfür zusätzliche Ressourcen benötigt werden. Insbesondere können etwaige Fehleinschätzungen korrigiert werden, denen die Verantwortlichen bei der Erhebung der Daten möglicherweise unterlagen. Mithin besteht keine Friktion mit dem Grundsatz der Datenminimierung und dem überwachten Lernverfahren. Vielmehr erleichtert dieses Lernverfahren sogar die Einhaltung der Vorgaben des Art. 5 Abs. 1 lit. c DSGVO.

3. Prinzip der Speicherbegrenzung

Das Prinzip der Speicherbegrenzung aus Art. 5 Abs. 1 lit. e DSGVO sichert die Einhaltung des Zweckbindungsgrundsatzes in zeitlicher Hinsicht ab.[787] Soweit die personenbezogenen Daten nicht mehr für die Zweckerreichung benötigt werden, sind diese Daten zu löschen. Für die Entwicklung von KI-Systemen bedeutet dies, dass die Trainingsdaten in der Regel zu löschen sind, sobald das jeweilige System austrainiert ist. Insbesondere dürfen die Daten nicht vorgehalten werden, nur weil in Zukunft die Möglichkeit besteht, diese Daten erneut zu Trainingszwecken zu verwenden. Eine zweckfreie Speicherung der Daten auf Vorrat ist mit Art. 5 Abs. 1 lit. e DSGVO unvereinbar.[788]

786 Zu den Problemschwerpunkten des Art. 5 Abs. 1 lit. c DSGVO im Zusammenhang mit der Datengenerierung unter Kap. 5, A.II.3.b.

787 Hierzu unter Kap. 4, E.

788 *Spiecker gen. Döhmann* in: Gethmann/Buxmann/Distelraht, Künstliche Intelligenz in der Forschung, 2022, S. 159; *Schamtz* in: Wolff/Brink/Ungern-Sternberg, BeckOK

Die datenschutzrechtliche Verpflichtung, die Trainingsdaten nach Beendigung des Trainings zu löschen, stellt sich vor dem Hintergrund des überwachten Lernverfahrens als besondere Belastung für die Verantwortlichen dar. Das Klassifizieren der einzelnen Trainingsdaten ist mit einem hohen zeitlichen und personellen Aufwand für die Verantwortlichen verbunden. Die aufbereiteten Daten nach dem Training wieder zu löschen, bedeutet den Verlust der aufgewendeten Ressourcen. Weiterhin ist zu beachten, dass es sich bei klassifizierten Daten in der Regel um qualitativ hochwertige Daten handelt. Die aus Art. 5 Abs. 1 lit. b DSGVO folgende Löschungsverpflichtung hat demnach zur Folge, dass qualitativ hochwertige Daten für zukünftige KI-Entwicklungen verloren gehen. In Ansehung der Tatsache, dass es das Ziel der Europäischen Union ist, Vorreiter bei der Entwicklung von Künstliche Intelligenz-Technologien zu werden, erscheint die sich aus dem Grundsatz der Speicherbegrenzung ergebende Löschungsverpflichtung in der vorliegenden Konstellation nicht wünschenswert.[789]

Allerdings lässt der Wortlaut von Art. 5 Abs. 1lit. e DSGVO keine Interpretation zu, die eine dauerhafte Speicherung von klassifizierten Trainingsdaten ermöglichen würde. Selbst bei der Verfolgung von privilegierten Verarbeitungszwecken darf die Speicherung der Daten nur „länger“, nicht aber dauerhaft erfolgen. Auch unter Heranziehung des Telos kommt keine abweichende Auslegung des Art. 5 Abs. 1 lit. e DSGVO in Betracht. Der Grundsatz der Speicherbegrenzung ist Ausdruck der gesetzgeberischen Entscheidung, die „Lebenszeit“ von personenbezogenen Daten zu begrenzen.[790] Das Ziel des Art. 5 Abs. 1 lit. e DSGVO besteht also darin, eine dauerhafte Speicherung von Daten zu verhindern. Der Umstand, dass die Löschung von klassifizierten Daten für die Verantwortlichen ökonomisch nachteilhaft und aus politischer Sicht kaum gewollt ist, ändert nichts an der rechtlichen Tatsache, dass die klassifizierten Trainingsdaten nach dem Abschluss des Trainings zu löschen sind.[791] Etwas anderes gilt nur,

---

Datenschutzrecht, 52. Edition, Stand: 01.11.2021, DSGVO, Art. 5, Rn. 33; *Kugelmann*, DuD 2024, 496 (500).

789 Vgl. *Hornung* in: Hoffmann-Riem, Big Data – Regulative Herausforderungen, 2018, S. 86.

790 Vgl. *Kramer* in: Auernhammer, DSGVO/BDSG, 8. Aufl., 2023, DSGVO, Art. 5, Rn. 50.

791 Demgegenüber gehen *Hessel/Dillschneider* davon aus, dass die potenziellen Verarbeitungsmöglichkeiten ausreichen sollen, um die Speicherung der personenbezogenen Daten nach Art. 5 Abs. 1 lit. e DSGVO für erforderlich zu halten, *Hessel/Dillschneider* RDi 2023, 458 (460); in diese Richtung auch EPRS, The impact oft he General Data Proctection Regulation (GDPR) on artificial intelligence, 2020, S. 47.

wenn eine Weiterverarbeitung der Daten nach Art. 6 Abs. 4 DSGVO oder Art. 5 Abs. 1 lit. b HS. 2 DSGVO in Betracht kommt.

4. Ergebnis

Das Trainieren von KI-Systemen unter Anwendung des überwachten Lernverfahrens steht nicht im Widerspruch zu den Grundsätzen der Datenverarbeitung. Vielmehr führt der Verarbeitungsschritt der Klassifizierung der (personenbezogenen) Daten dazu, dass die Einhaltung der datenschutzrechtlichen Vorgaben überprüft und gegebenenfalls von den Verantwortlichen Anpassungen durchgeführt werden können. Nach der hier vertretenen Ansicht ist eine nachträgliche Konkretisierung der Verarbeitungszwecke nicht nur zulässig, sondern darüber hinaus sogar geboten.

II. Unüberwachtes Lernen

Bei der Trainingsmethode des unüberwachten Lernens werden den KI-Systemen, anders als beim überwachten Lernen, keine klassifizierten Daten zur Verfügung gestellt. Ziel dieses Lernverfahrens ist es, dass der Algorithmus aus den Trainingsdaten eigene Schlüsse zieht. Das unüberwachte Lernverfahren wird genutzt, um unbekannte Strukturen und Muster in Datensätzen zu ermitteln.[792] Man spricht in diesem Zusammenhang auch von „explorativer Datenanalyse".[793] Ein wichtiges Anwendungsfeld hierfür ist das sogenannte Clustering. Hierbei werden die Daten durch den Algorithmus in Gruppen angeordnet. Anders als beim überwachten Lernen werden diese Gruppen bei unüberwachtem Lernen den KI-Systemen nicht vorgeben. Idealerweise finden die im Wege des unüberwachten Lernens trainierten KI-Systeme Zusammenhänge zwischen Daten, die vorher noch unbekannt waren. Das unüberwachte Lernverfahren dient der Schaffung von neuen Erkenntnissen.[794] Bei diesem Trainingsverfahren gilt im besonderen Maß die bereits eingangs dargestellte Prämisse, dass die Verarbeitung größerer

792 *Gausling*, Künstliche Intelligenz und DSGVO, in: Taeger (Hrsg.), DSRI Tagungsband 2018, 519 (532).

793 *Herfurth*, Big Data – Big Accountability, 2022, S. 254.

794 *Apel/Kaulartz*, RDi 2020, 24 (27); *Stiemerling* in: Kaulartz/Braegelmann, Artificial Intelligence und Machine Learning, 2020, Kap. 2, Rn. 15; *Hessel/Dillschneider*, RDi 2023, 458 (459).

Mengen an Daten mit einer Steigerung der Leistungsfähigkeit des KI-Systems korreliert. Beim unüberwachten Lernen bedeutet dieser Befund, dass die Verarbeitung einer hohen Quantität an Daten dazu führt, dass kleinteiligere Gruppen gebildet sowie vielschichtiger Zusammenhänge von den Algorithmen erkannt werden können und hiermit die Wahrscheinlichkeit steigt, dass neue Erkenntnisse generiert werden.[795]

Die Besonderheit des unüberwachten Lernverfahrens besteht in der explorativen Ausrichtung der zu entwickelnden KI-Systeme. Hieraus entfalten sich dementsprechend die potenziellen Konfliktlagen im Hinblick auf die Grundsätze der Datenverarbeitung. Es ist zu untersuchen, inwiefern die inhärente Ergebnisoffenheit im Rahmen des Entwicklungsprozesses bei diesen KI-Systemen der Einhaltung des Zweckbindungsgrundsatzes sowie des Grundsatzes der Datenminimierung entgegensteht.

1. Zweckbindungsgrundsatz

Beim unüberwachten Lernverfahren kommen im Hinblick auf den Grundsatz der Zweckbindung aus Art. 5 Abs. 1 lit. b DSGVO vor allem zwei Problemfelder in Betracht: Erstens ist fraglich, inwiefern unter der Berücksichtigung der explorativen Ausrichtung dieses Lernverfahren die Zwecke der Datenverarbeitung präzise festgelegt werden können. Zweitens besteht die Möglichkeit, dass sich das KI-System in eine Richtung weiterentwickelt, die von den Verantwortlichen nicht vorhergesehen worden ist. Es ist zu untersuchen, ob hierdurch eine mit der Zweckbindung kollidierende Zweckänderung erfolgt.

a. Zweckfestlegung beim unüberwachten Lernen

Damit der Zweckbindungsgrundsatz seine angedachte Wirkung entfalten kann, müssen die Zwecke der Datenverarbeitung hinreichend bestimmt festgelegt werden. Hierfür müssen die Verantwortlichen grundsätzlich eine konkrete Vorstellung von den Zielen haben, die mit der Datenverarbeitung erreicht werden sollen.[796] Bei unüberwachtem Lernen sollen die KI-Sys-

---

795 *Stiemerling* in: Kaulartz/Braegelmann, Artificial Intelligence und Machine Learning, 2020, Kap. 2, Rn. 15.

796 Im Einzelnen hierzu unter Kap. 4, C.III.1.a.

teme gerade darauf trainiert werden, unbekannte Zusammenhänge und Korrelationen in Datensätzen aufzufinden. Bestimmungsgemäß können im Vorhinein noch keine konkreten Angaben darüber getätigt werden, welche Ergebnisse das KI-System zu Tage fördern soll.[797] Vor diesem Hintergrund wird vielfach bezweifelt, dass Verfahren wie das unüberwachte Lernverfahren mit den Vorgaben des Art. 5 Abs. 1 lit. b DSGVO vereinbar sind.[798]

Die Befürchtungen, dass der Grundsatz der Zweckbindung in seiner jetzigen Ausprägung dem technologischen Fortschritt einen Riegel vorschieben würde, ist in dieser Pauschalität unbegründet. Zwar verlangt Art. 5 Abs. 1 lit. b DSGVO, dass die Verantwortlichen die Zwecke der Verarbeitung so präzise wie möglich vor Beginn der Verarbeitung festlegen. Jedoch hat diese Norm – bis auf das Merkmal der Legitimität – keinen prohibitiven Charakter.[799] Der Zweckbindungsgrundsatz hat nicht die Zielsetzung, die Verarbeitung von personenbezogenen Daten zu verhindern. Art. 5 Abs. 1 lit. b DSGVO verlangt nur, dass die Zwecke der Verarbeitung in Ansehung des Risikos für die betroffenen Personen so konkret wie möglich bzw. nötig bestimmt werden. Demgegenüber lässt sich aus dieser Norm nicht die Pflicht ableiten, dass die Zwecke präziser festgelegt werden müssen, als dies für die Verantwortlichen möglich ist.[800] Für die von der DSGVO angestrebte Schaffung eines hohen datenschutzrechtlichen Niveaus ist es nicht notwendig, dem Zweckbindungsgrundsatz eine prohibitive Funktion beizumessen. Allein aus dem Umstand, dass eine unbestimmte Zweckfestlegung mit Art. 5 Abs. 1 lit. b DSGVO vereinbar sein kann, folgt nämlich nicht, dass die Datenverarbeitung in Ansehung der Art. 6 Abs. 1 und Art. 9 Abs. 2 DSGVO zwingend rechtmäßig ist. Nach der hier vertretenen Ansicht ist auch bei unüberwachten Lernverfahren eine mit den Vorgaben des Art. 5 Abs. 1 lit. b DSGVO stehende Zweckfestlegung möglich.[801]

---

797 Vgl. *Baumgartner/Brunbauer/Cross*, MMR 2025, 543 (545); *Hessel/Dillschneider*, RDi 2023, 458 (459 f.).

798 Vgl. u. a. *Deutscher Ethikrat*, Big Data und Gesundheit, 2018, S. 23; *Herfurth*, Big Data – Big Accountability, 2022, S. 254; *Steinrötter* in: Borges/Hilber, BeckOK IT-Recht, 18. Edition, Stand: 01.01.2023, DSGVO, Art. 5, Rn. 17; *Hornung* in: Hoffmann-Riem, Big Data – Regulative Herausforderungen, 2018, S. 85 f.; *Roßnagel* in: Simitis/Hornung/Spiecker gen. Döhmann, Datenschutzrecht, 2. Aufl., 2025, DSGVO, Art. 5, Rn. 115; *Winter*, Big Data und KI im Gesundheitswesen, 2023, S. 62; *Gausling*, PinG 2019, 61 (66).

799 So auch *Paal*, ZfDR 2024, 129 (143); hierzu bereits unter Kap. 5, B.II.2.a.

800 Siehe oben Kap. 5, B.II.2.a.

801 In diese Richutng bereits schon unter Kap. 5, A.II.3.a.

Des Weiteren können die Beeinträchtigungen des datenschutzrechtlichen Schutzniveaus, welche aus der unbestimmten Zweckfestlegung folgen, ausgeglichen werden, indem im Laufe des Trainingsverfahren die Zwecke nachträglich konkretisiert werden.[802] Die Entwicklung von KI-Systemen im Wege des unüberwachten Lernverfahren erfolgt in der Regel in Iterationsschleifen.[803] Die Phase zwischen den Wiederholungen des Trainings kann dazu genutzt werden, die Zwecke anhand des neuen Kenntnisstandes zu präzisieren.

Darüber hinaus ist zu beachten, dass die KI-Entwicklung unter Zuhilfenahme des unüberwachten Lernens nicht im „luftleeren Raum" erfolgt. Vielmehr kann davon ausgegangen werden, dass die Verantwortlichen die jeweiligen KI-Systeme für bestimmte Bereiche ihrer Tätigkeit entwickeln und sich hieraus ein Korridor an möglichen Verarbeitungszwecken ergibt.[804] Beispielsweise wird das unüberwachte Lernverfahren im Bereich der Kundensegmentierung im Marketingbereich genutzt. Abhängig von dem Produkt oder der Leistung, die vermarktet werden soll, konkretisiert sich entsprechend der Zwecke der Datenverarbeitung. Das Ziel, unbekannte Muster und Korrelationen innerhalb des jeweiligen Interessenkorridors erkennen zu wollen, stellt sich unter Berücksichtigung des Telos von Art. 5 Abs. 1 lit. b DSGVO nicht als zu unbestimmte Zweckfestlegung dar.[805]

b. Zweckänderung durch das KI-System?

Der Zweckbindungsgrundsatz eröffnet beim unüberwachten Lernverfahren noch ein weiteres Problemfeld: die Zweckänderung *durch* das zu trainierende KI-System.[806] Die Besonderheit von KI-Systemen im Allgemeinen besteht darin, dass es sich um selbstlernende Systeme handelt. Im Zusammenspiel mit der explorativen Ausrichtung des unüberwachten Lernverfah-

802 Zur Konkretisierung von Verarbeitungszwecken unter Kap. 5, B.1.

803 Vgl. *Jung*, Maschinelles Lernen, 2024, S. 103; *Hüger*, ZfDR 2024, 263 (276).

804 *Herfurth*, Big Data – Big Accountability, 2022, S. 256; vgl. *Schuh/Weiss*, ZfDR 2024, 225 (258); für LLMs so *Kugelmann*, DuD 2024, 496 (500).

805 Vgl. *Krügel/Pfeiffenbring* in: Ebers/Heinze/Krügel/Steinrötter, Künstliche Intelligenz und Robotik, 2020, § 11, Rn. 24; *Gausling* spricht sich vor diesem Hintergrund für eine weite Auslegung des Zweckbindungsgrundsatzes aus *Gausling*, in: Taeger (Hrsg.), 2018, 519 (533).

806 Vgl. *Kindshofer*, ZD 2024, 673 (677); *Willeck* in: Hoeren/Sieber/Holznagel, Handbuch Multimedia-Recht, Loseblatt, Werkstand: 62 EL Juni 2024, Teil 29.3, Rn. 37; *Schuh/Weiss*, ZfDR 2024, 225 (258).

rens besteht die Möglichkeit, dass sich das zu trainierende System von sich aus, in eine Richtung weiterentwickelt, die von der Zweckfestlegung nicht umfasst ist. Fraglich ist, ob eine derartige Datenverarbeitung durch die KI mit dem Grundsatz der Zweckbindung konfligiert.

Eine der zentralen Ausprägungen des Zweckbindungsgrundsatzes besteht darin, dass eine Zweckänderung grundsätzlich unzulässig ist, es sei denn, der Verantwortliche kann die Weiterverarbeitung auf einen der Ausnahmetatbestände der DSGVO stützen. Vor diesem Hintergrund erscheint die „Zweckänderung" durch das KI-System mit der Regelung des Art. 5 Abs. 1 lit. b DSGVO zu kollidieren. Dieser Befund hält einer eingehenderen Betrachtung nicht stand.

Die Zwecke der Datenverarbeitung ergeben sich im Wesentlichen aus den Zielen, die der Verantwortliche mit der Verarbeitung verfolgt.[807] KI-Systeme sind weder Verantwortliche gemäß Art. 4 Nr. 7 DSGVO noch verfolgen sie eigenständige „Ziele" mit der Datenverarbeitung. Entwickelt sich das selbstlernende KI-System in eine Richtung, die von den Verantwortlichen weder geplant noch vorhergesehen wurde, so folgt hieraus zunächst erstmal keine Änderung der Verarbeitungszwecke im Sinne des Art. 5 Abs. 1 lit. b DSGVO.[808]

Etwas anderes muss ab dem Zeitpunkt gelten, in dem die Verantwortlichen Kenntnis von den Weiterentwicklungen des KI-Systems erlangen. Wird festgestellt, dass das KI-System sich in eine nicht erwartete Richtung weiterentwickelt, und wird der Entwicklungsprozess dennoch fortgeführt, so handelt es sich um eine Zweckänderung gemäß des Art. 5 Abs. 1 lit. b DSGVO. Indem die Verantwortlichen die Weiterentwicklung des KI-Systems zur Kenntnis nehmen ohne den Entwicklungsprozess ab- bzw. zu unterbrechen, bringen sie zum Ausdruck, neue Ziele mit der Datenverarbeitung zu verfolgen und somit die Zwecke der Verarbeitung zu ändern. Eine derartige Zweckänderung ist wiederum nur zulässig, soweit eine der Ausnahmetatbestände der DSGVO einschlägig ist.

2. Grundsatz der Datenminimierung

Aufgrund der explorativen Ausrichtung von KI-Systemen, die mit der Methode des unüberwachten Lernens trainiert werden, ist es nicht möglich,

807 Zum Zweckbegriff unter Kap. 4. C.I.
808 Vgl. *Bleckat*, DuD 2020, 194 (195).

die Zwecke der Datenverarbeitung vor dem Beginn des Trainings präzise festzulegen.[809] Dieser Befund ist von grundlegender Bedeutung für die Anwendung des Grundsatzes der Datenminimierung bei der Trainingsmethode des unüberwachten Lernens. Nach Art. 5 Abs. 1 lit. c DSGVO ist die Verarbeitung von personenbezogenen Daten auf das für die Zweckerreichung notwendige Maß zu beschränken. Der Zweck der Datenverarbeitung bildet damit den Fixpunkt, von dem aus die Bewertung erfolgt, ob und inwiefern die Verarbeitung der personenbezogenen Daten jeweils als erforderlich anzusehen ist. Nach ErwGr. 39 S. 9 DSGVO wird das Tatbestandsmerkmal der Erforderlichkeit durch den Maßstab der Zumutbarkeit konkretisiert. Die Verantwortlichen haben demnach anhand einer Zweck-Mittel-Relation zu beurteilen, ob der Verzicht auf die Verarbeitung von personenbezogenen Daten bzw. die Verwendung weniger grundrechtsensibler Daten mit einem unverhältnismäßigen Aufwand verbunden wäre.

Die Zweck-Mittel-Relation setzt voraus, dass die widerstreitenden Interessen der betroffenen Personen und der Verantwortlichen angemessen berücksichtigt werden. Beim unüberwachten Lernen wird die von den Verantwortlichen vorzunehmende Abwägung aufgrund der diesem Lernverfahren immanenten Zweckunbestimmtheit erschwert. Dabei ist zu beachten, dass die Unbestimmtheit der Zwecke im Einzelfall vom jeweiligen Interessenkorridor abhängt, in dem der Verantwortliche tätig wird. Grundsätzlich gilt: Je schmaler dieser Interessenkorridor, desto präziser können die auf der Seite der Verantwortlichen zu berücksichtigenden Interessen definiert werden.[810] Es handelt sich um eine relative Zweckunbestimmtheit. Trotz dieser Einzelfallabhängigkeit der Zweckbestimmung bleibt es dabei, dass die Erstellung von Abwägungsmatrizen aufgrund der Zielsetzung des unüberwachten Lernens mit besonderen Schwierigkeiten verbunden ist.

In diesem Zusammenhang ist erneut darauf hinzuweisen, dass diese relative Zweckunbestimmtheit nach der hier vertretenen Ansicht nicht mit den Vorgaben von Art. 5 Abs. 1 lit. b DSGVO kollidiert.[811] Die immanente Zweckunbestimmtheit beim unüberwachten Lernen steht der Einhaltung des Grundsatzes der Zweckbindung nicht prinzipiell entgegen. Aus der Zweckabhängigkeit des Datenminimierungsgrundsatz ergibt sich, dass die Zweckunbestimmtheit für sich genommen nicht zur Folge haben kann, dass die Vorgaben des Art. 5 Abs. 1 lit. c DSGVO nicht eingehalten

809 Hierzu unter Kap. 5, C.II.1.
810 Vgl. *Kugelmann*, DuD 2024, 496 (500).
811 Hierzu oben unter Kap. 5, C.II.1.

werden können. Ein anderes Ergebnis wäre mit der Binnensystematik des Art. 5 Abs. 1 DSGVO nicht vereinbar. Die Überprüfung, ob und inwiefern die Zweckfestlegung präzise erfolgt, ist allein am Maßstab des Art. 5 Abs. 1 lit. b DSGVO zu messen. Datenminimierungserwägungen sind – nach der in dieser Arbeit vertretenen Ansicht – hingegen bei der Zweckfestlegung nicht zu berücksichtigen.[812] Ist bereits die Zweckfestlegung datenschutzkonform erfolgt, wäre es widersprüchlich, wenn allein anknüpfend an den Zweck der Verarbeitung die Einhaltung des Grundsatzes der Datenminimierung als unmöglich angesehen würde.

Neben der Problematik der relativen Zweckunbestimmtheit ergibt sich beim unüberwachten Lernverfahren darüber hinaus eine weitere Konfliktlage mit den Anforderungen des Art. 5 Abs. 1 lit. c DSGVO, die aus der grundlegenden Ausrichtung dieses Lernverfahrens resultiert. Unabhängig vom konkreten Einzelfall besteht die Motivation, KI-Systeme im Wege des unüberwachten Lernens zu trainieren, darin, neue Erkenntnisse zu gewinnen. Aufgrund der explorativen Ausrichtung dieser KI-Systeme ist es weder möglich noch angedacht, vor Beginn des Trainings zu wissen, welche Erkenntnisse sich aus den Trainingsdaten ableiten lassen. Es liegt in der Natur des Neuen, dass das Bekannte hierfür nur eine bedingte Aussagekraft hat. Dieser Befund leitet über zu der Frage, wie das Tatbestandsmerkmal der Erforderlichkeit im vorliegenden Kontext auszulegen ist.

Aufgrund der selbstlernenden Struktur von KI-Systemen ist es kaum möglich bzw. mit einem sehr hohen Aufwand verbunden, die Auswirkung von einzelnen Datenpunkten auf die Funktionsweise der KI-Systeme zu isolieren und zu quantifizieren.[813] Wenn bereits eine retrospektive Analyse hinsichtlich der Wirkung einzelner Daten für das KI-Training mit wenig Erfolgsaussichten verbunden ist, so gilt dieser Befund umso mehr für die von Art. 5 Abs. 1 lit. c DSGVO vorgeschriebene prospektive Bewertung der Erforderlichkeit. Anders ausgedrückt: die Notwendigkeit der Datenverarbeitung lässt sich nicht konkret bestimmen, wenn sowohl das Ergebnis als auch die Auswirkung der Datenverarbeitung auf das Ergebnis nicht hinreichend vorhersehbar sind.

Anknüpfend hieran liegt es auf den ersten Blick nahe, dass in der vorliegenden Konstellation die Entwicklung von KI-Systemen mit dem Grundsatz der Datenminimierung unvereinbar ist. Aufgrund der Ergebnisoffenheit dieser KI-Systeme und der daraus resultierenden Zweckunbe-

---

812 Hierzu ausführlich unter Kap. 4, D.I.

813 Vgl. *Dienes*, MMR 2024, 456 (460); *Becker et al.*, WM 2024, 1145 (1146); *Otte/Künnen*, ZdiW 2024, 111 (113).

stimmtheit, lässt sich die Erforderlichkeit der einzelnen Datenverarbeitung im Wege einer Abwägungsentscheidung nicht hinreichend genau darlegen. Fraglich ist, ob der Grundsatz der Datenminimierung in jedem Fall eine derart trennscharfe Erforderlichkeitsprüfung verlangt.

Nach der in dieser Arbeit vertretenen Ansicht muss die Erforderlichkeit der Verarbeitung hinsichtlich jedes einzelnen Datums nachgewiesen werden können.[814] Aus dieser Feststellung lassen sich noch keine konkreten Anforderungen an die Prüfung der Erforderlichkeit ableiten. Weiterhin ist zu beachten, dass die DSGVO die Verarbeitung von personenbezogenen Daten zum Zwecke der Forschung privilegiert. Nach dem in dieser Untersuchung zu Grunde gelegten Forschungsbegriff der DSGVO versteht man unter Forschung die methodisch, systematisch und nachprüfbare Generierung neuer Erkenntnisse.[815] In Ansehung dieser Definition ist es für die Verantwortlichen nicht in jedem Fall möglich, vorherzusehen, ob und welche neuen Erkenntnisse durch die Datenverarbeitung gewonnen werden. Dementsprechend problematisch ist in diesen Fällen die Durchführung einer trennscharfen Erforderlichkeitsprüfung. Es wäre widersprüchlich, wenn die DSGVO die Datenverarbeitung zum Zwecke der Forschung privilegiert, aber gleichzeitig hieraus eine Unvereinbarkeit mit dem Grundsatz der Datenminimierung folgen würde. Um eine kohärente Anwendung des Datenschutzrechts zu gewährleisten, ist Art. 5 Abs. 1 lit. c DSGVO dahingehend auszulegen, dass gewisse Unsicherheiten hinsichtlich der Erforderlichkeitsprüfung zu tolerieren sind, wenn und soweit die Datenverarbeitung auf die Generierung neuer Erkenntnisse abzielt.

Darüber hinaus ist zu beachten, dass die Erforderlichkeit der Datenverarbeitung nicht für jedes einzelne Datum isoliert zu prüfen ist. Vielmehr muss aufgrund der wechselseitigen Abhängigkeit hinsichtlich Datenverarbeitungsvorgängen eine Gesamtbetrachtungsperspektive eingenommen werden.[816] Hierbei haben die KI-Entwickler zunächst zu untersuchen, wie viele Daten und welche Datenarten benötigt werden, um voraussichtlich ein erfolgsversprechendes Ergebnis zu erlangen. Anschließend ist im Wege der Abwägung zu ermitteln, wie hoch die Belastung für die betroffenen Personen durch die Datenverarbeitung ist und wie viele Personen durch die KI-Entwicklung betroffen werden. Diese Abwägung ist aufgrund der explorativen Ausrichtung dieser KI-Systeme ebenfalls mit erheblichen Unsicherheiten verbunden. Das Abwägungsergebnis speist sich aus den Erfahrungs-

814 Hierzu unter Kap. 4, D.II.

815 Siehe oben Kap. 5, B.I.1.a.

816 So bereits unter Kap. 5, B.II.3.b.aa.

werten des Verantwortlichen sowie den im Einzelfall zu Grunde gelegten Prämissen. In diesem Sinne ist den Verantwortlichen in der vorliegenden Konstellation eine Einschätzungsprärogative zuzugestehen.

Durch diese Auslegungsvariante des Erforderlichkeitsmerkmal droht keine Absenkung des grundrechtlich gebotenen Schutzniveaus für die betroffenen Personen. Der Grundsatz der Datenminimierung fußt nicht nur auf der Erforderlichkeitsprüfung.[817] Vielmehr wird das Tatbestandsmerkmal der Erforderlichkeit durch die Merkmale der Geeignetheit und der Angemessenheit flankiert. Insbesondere das Merkmal der Angemessenheit kann in der vorliegenden Konstellation seine angedachte Wirkung entfalten. Das Tatbestandsmerkmal der Angemessenheit stellt sicher, dass im Rahmen der Zweck-Mittel-Relation solche personenbezogenen Daten nicht verarbeitet werden, bei denen die Beeinträchtigung der Rechte und Interessen der betroffenen Personen in einem nicht hinnehmbaren Verhältnis zu dem Zweck der Datenverarbeitung steht. Aufgrund der Zweckunbestimmtheit beim unüberwachten Lernverfahren ist in der vorliegenden Konstellation dieses Tatbestandsmerkmal restriktiv auszulegen, um einen angemessenen Ausgleich zu der extensiven Handhabung des Erforderlichkeitsmerkmal zu schaffen. Hierdurch wird gewährleistet, dass die grundrechtlich geschützten Interessen der betroffenen Personen nicht über Gebühr belastet werden.

In Ansehung der vorstehenden Argumente ist das Training von KI-Systemen im Wege des unüberwachten Lernverfahren trotz der aufgezeigten Konfliktlagen nicht grundsätzlich unvereinbar mit dem Grundsatz der Datenminimierung.

III. Bestärkendes Lernen

Das Trainingsverfahren des bestärkenden Lernens (auch verstärkendes Lernen genannt) unterscheidet sich grundlegend von den bereits behandelten Trainingsverfahren. Sowohl beim überwachten als auch beim unüberwachten Lernen steht und fällt der Erfolg der Trainingsverfahren mit den verwendeten Trainingsdaten. Demgegenüber kommt es beim bestärkenden Lernen nicht so sehr auf die Trainingsdaten, sondern mehr auf die im Vorhinein festgelegten Paradigmen und Regeln an. Dieses Lernverfahren wird genutzt, wenn es für die Problemlösung sequentieller Entscheidungen bedarf oder die Problemlagen sich aufgrund eines dynamischen Umfeldes

817 So bereits unter Kap. 4, D.III.3.

stetig ändern und zu komplex werden für klassische KI-Systeme. Konzeptionell wird hierbei der Algorithmus darauf trainiert, aufgrund von Interaktionen mit der Umgebung Entscheidungen zu treffen.[818] Diese Entscheidungen werden durch die vorgegebenen Regelungen mit positivem oder negativem Feedback versehen. Der Lernprozess basiert auf dem trial-and-error-Prinzip.[819] Dabei wird die Leistungsfähigkeit der jeweiligen KI-Systeme dadurch gewährleistet, dass das Training vielfache Iterationsschleifen durchläuft.

Um diese abstrakten Ausführungen für die vorliegenden Fragestellung besser operationalisieren zu können, wird die Funktionsweise dieses Lernverfahren – in der gebotenen Kürze – anhand des Beispiels von AlphaGo erläutert. Bei AlphaGo handelt es sich um eine vom Unternehmen Alphabet (Google) entwickelte KI-System.[820] Diese Anwendung wurde mit dem Ziel entwickelt, das aus dem chinesischen Raum stammende Brettspiel Go zu meistern. Go zeichnet sich unter anderem durch seine hohe Komplexität aus. Um dieses Komplexitätsproblem zu lösen, wurden der Anwendung zunächst die grundlegenden Regeln des Spiels im Wege des überwachten Lernens beigebracht. Nach dem dieses „Basis"-Training abgeschlossen war, hat man AlphaGo gegen sich selbst spielen lassen. Dieses KI-System wurde also nicht mehr mit neuen Daten trainiert, sondern hat die notwendigen Informationen über das trial-and-error-Verfahren erhalten. Die Qualität, die ein KI-System durch dieses Trainingsverfahren erreichen kann, wurde eindrucksvoll unter Beweis gestellt, indem AlphaGo in der Lage war, den zu diesem Zeitpunkt besten Go-Spieler der Welt, Lee Sedol, zu bezwingen.

Dieses auf den ersten Blick trivial wirkende Beispiel illustriert anschaulich die datenschutzrechtliche Besonderheit dieses Lernverfahrens. Das bestärkende Lernen ist konzeptionell nicht auf die Verarbeitung von großen Mengen von personenbezogenen Daten ausgerichtet.[821] Zwar bedeutet dies nicht, dass bei bestärkendem Lernen in keinen Fall personenbezogene Daten benötigt werden. Personalisierten Empfehlungssystemen verwenden beispielsweise die Entscheidungen der jeweiligen Nutzer, um das System anhand dieser Daten zu verbessern. Hierbei handelt es sich, um graduale Nachbesserungen des bereits austrainierten Systems. Bei Large Language

---

818 *Lorenz*, Reinforcement Learning, 2024, S. 4 ff.

819 *Vogel*, Künstliche Intelligenz und Datenschutz, 2022, S. 42; *Sens*, Der Zweckbindungsgrundsatz der DSGVO beim Machine Learning im Vertrieb, 2024, S. 27.

820 https://deepmind.google/research/breakthroughs/alphago/ (zuletzt abgerufen am 02.12.2024).

821 Vgl. *Wendt/Wendt*, Das neue Recht der künstlichen Intelligenz, 2024, § 2, Rn. 35.

Modells ist es weit verbreitet das bestärkende Lernen zur Verbesserung des bereits austrainierten Modells zu nutzen.[822] Dieser Verarbeitungsschritt findet erst nach der Entwicklungs-Phase statt, sodass diese Datenverarbeitungsvorgänge für die vorliegende Fragestellung außer Acht gelassen werden.

Vor diesem Hintergrund begründet das verstärkenden Lernverfahren aus datenschutzrechtlicher Sicht keine über die bereits besprochenen Konfliktlagen hinausgehenden Problemstellungen im Hinblick auf die Grundsätze der Datenverarbeitung.

D. Ergebnis

Zu Beginn dieses Kapitels wurde die These rezipiert, dass die Entwicklung von KI-Systemen mit den Grundsätzen der Datenverarbeitung unvereinbar sei. Diese These wurde in ihrer Pauschalität durch die voranstehenden Ausführungen widerlegt. Bei der Verarbeitung von personenbezogenen Daten zum Zwecke der KI-Entwicklung können grundsätzlich die Vorgaben des Art. 5 Abs. 1 DSGVO eingehalten werden. Dieser basale Befund ändert nichts an dem Faktum, dass die Einhaltung der Vorgaben des Art. 5 Abs. 1 DSGVO – aufgrund der Datenintensität der KI-Entwicklung – für die Verantwortlichen mit einem erheblichen Aufwand verbunden sein kann.[823]

Bereits die Generierung von Trainingsdaten erweist sich als ein datenschutzrechtlich anspruchsvolles Unterfangen. Das liegt unter anderem daran, dass bereits erhobene personenbezogene Daten in der Regel nur unter den Voraussetzungen des Art. 6 Abs. 4 DSGVO zum Zwecke des KI-Trainings weiterverarbeitet werden. Insbesondere handelt es sich bei der Entwicklung von KI-Systemen nicht generell um privilegierte Verarbeitungszwecke im Sinne des Art. 5 Abs. 1 lit. b HS. 2 DSGVO. Hierdurch können bereits erhobene personenbezogene Daten nur im begrenzten Maße für die KI-Entwicklung fruchtbar gemacht werden.

Weiterhin können die Verantwortlichen für die Generierung von Trainingsdaten auf die öffentlich zugänglichen Daten aus dem Internet zugreifen. Auch in dieser Konstellation lassen sich die Grundsätze der Datenverarbeitung dem Grunde nach einhalten. Insbesondere ist es möglich, bei einer breit angelegten Erhebung großer Mengen an personenbezogenen

822 Vertiefend hierzu *Blum/Rappenglück*, CR 2024, 626 (631).
823 So auch *Mühlhoff/Ruschemeier*, ZfDR 2024, 337 (342).

Daten eine DSGVO-konforme Zweckfestlegung vorzunehmen. Der Grundsatz der Zweckbindung hat nicht die Zielsetzung, die Datenerhebung prohibitiv zu beschränken. Demensprechend ist Art. 5 Abs. 1 lit. b DSGVO nicht in einer Art und Weise auszulegen, welche eine Datenerhebung faktisch unmöglich machen könnte. Mithin kann eine allgemeingehaltene Zweckfestlegung den Anforderungen des Zweckbindungsgrundsatzes entsprechen, wenn und soweit zum Zeitpunkt der Datenerhebung eine präzisere Zweckfestlegung nicht möglich gewesen ist.

Problematisch ist in diesem Kontext die Einhaltung des Grundsatzes der Datenminimierung. Nach der hier vertretenen Ansicht müssen die Vorgaben von Art. 5 Abs. 1 lit. c DSGVO bei der Verarbeitung jedes Datums eingehalten werden. Bei der Erhebung großer Datenmengen zum Zwecke der KI-Entwicklung ist es für die Verantwortlichen besonders herausfordernd, die Erforderlichkeit der Datenverarbeitung hinsichtlich jedes einzelnen Datums nachzuweisen. Die Bedeutung des einzelnen Trainingsdatums ist für die Funktionsfähigkeit der KI-Systemen von vernachlässigbarer Bedeutung. Die Erforderlichkeit kann daher nur im Wege einer Gesamtbetrachtungsperspektive begründet werden. Im Rahmen der Abwägung ist neben dem einzelnen Datum auch die Datengesamtheit in den Blick zu nehmen. Die hierdurch notwendig gestufte Prüfung ist für die Verantwortlichen in der Regel nur durch die Investition nennenswerter Ressourcen darstellbar. Mithin ist die Einhaltung des Grundsatzes der Datenminimierung bei der Datenerhebung im Wege des Data Scrapings zwar aus einer rechtstheoretischen Perspektive nicht unmöglich, jedoch mit erheblichen Kosten für die Verantwortlichen verbunden.

Neben der Generierung der Trainingsdaten bildet das Training der KI-Systeme den zentralen Datenverarbeitungsvorgang im Rahmen der KI-Entwicklung. Die drei grundlegenden Lernverfahren, die beim Training von KI-Systemen zum Einsatz kommen, unterscheiden sich erheblich im Hinblick auf die sich potenziell ergebenden datenschutzrechtlichen Konfliktlagen.

Für das überwachte Lernverfahren ist die Auseinandersetzung mit den einzelnen personenbezogenen Daten im Wege des Klassifizierens ein unerlässlicher Verarbeitungsschritt. Dieses Erfordernis erleichtert die Beachtung der Grundsätze der Datenverarbeitung. Nach der hier vertretenen Ansicht sind die Verantwortlichen verpflichtet – soweit dies im Einzelfall möglich und angezeigt ist – die Zwecke der Datenverarbeitung nachträglich zu konkretisieren. Die Klassifizierung der Trainingsdaten ermöglicht es den Verantwortlichen, dieser Verpflichtung nachzukommen, ohne dass hierfür im signifikanten Ausmaß mehr Ressourcen benötigt würden. Dieser Befund trifft auch und gerade hinsichtlich der Einhaltung des Datenminimierungsgrundsatzes zu. Die obligatorische Überprüfung der Notwendigkeit der Datenverarbeitung kann parallel zur Klassifizierung der personenbezogenen Daten vorgenommen werden. Hierdurch können die Verantwortlichen zeitliche und finanzielle Ressourcen einsparen. Vor diesem Hintergrund bestehen beim Verfahren des überwachten Lernens keine Bedenken hinsichtlich der Einhaltung der Grundsätze der Datenverarbeitung.

Dieses Ergebnis trifft ebenfalls für das bestärkende Lernverfahren zu. Bei diesem Lernverfahren werden beim Training des KI-Systems keine großen Mengen an personenbezogenen Daten verarbeitet. Dementsprechend ergeben sich bei der Einhaltung der Grundsätze der Datenverarbeitung keine besonderen datenschutzrechtlichen Konfliktlagen.

Demgegenüber besteht zwischen dem unüberwachten Lernverfahren und den Grundsätzen der Datenverarbeitung ein erhebliches Spannungsverhältnis. Aufgrund der explorativen Ausrichtung der zu trainieren KI-Systeme ist eine hohe Zweckgranularität kaum zu erreichen. Aufgrund der Zweckabhängigkeit des Art. 5 Abs. 1 lit. c DSGVO erschwert dies die Prüfung der Erforderlichkeit der Datenverarbeitung maßgeblich. Nach der hier vertretenen Ansicht ist zwar eine trennscharfe Erforderlichkeitsprüfung nicht in jedem Fall notwendig, weil die grundrechtlichen Interessen der betroffenen Personen ausreichend über das Merkmal der Angemessenheit geschützt werden können. Nichtsdestotrotz ergibt sich durch diese Auslegung für die Verantwortlichen ein erhebliches Risiko bei der Anwendung des unüberwachten Lernverfahrens.

Die Grundsätze der Datenverarbeitung stehen einer rechtskonformen KI-Entwicklung zwar nicht diametral entgegen. Allerdings belastet die Einhaltung der Grundsätze der Datenverarbeitung die Verantwortlichen erheblich. Die wesentliche Konfliktlage zwischen dem Datenschutzrecht und der Entwicklung von KI-Systemen besteht folglich nicht in der rein rechtlichen Umsetzbarkeit der Vorgaben aus Art. 5 DSGVO, sondern vielmehr in dem damit verbundenen (Mehr-)Aufwand für die Verantwortlichen.

Ausgehend von diesem Befund ist im nächsten Kapitel zu untersuchen, ob und inwiefern die die DSGVO flankierenden Rechtsakte die Verarbeitung von personenbezogenen Daten zum Zwecke der KI-Entwicklung vereinfachen.

Kapitel 6: KI-VO und europäische Datenräume

Die Verarbeitung von Daten – unabhängig von ihrem Personenbezug – ist in der modernen Wirtschaft und Wissenschaft von überragender Bedeutung.[824] Auf diesem Befund fußt die europäische Datenstrategie.[825] Das Ziel der EU-Datenstrategie ist es, den Zugang und Austausch von Daten europaweit zu vereinfachen und zu verbessern.[826] Vor diesem Hintergrund hat der europäische Verordnungsgeber in den letzten Jahren mehrere Rechtsakte erlassen, die (zumindest auch) den Zugang und den Austausch von Daten regeln.[827] Den Kern der Datenstrategie bildet die Schaffung von (bereichspezifischen) Datenräumen.[828] Innerhalb dieser Datenräume sollen zum einen Governance-Strukturen geschaffen werden, die die Sicherheit der Daten garantieren. Zum anderen soll die Nutzung und Weitergabe der Daten vereinfacht werden.[829] Ein zentrales Anliegen der Datenräume besteht – neben dem Aufbau und der Unterstützung datengetriebener Wirtschafts- und Forschungszweige – in der Förderung der KI-Entwicklung.[830]

Die europäischen Datenräume sind nicht die einzigen regulatorischen Maßnahmen, die auf die Entwicklung von KI-Systemen Bezug nehmen. Neben den europäischen Datenräumen ist vor allem die bereits in Kraft getretene KI-VO hervorzuheben. Dieser Rechtsakt adressiert unter anderem die Förderung der Entwicklung von KI-Systemen (Art. 57 ff. KI.VO).

Im fünften Kapitel wurde herausgearbeitet, dass die Entwicklung von KI-Systemen unter Einhaltung der Grundsätze der Datenverarbeitung aus Art. 5 Abs. 1 DSGVO grundsätzlich möglich ist. Allerdings wurde auch aufgezeigt, dass sowohl bei der Generierung von Trainingsdaten als auch bei der Datenverarbeitung in der Lernphase die Verantwortlichen erhebliche

824 *Specht-Riemenschneider*, ZEuP 2023, 638 (640 ff.); für die Bedeutung von Daten als Wirtschaftsgut *Roth-Isigkeit* in: Ludwigs, Handbuch des EU-Wirtschaftsrechts, Loseblatt, Werkstand: 63 EL Mai 2025, Kap. 8, § 41, Rn. 8 f.

825 Europäische Kommission, COM(2020), 19.02.2020, S. 2 ff.

826 Europäische Kommission, COM(2020), 19.02.2020, S. 14 ff.

827 U. a. Data Act (Verordnung 2023/2854 über die harmonisierten Vorschriften für einen fairen Datenzugang und eine faire Datennutzung); Data-Governance-Act (Verordnung 2022/868 über europäische Daten-Governance).

828 Europäische Kommission, COM(2020), 19.02.2020, S. 18 f.

829 Hierzu vertiefend unter Kap. 6, B.I.

830 Europäische Kommission, Staff Working Document on Common Euorpean Data Spaces, 2024, S. 1.

Ressourcen aufwenden müssen, um den Vorgaben des Art. 5 Abs. 1 DSGVO zu entsprechen. Vor diesem Hintergrund sind die europäischen Datenräume sowie die KI-VO dahingehend zu untersuchen, ob und inwiefern die aufgezeigten Spannungsverhältnisse durch diese Regelungsakte adressiert und möglicherweise aufgelöst werden.

Für die Zwecke dieser Arbeit ist zu berücksichtigen, dass es sich bei den genannten Rechtsakten nicht um dezidiert datenschutzrechtliche Regelungswerke handelt. Dementsprechend soll nicht auf alle etwaigen Rechtsfragen eingegangen werden, die außerhalb der in dieser Arbeit gewählten datenschutzrechtlichen Perspektive im Hinblick auf die Entwicklung von KI-Systemen durch die europäischen Verordnungen adressiert werden.

In der nachfolgenden Betrachtung werden zunächst die einschlägigen Regelungen der KI-VO analysiert (A.). Anschließend werden die regulatorischen Ansätze der europäischen Datenräume am Beispiel des bereits konstituierten europäischen Gesundheitsdatenraums in den Blick genommen (B.).

A. KI-VO

In Anbetracht der rasanten Entwicklungen im Bereich der KI-Systeme hat der europäische Gesetzgeber mit der KI-VO einen Rechtsakt erlassen, der explizit KI-Systeme zum Regelungsgegenstand hat. Im VI. Kapitel der KI-VO finden sich unter der Überschrift „Maßnahmen zur Innovationsförderung“ Regelungen, die die Entwicklung von KI-Systemen in sogenannten KI-Reallaboren adressieren (Art. 57 ff. KI-VO). Dieses Regelungsregime hat das Ziel, die KI-Entwicklung innerhalb dieser Reallabore zu vereinfachen. Vor diesem Hintergrund liegt der Schwerpunkt der nachfolgenden Untersuchung auf den (potenziellen) Modifizierungen der Grundsätze der Datenverarbeitung durch die KI-VO. In diesem Zusammenhang ist zunächst, unter Berücksichtigung des Regelungszwecks der KI-VO, das Verhältnis von KI-VO und DSGVO zu beleuchten.

I. Regelungszweck der KI-VO

Nach Art. 1 Abs. 1 KI-VO zielt diese Verordnung darauf ab, den Binnenmarkt für KI-Systeme zu verbessern und gleichzeitig eine hohes Schutzniveau für die Werte der Union insbesondere die europäischen Grundrechte bei der Entwicklung und dem Einsatz von KI-Systemen zu gewährleisten. Trotz des allgemeingehaltenen Verordnungszwecks handelt es sich um einen bereichspezifischen Rechtsakt, welcher nicht den Anspruch hat, alle Rechtsfragen im Hinblick auf KI-Systeme abschließend zu regeln.[831] In ihrer Endfassung ist die KI-VO ein Regelungswerk, welches dem Produkthaftungsrecht zuzuordnen ist.[832] Der Regelungsschwerpunkt liegt auf den sogenannten Hochrisiko-KI-Systemen.[833] Hierunter fallen KI-Systeme, die sich aufgrund ihrer Zweckbestimmung potenziell nachteilig auf Grundrechte und bzw. oder gewichtige Allgemeinwohlinteressen auswirken können.[834] Zur Verhütung dieser Risiken verpflichtet die KI-VO vor allem Anbieter, aber auch Betreiber, von Hochrisiko-KI-Systemen dazu, Maßnahmen zu treffen, um dieses Risiko zu minimieren.[835]

Vor diesem Hintergrund liegt der Fokus der KI-VO nicht auf der Auflösung von datenschutzrechtlichen Spannungsverhältnissen, die bei der KI-Entwicklung auftreten können. Dementsprechend sind keine grundlegenden Modifikationen der Vorgaben des Art. 5 Abs. 1 DSGVO durch die KI-VO zu erwarten. Es ist jedoch zu beachten, dass nach der Zielsetzung der Art. 57 ff. KI-VO die Entwicklung von KI-Systemen gefördert werden soll. In Ansehung der Ergebnisse des fünften Kapitels besteht das grundlegende Spannungsverhältnis zwischen den Grundsätzen der Datenverarbeitung und der KI-Entwicklung in dem Aufwand, welcher für Erfüllung der Vorgaben des Art. 5 Abs. 1 DSGVO durch die Verantwortlichen notwendig ist. Ausgehend von diesem Befund ist die Analyse der Art. 57 ff. KI-VO dahingehend auszurichten, ob und inwiefern innerhalb von KI-Reallaboren die Grundsätze der Datenverarbeitung modifiziert werden. Hierfür ist zunächst das Verhältnis von KI-VO und DSGVO in den Blick zu nehmen.

---

831 Vgl. *Ebert/Spiecker gen. Döhmann*, NVwZ 2021, 1188 (1193); *Borges* in: Borges/Keil, Big Data, 2024, § 1, Rn. 94; *Heinze/Sorge/Specht-Riemenschneider*, KIR 2024, 11 (13).

832 U. a. *Blum/Rappenglück*, CR 2024, 626 (626); *Le/Treibel*, ZD 2024, 370 (371); *Krönke*, NVwZ 2024, 529 (529); *Honer/Schöbel*, JuS 2024, 648 (650); *Borges*, CR 2024, 633 (647); *Kaeber/Roth-Isigkeit*, LTZ 2025, 3 (4); *Mühlhoff/Ruschemeier*, ZfDR 2024, 337 (359 f.).

833 *Ebers/Streibörger*, RDi 2024, 393 (393); *Voigt/Hullen*, Handbuch KI-VO, 2024, S. 47; *Borges* in: Borges/Keil, Big Data, 2024, § 1, Rn. 103; *Ashkar/Schröder*, BB 2024, 771 (773).

834 *Roos/Weitz*, MMR 2021, 844 (845); *Bronner*, KIR 2024, 55 (58); im Anhang III KI-VO werden zudem Bereiche aufgezählt, in welchen die Entwicklung und der Einsatz von KI mit einem hohen Risiko verbunden sind.

835 *Roos/Weitz*, MMR 2021, 844 (845 f.); *Bronner*, KIR 2024, 55 (61); *Chibanguza/Steege*, NJW 2024, 1769 (1772).

II. Verhältnis von DSGVO und KI-VO

Nach Art. 2 Abs. 7 KI-VO bleiben die Vorgaben der DSGVO durch diesen Rechtsakt „unberührt". Diese Formulierung führt die gesetzgeberische Entscheidung fort, die bereits in anderen datenbezogenen Rechtsakten wie dem Data Act und dem Data Governance-Act getroffen wurde. *Bomhard* spricht in diesem Zusammenhang von dem Grundsatz der „Unberührtheit" der DSGVO.[836] Hieraus folgt, dass das Datenschutzrecht bei der Verarbeitung von personenbezogenen Daten im Zweifelsfall Vorrang gegenüber den Regelungen der KI-VO hat, wenn und soweit die KI-VO nicht explizit und partiell die DSGVO modifiziert bzw. ergänzt.[837]

Damit ist und bleibt die DSGVO, trotz Inkrafttreten der KI-VO, von zentraler Bedeutung für die Entwicklung von KI-Systemen.[838] Insbesondere bilden die Grundsätze der Datenverarbeitung weiterhin das Fundament, auf dem eine datenschutzkonforme KI-Entwicklung fußen muss.[839] Durch die Entscheidung des Verordnungsgebers, die Regelungen der DSGVO nur punktuell abzuändern, werden die aufgezeigten Konfliktlagen bei der Entwicklung von KI-Systemen im Hinblick auf die Grundsätze der Datenverarbeitung nicht umfassend, sondern allenfalls partiell aufgelöst.

Für die vorliegende Fragestellung ist der Art. 59 KI-VO von besonderem Interesse. Diese Vorschrift ermöglicht es, personenbezogene Daten innerhalb von KI-Reallaboren zu anderen Zwecken zu verarbeiten, als zu denen die Daten ursprünglich erhoben worden sind. Diese Lockerung der Zweckbindung aus Art. 5 Abs. 1 lit. b DSGVO ist im Nachfolgenden zu untersuchen.

---

836 *Bomhard*, MMR 2024, 71 (74).

837 Vgl. *Voigt/Hullen*, Handbuch KI-VO, 2024, S. 195; *Spindler*, CR 2021, 361 (363 f.); *Wendehorst*, KIR 2025, 142 (142); demgegenüber sehen wohl *Chibanguza/Steege* kein klares Rangverhältnis zwischen der KI-VO und der DSGVO, wodurch weitere Spannungsverhältnisse auftreten können, *Chibanguza/Steege*, NJW 2024, 1769 (1773).

838 *Voigt/Hullen*, Handbuch KI-VO, 2024, S. 195; *Schwartmann/Keber/Zenner*, KI-Verordnung, 2024, Teil 2, Kap. 3, Rn. 7; *Kugelmann*, DuD 2024, 496 (497); *Le/Treibel*, ZD 2024, 370 (371); *Hüger*, ZfDR 2024, 263 (266); *Sachs/Meder*, ZD 2024, 363 (364).

839 *Voigt/Hullen*, Handbuch KI-VO, 2024, S. 195.

III. KI-Reallabore

Die KI-VO setzt sich in ihrem sechsten Kapitel mit der Verarbeitung von personenbezogenen Daten im Zusammenhang mit der KI-Entwicklung auseinander. Unter der Überschrift „Maßnahmen zur Innovationsförderung“ finden sich Regelungen für die Entwicklung von KI-Systemen in sogenannten KI-Reallaboren. Art. 3 Nr. 55 KI-VO definiert KI-Reallabore als „einen kontrollierten Rahmen (...), um ein innovatives KI-System zu entwickeln, zu trainieren, zu validieren und – gegebenenfalls unter Realbedingungen – zu testen.“ Reallabore sind hiernach zeitlich begrenzte Testräume, die der Innovationsförderung dienen.[840] Die Idee, Reallabore zu implementieren, stellt in der Innovationsförderung kein Novum dar. Reallabore werden in verschiedenen Bereichen[841] bereits eingesetzt und haben sich auf dem Gebiet der Innovationsförderung bewährt.[842]

Konzeptionell haben Reallabore aus der Sicht der Entwickler den Vorteil, dass innerhalb der Reallabore die gesetzlichen Vorgaben in Teilen nicht gelten bzw. modifiziert werden.[843] Dementsprechend können neue Ideen und Konzepte mit geringerem Risiko verfolgt werden.[844] Die KI-Reallabore gemäß Art. 57 ff. KI-VO gehen nach ihrem Ziel über die reine Innovationsförderung hinaus. Nach dem ErwGr. 139 S. 3 KI-VO sollen die KI-Reallabore für die Aufsichtsbehörden die Möglichkeit eröffnen, die potenziellen Risiken und Auswirken von KI-Systemen frühzeitig zu identifizieren, um gegebenenfalls regulatorische Maßnahmen zu ergreifen.[845] Hierdurch soll auch und gerade eine erhöhte Rechtssicherheit für die Entwicklung von KI-Systemen geschaffen werden.[846]

Für die vorliegende Untersuchungsfrage kommt es entscheidend darauf an, ob und inwiefern Art. 59 KI-VO die Vorgaben der DSGVO zu Gunsten

840 *Stroscher/Link*, Verarbeitung personenbezogener Daten in KI-Reallaboren nach dem KI-VO-E als Herausforderung für den datenschutzrechtlichen Zweckbindungsgrundsatz, 2023, S. 2; *Muttach/Link*, CR 2023, 725 (725).

841 Hierzu zählen unter anderem die Bereiche Gesundheit, Finanzen, Verkehr und Energie. Rat der Europäischen Union, Schlussfolgerungen des Rates zu Reallaboren, 2020, S. 2.

842 Rat der Europäischen Union, Schlussfolgerungen des Rates zu Reallaboren, 2020, S. 2; *Muttach/Link*, CR 2023, 725 (726).

843 *Muttach/Link*, CR 2023, 725 (726); *Roth-Isigkeit*, KIR 2024, 15 (20).

844 *Wünschelbaum*, CR 2025, 362 (368).

845 Diese Zielsetzung positiv hervorhebend *Schwartmann/Keber/Zenner*, KI-Verordnung, 2024, Teil 2, Kap. 1, F., Rn. 546; *Muttach/Link*, CR 2023, 725 (726); *Mühlhoff/Ruschemeir*, ZfDR 2024, 337 (363).

846 ErwGr. 139 S. 3 KI-VO

der KI-Entwicklung modifiziert. Das Ziel der Innovationsförderung in der KI-VO legt die Vermutung nahe, dass die aufgezeigten Spannungsverhältnisse im Hinblick auf die Grundsätze der Datenverarbeitung zumindest teilweise adressiert und aufgelöst werden. Es gilt zu überprüfen, ob diese Vermutung durch Art. 59 KI-VO bestätigt wird. Ausgangspunkt der nachfolgenden Betrachtung ist die Frage, in welchem Verhältnis der Art. 59 KI-VO zur DSGVO steht.

1. Modifikation der Vorgaben der DSGVO durch Art. 59 KI-VO

Nach Art. 59 Abs. 1 KI-VO ist es unter bestimmten Umständen rechtlich zulässig, dass personenbezogene Daten zu einem anderen Zweck (namentlich zur Entwicklung von KI-Systemen) als zu dem ursprünglich Erhebungszweck der Daten weiterverarbeitet werden. Hierdurch soll die strenge Zweckbindung aus Art. 5 Abs. 1 lit. b DSGVO zu Gunsten der KI-Entwicklung aufgehoben werden.[847] Art. 59 Abs. 1 KI-VO greift damit die Regelung des Art. 6 Abs. 4 HS. 1 Var. 2 DSGVO auf, wonach die Weiterverarbeitung von personenbezogenen Daten aufgrund einer Rechtsvorschrift der Union zulässig sein kann. Im Einklang mit der grundrechtlichen Wertung des Art. 8 Abs. 2 GRC muss die jeweilige Rechtsvorschrift „in einer demokratischen Gesellschaft eine notwendige und verhältnismäßige Maßnahme zum Schutz der in Artikel 23 Absatz 1 genannten Ziele“ darstellen.[848]

Nach der in dieser Arbeit vertretenen Ansicht handelt es sich bei Art. 6 Abs. 4 DSGVO nicht um eine eigenständige Öffnungsklausel.[849] Dementsprechend müssen Rechtsvorschriften, die eine Weiterverarbeitung im Sinne des Art. 6 Abs. 4 DSGVO ermöglichen sollen, unter Heranziehung einer der in der DSGVO aufgeführten Öffnungsklauseln erlassen worden sein. Als eine solche Öffnungsklausel kommt in der vorliegenden Konstellation Art. 23 Abs. 1 DSGVO in Betracht. Hiernach kann die Union durch Rechtsvorschrift die Rechte und Pflicht aus Art. 5 DSGVO modifizieren. Entsprechend des ErwGr. 41 S. 1 DSGVO ist der Begriff der Rechtsvorschrift weit zu fassen. Unstreitig sind in diesem Zusammenhang

847 *Hüger*, ZfDR 2024, 263 (286).

848 *Roßnagel* in: Simitis/Hornung/Spiecker gen. Döhmann, Datenschutzrecht, 2. Aufl., 2025, Art. 6 Abs. 4, Rn. 23.

849 Hierzu unter Kap. 4, C.III.c.bb.

Sekundärrechtsakte erfasst.[850] Bei der KI-VO handelt es sich demnach um eine taugliche Rechtsvorschrift, welche die Vorgaben des Art. 5 DSGVO modifizieren kann, soweit die darüber hinausgehenden Voraussetzungen des Art. 23 Abs. 1 DSGVO erfüllt worden sind.

Es stellt sich die Frage, ob und inwiefern die Union überhaupt auf die Öffnungsklauseln in der DSGVO angewiesen ist. Nach Art. 16 Abs. 2 AEUV hat die Union die Gesetzgebungskompetenz hinsichtlich der Verarbeitung von personenbezogenen Daten. Auf diese Kompetenznorm wird unter anderem auch die KI-VO gestützt.[851] Da es sich bei der DSGVO und der KI-VO um gleichrangige Gesetzgebungsakte handelt, die (unter anderem) auf die gleiche Kompetenznorm gestützt worden sind, sprechen gute Gründe dafür, dass der Art. 59 KI-VO nicht an den Vorgaben des Art. 23 Abs. 1 DSGVO zu messen ist.[852]

Die Frage nach dem Verhältnis von Öffnungsklauseln und Kompetenznorm kann in der vorliegenden Konstellation allerdings offenbleiben, wenn und soweit die Vorgaben des Art. 23 Abs. 1 DSGVO ohnehin erfüllt worden sind.

a. Öffentliche Ziele des Art. 23 Abs. 1 DSGVO

Zunächst müsste Art. 59 KI-VO dem Schutz eines der in Art. 23 Abs. 1 lit. a – j DSGVO abschließend aufgezählten Rechtsgüter dienen.[853] Aufgrund des Wortlautes des Art. 59 Abs. 1 KI-VO ist die Weiterverarbeitung von personenbezogenen Daten zum Zwecke der Entwicklung von KI-Systemen im Rahmen von Reallaboren nur zulässig, wenn die in Art. 59 Abs. 1 KI-VO aufgezählten Anforderungen kumulativ erfüllt sind. In Art. 59 Abs. 1 lit. a KI-VO sind nach dem Enumerativprinzip die Ziele, die bei der KI-Entwicklung verfolgt werden dürfen, abschließend genannt. Zu diesen Zielen zählen die öffentliche Sicherheit und Gesundheit, der Umweltschutz, Sicherheit und Widerstandsfähigkeit von Infrastruktur so-

850 U. a. *Dix* in: Simitis/Hornung/Spiecker gen. Döhmann, Datenschutzrecht, 2. Aufl., 2025, DSGVO, Art. 23, Rn. 11.

851 Siehe hierzu die Präambel der KI-VO; kritisch zu Art. 16 AEUV als Rechtsgrundlage für die KI-VO *Ebers et al.*, RDi 2021, 528 (529).

852 Vgl. *Muttach/Link*, CR 2023, 725 (729).

853 Es herrscht Konsens darüber, dass die Aufzählung des Art. 23 Abs. 1 DSGVO abschließend ist. Hierzu u. a. *Bertermann* in: Ehmann/Selmayr, DS-GVO, 3. Aufl., 2024, Art. 23, Rn. 3; *Dix* in: Simitis/Hornung/Spiecker gen. Döhmann, Datenschutzrecht, 2. Aufl., 2025, DSGVO, Art. 23, Rn. 21.

wie die Effizienz und Qualität der öffentlichen Verwaltung. Diese Ziele lassen sich unter die Rechtfertigungsgründe zur Beschränkung der Betroffenenrechte aus Art. 23 Abs. 1 lit. c und e DSGVO subsumieren.[854]

b. Notwendigkeit und Verhältnismäßigkeit der Maßnahme

Weiterhin müsste der Erlass des Art. 59 KI-VO eine „in einer demokratischen Gesellschaft notwendige und verhältnismäßige Maßnahme" darstellen. Der Bezug der Rechtfertigung zur „demokratischen Gesellschaft" entspricht der Formulierung des Art 8 Abs. 2 EMRK und illustriert die Bedeutung, welcher der EMRK im Gesetzgebungsprozess zur DSGVO zukam. Darüber hinaus kommt diesem Merkmal – neben der Verhältnismäßigkeit – kein eigenständiger materieller Gehalt zu.[855] Im Kontext der EMRK bezieht sich die Schranke der „demokratischen Gesellschaft" auf die wesentlichen Eigenschaften dieser Gesellschaftsform, namentlich Pluralismus, Toleranz und Offenheit.[856] Diese Grundwerte der demokratischen Gesellschaft werden durch die europäische Grundrechtecharta individualrechtlich abgesichert, sodass auch und gerade für die Auslegung der DSGVO aus diesem Tatbestandsmerkmal keine erhöhten Anforderung erwachsen.[857]

Das Tatbestandsmerkmal der „Notwendigkeit" wird vom EuGH zwar nicht konkretisiert, jedenfalls aber besonders betont. Nach der Rechtsprechung des Gerichtshofs müssen die Einschränkungen des Datenschutzes

---

854 So auch *Botta* in: Martini/Wendehorst, KI-VO, 2024, Art. 59, Rn. 8, vgl. *Stroscher/Link*, Verarbeitung personenbezogener Daten in KI-Reallaboren nach dem KI-VO-E als Herausforderung für den datenschutzrechtlichen Zweckbindungsgrundsatz, 2023, S. 7 f.; *Kruedener/Göbel* in: Schefzig/Killian, BeckOK KI-Recht, 1. Edition, Stand: 01.01.2025, Art. 59, Rn. 20.

855 *Stender-Vorwachs/Wolff/Ungern/Sternberg* in: Wolff/Brink/Ungern-Sternberg, BeckOK Datenschutzrecht, 52. Edition, Stand: 01.05.2025, DSGVO, Art. 23, Rn. 19; vgl. *Paal* in: Paal/Pauly, DSGVO/BDSG, 3. Aufl., 2021, DSGVO, Art. 23, Rn. 11, 12; *Peuker* in: Sydow7Marsch, DSGVO/BDSG, 3. Aufl., 2022, DSGVO, Art. 23, Rn. 45.

856 *Nettesheim* in: Meyer-Ladewig/Nettesheim/Raumer, EMRK, 5. Aufl., 2023, Art. 8, Rn. 110; *Peuker* in: Sydow/Marsch, DSGVO/BDSG, 3. Aufl., 2022, DSGVO, Art. 23, Rn. 45; *Herbst* in: Auernhammer, DSGVO/BDSG, 8. Aufl., 2023, DSGVO, Art. 23, Rn. 8.

857 *Stender-Vorwachs/Wolff/Ungern/Sternberg* in: Wolff/Brink/Ungern-Sternberg, BeckOK Datenschutzrecht, 52. Edition, Stand: 01.05.2025, DSGVO, Art. 23, Rn. 19; vgl. *Dix* in: Simitis/Hornung/Spiecker gen. Döhmann, Datenschutzrecht, 2. Aufl., 2025, DSGVO, Art. 23, Rn. 19.

„auf das absolut Notwendige“ beschränkt werden.[858] Der *EDSA* leitet in diesem Zusammenhang aus dem Merkmal der Notwendigkeit die Vorgabe ab, die Ziele der Maßnahme so genau wie möglich zu bestimmen.[859] Es handelt sich bei dieser Vorgabe nicht um eine materielle Anforderung an die Maßnahme. Vielmehr soll hierdurch eine retrospektive Überprüfung möglich gemacht werden.[860] Materiell handelt es sich bei der Notwendigkeit um ein mit der Erforderlichkeit vergleichbares Tatbestandsmerkmal.[861] Es dürfte demnach kein milderes und gleich geeignetes Mittel zur Erreichung der durch die Maßnahme angestrebten Ziele geben. Die Ziele des Art. 59 KI-VO sind klar benannt. Die vereinfachte Sekundärnutzung von personenbezogenen Daten dient der Innovationsförderung. Dabei hat der Verordnungsgeber in Art. 59 Abs. 1 lit. a KI-VO die Bereiche, für welche die KI-Systeme entwickelt werden dürfen, eindeutig begrenzt. Auch finden sich im Art. 59 KI-VO umfassende Regelungen, die dem Schutz der betroffenen Personen dienen. Es handelt sich bei der vom Verordnungsgeber gewählten Maßnahme daher um das mildeste Mittel und stellt sich nach Art. 23 Abs. 1 DSGVO als notwendige Maßnahme dar.

Ausgehend hiervon sprechen gute Gründe dafür, dass es sich bei Art. 59 KI-VO um eine verhältnismäßige Maßnahme handelt.[862] Zwar sind die Verarbeitungsziele nach Art. 59 Abs. 1 lit. a KI-VO einigermaßen offen formuliert, sodass die Weiterverarbeitung von personenbezogenen Daten zum Zwecke der Entwicklung unterschiedlichster KI-Systeme nach Art. 6 Abs. 4 DSGVO zulässig sein können. Allerdings bedarf es in jedem Fall eines „erheblichen öffentlichen Interesses“ an der KI-Entwicklung. Im Zusammenspiel mit den in Art. 59 Abs. 1 lit. a KI-VO genannten Zwecken wird hierdurch sichergestellt, dass die Weiterverarbeitung der personenbezogenen Daten ausschließlich dem Gemeinwohl zugutekommt. Zudem dient der Art. 59 KI-VO die Entwicklung von innovativen KI-Syste-

858 U. a. EuGH, Urt. v. 16.12.2008 – C-73/07 = EuZW 2009, 108, Rn. 56; EuGH, Urt. v. 06.10.2015 – C-362/14 = NJW 2015, 3151, Rn. 92; EuGH, Urt. v. 8.04.2014 – C-293/12 u. C-594/12 = EuZW 2014, 459, Rn. 52.

859 *EDSA*, Leitlinie 10/2020 zu Beschränkungen nach Art. 23 DSGVO, 2021, S. 13.

860 So explizit *EDSA*, Leitlinie 10/2020 zu Beschränkungen nach Art. 23 DSGVO, 2021, S. 13.

861 Vgl. *Herbst* in: Auernhammer, DSGVO/BDSG, 8. Aufl., 2023, DSGVO, Art. 23, Rn. 7; *Koreng* in: Taeger/Gabel, DSGVO/BDSG/TTDSG, 4. Aufl., 2022, DSGVO, Art. 23, Rn. 15.

862 *Botta* in: Martini/Wendehorst, KI-VO, 2024, Art. 59, Rn. 9 f.; *Schwartmann/Keber/Zenner*, KI-Verordnung, 2024, Teil 2, Kap. 1, Rn. 551.

men zu ermöglichen. Dieses Ziel rechtfertigt die offenen Formulierungen des Art. 59 Abs. 1 lit. a KI-VO. [863]

c. Ergebnis

In der Gesamtschau entspricht der Art. 59 KI-VO den Anforderungen des Art. 23 Abs. 1 DSGVO und somit können die Verantwortlichen im Rahmen des Reallabors die Weiterverarbeitung der personenbezogenen Daten trotz Zweckänderung auf Art. 6 Abs. 4 HS. 1 Var. 2 DSGVO stützen.[864] Vor diesem Hintergrund ist die aufgeworfene kompetenzrechtlichen Fragestellung in der vorliegenden Konstellation nicht von Bedeutung.

2. Voraussetzungen für die Weiterverarbeitung

Die Weiterverarbeitungsmöglichkeiten von personenbezogenen Daten zum Zwecke der KI-Entwicklung sind nach Art. 59 KI-VO begrenzt. Eine Verarbeitung der bereits erhobenen Daten ist nur zulässig, wenn alle Voraussetzungen Art. 59 Abs. 1 KI-VO kumulativ vorliegen.[865] Im Nachfolgenden werden die einzelnen Voraussetzungen nicht im Detail kommentiert. Denn für die vorliegende Fragestellung ist es ausreichend, dass die Hürden für die Weiterverarbeitung von personenbezogenen Daten im Rahmen des Art. 59 KI-VO kursorisch besprochen werden. Das Ziel dieser Untersuchung ist es, zu überprüfen, ob diese Regelung einen relevanten Beitrag dazu leisten kann die Spannungsverhältnisse aufzulösen, die bei der Entwicklung von KI-Systemen im Hinblick auf den Zweckbindungsgrundsatz aus Art. 5 Abs. 1 lit. b DSGVO bestehen.

Die Voraussetzungen des Art. 59 Abs. 1 KI-VO können grob in zwei Kategorien gegliedert werden: Zum einen werden die Weiterverarbeitungsmöglichkeiten der personenbezogenen Daten im Reallabor begrenzt, indem die zulässigen Verarbeitungsziele in Art. 59 Abs. 1 lit. a KI-VO abschließend auf-

---

863 So auch *Botta* in: Martini/Wendehorst, KI-VO, 2024, Art. 59, Rn. 10.

864 *Kruedener/Göbel* in: Schefzig/Killian, BeckOK KI-Recht, 1. Edition, Stand: 01.01.2025, Art. 59, Rn. 20.

865 Aus dem Wortlaut der Vorschrift folgt eindeutig, dass nur eine kumulative Erfüllung der Voraussetzungen die Rechtsfolge des Art. 59 Abs. 1 KI-VO auslösen kann („wenn *alle* (Hervorh. d. Verf.) folgenden Bedingungen erfüllt sind"). Vgl. *Schwartmann/Keber/Zenner*, KI-Verordnung, 2024, Teil 2, Kap. 1, Rn. 550; *Göbel/Kruedener*, GRUR-Prax 2024, 755 (757).

gezählt werden. Zum anderen werden Vorgaben normiert, die dem Schutz der personenbezogenen Daten im KI-Reallabor dienen.

a. Begrenzung der Verarbeitungszwecke

Aus einer grundrechtlichen Perspektive wird durch die Begrenzung der zulässigen Verarbeitungsziele sichergestellt, dass die Beeinträchtigung der betroffenen Personen nur zur Verfolgung gewichtiger Interessen erfolgt und der Grundsatz der Verhältnismäßigkeit im Einzelfall gewahrt wird. Die zulässigen Weiterverarbeitungszwecke beschränken sich auf die öffentliche Sicherheit und Gesundheit, den Umweltschutz, die nachhaltige Energieversorgung, der Schutz von Infrastruktur und die Steigerung der Effizienz sowie der Qualität der öffentlichen Verwaltung. Diesen Zielen ist gemein, dass ihnen ein erheblicher Gemeinwohlaspekt innewohnt.[866]

Die Bedeutung der Förderung des Allgemeinwohls wird zudem durch den Wortlaut des Art. 59 Abs. 1 lit. a KI-VO zum Ausdruck gebracht, indem unabhängig von den genannten Zielen zusätzlich noch ein erhebliches öffentliches Interesse an der Entwicklung des KI-Systems bestehen muss. Vor diesem Hintergrund ist fraglich, ob die Verfolgung von kommerziellen Interessen innerhalb des Reallabors nach Art. 59 Abs. 1 lit. a KI-VO zulässig sein kann.

Für die Auslegung des Merkmals des erheblichen öffentlichen Interesses kann vorliegend Art. 9 Abs. 2 lit. g DSGVO in den Blick genommen werden.[867] Im Kontext von Art. 9 Abs. 2 lit. g DSGVO wird angenommen, dass ein erhebliches öffentliches Interesse vorliegt, wenn besonders schützenswerte Gemeinschaftsgüter und Gemeinwohlinteressen betroffen sind.[868] Hierzu zählen unter anderem der Schutz der freiheitlich-demokratischen Grundordnung sowie die Verhütung von schwerwiegenden Gesundheitsge-

---

866 *Kruedener/Göbel* in: Schefzig/Killian, BeckOK KI-Recht, 1. Edition, Stand: 01.01.2025, Art. 59, Rn. 33.

867 So auch *Kruedener/Göbel* in: Schefzig/Killian, BeckOK KI-Recht, 1. Edition, Stand: 01.01.2025, Art. 59, Rn. 53. Zwar stellt der Art. 9 Abs. 2 lit. g DSGVO eine Rechtsgrundlage für die Verarbeitung besonderer Kategorien von Daten dar und behandelt somit im Vergleich zu Art. 59 Abs. 1 KI-VO einen besonders grundrechtsensiblen Bereich. Allerdings hat sich der europäische Gesetzgeber bewusst dazu, entschieden im datenschutzrechtlichen Kontext der KI-VO den bereits in der DSGVO niedergelegten Maßstab zu referenzieren.

868 *Greve* in: Auernhammer, DSGVO/BDSG, 8. Aufl., 2023, DSGVO, Art. 9, Rn. 50.

fahren.[869] Demgegenüber sollen Partikular- sowie Privatinteressen gerade nicht erfasst werden.[870] Allerdings wurde bereits dargelegt, dass die Verfolgung von kommerziellen Interessen mit der Förderung von gewichtigen Gemeinwohlinteressen zusammenfallen kann.[871] Dementsprechend führt die Verfolgung von kommerziellen Interessen nicht zwingend dazu, dass der Anwendungsbereich des Art. 59 Abs. 1 KI-VO nicht eröffnet wird.

Darüber hinaus ist fraglich, ob aus der Erheblichkeit des öffentlichen Interesses als Maßstab weitergehende Einschränkungen folgen. Aus Art. 59 Abs. 1 lit. a KI-VO lässt sich auf den ersten Blick nicht entnehmen, wie das Merkmal der „Erheblichkeit" auszulegen ist.[872] Ausgehend von dem Wortlaut dieser Vorschrift ergibt sich die Erheblichkeit des öffentlichen Interesses nicht bereits aus den Zielen, die nach Art. 59 Abs. 1 lit. a KI-VO mit der Entwicklung der KI-Systeme verfolgt werden dürfen. Zwar besteht – abstrakt gesehen – an der Förderung der genannten Bereiche jeweils ein signifikantes öffentliches Interesse. Allerdings spricht die Aufnahme des Tatbestandsmerkmals der Erheblichkeit dafür, dass abgesehen von dem allgemeinen öffentlichen Interesse an der Entwicklung von KI-Systemen in diesen Bereichen ein sich aus dem konkreten Vorhaben ergebendes besonderes Interesse an dem jeweiligen KI-System bestehen muss.

Diese sich aus dem Wortlaut ergebende Auslegung steht wiederum im Konflikt mit dem Telos der Norm. Der Art. 59 Abs. 1 KI-VO erleichtert die Weiterverarbeitung von personenbezogenen Daten bei der Entwicklung von KI-Systemen mit dem Ziel Innovationen zu fördern. Unter Innovation versteht man im Allgemeinen die Erzeugung neuer sowie die Verbesserung bestehender Produkte und Prozesse.[873] Bei einer strengen Wortlautauslegung könnte die Weiterverarbeitung nur auf Art. 59 Abs. 1 KI-VO gestützt werden, wenn die Neuerungen oder Verbesserungen einem Ziel zugutekommen, an welchem ein besonderes öffentliches Interesse besteht. Hierdurch wird jedoch die Möglichkeit, Innovationen zu generieren, relevant begrenzt. Somit wäre zumindest fraglich, ob der Art. 59 KI-VO dem Ziel der Innovationsförderung ausreichend dienen kann.

---

869 *Greve* in: Auernhammer, DSGVO/BDSG, 8. Aufl., 2023, DSGVO, Art. 9, Rn. 50.

870 *Schiff* in: Ehmann/Selmayr, DSGVO, 3. Aufl., 2024, Art. 9, Rn. 53; diese Einschätzung auf die KI-VO übertragend *Kruedener/Göbel* in: Schefzig/Killian, BeckOK KI-Recht, 1. Edition, Stand: 01.01.2025, Art. 59, Rn. 53.

871 Hierzu unter Kap. 5, B.I.1.a.aa.(2).

872 *Kruedener/Göbel* in: Schefzig/Killian, BeckOK KI-Recht, 1. Edition, Stand: 01.01.2025, Art. 59, Rn. 35.

873 *Polzin/Kirchner/Pollert/Polltert*, Duden Wirtschaft von A bis Z, 6. Aufl., 2016.

Vor diesem Hintergrund sprechen gute Gründe dafür, dem Merkmal der Erheblichkeit keine gesteigerte Bedeutung zuzumessen und eine extensive Auslegung zu praktizieren. Aus der Sicht der Verantwortlichen bleibt abzuwarten, in welcher Weise die Rechtsprechung dieses Tatbestandsmerkmal unter Berücksichtigung des Telos auslegen wird.

b. Schutz der betroffenen Personen

Neben der Begrenzung der Verarbeitungszwecke verpflichtet Art. 59 Abs. 1 KI-VO die Verantwortlichen dazu, Vorkehrungen zu treffen, um die Rechte und Interessen der betroffenen Personen zu schützen. Hierzu zählt unter anderem die Einrichtung von Überwachungs- und Reaktionsmechanismen, mit denen die Risiken für die betroffenen Personen eingeschätzt und im Notfall begrenzt werden können (vgl. Art. 59 Abs. 1 lit. c KI-VO). Darüber hinaus müssen die personenbezogenen Daten getrennt und geschützt gespeichert werden, sodass nur befugte Personen auf diese Daten Zugriff haben, Art. 59 Abs. 1 lit. d KI-VO. Demgegenüber ist die Verpflichtung zur Ergreifung von technischen und organisatorischen Maßnahmen zum Schutz der betroffenen Personen aus Art. 59 Abs. 1 lit. g KI-VO nur von deklaratorischer Natur, denn diese Verpflichtung besteht bereits nach Art. 24 DSGVO.[874]

Weiterhin darf die Datenvearbeitung im KI-Reallabor keine Auswirkungen auf die betroffenen Personen haben, Art. 59 Abs. 1 lit. f KI-VO. Schließlich treffen den Verantwortlichen Pflichten, welche die Gewährleistung der Betroffenenrechte sichert, vgl. Art. 59 Abs. 1 lit. e, g, h, i, j KI-VO.

3. Bedeutung für die KI-Entwicklung

Auf den ersten Blick erscheint der Art. 59 KI-VO geeignet, das Spannungsverhältnis aufzulösen, welches sich aus dem Prinzip der Zweckbindung im Hinblick auf die Fruchtbarmachung von bereits erhobenen personenbezogenen Daten für die KI-Entwicklung ergibt. Denn durch Art. 59 Abs. 1 KI-VO wird es den Verantwortlichen möglich gemacht, personenbezogene Daten im Reallabor zum Zwecke der Entwicklung von KI-Systemen wei-

874 *Kruedener/Göbel* in: Schefzig/Killian, BeckOK KI-Recht, 1. Edition, Stand: 01.01.2025, Art. 59, Rn. 53.

terzuverarbeiten. Wenn und soweit die Voraussetzungen dieser Norm erfüllt sind, wird die Zweckvereinbarkeit der Weiterverarbeitung nach Art. 6 Abs. 4 HS. 1 Var. 2 DSGVO fingiert. Nach Art. 59 Abs. 1 KI-VO dürfen die personenbezogenen Daten „ausschließlich" zum Zwecke der Entwicklung des Trainings sowie des Testens von KI-Systemen im Reallabor verarbeitet werden. Damit das Innovationspotenzial der Reallabore nicht signifikant geschmälert wird, erscheint es sinnvoll, die Lockerung der Zweckbindung auch auf Vorbereitungshandlung zu erstrecken, wie das Aufbereiten der Daten.[875]

Es ist zu beachten, dass der Anwendungsbereich der Innovationsförderung nach der KI-VO erst eröffnet ist, wenn die strengen Voraussetzungen des Art. 59 Abs. 1 KI-VO erfüllt worden sind. Für die Verantwortlichen wird die Erfüllung der in Art. 59 Abs. 1 lit. b – j KI-VO normierten Anforderungen insoweit in der Regel mit einem erheblichen zeitlichen und finanziellen Aufwand verbunden sein. Aber auch unter Ausklammerung dieses Aufwandes ist es durchaus fraglich, ob und inwiefern die Reallabore einen entscheidenden Beitrag zur Innovationsförderung leisten können. Art. 59 Abs. 1 lit. a KI-VO begrenzt die Bereiche, in denen KI-Systeme entwickelt werden können, erheblich. Diese Eingrenzung begründet zwar aus Sicht der betroffenen Personen das berechtigte Vertrauen darauf, dass aus der Verarbeitung der personenbezogenen Daten kein übermäßiges Risiko für ihre Rechte und Interessen resultiert. Gleichzeitig hat die Begrenzung der zulässigen Entwicklungsbereiche zur Folge, dass der Kreis an Stellen, die ein Interesse an der Entwicklung von KI-Systemen im KI-Reallabor ebenfalls begrenzt ist. Dieser Umstand wird noch verstärkt dadurch, dass nach Art. 59 Abs. 1 lit. a KI-VO nur *erhebliche öffentliche Interessen* mit der KI-Entwicklung verfolgt werden dürfen. Nach der hier vertretenen Ansicht ist dabei im Regelfall davon auszugehen, dass hierdurch die Verfolgung von *auch* kommerziellen Interessen ausgeschlossen ist.

Darüber hinaus ermöglicht Art. 59 KI-VO im Zusammenspiel mit Art. 6 Abs. 4 DSGVO nur die *Weiterverarbeitung* von personenbezogenen Daten. Die *Erhebung* von Trainingsdaten wird durch diese Vorschrift un-

---

875 Überzeugend *Hüger*, ZfDR 2024, 263 (286); sich dem anschließend *Kruedener/Göbel* in: Schefzig/Killian, BeckOK KI-Recht, 1. Edition, Stand: 01.01.2025, Art. 59, Rn. 23.

berührt gelassen.[876] Die Regelung des Art. 59 KI-VO stellt nur eine eng begrenzte Bereichsausnahme für einen Teilbereich des KI-Trainings dar.[877]

Vor diesem Hintergrund wird das Spannungsverhältnis – welches insbesondere in dem mit der Einhaltung der Vorgaben des Art. 5 Abs. 1 lit. b DSGVO verbunden Aufwandes begründet ist – zwischen der Entwicklung von KI-Systemen und dem Zweckbindungsgrundsatz nicht aufgelöst. Dieser Befund ergibt sich deswegen, weil der Aufwand der notwendig ist, um die Vorgaben des Art. 59 Abs. 1 KI-VO zu erfüllen, im Vergleich zur Erfüllung der Verpflichtung aus der DSGVO, nicht als signifikant geringer einzuschätzen ist.

Ferner werden die Grundsätze der Datenminimierung und der Speicherbegrenzung nicht explizit durch die Vorschriften der KI-VO im Hinblick auf die KI-Entwicklung adressiert. Allerdings ordnet Art. 59 Abs. 1 lit. g Var. 2 KI-VO die Löschung der personenbezogenen Daten an, sobald das Ende der „Speicherfrist“ erreicht ist. Weder aus dem Wortlaut noch aus den Erwägungsgründen lässt sich ableiten, wonach sich diese Speicherfrist bemisst. Aufgrund des Umstandes, dass der Art. 59 KI-VO vor dem Hintergrund der DSGVO verfasst worden ist, sprechen gute Gründe dafür, in Art. 59 Abs. 1 lit. g KI-VO einen Verweis auf den Grundsatz der Speicherbegrenzung nach Art. 5 Abs. 1 lit. e DSGVO zu sehen. Ausgehend von diesem Befund wird der Grundsatz der Speicherbegrenzung nicht zu Gunsten der Verantwortlichen modifiziert, vielmehr wird hierdurch die Bedeutung dieses Grundsatzes für das konzeptionelle Verständnis von Datenverarbeitung als Zyklus betont.[878]

Weiterhin lässt sich aus Art. 59 Abs. 1 lit b KI-VO ableiten, dass bei der Entwicklung von KI-Systemen die Vorgaben des Grundsatzes der Datenminimierung zu beachten sind. Dieses Verständnis wird durch ErwGr. 69 KI-VO zusätzlich untermauert. ErwGr. 69 KI-VO betont, dass im gesamten Lebenszyklus eines KI-Systems der Schutz der personenbezogenen Daten gewährleistet werden muss. Hierbei wird der Grundsatz der Datenminimierung als im Kontext der Reallabore zu beachtendes Regelungsregime besonders hervorgehoben.[879] Vor diesem Hintergrund zielt die KI-VO nicht darauf ab, den Datenminimierungsgrundsatz zu Gunsten der Verantwortli-

876 Vgl. *Kruedener/Göbel* in: Schefzig/Killian, BeckOK KI-Recht, 1. Edition, Stand: 01.01.2025, Art. 59, Rn. 26; *Hüger*, ZfDR 2024, 263 (286).

877 *Bomhard/Siglmüller*, RDi 2024, 45 (54); *Kruedener/Göbel* in: Schefzig/Killian, BeckOK KI-Recht, 1. Edition, Stand: 01.01.2025, Art. 59, Rn. 31.

878 Zu dem Verständnis der Datenverarbeitung als Lebenszyklus bereits unter Kap. 3, B.II.4.

879 ErwGr. 69 S. 2 KI-VO.

chen zu modifizieren. Allerdings ist zu beachten, dass die Anforderungen des Art. 59 Abs. 1 KI-VO sicherstellen, dass das Risiko für die Rechte und Interessen der betroffenen Personen bei der Datenverarbeitung gemindert wird. Dieser Umstand ist bei der Abwägung im Rahmen der Erforderlichkeitsprüfung zu Gunsten der Verantwortlichen zu berücksichtigen.

III. Ergebnis

Die vorangegangenen Ausführungen bestätigen die eingangs dargelegte Einschätzung, dass die KI-VO hinsichtlich des Spannungsverhältnisses zwischen KI-Entwicklung und Grundsätzen der Datenverarbeitung keine umfassenden regulatorischen Lösungen vorsieht. Allein Art. 59 Abs. 1 KI-VO erleichtert die Weiterverarbeitung von personenbezogenen Daten zum Zwecke der KI-Entwicklung in KI-Reallaboren. Die Aufhebung der Zweckbindung zum Zwecke der KI-Entwicklung erfolgt nur in den durch Art. 59 Abs. 1 lit. a KI-VO abgesteckten Bereichen. Unter Berücksichtigung des Aufwandes, welcher durch die Erfüllung der übrigen Voraussetzungen des Art. 59 Abs. 1 KI-VO einhergeht, ist es fraglich, ob hierdurch die bezweckte Innovationsförderung tatsächlich eintreten wird.[880]

B. KI-Entwicklung nach den europäischen Datenräumen

Mit der „Europäischen Datenstrategie“ von 2020 hat die Kommission sich das Ziel gesetzt, den Zugang sowie den Austausch von Daten (sowohl personenbezogene als auch nicht-personenbezogene) zu erleichtern und zu fördern.[881] Eine wesentliche Maßnahme, um die Erreichung dieses Ziel zu gewährleisten, bilden die sektorspezifischen Datenräume.[882] Diese Datenräume sind so aufgebaut, dass innerhalb des jeweiligen Sektors die Primär- und Sekundärnutzung der Daten vereinfacht wird. Nach dem aktuellen Stand sollen Datenräume in den Bereichen Gesundheit, Landwirtschaft, verarbeitendes Gewerbe, Energie, Mobilität, Finanzen, öffentliche Verwal-

880 So auch *Hüger*, ZfDR 2024, 263 (287); *Göbel/Kruedener*, GRUR-Prax 2024, 755 (758).

881 Europäische Kommission, COM(2020), 19.02.2020, S. 6.

882 Europäische Kommission, COM(2020), 19.02.2020, S. 6 f., *Borges* in: Borges/Keil, Big Data, 2024, § 1, Rn. 75.

tung, Kompetenzen, die Europäische Cloud für offene Wissenschaft sowie Medien und Kulturerbe konstituiert werden.[883]

Eines der zentralen Anliegen der Datenräume besteht darin, die Entwicklung sektorspezifischer Schlüsseltechnologien zu fördern.[884] Zu den Schlüsseltechnologien in diesem Sinne zählen auch und gerade KI-Systeme.[885] Hierfür soll der Zugang zu bereits erhobenen und möglicherweise schon aufbereiteten (qualitativ hochwertigen) Daten vereinfacht werden. Mithin haben diese Datenräume das Potenzial, wertvolle Trainingsdaten für die Entwicklung von KI-Systemen zu liefern.

Im Kontext der vorliegenden Arbeit stellt sich die Frage, ob und inwiefern durch die Schaffung dieser Datenräume, die sich aus den Grundsätzen der Datenverarbeitung ergebenden Spannungsverhältnisse bei der KI-Entwicklung aufgelöst werden bzw. werden sollen. Hierfür werden zunächst die übergeordneten Grundkonzeptionen der Datenräume analysiert (I.) bevor die Regelungen zum europäischen Gesundheitsdatenraum adressiert werden (II.).

I. Grundprinzipien der Datenräume

Die Datenräume werden nicht nach dem one-size-fits-all Ansatz ausgestaltet,[886] welcher der DSGVO zu Grunde liegt. Die regulatorischen Maßnahmen und die konkrete Umsetzung der Datenräume hängen von den Besonderheiten des jeweiligen Sektors ab, indem dieser Datenraum konstituiert werden soll. Allerdings basieren alle Datenräume hinsichtlich der Dateninfrastruktur sowie der Governance-Struktur auf denselben Grundprinzipien.[887] Unter anderem soll bei allen Datenräumen sichergestellt werden, dass bei Umgang mit den jeweiligen Daten, die Sicherheit der Daten im Allgemeinen und die Privatsphäre der betroffenen Personen im Besonderen

883 Europäische Kommission, https://digital-strategy.ec.europa.eu/de/policies/data-spaces, (zuletzt abgerufen am 08.07.2024).

884 Europäische Kommission, COM(2020), 19.02.2020, S. 6.

885 Europäische Kommission, Second staff working document on data spaces, 2024, S. 51; *Raji* in: Taeger/Pohle, Computerrechts-Handbuch, Werkstand: 40 EL März 2025, Teil 12, 120.5, Rn. 16.

886 Europäische Kommission, Second staff working document on data spaces, 2024, S. 3; *Raji*, ZD 2023, 3 (5).

887 Europäische Kommission, Second staff working document on data spaces, 2024, S. 4; *Raji* in: Taeger/Pohle, Computerrechts-Handbuch, Werkstand: 40 EL März 2025, Teil 12, 120.5, Rn. 18.

gewährleistet wird. Weiterhin dürfen die Daten nur in einer fairen, transparenten, verhältnismäßigen und nicht-diskriminierenden Art und Weise genutzt werden. Zudem müssen die Werte sowie die anderen Rechtsakte der EU insbesondere die DSGVO beachtet werden.[888] Hierdurch soll sichergestellt werden, dass durch die Vereinfachung des Datenzugangs die Rechte und Interessen der betroffenen Personen nicht außer Acht gelassen werden. Indem in den Datenräumen ein angemessenes Schutzniveau für die betroffen Personen gewährleistet wird, soll das generelle Vertrauen in die Datenräume gestärkt werden.[889]

II. Beispiel des europäischen Gesundheitsdatenraums

Mit der Verordnung 2025/327 über den europäischen Gesundheitsdatenraum (EHDS-VO) hat die Europäische Union – entsprechend ihrer Datenstrategie – den ersten europäischen Datenraum rechtlich konstituiert. Nach Art. 1 Abs. 1 EHDS-VO besteht der Zweck dieser Verordnung darin, den Zugang zu Gesundheitsdaten für die Primär- und Sekundärnutzung der Daten zu erleichtern. Unter die Primärnutzung von Gesundheitsdaten fällt nach Art. 2 Abs. 2 lit. d EHDS-VO die Verarbeitung elektronischer Gesundheitsdaten zum Zwecke der Gesundheitsversorgung. Diese Datenverarbeitung steht in einem mehr oder weniger unmittelbaren Bezug zur betroffenen Person.[890] Demgegenüber beschreibt der Begriff der Sekundärnutzung nach Art. 2 Abs. 2 lit. e EHDS-VO die Verarbeitung von Gesundheitsdaten zu anderen Zwecken als den Erhebungszwecken. Diese Definition orientiert sich stark an der Konzeption des Zweckbindungsgrundsatzes aus Art. 5 Abs. 1 lit. b DSGVO, ohne dabei ausschließlich Gesundheitsdaten zu erfassen, die nach Art. 4 Nr. 1 DSGVO einen Personenbezug aufweisen.

Ausgehend von der Begriffsbestimmung des Art. 2 Abs. 2 EHDS-VO sind für die vorliegenden Fragestellungen nur die Regelungen zur Sekundärnutzung von Interesse. Eines der zentralen Anliegen der Sekundärnutzung ist es, qualitativ hochwertige Daten für die Entwicklung von Schlüsseltechnologien fruchtbar zu machen.[891] In diesem Sinne führt

---

888 Europäische Kommission, COM(2020), 19.02.2020, S. 1.

889 Europäische Kommission, COM(2020), 19.02.2020, S. 1; *Raji*, ZD 2023, 3 (3).

890 *Denga*, EuZW 2023, 25 (29); vgl. *Rüdiger*, PharmR 2025, 201 (201 f.).

891 Vgl. *Wehde/Brandenberg* in: Hoeren/Sieber/Holznagel, Handbuch Multimedia-Recht, Loseblatt, Werkstand: 62. EL Juni 2024, Teil 16.8, Rn. 3; *Rüdiger*, PharmR 2025, 201 (203); *Denga*, EuZW 2023, 25 (30).

Art. 53 Abs. 1 lit. e ii) EHDS-VO ausdrücklich die Entwicklung von KI-Systemen als zulässigen Verarbeitungszweck hinsichtlich der Sekundärnutzung von Gesundheitsdaten an.

Bei der nachfolgenden Untersuchung werden die Regelungen des EHDS-VO im Hinblick auf die datenschutzrechtlichen Problemstellungen analysiert. Die darüber hinausgehenden Fragestellungen hinsichtlich der konkreten Ausgestaltung der Zugangsrechte sowie der Beziehungen zwischen Dateninhaber, Datennutzer und betroffener Person werden bei der Betrachtung ausgeklammert.

Zunächst sind die Voraussetzungen in den Blick zu nehmen, die erfüllt seinen müssen, um nach den Vorschriften der EHDS-VO einen Zugang zu den Gesundheitsdaten für die KI-Entwicklung zu erlangen. Anschließend wird untersucht, ob und inwiefern die Regelungen der EHDS-VO die Grundsätze der Datenverarbeitung modifizieren und ob hierdurch gegebenenfalls die aufgezeigten datenschutzrechtlichen Spannungsverhältnisse beseitigt werden können. Demgegenüber ist die grundlegende Fragestellung, ob und inwieweit durch die Regelungen der EHDS-VO eine praktische Konkordanz zwischen den grundrechtlich geschützten Interessen der Betroffenen Personen und denen der datenverarbeitenden Stellen hergestellt wird, nicht Gegenstand der Betrachtung.[892]

1. Das Verhältnis zur DSGVO

Im Gegensatz zu anderen Datenakten der Union sollen die Regelungen der DSGVO durch die EHDS-VO nicht unberührt gelassen werden.[893] Nach Art. 1 Abs. 2 lit. a EHDS-VO werden durch diese Verordnung die Vorschriften der DSGVO „präzisiert und ergänzt". Hierdurch wurde explizit von der Gesetzgebungskompetenz nach Art. 16 Abs. 2 AEUV Gebrauch gemacht.[894] Hierbei stellt sich die Frage, in welchem Verhältnis die Öffnungsklauseln der DSGVO zu der Gesetzgebungskompetenz aus Art. 16 Abs. 2 AEUV stehen.[895] Aufgrund der Normenhierarchie sprechen gute Gründe dafür, dass die primärrechtlichen Regelungen der AEUV den

892 Kritisch hierzu *Kühling/Schildbach*, ZfDR 2024, 1 (18); *Denga*, EuZW 2023, 25 (30).

893 In der Entwurffassung wurde die Unberührtheit der DSGVO noch angeordnet, Art. 1 Abs. 4 EHDS-VO-E; zur Entwurfsfassung *Raji* in: Taeger/Pohle, Computerrechts-Handbuch, Werkstand: 40 EL. März 2025, Teil 12, 120.5, Rn. 27 f.

894 Vgl. *Wehde/Brandenberg* in: Hoeren/Sieber/Holznagel, Handbuch Multimedia-Recht, Loseblatt Werkstand: 62. EL Juni 2024, Teil 16.8, Rn. 4.

895 Zu dieser Fragestellung im Zusammenhang mit der KI-VO unter Kap. 6, A. II.

sekundärrechtlichen Vorschriften der DSGVO vorgehen. Vor dem Hintergrund, dass die EHDS-VO die DSGVO nur zum Zwecke der Gesundheitsforschung bzw. der Gesundheitsvorsorge modifiziert, wären die Voraussetzungen des Art. 23 DSGVO gegeben, sodass die aufgeworfene Fragestellung in der vorliegenden Konstellation an Bedeutung verliert.

Die Regelungen der EHDS-VO haben bereichsspezifisch Vorrang vor den Vorschriften der DSGVO. In diesem Sinne könnten – wenn und soweit entsprechende Regelungen erlassen worden sind – die Normen der EHDS-VO die aufgezeigten Spannungsverhältnisse zwischen der Entwicklung von KI-Systemen und den Grundsätzen der Datenverarbeitung im Anwendungsbereich der EHDS-VO auflösen.

2. Sekundärnutzung von Gesundheitsdaten

Die Sekundärnutzung von Gesundheitsdaten bildet einen der zwei wesentlichen regulatorischen Ansatzpunkte der EHDS-VO. Ein zentrales Anliegen der Regelungen zur Sekundärnutzung von Gesundheitsdaten besteht darin, diese Daten für Forschungs- und Innovationszwecke einfach zugänglich zu machen.[896] Diese Vereinfachung der Sekundärnutzung von Gesundheitsdaten steht unter dem Vorbehalt eines hohen Schutzes für die Rechte und Interessen der betroffenen Personen.[897] Dementsprechend konservativ verhält sich die EHDS-VO hinsichtlich der Nutzung von Gesundheitsdaten für die KI-Entwicklung. Zwar wird in Art. 53 Abs. 1 lit. e EHDS-VO die Sekundärnutzung von Gesundheitsdaten zum Zwecke des Trainierens von KI-Systemen ausdrücklich für zulässig erachtet. Dies gilt allerdings nur insoweit, als das KI-Systeme im Rahmen der wissenschaftlichen Forschung im Gesundheitswesen entwickelt werden.[898] Auch in der EHDS-VO findet sich keine Legaldefinition des Forschungsbegriffes, sodass in diesem Kontext ebenfalls auf das grundrechtlich-geprägte Verständnis von Forschung rekurriert werden kann.[899]

---

896 *Rüdiger*, PharmR 2025, 201 (203).

897 Vgl. ErwGr. 4 S. EHDS-VO, wobei in diesem Erwägungsgrund ein hohes Schutzniveau allgemein und nicht nur in Bezug auf die Sekundärnutzung verlangt wird.

898 In der Entwurfsfassung der EHDS-VO wurde das Training von KI-Systemen noch als eigenständiger Punkt neben der wissenschaftlichen Forschung aufgeführt, Art. 34 Abs. 1 lit. g EHDS-VO-E.

899 Zum Forschungsbegriff vertiefend unter Kap. 5, B.I.1.a.

In diesem Zusammenhang tritt die Problematik, ob und inwiefern kommerzielle Forschung unter den Forschungsbegriff fällt, besonders deutlich zu Tage.[900] An Forschungsvorhaben im Gesundheitswesen können sowohl erhebliche wirtschaftliche Interessen als auch signifikante Gemeinwohlinteressen bestehen. Daher kann es im Einzelfall eine beträchtliche Herausforderung darstellen, die Privilegierungswürdigkeit des Vorhabens zu bestimmten.

Dieses Spannungsverhältnis wird in den Erwägungsgründen der EHDS-VO aufgegriffen. Nach ErwGr. 61 S. 1 EHDS-VO soll es zum Zwecke der Forschungs- und Innovationsförderung ermöglicht werden, dass „öffentliche, private, nicht gewinnorientierte Einrichtung" Zugang zu Gesundheitsdaten erhalten. Die Formulierung der deutschen Fassung der EHDS-VO kann auf den ersten Blick zu Missverständnissen verleiten.[901] Es handelt sich nicht um eine Aufzählung von Kriterien, die kumulativ vorliegen müssen. Vielmehr nimmt der ErwGr. 61 S. 1 EHDS-VO Bezug auf unterschiedliche Einrichtungen, die im Hinblick auf den Zugang zu Gesundheitsdaten gleichgestellt sind. In diesem Sinne ist die „Nicht-Gewinnorientiertheit" keine *Zugangsvoraussetzung*, sondern beschreibt die Organisationsform der Non-Profit-Organisationen[902].[903] Mithin sollen explizit private Einrichtung – also auch und gerade Unternehmen – Gesundheitsdaten im Rahmen der Sekundärnutzung nach der EHDS-VO verarbeiten können.

Vor diesem Hintergrund steht die Verfolgung von kommerziellen Interessen einer Sekundärnutzung von Gesundheitsdaten prinzipiell nicht entgegen. Nach ErwGr. 61 S. 3 EHDS-VO ist die Zulässigkeit der Sekundär-

900 Hierzu unter Kap. 5 B.I.1.a.aa.

901 In diesem Sinne noch mit Bezug auf den vergleichbaren Formulierungen des Verordnungsentwurfs *Gassner*, DuD 2022, 739 (742 f.); *Roos/Maddaloni*, RDi 2023, 225 (228); *Wehde/Brandenberg* in: Hoeren/Sieber/Holznagel, Handbuch Multimedia-Recht, Loseblatt, Werkstand: 62. EL Juni 2024, Teil 16.8, Rn. 27.

902 Als Non-Profit-Organisationen (NPO) werden Einrichtungen beschrieben, die grundsätzlich Gemeinwohlorientiert arbeiten und somit nicht das Ziel verfolgen, Gewinne an ihre Mitglieder auszuschütten. Hieraus folgt nicht, dass diese Organisationen keinen Gewinn machen *dürfen*. Vielmehr hängt die Einordnung als NPO von der gemeinwohlorientierten Zielrichtung ab. Hierzu *Hüttemann*, NJW-Beil 2018, 55 (55).

903 Diese Lesart ergibt sich aus der Betrachtung der englischen Sprachfassung des ErwGr. 61. S. 1 EHDS-VO („the EHDS should enable public, private and not-for-profit entities"). Aber auch in der deutschen Sprachfassung wird deutlich, dass es sich bei „nicht gewinnorientiert" um eine Art von Einrichtung handelt, vgl. ErwGr. 59 S. 6 EHDS-VO („Bei solchen Einrichtungen kann es sich um öffentliche, nicht gewinnorientierte ***oder*** (H. d. V.) private Einrichtungen handeln.")

nutzung im kommerziellen Bereich insoweit beschränkt, als dass die zu entwickelnden Produkte und Dienstleistungen bei der schlussendlichen Vermarktung zu „erschwinglichen und fairen Preisen“ anzubieten sind. Anders ausgedrückt gilt: Kommerzielles Gewinnstreben steht der Klassifizierung der Datenverarbeitung als Forschungsvorhaben nicht entgegen, solange der Gewinn nicht durch eine substanzielle Belastung der Endverbraucher erwirtschaftet werden soll. Auch unter Berücksichtigung dieser Hilfestellung des ErwGr. 61 EHDS-VO bleibt es eine Frage der Abwägung im Einzelfall, ob und inwiefern die Sekundärnutzung von Gesundheitsdaten für die KI-Entwicklung überhaupt in Betracht kommen kann.

Darüber hinaus ist zu beachten, dass Art. 53 Abs. 1 EHDS-VO keine datenschutzrechtliche Vorschrift im eigentlichen Sinne ist. Die Erfüllung der Vorgaben des Art. 53 EHDS-VO ist sowohl zwingend als auch zentral, damit ein Antrag auf Datenzugang nach Art. 68 EHDS-VO genehmigungsfähig ist. Demgegenüber enthält der Art. 53 EHDS-VO keine Modifikation der datenschutzrechtlichen Vorgaben – insbesondere keine Modifikation der Grundsätze der Datenerarbeitung aus Art. 5 Abs. 1 DSGVO. Zudem stellt diese Norm keine Lockerung der Zweckbindung im Vergleich zu Art. 5 Abs. 1 lit. b DSGVO normierten dar. Die Weiterverarbeitung von personenbezogenen Daten zu Forschungszwecken ist bereits nach der DSGVO von der Zweckbindung ausgenommen. Art. 53 EHDS-VO eröffnet nur die Zugangsmöglichkeit zu solchen Gesundheitsdaten, die bei der Zugangsstelle verfügbar sind. Hierdurch wird die Nutzung dieser Datenarten für die KI-Entwicklung bereichsspezifisch vereinfacht.

3. Zweckbindung und Datenminimierung

Bei der Entwicklung von KI-Systemen können Spannungsverhältnisse zwischen dem Grundsatz der Zweckbindung und der Datenminimierung auftreten. Durch die EHDS-VO werden diese Spannungsverhältnisse nicht adressiert und entsprechend nicht aufgelöst. Vielmehr betont Art. 66 EHDS-VO, dass bei der Sekundärnutzung von Gesundheitsdaten die Grundsätze der Datenminimierung und Zweckbindung einzuhalten sind. Darüber hinaus wird im Art. 66 Abs. 2 EHDS-VO normiert, dass grundsätzlich anonymisierte Daten verwendet werden sollen, es sei denn, hierdurch würde die Zweckerreichung unmöglich gemacht. In diesen Fällen sollen nur pseudonymisierte Daten verwendet werden, Art. 66 Abs. 3 EHDS-VO.

Es handelt sich hierbei um eine Verschärfung des Datenminimierungsprinzips im Vergleich zu Art. 5 Abs. 1 lit. c DSGVO. Zwar folgt aus der Auslegung des Art. 5 Abs. 1 lit. c DSGVO, dass bei Einhaltung dieser Norm ebenfalls zu überprüfen ist, ob die Zwecke der Datenverarbeitung nicht ebenfalls mit anonymisierten Daten erreicht werden können. Die Verpflichtung, anonymisierte Daten zu verwenden besteht nur, soweit dies für den Verantwortlichen „zumutbar" ist. Demgegenüber lässt Art. 66 Abs. 3 EHDS-VO eine Verarbeitung von nicht-anonymisierten Gesundheitsdaten nur zu, wenn die Zweckerreichung hierdurch unmöglich gemacht werden würde. Ist dies der Fall, dürfen *nur* pseudonymisierte Daten verwendet werden. Im Vergleich hierzu kann nach Art. 5 Abs. 1 lit. c DSGVO ebenfalls die Pflicht bestehen, pseudonymisierte Daten zu verwenden. Dies ist eine Frage des Einzelfalls und kein Automatismus wie gemäß Art. 66 Abs. 3 EHDS-VO.

Im Hinblick auf den Grundsatz der Zweckbindung lassen sich aus Art. 66 EHDS-VO keine Erleichterungen aber auch keine Verschärfungen entnehmen. Vielmehr ist der Wortlaut des ersten Absatzes dahingehend zu verstehen, dass eine mit den Vorgaben des Art. 5 Abs. 1 lit. b DSGVO konforme Zweckfestlegung vorgenommen werden muss.

4. Ergebnis

Die Regelungen des EHDS-VO geben verlässliche Anhaltspunkte, ob und inwiefern die noch kommenden Datenräume rechtstechnisch ausgestaltet werden. Aus datenschutzrechtlicher Perspektive besteht eine zentrale Neuausrichtung dahingehend, dass die Regelungen der EHDS-VO der DSGVO vorgehen. Ausgehend hiervon kann im Hinblick auf die noch kommenden Datenräume davon ausgegangen werden, dass ebenfalls partiell und bereichspezifisch die DSGVO modifiziert werden wird.

Des Weiteren haben Datenräume den Zweck, Daten, die bereits erhoben worden sind, nutzbar zu machen. Es handelt sich bei diesen Daten zumeist um spezifische, qualitativ hochwertige und teils bereits aufbereitete Daten. Das Potenzial, das in diesen Daten steckt, soll im Einklang mit den grundrechtlichen Wertungen aus der GRC freigesetzt werden. Die dichotome Unterteilung in Primär- und Sekundärnutzung von Gesundheitsdaten lässt sich als konzeptionelle Grundausrichtung für die Ausgestaltung der weiteren Datenräume verstehen. Für die Entwicklung von KI-Systemen ist diese regulatorische Ausrichtung insoweit von Relevanz, als dass zwar der Zugang zu qualitativ hochwertigen Daten erleichtert wird, allerdings erfolgt dies nur bereichspezifisch und ohne Vereinfachung der originären Erhebung von personenbezogenen Daten zum Zwecke des KI-Trainings.

In dieser gesetzgeberischen Entscheidung ist gleichwohl kein Versäumnis zu sehen. Einer der zentralen Aspekte für die Sekundärnutzung von Gesundheitsdaten sind die Anforderungen an die Governance vom Dateninhaber.[904] Im Zusammenspiel mit den Zugangsvoraussetzungen für die Datennutzer soll hierdurch sichergestellt werden, dass die Rechte und Interessen der betroffenen Person ausreichend geschützt werden. Dieses Dreiecks-Verhältnis zwischen Dateninhaber, Datennutzer und betroffener Person würde durch unmittelbare Zugriffsrechte des Datennutzers auf Informationen der betroffenen Person empfindlich gestört werden.

Betrachtet man die aufgezeigten Spannungsverhältnisse zwischen den Grundsätzen der Datenverarbeitung und der Entwicklung von KI-Systemen durch die Linse der EHDS-VO, so wird deutlich, dass diese Problemfelder durch die geschaffenen Regelungen bereichspezifisch nicht aufgelöst worden sind. Dieser Befund ergibt sich vor allem aus der Regelung des Art. 66 EHDS-VO. Die Grundprinzipien des Datenschutzrechts sollen durch den europäischen Gesundheitsdatenraum nicht verändert werden.

Hieraus folgt nicht, dass dieser Befund im gleichen Maße für die noch kommenden Datenräume gelten wird. Aufgrund der besonderen Sensibilität von Gesundheitsdaten ist es nicht verwunderlich, dass im Rahmen des Gesundheitsdatenraums das durch die Grundsätze der Datenverarbeitung nach Art. 5 Abs. 1 DSGVO geschaffene Schutzniveau nicht unterschritten werden soll. Vor diesem Hintergrund bleibt abzuwarten, wie die noch zu konstituierenden Datenräume rechtlich ausgestaltet werden und inwiefern hierdurch die Entwicklung von KI-Systemen im Hinblick auf die Einhaltung der Grundsätze der Datenverarbeitung erleichtert sowie aus der Sicht der Verantwortlichen die Rechtssicherheit gestärkt wird.

C. Ergebnis

Die im fünften Kapitel aufgezeigten Spannungsverhältnisse zwischen den Grundsätzen der Datenverarbeitung und der Entwicklung von KI-Systemen, werden weder durch die KI-VO noch durch die EHDS-VO (hinreichend) aufgelöst. Die KI-VO und die EHDS-VO adressieren jeweils die

---

904 *Denga*, EuZW 2023, 25 (29).

Trainingsdatengenerierung. Hierbei wird die Sekundärnutzung von (personenbezogenen) Daten zum Regelungsschwerpunkt erhoben. Weiterhin wird in beiden Regelungsakten die Zweckbindung als Innovationshindernis für die Entwicklung von KI-Systemen zutreffend identifiziert. Dennoch wird die Möglichkeit der Weiterverarbeitung im Vergleich zur DSGVO im Falle der EHDS-VO nicht und im Rahmen der KI-VO kaum vereinfacht.

Des Weiteren finden sich keine Vorschriften in diesen Regelungswerken, die das Spannungsverhältnis zwischen dem Grundsatz der Datenminimierung und der Entwicklung von KI-Systemen adressieren. Die EHDS-VO verschärft im Vergleich zur DSGVO die sich aus Art. 5 Abs. 1 lit. c DSGVO ergebenden Anforderungen. Auch der Grundsatz der Speicherbegrenzung wird in diesen Regelungswerken nicht zu Gunsten der Verantwortlichen modifiziert.

Vor diesem Hintergrund liegt es nahe, dass der europäische Gesetzgeber die Spannungsverhältnisse zwischen den Grundsätzen der Datenverarbeitung und der Entwicklung von KI-Systemen nicht hinreichend bedacht hat. Es bleibt abzuwarten, ob und inwiefern die noch zu konstituierenden Datenräume die Vorgaben des Art. 5 Abs. 1 DSGVO bereichsspezifisch modifizieren. In Anbetracht des Umstandes, dass die EHDS-VO auch und gerade hochsensible Daten zum Regelungsgegenstand hat, ist es nicht fernliegend, dass, soweit die anderen Datenräume weniger sensible Daten zum Gegenstand haben, die Anforderungen der Grundsätze der Datenverarbeitung dafür herabgesetzt werden.

Kapitel 7: Schlussbetrachtung

A. Zusammenfassung der Ergebnisse

Es herrscht in Wirtschaft, Wissenschaft sowie Politik Konsens, dass KI-Technologien zu einer der Schlüsseltechnologien der nächsten Jahrzehnte zählt.[905] Ausgehend hiervon ist es das erklärte Ziel der Europäischen Kommission, die Europäische Union zu einen weltweiten Vorreiter für die Entwicklung und den Einsatz von KI-Systemen zu machen.[906] Aufgrund der erheblichen Auswirkungen, die KI-Systeme bereits jetzt auf Gesellschaft und Wirtschaft haben, ist es für die Europäische Kommission ein besonderes Anliegen, das Vertrauen der Unionsbürgerinnen und -Bürger in KI-Systeme zu stärken.

Ein zentraler Baustein für die Schaffung von Vertrauen in KI-Systeme besteht darin, dass bei der Entwicklung von KI-Systemen das geltende Recht beachtet wird. In diesem Zusammenhang kommt dem Datenschutzrecht eine besondere Bedeutung zu. Für die Entwicklung von KI-Systemen werden (grundsätzlich) große Datenmengen benötigt.[907] Wenn und soweit diese Daten einen Personenbezug im Sinne des Art. 4 Nr. 1 DSGVO aufweisen, ist der Anwendungsbereich des datenschutzrechtlichen Regelungsregimes nach Art. 2 Abs. 1 DSGVO eröffnet.

Um datenschutzrechtliche Spannungsverhältnisse zu vermeiden wird die Verwendung von anonymisierten Daten empfohlen.[908] Anonymisierten, aber auch synthetisierten Daten weisen nach dem Maßstab des Art. 4 Nr. 1 DSGVO keinen Personenbezug auf. Bei der Verwendung solcher Daten zum Training von KI-Systemen wäre daher der Anwendungsbereich der DSGVO nicht eröffnet.[909] Bevor anonymisierte Daten verwendet werden können, müssen sie zunächst anonymisiert werden. Bei der

905 *Ertel*, Grundkurs Künstliche Intelligenz, 6. Aufl., 2025, Kap. 1, S. 13 f.; Europäische Kommission, COM(2020), 19.02.2020, S. 1; Enquete-Kommission Künstliche Intelligenz, Drucksache 19/23700, 2020, S. 28.

906 Europäische Kommission, COM(2020), 19.02.2020, S. 1 f.

907 *Heinze/Sorge/Specht-Riemenschneider*, KIR 2024, 11 (12); *Bierekoven*, ITRB 2023, 211 (212); *Paal* in: Kaulartz/Braegelmann, Artificial Intelligenz und Machine Learning, 2020, Kap. 8.7, Rn. 1.

908 U. a. *Herfurth*, Big Data – Big Accountability, 2022, S. 271.

909 Diese Selbstverständlichkeit wird im ErwGr. 26 S. 5 DSGVO nochmals betont.

Anonymisierung von personenbezogenen Daten handelt es sich um eine Datenverarbeitung im Sinne des Art. 4 Nr. 2 DSGVO. Hieraus ergeben sich allerdings keine Konfliktlagen. Der Anonymisierungsvorgang ist als eine Löschung der Daten zu verstehen.[910] Dementsprechend bedarf es keiner gesonderten Rechtsgrundlage für diesen Datenverarbeitungsvorgang.[911]

Eine zentrale Problematik bei der Verwendung von anonymisierten Daten besteht in dem Risiko der Re-Identifizierung der betroffenen Person.[912] Grundsätzlich kann die Anonymisierung bei jedem Datum nachträglich wieder aufgehoben werden. Des Weiteren besteht die Gefahr, dass durch den Anonymisierungsvorgang wichtig Informationen „verrauscht" werden und hierunter die Qualität des KI-Systems leidet. Vor diesem Hintergrund können (zurzeit) datenschutzrechtliche Spannungsverhältnisse nicht ohne weiteres durch die Verwendung von anonymisierten oder synthetischen Daten vermieden werden. Die Vorschriften der DSGVO sind demnach grundsätzlich bei der Entwicklung von KI-Systemen zu beachten.

Das Fundament des europäischen Datenschutzrechts bilden die Grundsätze der Datenverarbeitung nach Art. 5 Abs. 1 DSGVO. Eine DSGVO-konforme KI-Entwicklung kann nur unter Beachtung dieser Grundsätze gelingen. Die Entwicklung von KI-Systemen lässt sich grob in zwei Datenverarbeitungsphasen gliedern: die Generierung von Trainingsdaten (1) und das Training der KI-Systeme (2). Innerhalb der einzelnen Verarbeitungsphasen kann es zu unterschiedlichen Spannungsverhältnissen im Hinblick auf den Grundsatz der Zweckbindung und dem Grundsatz der Datenminimierung kommen. Eine kategorische Unvereinbarkeit der datenschutzrechtlichen Grundprinzipien mit der Entwicklung von KI-Systemen ist hingegen nicht gegeben.

Bei der Generierung von Trainingsdaten kommt im Wesentlichen die Weiterverarbeitung von bereits erhobenen Daten sowie die Erhebung von frei zugänglichen Daten aus dem Internet in Betracht. Die Weiterverarbeitung von personenbezogenen Daten zum Zwecke der KI-Entwicklung wird durch die Vorgaben des Zweckbindungsgrundsatzes aus Art. 5 Abs. 1 lit. b DSGVO erschwert. Die notwendige Zweckvereinbarkeit kann bei der KI-Entwicklung nicht ohne weiteres gemäß Art. 5 Abs. 1 lit. b HS. 2 DSGVO fingiert werden.[913] Aufgrund der Regel-Ausnahme-Systematik sind die Privilegierungstatbestände restriktiv auszu-

910 Kap. 3, B.I.4.
911 Kap. 3, B.I.4.
912 Kap. 3, A.II.
913 Kap. 5, B.I.1.c.

legen. Dementsprechend können die Verantwortlichen bereits erhobene Daten regelmäßig nur für die KI-Entwicklung fruchtbar machen, wenn die Weiterverarbeitungszwecke unter Heranziehung des Kompatibilitätstestes aus Art. 6 Abs. 4 DSGVO mit den Weiterverarbeitungszwecken vereinbar sind.

Bei der Erhebung von großen Datenmengen aus dem Internet wird die Frage nach der hinreichend Zweckgranularität virulent. Die Auslegung des Merkmals des „Festlegens" aus Art. 5 Abs. 1 lit. b DSGVO hat grundsätzlich unter Beachtung des risikobasierten Ansatzes zu erfolgen. In der vorliegenden Konstellation ist die Durchführung einer hinreichenden Risikoanalyse hinsichtlich jedes personenbezogenen Datums für die Verantwortlichen kaum darstellbar. Eine DSGVO-konforme Zweckfestlegung kann allerdings gelingen, wenn und soweit die Verantwortlichen nachweisen, dass bei der Datenerhebung die ihnen höchstmögliche Zweckgranularität erreicht worden ist.[914] In diesem Zusammenhang ist zu berücksichtigen, dass der Grundsatz der Zweckbindung keine prohibitive Funktion hat.

Weiterhin besteht bei der Erhebung großer Datenmengen ein Spannungsverhältnis bezüglich des Grundsatzes der Datenminimierung. Zwar folgt aus der Zweckabhängigkeit des Art. 5 Abs. 1 lit. c DSGVO, dass auch die Verarbeitung großer Datenmengen mit dem Grundsatz der Datenminimierung nicht unvereinbar ist. Allerdings muss hinsichtlich jedes Datums die Erforderlichkeit der Verarbeitung für die Zweckerreichung nachgewiesen werden. Trotz der einzunehmende Gesamtbetrachtungsperspektive bei der Erforderlichkeitsprüfung stellt der Erforderlichkeitsnachweis die Verantwortlichen vor erhebliche Herausforderungen.[915]

Bei der Trainingsphase der KI-Systeme wird zwischen drei grundlegenden Trainingsmethoden unterschieden: dem überwachten Lernen (1), dem unüberwachten Lernen (2) und dem bestärkenden Lernen (3).[916] Beim überwachten Lernen müssen die Trainingsdaten vor dem Training erst gelabelt werden. Im Rahmen dieses Verarbeitungsvorgangs folgt aus dem Telos des Art. 5 Abs. 1 lit. b DSGVO, dass eine nachträgliche Konkretisierung der Zwecke – wenn und soweit dies möglich ist – nicht nur zulässig, sondern auch geboten ist.[917]

---

914 Kap. 5, B.II.2.a.cc.

915 Kap. 5, B.II.2.b.aa.

916 *Hacker*, Innovation and Technology 2021, Vol. 13, NO. 2, 257 (257).

917 Kap. 5, C.I.1.c.

Beim unüberwachten Lernen müssen die Daten vor dem Beginn des Trainings gelabelt werden. Das unüberwachte Lernverfahren wird genutzt, um KI-Systeme darauf zu trainieren, unbekannte Strukturen und Muster in Datensätzen zu ermitteln. Aufgrund der explorativen Ausrichtung dieses Lernverfahrens ist die Zweckfestlegung problematisch. Denn die Verantwortlichen können gerade keine konkreten Ziele benennen, sondern nur Bereich, in denen die KI-Systeme eingesetzt werden sollen. In Folge der Binnensystematik des Art. 5 Abs. 1 DSGVO ergeben sich hieraus auch Spannungsverhältnisse bei der Einhaltung des Datenminimierungsgrundsatzes. Je ungenauer die Zwecke der Datenverarbeitung sind, desto schwieriger wird die Erbringung des Nachweises der Notwendigkeit der Datenverarbeitung für die Zweckerreichung. Wenn und soweit jedoch nach dem aufgestellten Maßstab eine relative Zweckunbestimmtheit mit Art. 5 Abs. 1 lit. b DSGVO vereinbar ist, dann folgt hieraus, dass im Rahmen des Grundsatzes der Datenminimierung keine zu restriktive Auslegung der Tatbestandsmerkmale, insbesondere der Erforderlichkeit vorgenommen werden darf.[918]Ansonsten würde das Verhältnis zwischen Zweckbindungsgrundsatz und Datenminimierungsgrundsatz in sein Gegenteil verkehrt werden.

Die DSGVO ist nicht der einzige europäische Rechtsakt, welcher bei der Entwicklung von KI-Systemen relevant ist. Auf europäischer Ebne wurden und werden weitere Rechtsakte erlassen, welche die KI-Entwicklung adressieren. Besonders relevant sind in diesem Zusammenhang die europäischen Datenräume. Aber auch die bereits erlassene KI-VO enthält Vorschriften, die der Innovationsförderung dienen sollen. Bei eingehender Betrachtung der KI-VO sowie der EHDS-VO bleibt zu konstatieren, dass die aufgezeigten datenschutzrechtlichen Spannungsverhältnisse durch diese Rechtsvorschriften nicht hinreichend aufgelöst werden.[919] Sowohl die KI-VO als auch die EHDS-VO nehmen keine bzw. keine grundlegenden Modifikationen der Grundsätze der Datenverarbeitung vor. Anhand des Art. 1 Abs. 2 lit. a EHDS-VO lässt sich allerdings ein Paradigmenwechsel erahnen, der sich im Bereich der europäischen Datenräume vollziehen kann. Im Gegensatz zu den sonstigen Datenrechtsakten der Union werden nach Art. 1 Abs. 2 lit. a EHDS-VO die Vorschriften der DSGVO nicht „unberührt“ gelassen, sondern die datenschutzrechtlichen Regelungen werden „präzisiert und ergänzt“. Im Kontext der europäischen Datenräume wird der generelle Primat der DSGVO daher bereichsspezifisch aufgehoben.

---

918 Kap. 5, C.II.2.

919 Kap. 6, C.

B. Ausblick

Die Entwicklung von KI-Systemen ist mit den Grundsätzen der Datenverarbeitung dem Grunde nach vereinbar. Aus den Anforderungen des Art. 5 Abs. 1 DSGVO erwachsen allerdings Spannungsverhältnisse, die die KI-Entwicklung nicht nur unerheblich erschweren. Der europäische Gesetzgeber hat sich zum Ziel gesetzt, einen Rechtsrahmen zu schaffen, welcher die KI-Entwicklung fördert. Die bisher ergangenen Rechtsakte (KI-VO/EHDS-VO) tragen jedoch nicht dazu bei, dass die Entwicklung von KI-Systemen im Hinblick auf die Grundsätze der Datenverarbeitung aus Art. 5 Abs. 1 DSGVO erleichtert wird. Im Art. 1 Abs. 2 lit. a EHDS-VO zeigt sich jedoch der Wille des Verordnungsgebers, die Vorgaben der DSGVO zu Gunsten der Innovationsförderung zu modifizieren.

Die bisherige Zurückhaltung des europäischen Gesetzgebers, die Vorgaben der DSGVO abzuändern, ist nicht als Versagen zu bewerten. Bei der Förderung der Entwicklung von KI-Systemen dürfen die grundrechtlich geschützten Interessen der betroffenen Personen nicht unberücksichtigt bleiben. Insbesondere der Grundsatz der Zweckbindung sowie der Grundsatz der Datenminimierung sind elementar, um ein ausreichendes datenschutzrechtliches Schutzniveau zu gewährleisten. Die Abänderung dieser Grundsätze zu Gunsten der KI-Entwicklung kann daher nur insoweit gefordert werden, als das sichergestellt wird, dass die Rechte und Interessen der betroffenen Personen nicht vernachlässigt werden.

Es bleibt abzuwarten, ob und inwiefern der europäische Gesetzgeber die bestehende Herausforderung im Zusammenhang mit Künstlichen Intelligenzen bewältigen wird. In diesem Zusammenhang ist es die Aufgabe der Rechtswissenschaft, die Fortentwicklung des Rechtsrahmens für die KI-Entwicklung aus datenschutzrechtlicher Perspektive kritisch zu begleiten.

Literatur- und Quellenverzeichnis

Abel, Ralf B., Lösch- und Speicherkonzepte nach der DSGVO, PinG 2017, S. 177 - 184.

Adrian, Axel, XAI – Erklärbare Künstliche Intelligenz in der Rechtswissenschaft, NotBZ 2024, S. 201 - 212.

Albers, Marion, Informationelle Selbstbestimmung, Bade-Baden, 2005, zugleich jur. Habil. Humboldt-Universität Berlin, 2001/2002.

Albrecht, Jan Philipp/Jotzo, Florian, Das neue Datenschutzrecht der EU, Baden-Baden, 2017.

Alpaydin, Ethem, Maschinelles Lernen, 2. Auflage, Berlin, 2019.

Anderl, Axel/Kruesz, Corina, Überspannte Anforderungen an anonyme Daten?, MMR 2023, S. 255 - 261.

Apel, Simon/Kaulartz, Markus, Rechtlicher Schutz von Machine Learning-Modellen, RDi 2020, S. 24 - 34.

Ashkar, Daniel, Wesentliche Anforderungen der DS-GVO bei Einführung und Betrieb von KI-Anwendungen, ZD 2023, S. 523 - 530.

Ashkar, Daniel/Schröder, Christian, Das Gesetz über künstliche Intelligenz der Europäischen Union (KI-Verordnung), BB 2024, S. 771 - 779.

Auer-Reinsdorff, Astrid/Conrad, Isabell, IT- und Datenschutzrecht, Handbuch, 3. Auflage, München, 2019.

Auernhammer, Herbert (Begründer), Datenschutz-Grundverordnung, Bundesdatenschutzgesetz und Nebengesetze, Kommentar, 8. Auflage, Köln, 2023 (zit. als *Bearbeiter* in: Auernhammer).

Ballestrem, Johannes/Bär, Ulrike/Gausling, Tina/Hack, Sebastian/Oelffen, Sabine, Künstliche Intelligenz, Wiesbaden, 2020.

Baumgartner, Ulrich/Brunnbauer, Jonas H./Corss Samuel, Anforderungen der DS-GVO an den Einsatz von Künstlicher Intelligenz, MMR 2023, S. 543 - 547.

Becker, Frank, EDSA Opinion 28/2024 und der Personenbezug von KI-Modellen, KIR 2025, S. 131 - 134.

Becker, Marcus/Georgiou, Nadine/Kreße, Bernhard/Kühn, Svenja, Denn sie wissen nicht, was sie tun - Ein Recht auf Erklärbarkeit von „Black Box"-Algorithmen am Beispiel der automatisierten Anlageberatung, WM 2024, S. 1145 - 1152.

Berz, Amelie/Engel, Andreas/Hacker, Philipp, Generative KI, Datenschutz, Hassrede und Desinformation – Zur Regulierung von KI-Meinungen, ZUM 2023, S. 586 - 594.

Biega, Asia/Finck, Michele, Reviving Purpose Limitation and Data Minimisation in Data-Driven Systems, TechReg 2021, S. 44 - 61.

Bierekoven, Christiane, Datenschutzkonforme Ausgestaltung von KI, ITRB 2019, S. 261 - 267.

Bierekoven, Christiane, Verarbeitung von Trainings-, Test- und Validierungsdaten nach KI-VOE, Data Act und DSGVO Überblick über das Zusammenspiel der Regelwerke für die Verarbeitung von Trainings-, Test- und Validierungsdaten, ITRB 2023, S. 211 - 215.

Bilski, Nico/Schmid, Thomas, Verantwortungsfindung beim Einsatz maschinell lernender Systeme, NJOZ 2019, S. 657 - 661.

Bischoff, Claudia, Pseudonymisierung und Anonymisierung von personenbezogenen Forschungsdaten im Rahmen klinischer Prüfungen von Arzneimitteln (Teil I), PharmR 2020, S. 309 - 315.

Bleckat, Alexander, Anwendbarkeit der Datenschutzgrundverordnung auf künstliche Intelligenz, DuD 2020, S. 194 - 198.

Blum, Benjamin/Rappenglück, Jakob, Fine-Tuning von GPAI-Modellen nach der KI-Verordnung: Eine Regelungslücke für Zukunftstechnologien?, CR 2024, S. 626 - 632.

Boehme-Neßler, Volker, Das Ende der Anonymität, DuD 2016, S. 419 - 423.

Bomhard, David, Der Anwendungsbereich des Data Act, MMR 2024, S. 71 - 75.

Bomhard, David, KI-Training mit fremden Daten – IP-rechtliche Herausforderungen rum um § 44b UrhG, in: Taeger (Hrsg.), DSRI Tagungsband 2023, S. 255 - 268.

Bomhard, David, Text und Data Mining auf Grundlage von Webcrwaling und Webscraping, InTer 2023, S. 174 - 179.

Bomhard, David/Sigelmüller, Jonas, AI-Act – das Trilogergebnis, RDi 2024, S. 45 - 55.

Borges, Georg, Die europäische KI-Verordnung (AI Act) Teil 3 – Transparenzpflichten, Durchsetzung, Gesamtbewertung, CR 2024, S. 633 - 648.

Borges, Georg/Hilber, Marc (Hrsg.), Beck´scher Online-Kommentar IT-Recht, 9. Edition, Stand: 01.01.2023.

Borges, Georg/Keil, Ulrich, Big Data, Handbuch, Baden-Baden, 2024.

Bortnikov, Vyacheslav/Dukart, Jürgen, Informationelle Selbstbestimmung und KI, ZD 2024, S. 558 - 564.

Botta, Jonas, Die Förderung innovativer KI-Systeme in der EU, ZfDR 2022, S. 391 - 412.

Breyer, Jonas, Verarbeitungsgrundsätze und Rechenschaftspflicht nach Art. 5 DS-GVO, DuD 2018, S. 311 - 317.

Brink, Stefan/Eckhardt, Jens, Wann ist ein Datum ein personenbezogenes Datum? Anwendungsbereich des Datenschutzrechts, ZD 2015, S. 205 - 212.

Brisch, Klaus/Pieper, Fritz, Das Kriterium der „Bestimmbarkeit" bei Big Data-Analyseverfahren, CR 2015, S. 724 - 729.

Britz, Gabriele, Europäisierung des grundrechtlichen Datenschutzes?, EuGRZ 2009, S. 1 - 11.

Bronner, Pascal, Risikoklassifizierung, Risikobewertung und Risikominimierung nach der KI-Verordnung, KIR 2024, S. 55 - 62.

Bronner, Pascal/Wiedemann, Fabian, Rechtmäßigkeit der Datenverarbeitung bei wissenschaftlicher Forschung an staatlichen Hochschulen, ZD 2023, S. 77 - 85.

Buchner, Benedikt, Forschungsdaten effektiver nutzen, DuD 2022, S. 555 - 560.

Buchner, Benedikt, Grundsätze und Rechtmäßigkeit der Datenverarbeitung unter der DS-GVO, DuD 2015, S. 155 - 161.

Burgkardt, Felix, Grundrechtlicher Datenschutz zwischen Grundgesetz und Europarecht, Hamburg, 2013, zugleich jur. Diss. Universität der Bundeswehr München, 2013.

Busche, Daniel, Einführung in die Rechtsfragen der künstlichen Intelligenz, JA 2023, S. 441 - 446.

Calliess, Christian/Ruffert, Matthias (Hrsg.), EUV/AEUV – das Verfassungsrecht der Europäischen Union mit Europäischer Grundrechtecharta, Kommentar, 6. Auflage, München, 2022.

Carlini, Nicholas/Tramèr, Florian/Wallace, Eric/Jagielski, Matthew/Herbert-Voss, Ariel/Lee, Katherine/Roberts, Adam/Brown, Tom/Song, Dawn/Erlingsson, Úlfar/Oprea, Alina/Raffel, Colin, Extracting Trainig Data form Large Language Models, 2021 (abrufbar unter https://www.usenix.org/system/files/sec21-carlini-extracting.pdf, zuletzt abgerufen am 30.01.2024).

Cate, Fred H./Kuner, Christopher/Millard, Christopher/Svantesson, Dan Jerker B./Lynskey, Orla, Risk Management in Data Protection, International Data Privacy Law 2015, Vol. 5, Nr. 2, S. 95 - 98.

Chen, Haoyuan, Verbesserung und Evalutation eines Modell-Ensembles für die Vorhersage von Unfalldaten anhand synthetischer Daten, 2021, Diplomarbeit Technische Universität Dresden.

Chibanguza, Kuuya/Kuß, Christian/Steege, Hans (Hrsg.), Künstliche Intelligenz, Handbuch, Baden-Baden, 2022.

Chibanguza, Kuuya/Steege, Hans, Die KI-Verordnung – Überblick über den neuen Rechtsrahmen, NJW 2024, S. 1769 - 1775.

Culik, Nicolai/Döpke, Christian, Zweckbindungsgrundsatz gegen unkontrollierten Einsatz von Big Data-Anwendungen, ZD 2017, S. 226 - 230.

Dammann, Ulrich, Erfolge und Defizite der EU-Datenschutzgrundverordnung, ZD 2016, S. 307 - 313.

Däubler, Wolfgang/Wedde, Peter/Weichert, Thilo/Sommer, Imke (Hrsg.), EU-DSGVO und BDSG, Kommentar, 3. Auflage, Frankfurt am Main, 2024.

Deckert, Ronald/Meyer, Eike, Digitalisierung und Künstliche Intelligenz, Wiesbaden, 2020.

Denga, Michael, Die Nutzungsgovernance im European Health Data Space als Problem des Immaterialgütermarktes, EuZW 2023, S. 26 - 33.

Dieker, Amon, Datenschutzrechtliche Zulässigkeit von Trainingsdatensammlung, ZD 2024, S. 132 - 137.

Dienes, Jennifer, Anfoderung an die menschliche Aufsicht über Künstliche Intelligenz, MMR 2024, S. 456 - 462.

Ding, Yiming/Sohn, Jae Ho/Kawczynski, Michael G./Trivedi, Hari/Harnish, Roy/Jenkins, Nathaniel W./Lituiev, Dmytro, et al., A Deep Learning Model to Predict Diagnosis of Alzheimer Disease by Using ^{18}F-FDG PET oft he Brain, Radiology 2019, S. 456 - 464.

Dodge, Jesse/Sap, Maarten/Marasovic, Ana/Agnew, William/Ilharco, Gabriel/Groeneveld, Dirk/Gadner, Matt, Documenting the English Colossal Clean Crawled Corpus, 2021 (abrufbar unter: https://s10251.pcdn.co/pdf/2021-dodge-c4.pdf, zuletzt abgerufen am 08.11.2023).

Dokara, Julia, Datenschutzgrundverordnung – rechtlicher Vorreiter oder Innovationsbremse?, Berlin, 2021, zugleich jur. Diss. Universität Heidelberg, 2021.

Dörr, Oliver/Grote, Rainer/Marauhn, Thilo (Hrsg.), EMRK/GG, Kommentar, 3. Auflage, Tübingen, 2022.

Drechsler, Jörg/Jentzsch, Nicola, Synthetische Daten, 2024, abrufbar unter https://www.interface-eu.org/storage/archive/files/synthetische_daten.pdf (zuletzt abgerufen am 26.11.2024).

Dzida, Boris/Groh, Naemi, Diskriminierung nach dem AGG beim Einsatz von Algorithmen im Bewerbungsverfahren, NJW 2018, S. 1917 - 1922.

Ebers, Martin/Heinze, Christian/Krügel, Tina/Steinrötter, Björn, Künstliche Intelligenz und Robotik, Handbuch, München, 2020.

Ebers, Martin/Hoch, Veronica R. S./Rosenkranz, Frank/Ruschemeier, Hannah/Steinrötter, Björn, Der Entwurf für eine EU-KI-Verordnung: Richtige Richtung mit Optimierungsbedarf, RDi 2021, S. 528 - 537.

Ebers, Martin/Streibörger, Chiara, Die Regulierung von Hochrisiko-KI-Systeme in der KI-Verordnung, RDi 2024, S. 393 - 400.

Ebert, Andreas/Spiecker gen. Döhmann, Indra, Der Kommissionsentwurf für eine KI-Verordnnung der EU, NVwZ 2021, S. 1188 - 1193.

Ehlers, Dirk (Hrsg.), Europäische Grundrechte und Grundfreiheiten, 4. Auflage, Berlin, 2014.

Ehmann, Eugen/Selmayr, Martin (Hrsg.), Datenschutz-Grundverordnung, Kommentar, 3. Auflage, München, 2024.

Eichenhofer, Johannes, Privatheit im Internet als Vertrauensschutz, Der Staat 55 (2016), S. 41 - 67.

Eichenhofer, Johannes, Vom Zweckbindungsgrundsatz zur Interessenabwägung?, PinG 2017, S. 135 - 140.

Engel, Andreas, Generative KI, Foundation Models und KI-Modelle mit allgemeinem Verwendungszweck in der KI-VO, KIR 2024, S. 21 - 28.

Epping, Volker/Hillgruber, Christian (Hrsg.), Beck´scher Online-Kommentar Grundgesetz, 61. Edition, Stand 15.03.2025.

Ertel, Wolfgang, Grundkurs Künstliche Intelligenz, 6. Auflage, Wiesbaden, 2025.

Feuerhelm, Nils, Veröffentlichungspraxis deutscher Gerichte und ihr Einfluss auf Large Language Models, RDi 2023, S. 368 - 373.

Fischer, Celine, Risikomanagement: Datenschutzfolgeabschätzung bei künstlicher Intelligenz, ZdiW 2024, S. 20 - 25.

Flach, Peter, Machine Learning, Cambridge, 2012.

Fleischmann, Christian, KI-Agenten-Systeme: Einordnung in die KI-Verordnug, RDi 2025, S. 193 - 199.

Flöter, Benedikt/Cordes, Christoph, KI und Geistiges Eigentum: Neuronale Netze, Trainingsdaten und Output, GRUR-Prax 2024, S. 668 - 670.

Franzen, Martin/Gallner, Inken/Oetker, Hartmut (Hrsg.), Kommentar zum europäischen Arbeitsrecht, 5. Auflage, München, 2024.

Freund, Bernhard/Schmidt, Bernd/Heep, Sebastian/Roschek Anna-Kristina, DSGVO, Kommentar, Frankfurt am Main, 2023.

Frochte, Jörg, Maschinelles Lernen, München, 2018.

Frost, Yannick/Steininger, Maunela/Vivekens, Sabrina, Nutzen, Chancen, Risiken und Haftung bei der Verwendung von Künstlicher Intelligenz im Kontext der KI-Verordnung und KI-Haftungsrichtlinie, MPR 2024, S. 4 - 20.

Fuster, Gloria González/Gutwirth, Serge, Opening up personal data protection: a conceptual controversy, CLSR 2013, Vol. 29, S. 531 - 539.

Gander, Hans-Helmut/Perron, Walter/Poscher, Ralf/Riescher, Gisela/Würtenberger, Thomas (Hrsg.), Resilienz in der offenen Gesellschaft, Bade-Baden, 2012.

Gassner, Ulrich M, Forschung und Innovation im europäischen Gesundheitsdatenraum, DuD 2022, S. 739 - 746.

Gassner, Ulrich M., Essentialia eines Gesundheitsdatennutzungsgesetztes, ZRP 2024, S. 34 - 37.

Gausling, Tina, Kommerzialisierung öffentlich-zugänglicher Informationen im Wege des Data Scraping, CR 2021, S. 609 – 614.

Gausling, Tina, Künstliche Intelligenz im Anwendungsbereich der Datenschutz-Grundverordnung, PinG 2019, S. 61 - 70.

Gausling, Tina, Künstliche Intelligenz im digitalen Marketing, ZD 2019, S. 335 - 341.

Gausling, Tina, Künstliche Intelligenz und DSGVO, in: Taeger (Hrsg.), DSRI Tagungsband 2018, S. 519 - 543.

Geiger, Rudolf/Khan, Daniel-Erasmus/Kotzur, Markus/Kirchmair, Lando (Hrsg.), EUV/AEUV, Kommentar, 7. Auflage, München, 2023.

Gellert, Raphaël, Data protection: a risk regulation? Between the risk management of everything and the precautionary alternative, IDPL 2015, Vol. 5, Nr. 1, S. 3 - 19.

Gellert, Raphaël, We have always managed risks in data protection law: understanding the similarities and differences between the rights-based and the risk-based approaches to data protection, EDPL 2016, S. 481 - 492.

Geminn, Christian L., Die Regulierung der künstlichen Intelligenz, ZD 2021, S. 353 - 359.

Geminn, Christian L., Wissenschaftliche Forschung und Datenschutz, DuD 2018, S. 640 - 647.

Gersdorf, Hubertus/Paal, Boris P. (Hrsg.), Beck´scher Online-Kommentar Information- und Medienrecht, Kommentar, 48. Edition, München, Stand 15.05.2025.

Gethmann, Carl Friedrich/Buxmann, Peter/Distelrath, Julia, Künstliche Intelligenz in der Forschung, Berlin, 2022.

Gierschmann, Sibylle, Gestaltungsmöglichkeiten durch systematisches und risikobasiertes Vorgehen – Was ist schon anonym?, ZD 2021, S. 482 - 486.

Gierschmann, Sibylle/Schlender, Katharina/Stenzel, Rainer/Veil, Windfried (Hrsg.), Datenschutz-Grundverordnung, Kommentar, Köln, 2018.

Göbel, Maximillian/Kruedener, Alexis, KI-Reallabore und Innovationsförderung in der KI-VO, GRUR-Prax 2024, S. 755 - 758.

Goodfellow, Ian/Bengio, Yoshua/Courville, Aaron, Deep learning, Cambridge, 2016.

Gola, Peter/Heckmann, Dirk (Hrsg.), Datenschutz-Grundverordnung - Bundesdatenschutzgesetz, Kommentar, 3. Auflage, München, 2022.

Golland, Alexander, KI und KI-Verordnung aus datenschutzrechtlicher Sicht, EuZW 2024, S. 846 - 854.

Gonçalves, Maria Eduarda, The risk-based approach under the new EU data protection regulation: a critical perspective, Journal of Risk Research 2020, Vol. 23, Nr. 2, S. 139 -152.

Grafenstein, Maximilian, Das Zweckbindungsprinzip zwischen Innovationsoffenheit und Rechtssicherheit, DuD 2015, S. 789 - 795.

Grafenstein, Maximilian, The Princilple of Purpose Limitation in Data Protection Laws, Bad-Baden, 2018, zugleich jur. Diss. Universität Hamburg, 2017.

Groeben, Hans/Schwarze, Jürge/Hatje, Armin (Hrsg.), Europäisches Unionsrecht, Kommentar, 7. Auflage, Bade-Baden, 2015.

Haagen, Christian, Verantwortung für künstliche Intelligenz, Baden-Baden, 2021, zugl. jur. Diss., Julius-Maximilians-Universität Würzburg, 2021.

Haase, Martin Sebastian, Datenschutzrechtliche Fragen des Personenbezugs, Tübingen, 2015, zugleich jur. Diss. Leibnitz Universität Hannover, 2014.

Hacker, Philipp, A legal framework for AI training data – from first principles to the Artificial Intelligence Act, Innovation and Technology 2021, Vol. 13, NO. 2, S. 257 - 301.

Hacker, Philipp, Datenprivatrecht, Tübingen, 2020, zugleich jur. Habil. Humbolt-Universität zu Berlin, 2020.

Hacker, Philipp, Immaterialgüterrechtlicher Schutz von KI-Trainingsdaten, GRUR 2020, S. 1025 - 1033.

Hagen, Prisca/Völzmann, Lisa, Datenaltruismus aus datenschutzrechtlicher Perspektive, MMR 2022, S. 176 - 181.

Hanßen, Hernrik/Vogle, Anna Theresa, Datenschutz vs. KI-Transformation?, ZdiW 2024, S. 131 - 138.

Hansen, Marit/Walczak, Benjamin, Die KI zaubert nicht, KIR 2024, S. 82 - 86.

Hansen-Oest, „Chilling Effects“ durch die Rechtsprechung des EuGH zu Art. 9 DSGVO?, DSB 2024, S. 254 - 256.

Härting, Niko, Datenschutz-Grundverordnung, Berlin, 2016.

Hartmann, Felix, Diskriminierung aus der Black Box – Neue Herausforderungen durch KI-gestützte Personalentscheidungen, EuZA 2019, S. 421 - 422.

Hartung, Markus, Smartlaw, ChatGPT und das RDG, RDi 2023, S. 209 - 217.

Heine, Robert, Generative KI: Nutzungsrechte und Nutzungsvorbehalt, GRUR-Prax 2024, S. 87 - 90.

Heinze, Christian/Sorge, Christoph/Specht-Riemenschneider, Lousia, Das Recht der Künstlichen Intelligenz, KIR 2024, S. 11 - 15.

Herfurth, Constantin, Big Data – Big Accountability, Wiesbaden, 2022, zugleich jur. Diss. Universität Kassel, 2021.

Hersemeyer, Guillaume/Ludolph, Melanie, Datenschutzrechtliche Herausforderungen beim Einsatz Künstlicher Intelligenz im Unternehmenskontext, in: Taeger (Hrsg.), DSRI Tagungsband 2023, S. 365 - 385.

Herzog, Stephanie, Der digitale Nachlass – ein bisher kaum gesehenes und häufig missverstandenes Problem, NJW 2013, S. 3745 - 3751.

Heselhaus, F. Sebastian M./Nowak, Carsten (Hrsg.), Handbuch der Europäischen Grundrechte, 2. Auflage, München, 2020.

Hessel, Stefan/Dillschneider, Jeanne, Datenschutzrechtliche Herausforderungen beim Einsatz von Künstlicher Intelligenz, RDi 2023, S. 458 - 464.

Hessel/Leffer/Potel, Datengetriebene Geschäftmodelle, ZD 2022, S. 537 - 541.

Hiebaum, Christian, Handbuch Gemeinwohl, Wiesbaden, 2022.

Hoeren, Thomas/Sieber, Ulrich/Holznagel, Bernd (Hrsg.), Handbuch Multimedia-Recht, Loseblatt, Stand Juni 2024 (EL 62), München, 2024.

Hoffmann-Riem, Wolfgang, Big Data – Regulative Herausforderungen, Baden-Baden, 2018.

Hofmann, Johanna M./Johannes, Paul C., DS-GVO: Anleitung zur autonomen Auslegung, ZD 2017, S. 221 - 226.

Hofmann, Michel, Möglichkeit und Zulässigkeit von Künstlicher Intelligenz und Algorithmen im Recruiting, NZA 2022, S. 19 - 24.

Holthausen, Joachim, Big Data, People Analytics, KI und Gestaltung von Betriebsvereinbarungen – Grund- arbeits- und datenschutzrechtliche An- und Herausforderungen, RdA 2021, S. 19 - 32.

Hölzel, Julian, Anonymisierungstechniken und das Datenschutzrecht, DuD 2018, S 502 - 509.

Holzinger, Andreas, Explainable AI (ex-AI), Informatik-Spektrum 2018, S. 138 - 143.

Honer, Mathias, Elemente einer demokratischen Verfassungstheorie, JA 2025, S. 1 - 8.

Honer, Mathias/Schöbel, Philipp, Das Gesetz über Künstliche Intelligenz im System der europäischen Digitalregulierung – Ein Überblick, JuS 2024, S. 648 - 653.

Hornung, Gerint/Hofmann, Kai, Die Auswirkung der europäischen Datenschutzreform auf die Markt- und Meinungsforschung, ZD-Beilage 2017, S. 1 - 14.

Hornung, Gerit/Wagner, Bernd, Anonymisierung als datenschutzrelevante Verarbeitung?, ZD 2020, S. 223 - 228.

Hubert, Tom, Die Identifizierbarkeit i. S. d. Art. 4 Nr. 1 DSGVO insbesondere durch Informationen aus dem Internet, CR 2025, S. 77 - 85.

Hüger, Jakob, Die Rechtmäßigkeit der Datenverarbeitung im Lebenszyklus von KI-Systemen, ZfDR 2024, S. 264 - 291.

Hüger, Jakob/Radtke, Tristan, Das Zusammenspiel der Akteure und Verantwortlichkeit unter der KI-Verordnung und der DS-GVO, KIR 2025, S. 154 - 161.

Hunziger, Sven, Das Löschen im Datenschutzrecht, 2018, Baden-Baden, zugleich jur. Diss. Westfälische-Wilhelms-Universität Münster, 2018.

Jäger, Christian/Meier, Jutta Juliane/Möhring, Maximilian/Ferroli, Ferdinand/Nida-Rümelin, Julian/Peters, Julian, Von der Sackgasse der Anonymisierung zu Lösungsansätzen für den Datenschutz der Zukunft, ZD 2024, S. 490 - 495.

Jandt, Silke/Roßnagel, Alexander, Datenschutz in Social Networks, ZD 2011, S. 160 - 166.

Jandt, Silke/Steidle, Roland (Hrsg.), Datenschutz im Internet, Handbuch, 2. Auflage, Baden-Baden, 2025.

Jarass, Hans D., Charta der Grundrechte der Europäischen Union, Kommentar, 4. Auflage, München, 2021.

Johannes, Paul C./Richter, Philipp, Privilegierte Verarbeitung im BDSG-E, DuD 2017, S. 300 - 306.

Joos, Daniel/Meding, Kristofer, Künstliche Intelligenz und Datenschutz im Human Resource Management, CR 2020, S. 834 - 840.

Jung, Aeryung, Grundrechtsschutz auf europäischer Ebene, Hamburg, 2016, zugleich jur. Diss. Universität Bielefeld, 2015.

Jung, Alexander, Maschinelles Lernen, Singapore, 2024.

Kaeber, David/Roth-Isigkkeit, David, Risikoermittlung für Hoch-Risiko-Systeme nach der KI-VO, LTZ 2025, S. 3 - 10.

Käde, Lisa/Maltzan, Stephanie, Die Erklärbarkeit von Künstlicher Intelligenz (KI), CR 2020, S. 66 - 72.

Karg, Moritz, Anonymität, Pseudonyme und Personenbezug revisited?, DuD 2015, S. 520 - 526.

Karpenstein, Ulrich/Mayer, Franz C. (Hrsg.), Konvention zum Schutz der Menschenrechte und Grundfreiheiten, Kommentar, 3. Auflage, München, 2022.

Kätscher, Johannes/Pesch, Paulina Jo, Automatisierte Entscheidungsfindung mittels großer Sprachmodelle (LLM) im Beschäftigtenkontext, KIR 2024, S. 46 - 55.

Kaulartz, Markus/Braegelmann, Tom (Hrsg.), Rechtshandbuch Artificial Intelligence und Machine Learning, Handbuch, München, 2020.

Kindshofer, Aurea, KI-VO als datenschutzrechtliche Herausforderung, ZD 2024, S. 673 - 678.

Kipker, Dennis-Kenji/Lettieri, Vanessa, Synthetische Daten in der medizinischen Forschung, DuD 2024, S. 284 - 288.

Kipker, Dennis-Kenji/Reusch, Philipp/Ritter, Steve, Recht der Informationsfreiheit, Kommentar, München, 2023.

Klaas, Arne, Demokratieprinzip im Spannungsfeld mit künstlicher Intelligenz, MMR 2019, S. 84 - 90.

Klar, Manuel, Künstliche Intelligenz und Big Data - algorithmenbasierte Systeme und Datenschutz im Geschäft mit Kunden, BB 2019, S. 2243 - 2252.

Kögel, Daniel, Urheberechtliche Implikationen bei der Verwendung von kreativer und generativer Künstlicher Intelligenz, in: Taeger (Hrsg.), DSRI Tagungsband 2023, S. 285 - 302.

Korch, Stefan, Schadensersatz für Datenschutzverstöße, NJW 2021, S. 978 - 981.

Kössel, Andreas, KI und Arbeitsrecht, DB 2024, S. 1069 - 1073.

Krämer, Walter, Die Rechtmäßigkeit der Nutzung von Scorewerten, NJW 2020, S. 497 - 502.

Krauss, Patrick, Künstliche Intelligenz und Hirnforschung, Berlin, 2023, zugleich med. Diss. Friedrich-Alexander-Universität Erlangen-Nürnberg, 2023.

Krönke, Christoph, Das europäische KI-Gesetz: Eine Verordnung mit Licht und Schatten, NVwZ 2024, S. 529 - 534.

Krügel, Tina, Das personenbezogene Datum nach der DS-GVO, ZD 2017, S. 455 - 460.

Krüger, Stefan/Maucher, Svenja-Ariane, Ist die IP-Adresse ein personenbezogenes Datum? – Ein falscher Trend mit großer Auswirkung auf die Praxis, MMR 2011, S. 433 - 439.

Krüper, Julian, Gemeinwohl im Prozess, Berlin, 2009, zugleich jur. Diss. Heinrich-Heine-Universität Düsseldorf, 2006.

Kugelmann, Dieter, Künstliche Intelligenz aus Sicht der Datenschutzaufsicht, DuD 2021, S. 503 - 508.

Kugelmann, Dieter, Scharniere zwischen DS-GVO und KI, DuD 2024, S. 496 - 502.

Kühling, Jürgen, Gesundheitsdatenschutzrecht im Zeitalter von „Big Data", DuD 2020, S. 182 - 188.

Kühling, Jürgen/Buchner, Benedikt (Hrsg.), Datenschutz-Grundverordnung/BDSG, Kommentar, 4. Auflage, München, 2024.

Kühling, Jürgen/Klar, Manuel, Anmerkung zu EuGH Urt. v. 19.10.2016 – C-582/14, ZD 2017, S. 27 - 29.

Kühling, Jürgen/Klar, Manuel/Sackmann, Florian, Datenschutzrecht, 5. Auflage, Heidelberg, 2021.

Kühling, Jürgen/Schildbach, Roman, Datenschutzrechtliche Spielräume für eine forschungsfreundliche digitale Gesundheitsversorgung – von DSGVO, SGB etc. zur EHDS-VO und zum GDNG, ZfDR 2024, S. 1 - 26.

Kuner, Christopher/Bygrave, Lee A./Docksey, Christopher, The EU General Data Protection Regulation, Kommentar, Oxford, 2020.

Laue, Philip/Nink, Judith/Kremer, Sascha, Datenschutzrecht in der betrieblichen Praxis, 3. Auflage, Baden-Baden, 2024.

Lauscher, Anne/Legner, Sarah, Küntliche Intelligenz und Diskriminierung, ZfDR 2022, S. 367 - 390.

Le, Jenny/Treibel, Tina, Navigation im Unbekannten: Datenschutz im Zeitalter der KI, ZD 2024, S. 370 - 374.

Leeb, Christina-Maria/Liebhaber, Johannes, Grundlagen des Datenschutzrechts, JuS 208, S. 534 - 538.

Leeb, Christina-Maria/Lorenz, Luisa, Datenschutzkonforme Dokumentenentsorgung, ZD 2018, S. 573 - 578.

Leisner, Walter Georg, Die subjektiv-historische Auslegung des Gemeinschaftsrechts Der "Wille des Gesetzgebers" in der Judikatur des EuGH, EuR 2007, S. 689 - 707.

Leistner, Matthias/Antoine, Lucie/Sagstetter, Thomas, Big Data, Tübingen, 2021.

Leupold, Andreas/Wiebe, Andreas/Glossner, Silke (Hrsg.), IT-Recht: Recht, Wirtschaft und Technik der digitalen Transformation, 4. Auflage, München, 2021.

Lorenz, Uwe, Reinforcement Learning, Berlin und Heidelberg, 2024.

Lorse, Jürgen, Entscheidungsfindung durch künstliche Intelligenz, NVwZ 2021, S. 1657 - 1662.

Ludwigs, Markus, Hanbuch des EU-Wirtschaftsrecht, Loseblatt, Werkstand: 63. Ergänzungslieferung, München, 2025

Malorny, Friederike, Auswahlentscheidungen durch intelligente Systeme, JuS 2022, S. 289 - 296.

Mantz, Reto, Anmerkung zu LG Berlin Urt. v. 31.01.2013 – 57 S 87/08, ZD 2013, S. 624 - 626.

Marnau, Ninja, Anonymisierung, Pseudonymisierung und Transparenz für Big Data, DuD 2016, S. 428 - 433.

Marsch, Nikolaus, Das europäische Datenschutzgrundrecht, Tübingen, 2018, zugleich jur. Habil. Albert-Ludwigs-Universität Freiburg, 2017.

Martinek, Michael, Systeme künstlicher Intelligenz als juristische Personen, jM 2024, S. 326 - 333.

Martini, Mario, Big Data als Herausforderung für den Persönlichkeitsschutz und das Datenschutzrecht, DVBl 2014, S. 1481 - 1489.

Martini, Mario/Wendehorst, Christiane, KI-VO, Kommentar, München, 2024.

Meyer, Jürgen/Hölscheidt, Sven (Hrsg.), Charta der Grundrechte der Europäischen Union, Kommentar, 6. Auflage, Baden-Baden, 2024.

Meyer-Ladewig, Jens/Nettesheim, Martin/Raumer, Stefan, EMRK, Kommentar, 5. Auflage, Baden-Baden, 2023.

Molavi, Ramak, Künstliche Intelligenz – Entwicklung, Herausforderungen, Regulierungen, JRP 2018, S. 7 - 12.

Molavi, Ramak, Die Evolution der KI-Definition von Turning Anthropozentrik zur Funktionsorientierung der KI-VO, KIR 2025, S. 190 - 196.

Monreal, Manfred, Weiterverarbeitung nach einer Zweckänderung in der DS-GVO, ZD 2016, S. 507 - 512.

Moos, Flemming, Personenbezug von Large Language Models, CR 2024, S. 442 - 450.

Moos, Flemming/Schefzig, Jens/Arning, Marian Alexander (Hrsg.), DSGVO, Praxishandbuch, 2. Auflage, Frankfurt am Main, 2021.

Moosmayer, Klaus/Lösler, Thomas, Corporate Compliance, 4. Auflage, München, 2024.

Morik, Katharina, Schlüsseltechnologie Maschinelles Lernen, Digitale Welt 2018, S. 22 - 27.

Mühlhoff, Rainer/Ruschemeier, Hannah, KI-Regulierung durch Zweckbindung für Modelle, ZfDR 2024, S. 337 - 364.

Münch, Ingo/Kunig, Philip (Begründer), Grundgesetz, Kommentar, 8. Auflage, München, 2025.

Musielak, Hans-Joachim, Kausalität und Schadenszurechnung im Zivilrecht, JA 2013, S. 241 - 248.

Muttach, Jan-Philipp/Link, Hendrik, Verarbeitung von personenbezogenen Daten in KI-Reallaboren nach dem KI-VO-E, CR 2023, S. 725 - 732.

Niemann, Fabian/Kevekordes, Johannes, Machine Learning und Datenschutz (Teil 2), CR 2020, S. 179 - 184.

Nink, Judith/Pohle, Jan, Die Bestimmbarkeit des Personenbezugs - Von der IP-Adresse zum Anwendungsbereich der Datenschutzgesetze, MMR 2015, S. 563 - 567.

Oostvenn, Manon/Irion, Kristina, The Golden Age Of Personal Data: How To Regluate An Enabling Fundamental Right?, Amsterdam Law School Legal Studies Research Paper No. 2016-68, 2016, S. 1 - 17.

Ory, Stephan/Weth, Stephan, juris PraxisKommentar Elektronischer Rechtsverkehr, Band 1, Kommentar, 2. Auflage, Saarbrücken, 2022.

Otte, Stefanie/Künnen, Simon, Einsatz von künstlicher Intelligenz zur Unterstützung richterlicher Entscheidungsfindung: Ein Paradox zwischen Black-Box und gebotener Transparenz?, ZdiW 2024, S. 111 - 115.

Paal, Boris P., Art. 22 DS-GVO: Kreditscoring vor dem EuGH, ZfDR 2023, S. 114 - 141.

Paal, Boris P., Schufa-Scoring und Schadensersatz bei Übermittlung von Positivdaten, NJW 2024, S. 1690 - 1695.

Paal, Boris P., KI-Training mit öffentlich frei zugänglichen Daten im Lichte der DS-GVO-Vorgaben, ZfDR 2024, S. 129 - 157.

Paal, Boris P./Aliprandi, Claudio, Immaterieller Schadensersatz bei Datenschutzverstößen, ZD 2021, S. 241 - 247.

Paal, Boris P./Pauly, Daniel A. (Hrsg.), Datenschutz-Grundverordnung, Bundesdatenschutzgesetz, Kommentar, 3. Auflage, München, 2021.

Paal, Boris P./Schulz, Lucas, Art. 22 DS-GVO und KI-VO: Zum Recht de automatisierten Entscheidungsfindung im Lichte des EuGH-Schufa-Urteils, ZfDR 2025, S. 89 - 109.

Papastefanou, Stefan, „Datebase Reconstruction Theorem" und die Verletzung der Privatsphäre (Differential Privacy), CR 2020, S. 379 - 386.

Papier, Hans-Jürgen, Solidarität, Gerechtigkeit, Gemeinwohl, IWRZ 2020, S. 195 - 200.

Pechstein, Matthias/Nowak, Carsten/Häde, Ulrich (Hrsg.), Frankfurter Kommentar zu EUV, GRC und AEUV, Kommentar, 2. Auflage, Tübingen, 2023.

Pesch, Paulina Jo/Böhme, Rainer, Artpocalypse now? – Generative KI und die Vervielfältigung von Trainingsbildern, GRUR 2023, S. 997 - 1007.

Pesch, Paulina Jo/Böhme, Rainer, Verarbeitung personenbezogener Daten und Datenrichtigkeit bei großen Sprachmodellen, MMR 2023, S. 917 - 923.

Pesch, Paulina Jo/Magnussen, Kristina, LLMs im Forschungsdatenschutz, DuD 2025, S. 367 - 372.

Petrlic, Ronald/Sorge, Christoph, Datenschutz: Einführung in den technischen Datenschutz, Datenschutzrecht und angewandte Kryptographie, Wiesbaden, 2017 (zit. als *Petrlic/Sorge*, Datenschutz).

Pieronczyk, Marc-Christian/Tayaranian, Davud, Schönheitsreparaturen – Grundlagen und aktuelle Entwicklungen, eine prüfungsorientierte Darstellung, JA 2019, S. 248 - 255.

Plath, Kai-Uwe (Hrsg.), DSGVO/BDSG/TTDSG, Kommentar, 4. Auflage, Köln, 2023.

Polzin, Javir Morato/Kirchner, Bernd/Pollert, Achim/Pollert, Marc Constantin, Duden Wirtschaft von A bis Z, Mannheim, 2016.

Potacs, Michael, Effet utile als Auslegungsgrundsatz, EuR 2009, S. 465 – 488.

Pukas, Jonathan, KI-Trainingsdaten und erweiterte kollektive Lizenzen, GRUR 2023, S. 614 - 621.

Quelle, Claudia, The „risk revolution" in EU data procection law: We can´t have our cake and eat it, too, in: Leenes, Ronald/ Brakel, Rosamunde van/Gutwirth, Serge/de Hert, Paul, Data Protection and Privacy: The Age of Intelligent Machines, Oxford, 2020.

Radtke, Tristan, Das Verhältnis von KI-VO und Art. 22 DS-GVO unter besonderer Berücksichtigung der Schutzzwecke, RDi 2024, S. 353 - 360.

Radtke, Tristan, Gemeinsame Verantwortlichkeit in der DSGVO, Baden-Baden, 2021, zugleich jur. Diss. Universität Freiburg, 2021.

Raji, Behrang, Datenräume in der Europäischen Datenstrategie am Beispiel des Europea Health Data Space, ZD 2023, S. 3 - 8.

Raji, Behrang, Rechtliche Bewertung synthetischer Daten für KI-Systeme, DuD 2021, S. 303 - 309.

Reichert, Florian/Radtke, Kristina/Eske, Hermann, KI-Verordnung: Rechtsgrundlagen für die Bereitstellung und Nutzung von KI, ZD 2024, S. 483 - 488.

Richter, Philipp, Big Data, Statistik und die Datenschutz-Grundverordnung, DuD 2016, S. 581 - 586.

Richter, Phillip, Datenschutz zwecklos?, DuD 2015, S. 735 - 740.

Ringeling, Christian, A Pratcitcal Approach to Business Anayltics Software, CRi 2015, S. 7 - 11.

Rohde, Martina/Schindler, Werner, Künstliche Intelligenz in Evaluierung und Zulassung, DuD 2019, S. 627 - 630.

Röhl, Klaus-Heiner/Bolwin, Lennart/Hüttl, Paula, Datenwirtschaft in Deutschland – Studie des Instituts der deutschen Wirtschaft im Auftrag des Bundesverbandes der deutschen Industrie e.V., 2021, abrufbar unter: https://bdi.eu/publikation/news/datenwirtschaft-in-deutschland/ (zuletzt abgerufen am 11.04.2022).

Roos, Philipp/Maddaloni, John-Markus, Regulierter Datenaustausch zur Gesundheitsforschung, RDi 2023, S. 225 - 232.

Roos, Philipp/Weitz, Caspar Alexander, Hochrisiko-KI-Systeme im Kommissionsentwurf für eine KI-Verordnung, MMR 2021, S. 844 - 851.

Roßnagel, Alexander, Datenlöschung und Anonymisierung, ZD 2021, S. 188 - 192.

Roßnagel, Alexander, Datenschutzgrundsätze – unverbindliches Programm oder verbindliches Recht?, ZD 2018, S. 339 - 344.

Roßnagel, Alexander, Datenschutz in der Forschung, ZD 2019, S. 157 - 164.

Roßnagel, Alexander, Pseudonymisierung personenbezogener Daten, ZD 2018, S. 243 - 247.

Roßnagel, Alexander/Geminn, Christian L., Vertrauen in Anonymsierung, ZD 2021, S. 487 - 490.

Roßnagel, Alexander/Nebel, Maxi, (Verlorene) Selbstbestimmung im Datenmeer, DuD 2015, S. 455 - 459.

Roßnagel, Alexander/Nebel, Maxi/Richter, Philipp, Was bleibt vom Europäischen Datenschutzrecht?, ZD 2015, S. 455 - 460.

Roth-Isigkeit, David, Der neue Rechtsrahmen für Künstliche Intelligenz in der Europäische Union, KIR 2024, S. 15 - 20.

Rott, Eberhard/Rott, Alexander, Wem gehört die E-Mail?, NWB-EV 2013, S. 160 - 168.

Rücker, Daniel/Kugler, Tobias, New European General Data Proctection Regulation, Baden-Baden, 2018.

Rüdiger, Andreas, Der Europäische Gesundheitsdatenraum – Eine Revolution der Gesundheitsdatenverarbeitung?, PharmR 2025, S. 201 - 205.

Rüpke, Giselher/Lewinski, Kai/Eckhardt, Jens, Datenschutzrecht, München, 2018.

Ruschemeier, Hannah, LLMs und Datenschutzrecht, DuD 2025, S. 349 - 354.

Sachs, Andreas/Meder, Miriam, Datenschutz-Folgeabschätzung bei Training und Einsatz von LLMs, ZD 2024, S. 363 - 369

Sarker, Iqbal H., Machine Learning: Algorithms, Real-World Applications and Research Directions, SN Computer Science 2021, Article 160.

Schäfer, Lena, Datenschutz-Compliance im KI-Training, ZD 2025, S. 12 - 17.

Schantz, Peter, Die Datenschutz-Grundverordnung – Beginn einer neuen Zeitrechnung im Datenschutzrecht, NJW 2016, S. 1841 - 1847.

Schantz, Peter/Wolff, Heinrich Amadeus, Das neue Datenschutzrecht – Datenschutz-Grundverordnung und Bundesdatenschutzgesetz in der Praxis, München, 2017.

Schefzig, Jens/Kilian, Robert, Beck´scher Online-Kommentar KI-Recht, 1. Edition, München, Stand: 01.01.2025.

Scheuer, Martin, Spielerisch selbstbestimm, Berlin, 2019, zugleich jur. Diss. Universität Passau, 2019.

Schiedermair, Stephanie, Der Schutz des Privaten als internationales Grundrecht, Tübingen, 2012, zugleich jur. Habil. Johannes-Gutenberg-Universität Mainz, 2011/2012.

Schläger, Uwe/Thode, Jan-Christoph, Handbuch Datenschutz und IT-Sicherheit, Berlin, 2018.

Schmid, Ute/Wrede, Britta, Explainable AI, KI – Künstliche Intelligenz 2022, S. 207 - 210.

Schröder, Markus, Der risikobasierte Ansatz in der DS-GVO, ZD 2019, S. 503 - 506.

Schuh, Mathias/Weiss, Erik, Die Zweckbestimmung und die Zweckbindung als Weichenstellung für eine DSGVO-konforme Nutzung von Daten für KI-Systeme, ZfDR 2024, S. 225 - 262.

Schulz, Sebastian, Pseudonyme Datenverarbeitung, Transparenz und Betroffenenrechte, PinG 2019, S. 238 - 240.

Schürmann, Kathrin, Datenschutz-Folgeabschätzung beim Einsatz Künstlicher Intelligenz, ZD 2022, S. 316 - 321.

Schwartmann, Rolf/Jaspers, Andreas/Thüsing, Gregor/Kugelmann, Dieter (Hrsg.), Datenschutz-Grundverordnung/Bundesdatenschutzgesetz, Kommentar, 3. Auflage, Heidelberg, 2024.

Schwartmann, Rolf/Keber, Tobias O./Zenner, Kai, KI-Verordnung, Heidelberg, 2024.

Schweitzer, Heike, Datenzugang in der Datenökonomie: Eckpfeiler der neuen Informationsordnung, GRUR 2019, S. 569 - 580.

Seitz, Claudia, Grundrechtsschutz und Künstliche Intelligenz, EuZW 2024, S. 836 - 846.

Sens, Daniel, Der Zweckbindungsgrundsatz der DSGVO beim Machine Learning im Vertrieb, Hamburg, 2024, zugleich jur. Diss, Universität Hamburg, 2024.

Shanmugam, Divya/Shabanian, Samira/Diaz, Fernando/Finck, Michèle/Biega, Asia J., Learning to Limit Data Collection via Scaling Laws, 2022, abrufbar unter https://arxiv.org/pdf/2107.08096.pdf (zuletzt abgerufen am 10.08.2023).

Shumallov, Illa/Shumaylov, Zakhar/Zhao, Yiren/Papernot, Nicolas/Anderson, Ross/Gal, Yarin, AI models collapse when trained on recursively generadet data, Nautre 2024, S. 755 - 759.

Siemen, Birte, Datenschutz als europäisches Grundrecht, Berlin, 2006, zugleich jur. Diss. Christian-Albrechts-Universität Kiel, 2004.

Siems, Jasper/Repka, Thomas, Unrechtmäßige Nutzung von KI-Trainingsdaten als Gefahr für neue Geschäftsmodelle – Compliance-Anforderungen bei der Entwicklung von KI-Systemen, in: Taeger (Hrsg.), DSRI Tagungsband 2021, S. 517 - 532.

Simitis, Spiros/Hornung, Gerrit/Spiecker gen. Döhmann, Indra (Hrsg.), Datenschutzrecht, Kommentar, 2. Auflage, Baden-Baden, 2025.

Söbbing, Thomas, Künstliche neuronale Netze, MMR 2021, S. 111 - 116.

Solove, Daniel J., Artificial Intelligenz and Privacy, 2024, abrufbar unter https://papers.ssrn.com/sol3/papers.cfm?abstract_id=4713111 (zuletzt abgerufen am 04.06.2024).

Specht-Riemenschneider, Louisa, Datennutz und Datenschutz: Zum Verhältnis von Datenwirtschaftsrecht und DSGVO, ZEuP 2023, S. 638 - 670.

Specht-Riemenschneider, Louisa/Blankertz, Aline/Sierek, Pascal/Schneider, Ruben/Knapp, Jakob/Henne, Theresa, Die Datentreuhand, MMR-Beil. 2021, S. 25 - 48.

Specht-Riemenschneider, Louisa/Schneider, Ruben, Die gemeinsame Verantwortlichkeit im Datenschutzrecht, MMR 2019, S. 503 - 509.

Specht-Riemenschneider, Louisa/Wehde, Alexander, Forschungsdatenzugang, ZGI 2022, S. 3 - 11.

Specht, Louisa, Das Verhältnis möglicher Datenrechte zum Datenschutzrecht, GRUR Int. 2017, S. 1040 - 1047.

Specht, Louisa/Mantz, Reto (Hrsg.), Europäisches und deutsches Datenschutzrecht, Handbuch, München, 2019.

Specht, Louisa/Müller-Riemenschneider, Severin, Dynamische IP-Adressen: Personenbezogene Daten für den Webseitenbetreiber? – Aktueller Stand der Diskussion um den Personenbezug, ZD 2014, S. 71 - 75.

Spies, Ulrich, Zweckfestlegung der Datenverarbeitung durch den Verantwortlichen, ZD 2022, S. 75 - 81.

Spindler, Gerald, Der Vorschlag der EU-Kommission für eine Verordnung zur Regulierung der Künstlichen Intelligenz (KI-VO-E), CR 2021, S. 361 - 374.

Spindler, Gerald/Schuster, Fabian, Recht der elektronischen Medien, Kommentar, 4. Auflage, München, 2019.

Staben, Julian, Der Abschreckungseffekt auf die Grundrechtsausübung, Tübingen, 2016, zugleich jur. Diss. Helmut-Schmidt-Universität Hamburg, 2015.

Steege, Hans, Definition von Künstlicher Intelligenz in Art. 3 Nr. 1 KI-VO-E, MMR 2022, S. 926 - 930.

Stern, Klaus/Sachs, Michael (Hrsg.), Europäische Grundrechte-Charta, Kommentar, München, 2016.

Stern, Klaus/Sodan, Helge/Möstl, Markus (Hrsg.), Das Staatsrecht der Bundesrepublik Deutschland im europäischen Staatenverbund, Handbuch, 2. Auflage, München, 2022.

Stroscher, Jan-Philipp/Link, Hendrik, Verarbeitung personenbezogener Daten in KI-Reallaboren nach dem KI-VO-E als Herausforderung für den datenschutzrechtlichen Zweckbindungsgrundsatz, 2023, abrufbar unter https://dl.gi.de/server/api/core/bitstreams/316a444f-7cf9-44e5-ac9f-efce9064f2e7/content (zuletzt abgerufen am 14.03.2025).

Storey, Veda C./Lukyanenko, Roman/Maass, Wolfgang/Parsons, Jeffrey, Explainable AI, Viewpoint 2022, S. 27 - 29.

Stummer, Sarah, Personenbezogenheit vs. Anonymität, DuD 2023, S. 354 - 360.

Stürmer, Verena, Löschen durch Anonymisieren?, ZD 2020, S. 626 - 631.

Sütthoff, Alicia, Anonymisierung im Kontext von Data Act und DSGVO, ZdiW 2023, S. 111 - 116.

Sydow, Gernot/Marsch, Nikolaus (Hrsg.), DS-GVO - BDSG, Kommentar, 3. Auflage, Baden-Baden, 2022.

Taeger, Jürgem/Pohle, Jan, Computerrechts-Handbuch, Handbuch, Loseblatt, Werkstand: 40 Ergänzungslieferung, München, 2025.

Taeger, Jürgen/Gabel, Detlev (Hrsg.), DSGVO – BDSG – TTDSG, Kommentar, 4. Auflage, Frankfurt am Main, 2022.

Thies, Laura Friderike/Jandt, Silke/Knote, Robin/Söllner, Matthias, Konfliktäre Anforderungen an smarte persönliche Assistenten, DuD 2020, S. 573 - 578.

Thüsing, Gregor/Rombey, Sebastian, Anonymisierung an sich ist keine rechtfertigungsbedürftige Datenverarbeitung, ZD 2021, S. 548 - 553.

Timmermann, Daniel, Datenschutz im Wandel der Zeit, DÖV 2019, S. 249 - 260.

Tinnefeld, Marie-Theres/Buchner Benedikt/Petri, Thomas/Hof, Hans-Joachim, Einführung in das Datenschutzrecht, 6. Auflage, Berlin, 2018.

Trstenjak, Verica/Beysen, Erwin, Das Prinzip der Verhältnismäßigkeit in der Unionsrechtsordnung, EuR 2012, S. 265 - 285.

Tufféry, Stéphane, Deep Learning: from Big Data to artificial intelligence with R, Oxford, 2023.

Uecker, Philip, Die Einwilligung im Datenschutzrecht und ihre Alternativen, ZD 2019, S. 248 - 251.

Ulmenstein, Ulrich, Spende personenbezogener Daten, PinG 2020, S. 47 - 52.

Vasel, Johann Justus, Sieben Sünden und Defizite der europäischen KI-Regulierung, EuZW 2024, S. 829 - 835.

Veil, Windfried, Die Datenschutz-Grundverordnung: des Kaisers neue Kleider, NVwZ 2018, S. 686 - 696.

Veil, Windfried, DS-GVO Risikobasierter Ansatz statt rigides Verbotsprinzip, ZD 2015, S. 347 - 353.

Vogel, Paul, Künstliche Intelligenz und Datenschutz, Baden-Baden, 2022, zugleich jur. Diss. Julius-Maximilians-Universität Würzburg, 2021.

Voigt, Marlene, Die datenschutzrechtliche Einwilligung, Baden-Baden, 2020, zugleich jur. Diss. Universität Freiburg, 2020.

Voigt, Paul/Bussche, Axel, EU-Datenschutz-Grundverordnung, Handbuch, 2. Auflage, Berlin, 2024.

Voigt, Paul/Hullen, Nils, Handbuch KI-VO, Berlin, 2024.

Vöneky, Silja/Kellmeyer, Phillip/Mueller, Oliver/Burgrad, Wolfram, The Cambridge handbook of responsible artificial intelligence, Cambridge, 2022 (zit als *Bearbeiter* in: Vöneky/Kellemeyer/Mueller/Burgrad).

Voudoulaki, Georgia, Künstliche Intelligenz und Datenschutz, ZGI 2025, S. 9 - 15.

Wagner, Bernd, Disruption der Verantwortlichkeit, ZD 2018, S. 307 - 312.

Weichert, Thilo, Die Forschungsprivilegierung in der DSGVO, ZD 2020, S. 18 - 24.

Weiler, Frank, Grammatikalische Auslegung des vielsprachigen Unionsrechts, ZEuP 2010, S. 861 - 880.

Welser, Marcus, ChatGPT und Urheberrecht, GRUR-Prax 2023, S. 57 - 58.

Wendehorst, Christiane, Datenschutz im Zeitalter von KI, KIR 2025, S. 142 - 154.

Wendehorst, Christiane/Nessler, Bernhard/Aufreiter, Alexander/Aichinger, Gregor, Der Begriff des „KI-Systems" unter der neuen KI-VO, MMR 2024, S. 605 - 614.

Wendt, Janine/Wendt, Domenik H., Das neue Recht der Künstlichen Intelligenz, Baden-Baden, 2024.

Werkmeister, Christoph/Brandt, Elena, Datenschutzrechtliche Herausforderungen für Big Data, CR 2016, S. 233 - 238.

Werkmeister, Christoph/Schwaab Michael, Auswirkungen und Reichweite des datenschutzrechtlichen Forschungsprivilegs, CR 2019, S. 85 - 90.

Werkmeister, Florian/Laux, Jonathan, Large-Language-Models und die DSGVO – „Wer den Datenschutz nicht ehrt ist die KI nicht wert?", PinG 2023, S. 103 - 111.

Winter, Christian/Battis, Verena/Halvani, Oren, Herausforderung für die Anonymisierung von Daten, ZD 2019, S. 489 - 493.

Winter, Wiebke, Big Data und KI im Gesundheitswesen, Tübingen, 2023, zugleich jur. Diss. Bucerius Law School Hamburg, 2022.

Wolff, Heinrich Amadeus/Brink, Stefan (Hrsg.), Beck´scher Online-Kommentar Datenschutzrecht, 52. Edition, München, Stand: 01.05.2025.

Wünschelbaum, Markus, Datenschutzaufsicht im KI-Zeitalter: Martüberwachung als Wendepunkt, CR 2025, S. 362 - 370.

Wybitul, Tim/Leibold, Kevin, Risiken für Unternehmen durch neue Rechtsprechung zum DS-GVO-Schadensersatz, ZD 2022, S. 207 - 215.

Yang, Qiang/Liu, Yang/Chen, Tianjian/Tong, Yongxin, Federated Machine Learning: Concept and Applications, ACM Transcations on Intelligent Systems and Technology 2019, 10 Ausgabe, Artikel 12, S. 1 - 19.

Zech, Herbert, Haftung für Trainingsdaten Künstlicher Intelligenz, NJW 2022, S. 502 - 507.

Zech, Herbert, Künstliche Intelligenz und Haftungsfragen, ZfPW 2019, S. 198 - 219.

Zippelius, Reinhold, Juristische Methodenlehre, 12. Auflage, München, 2021.

Internetquellen

Art.-29-Datenschutzgruppe, Leitlinie in Bezug auf die Einwilligung gemäß Verordnung 2016/679, WP 259 rev.1, 2017, abrufbar unter https://www.datenschutzstelle.li/application/files/3615/3674/7263/wp259rev01_de.pdf (zuletzt abgerufen am 06.07.2022; zitiert als: *Art.-29-Datenschutzgruppe*, WP 259 rev. 1, 2017).

Art.-29-Datenschutzgruppe, Opinion on purpose limitation, WP 203, 2013, abrufbar unter https://ec.europa.eu/justice/article-29/documentation/opinion-recommendation/files/2013/wp203_en.pdf (zuletzt abgerufen am 13.03.2023; zitiert als: *Art.-29-Datenschutzgruppe*, WP 203, 203).

Art.-29-Datenschutzgruppe, Statement on the role of a risk-based approach in data protection legal frameworks, WP 218, 2014 (abrufbar unter https://ec.europa.eu/justice/article-29/documentation/opinion-recommendation/files/2014/wp218_en.pdf, zuletzt abgerufen am 09.05.2023; zitiert als: *Art.-29-Datenschutzgruppe*, WP 218, 2014).

Art.-29-Datenschutzgruppe, Stellungnahme 4/2007 zum Begriff „personenbezogene Daten", WP 136, 2007, abrufbar unter https://cnpd.public.lu/content/dam/cnpd/de/publications/groupe-art29/wp136_de.pdf (zuletzt abgerufen am 21.01.2022; zitiert als: *Art.-29-Datenschutzgruppe*, WP 136, 2007).

Art.-29-Datenschutzgruppe, Stellungnahme 01/2010 zu den Begriffen „für die Verarbeitung Verantwortlicher" und „Auftragsverarbeiter", WP 169, 2019, abrufbar unter https://ec.europa.eu/justice/article-29/documentation/opinion-recommendation/files/2010/wp169_de.pdf (zuletzt abgerufen am 17.05.2023; zitiert als: *Art.-29-Datenschutzgruppe*, WP 169, 2010).

Art.-29-Datenschutzgruppe, Stellungnahme zu Anonymisierungstechniken 05/2014, WP 216, 2014, abrufbar unter https://cnpd.public.lu/content/dam/cnpd/fr/publications/groupe-art29/wp216_en.pdf (zuletzt abgerufen am 18.01.2022; zitiert als: *Art.-29-Datenschutzgruppe*, WP 216, 2014).

BfDI, Positionspapier zur Anonymisierung unter der DS-GVO unter besonderer Berücksichtigung der TK-Branche, 2020, abrufbar unter https://www.bfdi.bund.de/SharedDocs/Downloads/DE/Konsultationsverfahren/1_Anonymisierung/Positionspapier-Anonymisierung.pdf?__blob=publicationFile&v=4 (zuletzt abgerufen am: 05.01.2022; zitiert als: BfDI, Positionspapier zur Anonymisierung).

Bundeszentrale für politische Bildung, https://www.bpb.de/kurz-knapp/lexika/lexikon-der-wirtschaft/19734/innovation/ (zuletzt abgerufen am 31.03.2025).

Datenethikkommission, Gutachten der Datenethikkommission, 2019, abrufbar unter https://www.bmi.bund.de/SharedDocs/downloads/DE/publikationen/themen/it-digitalpolitik/gutachten-datenethikkommission.pdf;jsessionid=BD08C29A6C1EE5351EEAAA7FDFF2FFA5.2_cid364?__blob=publicationFile&v=6 (zuletzt abgerufen am 21.01.2022).

Datenschutzkonferenz (DSK), Hambacher Erklärung zur Künstliche Intelligenz, 2019, abrufbar unter https://www.datenschutzkonferenz-online.de/media/en/20190405_hambacher_erklaerung.pdf (zuletzt abgerufen am 02.09.2022).

DSK, DSK, Orientierungshilfe zu empfohlenen technischen und organisatorischen Maßnahmen bei der Entwicklung und beim Betrieb von KI-Systemen, 2025, abrufbar unter https://www.datenschutzkonferenz-online.de/media/oh/DSK-OH_KI-Systeme.pdf (zuletzt abgerufen am 06.08.2025).

DSK, Erfahrungsbericht der unabhängigen Datenschutzaufsichtsbehörden des Bundes und der Länder zur Anwendung der DSGVO, 2019, abrufbar unter https://www.datenschutzkonferenz-online.de/media/dskb/20191213_erfahrungsbericht_zur_anwendung_der_ds-gvo.pdf (zuletzt abgerufen am 17.07.2023).

DSK, Risiko für die Rechte und Freiheiten natürlicher Personen, Kurzpapier Nr. 18, 26.02.2018, abrufbar unter https://www.datenschutzkonferenz-online.de/media/kp/dsk_kpnr_18.pdf (zuletzt abgerufen am 09.05.2023).

Europäischer Datenschutzausschuss (EDSA), Leitlinien 04/2020 für die Verwendung von Standortdaten und Tools zur Kontaktnachverfolgung im Zusammenhang mit dem Ausbruch von COVID-19, 2020, abrufbar unter https://edpb.europa.eu/sites/default/files/files/file1/edpb_guidelines_20200420_contact_tracing_covid_with_annex_de_0.pdf (zuletzt abgerufen am 17.05.2023; zitiert als *EDSA,* Leitlinie 04/2020, 2020)

EDSA, Guideline 07/2020 on the concepts of controller and processor in the GDPR, 2020, abrufbar unter https://edpb.europa.eu/sites/default/files/consultation/edpb_guidelines_202007_controllerprocessor_en.pdf (zultetzt abgerufen am 17.05.2023; zitiert als: *EDSA*, Guidelines 07/2020, 2020).

EDSA, Leitlinie 04/2020 für die Verwendung von Standortdaten und Tools zur Kontaktnachverfolgung im Zusammenhang mit dem Ausbruch von Covid-19, angenommen am 21.04.2020 (zit. als: *EDSA,* Leitlinie 04/2020), abrufbar unter https://edpb.europa.eu/sites/default/files/files/file1/edpb_guidelines_20200420_contact_tracing_covid_with_annex_de_0.pdf (zuletzt abgerufen am 14.04.2022).

EDSA, Leitlinie 10/2020 zu Beschränkungen nach Artikel 23 DSGVO, 2021, abrufbar unter https://www.edpb.europa.eu/system/files/2023-07/edpb_guidelines_202010_art23_adopted_afterpublicconsultation_de.pdf (zuletzt abgerufen am 21.03.2025).

EDSA, Report of the work undertaken by the ChatGPT Taskforce, 2024, abrufbar unter https://www.edpb.europa.eu/system/files/2024-05/edpb_20240523_report_chatgpt_taskforce_en.pdf (zuletzt abgerufen am 20.03.2025).

EDSA, Stellungnahme 28/2024 zu gewissen Datenschutzaspekten der Verarbeitung personenbezogener Daten im Zusammenhang mit KI-Modellen, 2024, abrufabr unter https://www.edpb.europa.eu/system/files/2025-05/edpb_opinion_202428_ai-models_de.pdf (zuletzt abgerufen am 06.08.2025).

Enquete-Kommission Künstliche Intelligenz, Drucksache 19/23700, 2020, abrufbar unter: https://dserver.bundestag.de/btd/19/237/1923700.pdf, (zuletzt abgerufen am 31.08.2022).

Europa Rat, Übereinkommen zum Schutz des Menschen bei der automatischen Verarbeitung von personenbezogenen Daten, Konvention Nr. 108, 1981, abrufbar unter https://rm.coe.int/1680078b38 (zuletzt abgrufen am 16.03.2023).

Europäische Kommission, Commission Guidelines on the definition of an artificial intelligence system established by Regulation (EU) 2024/1689 (AI Act), 2025, abrufbar unter https://digital-strategy.ec.europa.eu/en/library/commission-publishes-guidelines-ai-system-definition-facilitate-first-ai-acts-rules-application (zuletzt abgerufen am 25.08.2025)

Europäische Kommission, Eine europäische Datenstrategie, COM(2020) 66 final, 2020, abrufbar unter https://eur-lex.europa.eu/legal-content/DE/TXT/PDF/?uri=CELEX:52020DC0066&from=DE (zuletzt abgerufen am 18.01.2022; zitiert als: COM(2020) 66 final).

Europäische Kommission, Staff Working Document on Common European Data Spaces, 2024, abrufbar unter https://digital-strategy.ec.europa.eu/de/library/second-staff-working-document-data-spaces (zuletzt abgerufen am 04.05.2025).

Europäische Kommission, Weissbuch Zur Künstlichen Intelligenz – ein europäisches Konzept für Exzellenz und Vertrauen, COM(2020) 65 final, 2020, abrufbar unter https://ec.europa.eu/info/sites/default/files/commission-white-paper-artificial-intelligence-feb2020_de.pdf (zuletzt abgerufen am 18.01.2022; zitiert als: COM(2020) 65 final).

OECD, Recommendation of the Council on Artificial Intelligence, 2024, abrufbar unter https://legalinstruments.oecd.org/en/instruments/OECD-LEGAL-0449 (zuletzt abgerufen am 20.08.2025).

Rat der Europäischen Union, Schlussfolgerungen des Rates zu Reallaboren und Experimentierklauseln als Instrumente für einen innovationsfreundlichen, zukunftssicheren und resilienten Rechtsrahmen zur Bewältigung disruptiver Herausforderungen im digitalen Zeitalter, 2020, abrufbar unter https://data.consilium.europa.eu/doc/document/ST-13026-2020-INIT/de/pdf (zuletzt abgerufen am 15.03.2025).

Rat der europäischen Union, Vorschlag für eine Verordnung des Europäischen Parlaments und des Rates zum Schutz natürlicher Personen bei der Verarbeitung personenbezogener Daten und zum freien Datenverkehr (Datenschutz-Grundverordnung) – Kapitel II, 6834/15, 2015, abrufbar unter https://data.consilium.europa.eu/doc/document/ST-6834-2015-INIT/de/pdf (zuletzt abgerufen am 22.08.2023).

Wissenschaflticher Dienst des Europäischen Parlaments (EPRS), The impact oft he General Data Proctection Regulation (GDPR) on artificial intelligence, 2020, abrufbar unter https://www.europarl.europa.eu/RegData/etudes/STUD/2020/641530/EPRS_STU(2020)641530_EN.pdf (zuletzt abgerufen am 21.08.2025).